Manfred Lang / Horst Peters / Nico Sönnichsen / Heide Ziefuß (Hrsg.)

Kiel zu Fuß

17 Stadtteilrundgänge
durch Geschichte und Gegenwart

Mit Beiträgen von
Regine Bigga, Irene Dittrich, Verena Hoeck, Susanne Kalweit, Ute Kohrs-Heimann, Volker Lassen, Manfred Lang, Jürgen Lehmann, Mins Minssen, Dagmar von Mossin-Neuner, Gerd Neuner, Lutz Oschmann, Horst Peters, Sönke Petersen, Dietrich Schunck, Nico Sönnichsen, Emil Weiss, Emil Weiss, Anette Wiese, Daja Ziefuß, Heide Ziefuß

VSA-Verlag, Hamburg 1989

Regine Bigga, geb. 1958, Lehrerin in der Erwachsenenbildung und wissenschaftliche Angestellte in Kiel. Arbeitsgebiet u.a.: Frauen- und Regionalgeschichte Schleswig-Holsteins.
Irene Dittrich, geb. 1955, Lehrerin für Geschichte und Russisch, Projekt-Mitarbeiterin bei der VVN
Verena Hoeck, geb. 1962, Studentin der Geschichte und Volkskunde
Susanne Kalweit, geb. 1954, Lehrerin und wissenschaftliche Mitarbeiterin der Frauen-Gleichstellungsstelle der Landeshauptstadt Kiel
Ute Kohrs-Heimann, geb. 1953, Hauptschullehrerin und Museumspädagogin im Kieler Stadt- und Schiffahrtsmuseum
Volker Lassen, geb. 1953, Rechtsanwalt in Kiel
Dr. Manfred Lang, geb. 1943, wissenschaftlicher Mitarbeiter am Institut für die Pädagogik der Naturwissenschaften (IPN) an der Universität Kiel, 1984 bis 1988 Mitglied der Ratsversammlung der Stadt
Dr. Jürgen Lehmann, geb. 1943, wissenschaftlicher Mitarbeiter am Institut für die Pädagogik der Naturwissenschaften (IPN) der Universität Kiel. Seit 1986 Mitglied des Kreistags Rendsburg Eckernförde
Dr. Mins Minssen, geb. 1940, wissenschaftlicher Mitarbeiter am IPN. Seit 1982 Mitglied im Kulturausschuß der Stadt Kiel
Dagmar von Mossin-Neuner, geb. 1954, Diplom-Pädagogin, Hausfrau und Gestaltungstherapeutin
Gerd Neuner, geb. 1949, Diplom-Pädagoge, Weiterbildungslehrer an der Volkshochschule Kiel
Lutz Oschmann, geb. 1948, Dreher, Mitglied des Betriebsrats bei der Krupp-MaK, Kiel-Friedrichsort
Horst Peters, geb. 1953, Gymnasiallehrer für Sport und Geschichte, Dozent an der Zivildienstschule Kiel und freier Mitarbeiter des Kieler Stadt- und Schiffahrtsmuseums
Sönke Petersen, geb. 1940, Vermessungstechniker bei der Stadtwerke Kiel AG, Ortsbeiratsvorsitzender Neumühlen-Dietrichsdorf/Oppendorf
Dietrich Schunck, geb. 1941, Lehrer
Nico Sönnichsen, geb. 1955, freier Journalist, Fraktionsgeschäftsführer in Kiel
Emil Weiss, Onkel und Neffe, Mitarbeit im Verband Deutscher Sinti und Roma e.V.
Annette Wiese, Studentin. Mitarbeit im Senat der Universität
Daja Ziefuß, geb. 1976, Schülerin
Heide Ziefuß, geb. 1946, Oberstudienrätin und mit der Schulleitung der Toni-Jensen-Gesamtschule beauftragt.

Titelfoto: Presseamt der Stadt Kiel
Foto auf der Rückseite: Christian Eggers, Kiel
Kartengrundlage: Amtliche Karten der Stadt Kiel der Maßstäbe 1:10.000 und 1:20.000, verfielfältigt mit Genehmigung der Landeshauptstadt Kiel, Stadtvermessungsamt

Gesamtverzeichnis anfordern!

Satz: satz + repro kollektiv GmbH, Hamburg
Druck- und Buchbindearbeiten: Evert-Druck, Neumünster
ISBN 3-87975-486-1

Inhalt

Themenkästen

Vorwort

Natürlich gibt es »den Kieler« nicht, im übrigen auch nicht »die Kielerin«, aber die Kieler sind stolz auf ihre Stadt und wissen oft nicht einmal, warum. Die Stadt gilt als »'n betn dröch«, keine historisch bedeutsamen Häuser locken die Besucherströme wie im benachbarten Lübeck. »Dennoch steht Kiel nicht unverdient in dem Rufe einer schönen Stadt. Nicht die bauende Menschenhand hat es dazu gemacht, aber die Hand der Natur«. Was der Dichter *Wilhelm Jensen* um 1848 schrieb, haben seinerzeit viele empfunden, und es hat bis heute Gültigkeit. Aber Kiel hat viel mehr zu bieten als Naturschönheiten und ein bißchen Marine- und Revolutionsgeschichte.

Nicht nur berühmte Gebäude machen eine Stadt interessant, es kann auch der vergessene Alltag im Mietshaus sein, das »Siegel Gottes« in der ehemaligen Torpedowerkstatt oder »Uns Ida« als Mitglied eines Studentenkabaretts.

Machen Sie eine Entdeckungsreise in die eigene Stadt, auch in die weniger bekannten Stadtteile bis jenseits der Schwentine — dorthin, wo sonst kaum ein Stadtführer hinführt. Wir führen Sie zum »Lohntütenweg«, zum Mann mit den blutigen Händen, an Albert Einsteins Urlaubs- und Hein Dahlingers Wohnort, zu Arbeitslagern und Skulpturenpark.

Wir haben versucht, beides zu berücksichtigen: Bekanntes noch bekannter zu machen, auch mit Unbekanntem vertraut zu machen und Verschüttetes freizulegen, Sensationen zu konfrontieren mit Alltäglichem. Und was wird der Kieler dazu sagen?

»Mach man nich' so'n Wind um die paar Döntjes (kleine Geschichten)!« Popularität sind die Kieler nicht gewohnt, aber es schmerzt sie, wenn in den Augen vieler bei Hamburg die Welt zu Ende ist oder Kiel nach Dänemark verlegt wird. Trotzig verbreiten sie im Gegenzug, daß jenseits der Elbe Norditalien anfängt.

Zu entdecken jedenfalls gibt es mehr, als Bewohnern und Besuchern auf den ersten Blick ins Auge fällt — dieses Buch soll einen Anreiz geben, zweimal hinzugucken.

Die Herausgeber, Kiel 1989

Die in den einzelnen Rundgängen eingeschlagenen Routen — vorgegeben durch die Reihenfolge der Stationen und Orientierungspunkte — sind Vorschläge, deren Verlauf in den dazugehörigen Karten nicht im einzelnen aufgeführt ist. Genaue Straßen- und (gelegentlich) Hausnummernbezeichnungen in den Randspalten erleichtern die Orientierung. Darüber hinaus sind wichtige Orientierungspunkte durch Ziffern am Rand notiert, die in den Karten wiederauffindbar sind. Jeder/jedem bleibt es indes freigestellt, die Touren anders zusamenzustellen, Stationen auszulassen, andere Ausgangs- oder Endpunkte zu wählen. Die von uns vorgeschlagenen Ausgangs- und Endpunkte, die in der Regel mit öffentlichen Verkehrsmitteln gut zu erreichen sind, haben wir am Beginn der Rundgänge angegeben, ebenso wie die voraussichtliche Dauer. Einzelne Touren erstrecken sich über größere Distanzen. Sie sind daher besser mit dem Fahrrad zu bewältigen.

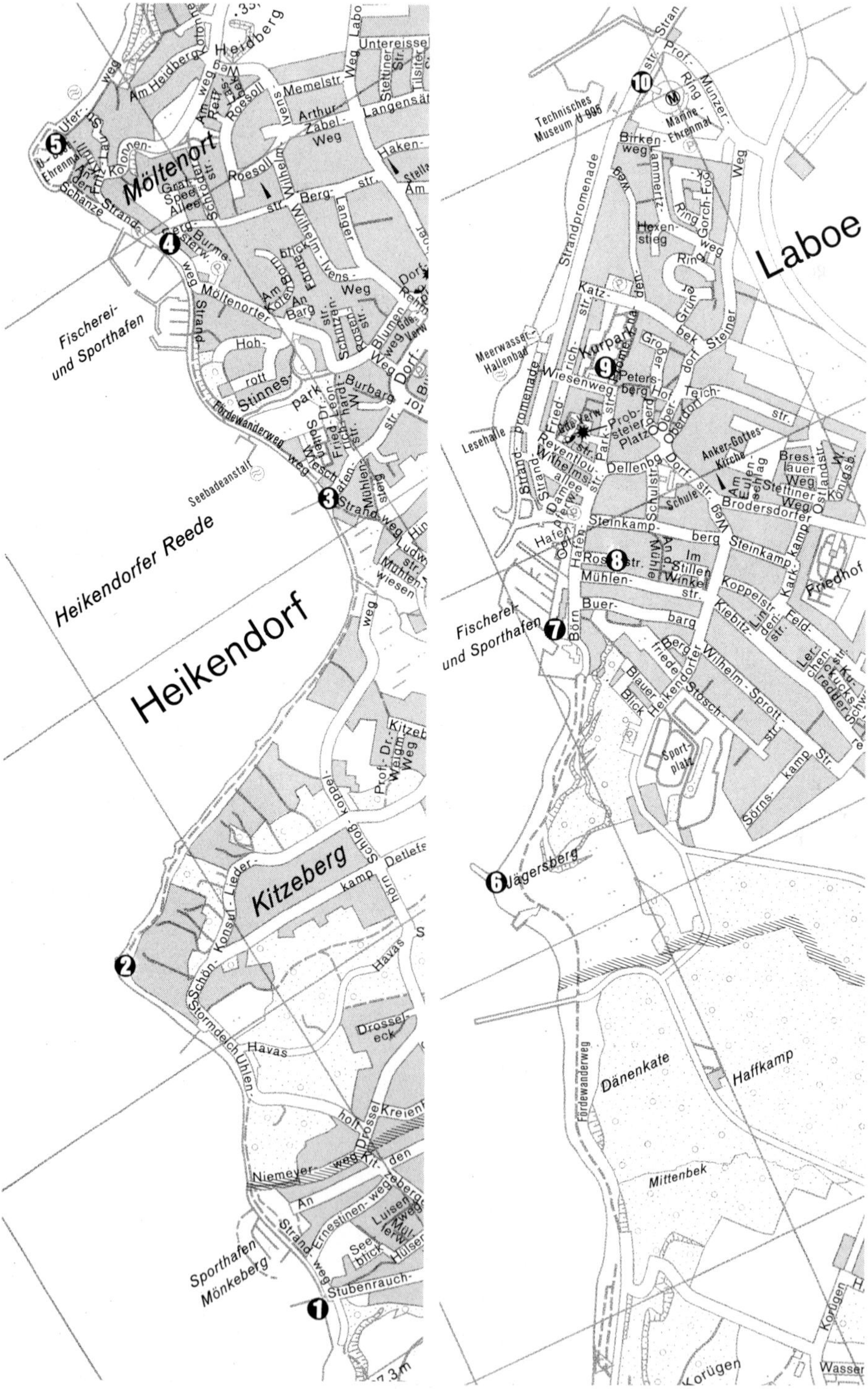
Möltenort
Heikendorf
Heikendorfer Reede
Fischerei- und Sporthafen
Seebadeanstalt
Kitzeberg
Sporthafen Mönkeberg
Fördewanderweg
Heidberg
Laboe
Technisches Museum U 995
Marine-Ehrenmal
Meerwasser-Hallenbad
Lesehalle
Kurpark
Anker-Gottes-Kirche
Friedhof
Sportplatz
Jägersberg
Dänenkate
Haffkamp
Mittenbek
Korügen
Strandpromenade
1
2
3
4
5
6
7
8
9
10

Fischbrötchen in Möltenort und alte Kameraden

Entlang des Fördeufers nach Laboe

von Volker Lassen

Ausgangspunkt: *Seegartenbrücke, Bus 6, 13, 16, Haltestelle Seegartenbrücke; Schiff Fördelinie, Schwentinelinie, Anleger Seegarten*
Endpunkt: *Anlegebrücke Laboe, Bus 54, 64, Haltestelle Hafen Laboe; Schiff Fördelinie, Anleger Laboe*
Dauer: *ca. 4 Stunden*

»Fördewanderweg ist in Gefahr — In vier Jahren haben Wellen bis zu 5,50 Meter Küste weggespült«, meldeten die Kieler Nachrichten im Februar 1989. Wer sich demnach auf diesen erst Anfang der 60er Jahre angelegten Weg begeben möchte, tue das lieber gleich. Der Weg führt an kleinen Bade- und Fischerdörfern vorbei und bietet herrliche Ausblicke auf die Kieler Förde und das gegenüberliegende Ufer. An seinem Ende liegt das Ostseebad Laboe, der alte Hafenort der Probstei. Dieses flache Bauernland mit weit gestreckten Feldern wurde im 13. Jahrhundert durch Waldrodung landwirtschaftlich nutzbar gemacht und unterstand einem Probst, der vom Kloster Preetz eingesetzt war.

Laboe ist nicht Kiel, aber der Weg am Ostufer der Förde entlang und die Fördeschiffe, die die müden Spaziergänger vom beliebtesten Ausflugsziel der Kieler in die Stadt zurückbringen, lassen das beinahe vergessen. Wir empfehlen, bis zur Mönkeberger Anlegebrücke mit dem Fördeschiff zu fahren, und danach »Fördeufer zu Fuß«.

Seegarten

»Ich schlendere zu den Seegartenbrücken hinunter, lehne dort gegen das Geländer. Ich schaue einer Barkasse zu, die Werftarbeiter zur Arbeit befördert. Wie ein williges, kleines Tier tummelt sie sich auf dem Wasser; mit weißem Schnauzbart vor dem Steven. Den Geruch des brackigen Wassers empfinde ich als wohltuend« — so Eckard Wetzel *in seinem im Neuen Malik Verlag Kiel erschienenen Roman »Die Betonkugel«, einer Schilderung aus den frühen Sechzigern. Die Barkassen der »Blauen Linie« sind längst den Umstrukturierungsmaßnahmen im Kieler Verkehrswesen zum Opfer gefallen. Aber das Wasser trägt nach wie vor die Fördeschiffe. Von kreischenden Möwen umgeben bietet sich auf dem Oberdeck eines Fördeschiffes die ganze Skyline von Kiel auf beiden Ufern dar: Auf dem Ostufer das Panorama des langgestreckten Werftengeländes mit den alten U-Boot-Bunkern und der Schwentinemündung; im Westen der nach 1945 mit dem Bombenschutt aus dem Kieler Stadtgebiet aufgeschüttete Oslo-Kai für die Fährverbindung nach Norwegen, das Hindenburgufer mit der Blücherbrücke als Anlegeplatz für das Segelschulschiff »Gorch Fock«, die Gebäude der Landesregierung, der Wasserschutzpolizei, des Instituts für Weltwirtschaft, des Kieler Yacht-Clubs und der alte Olympiahafen von 1936. Die letzte Station auf dem West-*

Laboe ist nicht Kiel. An der schmalsten Stelle der Förde könnte man es fast vergessen.

ufer ist die Bellevuebrücke. Deren alte, nun durch Beton ersetzte Holzkonstruktion war schon immer ein beliebter Spielplatz für Kinder. Auf einer kleinen Anhöhe am Ufer befindet sich in der Ferne das etwas verschämt wirkende Denkmal für die im I. Weltkrieg umgekommenen Seesoldaten. In Richtung Wik liegen die letzte Seebadeanstalt auf dem Westufer und das Gelände des Territorialkommandos Nord. Im Hintergrund erhebt sich drohend die Tirpitzmole mit den Schiffen der einheimischen und ausländischen Marinen. Der überragende Turm der Petruskirche, der alten Garnisonskirche in der Wik, bemüht sich vergebens, einen friedlichen Kontrapunkt zu setzen.

❶ Mönkeberg

An der Mönkeberger Anlegebrücke, an der wir das Schiff verlassen, fallen sofort die spitzen Stacheln auf den beiden Brückenpollern ins Auge. Unterbunden werden soll damit eine früher häufig praktizierte und heute seltener gewordene Übung der Einheimischen und Touristen, sich von den Pollern herab in die von der Schraube des ablegenden Schiffes verursachte Gischt zu stürzen.

Die Uferbefestigung rechts ist der nach den Zerstörungen durch die alliierten Bomberverbände und die nach dem Krieg von der britischen Besatzungsmacht angeordneten Sprengungen übrig gebliebene Rest eines alten Öllagers der Marine. Die daneben liegende Erhebung trägt sinnigerweise den Namen Ölberg und ist eine der schönsten Aussichtspunkte auf die Kieler Förde.

Besonders im Sommer tummeln sich die Menschen auf einem kleinen Sandstrand, dessen Wegspülen durch Steinbuhnen verhindert werden soll. Im Bereich des Seglerhafens wurden 1945 ca. 40 U-Boote der Kriegsmarine selbst versenkt und lagen für einige Jahre auf Grund. Heute bietet der Seglerhafen ca. 200 Booten Platz, wenn diese sich nicht gerade auf der Förde befinden.

Baden in der Kieler Förde

Auch Professoren wollen mal gepflegt baden gehen und sich nicht, wie 1776 dem Dichter Klopstock bei seinem Sprung in die Kieler Förde geschehen, den Unmut der Öffentlichkeit zuziehen. Der Wunsch nach öffentlicher Legitimation der Badefreuden veranlaßte die Professoren *Schrader* (Recht), *Brandes* (ausübende Heilkunde) und *Pfaff* (Arzneikunde und Chemie) im Hochsommer des Jahres 1803 zu einer Eingabe an den Kronprinzregenten, eine Seebadeanstalt zu errichten. Erst im Frühsommer des Jahres 1822 konnten die ersten Badegäste für 5,— RM ein Warmbad in dem als Aktiengesellschaft gegründeten Monopolbetrieb genießen.

Das Seebad lag zwischen der Krusenkoppel und dem Reventlouanleger, etwa da, wo heute das Landeshaus steht. Da öffentliches Baden noch immer als unschicklich galt, diente das Bad vor allem medizinischen Zwecken. Ein Konflikt mit der Universität bahnte sich bald an, als diese die Befürchtung aussprach, eine Badeanstalt könne öffentliche Vergnügen mit sich bringen, »die auf den Fleiß und den Charakter der studierenden Jugend von Nachteil sein müssen.« Doch die Mehrzahl der Badegäste nahm die warmen Seebäder sittsam innerhalb des Hauses, und nur die besonders Mutigen präsentierten sich draußen in den von Pferden gezogenen Badekarren.

1847 kaufte der Chirug *Dr. Valentiner* die inzwischen völlig heruntergewirtschaftete Seebadeanstalt. Er verzeichnete schnell zunehmende Besucherzahlen, und bald galt es als schick, sich neben weiteren bekannten Persönlichkeiten mit Namen, Herkunftsort und Beruf in die Fremdenliste bei Valentiner einzutragen. Hier hat sich so manches Paar gefunden, wie auch *Klaus Groth* und seine spätere Frau *Doris Finke* im Sommer 1853.

Als Valentiner 1856 starb, kaufte der italienische Konsul, Musiklehrer und Besitzer einer Instrumentenhandlung *Schloßbauer* mit allen Privilegien das Bad und gab dort Gartenkonzerte. Neun Jahre später ging das Bad für 104.000 Thaler an die Königlich Preußische Regierung über, und das Monopol wurde aufgehoben. Wo heute das Institut für Weltwirtschaft steht, lockte die Kieler 1868 die neue Seebadeanstalt, die um die Jahrhundertwende von der Kruppschen Verwaltung aufgekauft und in ein exquisites Restaurant mit Café umgestaltet wurde. Zwei neue Badeanstalten, die nicht mehr vorrangig für medizinische Zwecke errichtet wurden, ersetzten sie: das Hohenzollernbad bei Bellevue und die Militärbadeanstalt in der Wiker Bucht. Kandidaten, die den »Freischwimmer« erlangen wollten, mußten an einer langen Leine weit hinaus in die Förde schwimmen.

Außerdem existierte noch das Agnetabad in der Schwentinemündung und die Holtenauer Badeanstalt in der Nähe der Kanalmündung. Freie Badestrände ohne Badefluß und Badeanstalt entstanden an den neuentdeckten Stränden wie Strande und Falkenstein.

Nach dem Zweiten Weltkrieg, als das Baden bereits öffentlich akzeptiert wurde, stand der Bevölkerung am Westufer nur noch ein schmaler Sandstreifen an der Tirpitz-Mole zum Baden zur Verfügung. Erst 1951 wurde die neue Badeanstalt Bellevue eröffnet, die heute zwar grundlegend überholt, aber noch in der ursprünglichen Struktur zur Verfügung steht.

In den 60er Jahren war es bei Jugendlichen besonders beliebt, vor Laboe nach Munition aus dem Zweiten Weltkrieg zu tauchen. In den 70er Jahren war die Errichtung von FKK-Stränden heiß umkämpft wie ein Strandabschnitt in Schilksee und Ekkernholm an der Eckernförder Bucht. Schon länger existiert der FKK-Strand neben Boltsand in der Nähe von Schönberg.

Durch die erhöhte Mobilität werden heute vor allem die Strände außerhalb der Innenförde, wie der Schilkseer und der Falkensteiner Strand, besucht. Dort kann man noch kostenlos baden, während auf der anderen Seite der Förde in Kitzeberg, Mönkeberg und Heikendorf im Sommer eine deftige Kurtaxe erhoben wird. Wenig Trost spendet das Versprechen des Bürgermeisters *Sönke Jändling*, der beim Anbaden in Heikendorf am 30.6.1989 in die kalten Fluten stieg und stolz verkündete: »Der erste Tag kostet nichts«!

Heide Ziefuß

Im Winter ist in Mönkeberg natürlich der Hund begraben. Gerade dieses wird vermutlich im 13. Jahrhundert Mönche aus dem Kieler Franziskanerkloster dazu bewogen haben, hier eine kleine Ansiedlung zu gründen und stille Einkehr zu halten. Apropos Einkehr: Die frühere Gaststätte »Ernestinenhöhe« beherbergt jetzt ein chinesisches Restaurant.

❷ Kitzeberg

Kurz vor Kitzeberg befindet sich das »Kitzeberger Wäldchen« mit Naturlehrpfad und einem Biotop. Über die Förde geht der Blick zur Holtenauer Schleuse mit der Holtenauer Hochbrücke. Zeitweise liegen davor Schiffe auf Reede, die von einer Unzahl kleiner Segelschiffe passiert werden.

Kitzeberg, früher auch Schrevenborn genannt nach dem Gut, dem es angehörte, ist ein ausgemachtes Villenviertel. Hier haben vor allem Professoren, Manager, Kaufleute und Selbständige ihre Heimstatt. Folgerichtig verfügt Kitzeberg auch über einen Golfplatz, der zu den berühmtesten der Bundesrepublik zählt. Nicht so gut betuchten Zeitgenossen bleibt der Blick auf die schönen, teilweise reetgedeckten Häuser, die sich zumeist hinter Hecken verschanzen. Innen kann es aber auch weniger schön aussehen: »Ich wohne in einer verschimmelten Mansarde. Die Bude ist eckig und hat eine schiefe Decke. Ein klägliches Fenster mit matt angehauchten Scheiben und betroddelter Gardine zeigt mir das Bild des weiten Himmels«, *Eckard Wetzel* hat hier irgendwo in der Nähe seinen Romanhelden aus der »Betonkugel« Quartier beziehen lassen.

1935 war der Ort, sicherlich bedingt durch die Nähe zur Kieler Universität mit ihrer juristischen »Stoßtruppfakultät«, Gastgeber des sogenannten »Kitzeberger Lagers«.

NS-Kultusminister Dr. Rust *und Reichsjuristenführer* Frank, *der spätere Polenschlächter, luden junge Dozenten und Habilitanden in ein Gemeinschaftslager ein. Der faschistische Jura-Professor* K.A. Eckhardt *aus Kiel umriß dessen Sinn und Zweck: »... in kameradschaftlicher Zusammenarbeit ... nach einer klaren Linie in unserem Kampf um eine neue, von nationalsozialistischem Geist getragene deutsche Rechtswissenschaft zu suchen«. Im weiteren Verlauf der Tagung durften dann auch Angehörige des NS-Studentenbundes und die Jura-Fachschaftsleiter der deutschen Universitäten hinzukommen. Da war die »Kampfgemeinschaft« komplett; deren Voraussetzung nach Prof. Eckhardt war: »... kompromißlose nationalsozialistische Gesinnung und kämpferische Haltung. Der sicherste Weg zu uns führt durch SA und SS«.*

Nach 1945 wollte keiner mehr an der nationalsozialistischen Schreckensherrschaft beteiligt gewesen sein. Prof. Heyde, *der in den Fünfziger Jahren in Flensburg unter der Bezeichnung Dr. Sawade lebte und als Obergutachter der Landesversicherungsanstalt Schleswig-Holstein arbeitete, war 1947 für einige Zeit auf einem Bauerngehöft im benachbarten Mönkeberg untergetaucht. Er hatte allen Grund, sich als Landarbeiter zu tarnen: Seine steile Karriere unter den Faschisten als Ordinarius für Psychiatrie und Nervenheilkunde ließ ihn die hauptverantwortliche Person für die Durchführung des Euthanasie-Programms, das unter der Bezeichnung »T 4« lief, werden. Nach Beendigung dieses Programms 1941 selektierte er in KZs auch weiterhin »lebensunwertes Leben« — jahrelang war er Herr über Leben und Tod.*

Nicht nur für Heyde, sondern für eine ganze Reihe von Alt-Nazis war Schleswig-Holstein nach dem Ende der faschistischen Herrschaft das bevorzugte Zufluchtsgebiet. Hier passierte ihnen nichts, im Gegenteil. Sie konnten in der jungen Bundesrepbulik ihre Karriere fortsetzen und hohe Stellungen in der Landesverwaltung einnehmen. Den Rechtshistoriker Klaus Bästlein *aus Husum veranlaßte dieser Umstand zu der Feststellung, daß Schleswig-Holstein nach 1945 zu einem »regelrechten Reservat für NS-Verbrecher« gedieh.*

Der Wanderweg am Kitzeberg vorbei erfordert von dem Fußgänger etwas Achtsamkeit. Der Weg ist hügelig und ideales Trainingsgebiet für ansonsten verhinderte Radrennfahrer. Diese verschrekken die rudelweise anzutreffenden Haushunde, die dann von Kind und Kegel beruhigt werden müssen. Gelingt das nicht, kann ein am Rande des Nervenzusammenbruchs befindliches Familienoberhaupt schon einmal in heftiges Schimpfen geraten.

❸ Alt-Heikendorf

Alt-Heikendorf gehört wie Kitzeberg und Möltenort zu der Gemeinde Heikendorf. Seine Anlegestelle wird von den Fördeschiffen häufig wegen Niedrigwassers nicht angefahren. Kurz vor dem Ort liegt ein kleines Schutzgebiet für Wasservögel, durch das besonders Enten und Bleßhühner angezogen werden. Auch der unmittelbar hinter dem Ortseingangsschild »Ostseebad Heikendorf« abgebildete preußische Polizist auf dem Schild, das auf den

Vorrang der Fußgänger hinweist, hat nicht verhindern können, daß der Bronzeskulptur von *Karin Hertz* vor dem Restaurant »Am Meer« die Angel gestohlen worden ist.

Zwischen Alt-Heikendorf und Möltenort befindet sich landeinwärts der Stinnespark, der früher dem Ruhrmagnaten *Hugo Stinnes* gehörte.

Möltenort

❹

Möltenort zeichnet sich durch einen hohen Möwenbestand aus. Diese Vögel werden angelockt durch die Fischkutter, die ihre Fänge hier anlanden. Neben Laboe ist Möltenort der Fischereihafen der Kieler Förde. Viele der Fischer kommen aus Vertriebenenfamilien, deren Vorfahren überwiegend aus dem früheren Ostpreußen stammen. Als Seglerhafen ist der Ort in jüngerer Zeit auch bei Landratten durch das hier beheimatete Boot des Quizmasters *Hans-Joachim Kulenkampff* etwas bekannter geworden.

Typische Fördespezialitäten gibt es in einer kleinen Bude am Hafen: Geräucherte Makrelen, Butt und Aal sowie die bekannten Kieler Sprotten. Allseits geschätzt sind auch die Fischbrötchen. Böse Zungen behaupten, daß insbesondere Brötchen mit Bismarckhering sich des lebhaften Zuspruchs von Kurgästen erfreuen — als Katerfrühstück.

❺

Hinter Möltenort bildet eine kleine Landzunge die schmalste Stelle der Kieler Förde, die auf dem anderen Ufer von Friedrichsort begrenzt wird. Früher befand sich hier eine Küstenbatterie als eine der vielen militärischen Anlagen, die Kiel vor dem Eindringen fremder und feindlicher Schiffe schützen sollten. Heute breitet sich an dieser Stelle eine Anlage aus, die 1930 geschaffen, 1936 verändert und Ende der Sechziger Jahre weiter umgestaltet wurde.

Blickpunkt der Anlage

Betreut und gepflegt wird die Anlage von der U-Boot-Kameradschaft Kiel e. V., die die Stätte als U-Boot-Ehrenmal verstanden wissen will. Der Bereich ist nicht gewaltig, besitzt aber immer noch Spezifika faschistischer Architektur, die niemals auf Funktion, sondern nur auf mystische Emotionen gesetzt hat. Blickpunkt der Anlage ist ein Adler mit ausgebreiteten Flügeln auf einem hohen Steinpfeiler, der Gewaltiges vortäuschen will. Dahinter, nach unten versetzt, führt im Halbrund von einer Mini-Halle zu einer anderen Mini-Halle ein Gang, an dessen Wänden Tafeln mit Namen der gesunkenen U-Boote und der Besatzungsmitglieder angeschlagen sind. Die Betreiber der Stätte finden nichts dabei, hierauf das polnische Gdingen entsprechend der NS-Namensgebung als Gotenhafen zu bezeichnen. Das Halbrund vermittelt das Gefühl, sich in einem Schützengraben zu befinden. Alten Kameraden schwillt dabei wohl die Brust, wie die Einträge in das Besucherbuch ausweisen: »Es war kein Wahnsinn; einer, der dabei war« und »...ist eine würdige Gedenkstätte für unsere gefallenen U-Boot-Helden. Sie ließen für uns ihr Leben!« Das Buch enthält aber auch die Eintragungen: »Keine Ehren- und Heldenstätte, sondern Symbol des Schreckens!« und »Dahin führen Militarismus und nationale Arroganz.« Besonders nachdenklich stimmt die Notiz: »So viele tote Kameraden sind für einen jungen Soldaten unbegreiflich«.

Hinter dem U-Boot-Ehrenmal besteht jedenfalls im Sommer erst einmal die Gelegenheit, Ärger oder auch Frust über die militärische Gedenkstätte an einer Getränkebude im Kurstrandbereich hinunterzuspülen.

❻ Jägersberg

Das letzte Stück des Fördewanderweges bis nach Laboe führt zunächst an dem Campingplatz Korügen vorbei durch das Gelände des Marinemunitionsdepots Jägersberg. Vor dem Zugang geht es noch zivil zu, der Betriebshof des Hauptpumpwerks Heikendorf des Abwasserzweckverbandes Ostufer Kieler Förde zeigt eine sehr profane Seite der Gegend auf.

Aber auch die kirchliche Seite kommt nicht zu kurz. Direkt am Strand liegt eine »Lobpreisstätte«, auf der Sonnabends um 17.00 Uhr Andachten abgehalten werden.

Das Bundeswehrgebiet selbst ist als militärischer Sicherheitsbereich mit »Betreten verboten« und »Vorsicht! Schußwaffengebrauch« ausgewiesen. Fotografieren und Filmen ist ebenfalls verboten. Eingezäunt führt der Fördewanderweg mitten durch dieses Gebiet hindurch, gelegentlich sind patrouillerende Wachmänner mit des wahren Deutschen liebster Begleitung, einem Schäferhund, zu erblicken. Am Wochenende ist der Weg stets offen, an Werktagen muß der Besucher damit rechnen, zeitweise kurzerhand ausgesperrt zu werden. Dann nämlich wird über die ins Meer ragende Rampe ein Teil der hier gelagerten Waffen und Munition in öffentlich nicht bekannter Menge verladen.

Küstenschutz. Ob das ausreicht?

Vor und hinter dem Bundeswehrgelände ist der Fördewanderweg durch die Anbrandungen der Kieler Förde besonders gefährdet. Bislang haben die Reste der Marine-Kaianlagen aus dem II. Weltkrieg nach der Sprengung durch die britische Besatzungsmacht noch als Küstenschutz dienen können. Jetzt sind sie freigespült und müssen der Planung der Heikendorfer Gemeinde zufolge durch eine vier Meter breite Zone von Findlingen verstärkt werden.

Sollte diese Maßnahme nicht fruchten, so besteht Gefahr für das Gelände zwischen dem Bundeswehrgebiet und Laboe, dessen Strandbereich und dessen kleines Gehölz seit jeher eine Schmuseecke für die Laboer und auch für die auswärtige Jugend bilden.

Schanze bei Laboe an der Kieler Bucht, nach einem Holzschnitt von G. Arnould, 1871

Laboer Hafen

Im Hafen liegt das Schiff des Künstlers Heinrich.

Das äußere Erscheinungsbild des Laboer Hafens sowie das rege Treiben der Fischer, die in den frühen Morgenstunden den fangfrischen Fisch verkaufen oder am Abend ihre Netze flicken, weisen Laboe als den neben Möltenort weiteren wichtigen Fischereihafen der Kieler Förde aus. Allerdings können sich die heute verbliebenen Fischer in Laboe vom Fischfang kaum noch ernähren, viele betreiben diese Tätigkeit lediglich als Nebenerwerb.

Übrigens ist der Kauf sowohl fangfrischen als auch geräucherten Fisches besonders zu empfehlen im Geschäft von Hannchen Voss an der Ecke von der Börn zum Buerbarg.

Ursprünglich war Laboe ein Bauerndorf, seine Geschichte als Hafenort begann erst Anfang des 19. Jahrhunderts. Von 350 damals hier lebenden Menschen hatten sich gerade 10 der Fischerei zugewandt und an der Ostseite des heutigen Hafenbeckens eine Landungsbrücke gebaut. Ab 1856 wurde aus Geldspenden Probsteier Bürger und mit Hilfe des Klosters Preetz der Hafen errichtet. Dieser erlangte sehr schnell große Bedeutung dadurch, daß über ihn fast die gesamte Ein- und Ausfuhr der Probstei abgewickelt wurde. Noch bis in die Zwanziger Jahre hinein stauten sich die mit Korn und Raps beladenen Pferdefuhrwerke der Bauern am Kai. Mit dem Ausbau Kiels als Kriegsmarinestandort vor mehr als 100 Jahren erlangte Laboe weitere Bedeutung, weil der Hafen den Umschlag von Material für die Küstenbefestigungen ermöglichte. Nach dem Ende des I. Weltkrieges setzte jedoch allmählich ein Niedergang des Handels ein. Die Fischer mußten sich zusätzliche Verdienstmöglichkeiten verschaffen. In dieser Zeit mähten sie Seegras, trockneten es und verkauften es nach Hamburg als Matratzenfüllungen. Im Jahre 1936 wurde der Hafen anläßlich der Segelolympiade in Kiel weiter ausgebaut. In den letzten Tagen des II. Weltkrieges landeten auch hier viele Schiffe aus dem Osten an. Ein Teil blieb und verstärkte Laboes kleine Fischereiflotte.

In den Fünfziger Jahren wurde dann der Schutzhafen westwärts der Südmole gebaut, die Nordmole wurde umgestaltet, und im Hafenbecken wurden eiserne Spundwände eingezogen. Der heute

❼ als Parkplatz genutzte frühere Umschlagplatz nördlich des Hafenbeckens beherbergt hin und wieder einen kleinen Jahrmarkt, der von nur wenigen Schaustellern beschickt wird.

Der Yachthafen erfuhr seine Fertigstellung zur Segelolympiade 1972. Der Zoll hatte da bereits ein größeres Haus am Ende der Südmole bezogen und das alte Gebäude an der Nordmole aufgegeben. Neben dem alten Gebäude, heute Station des Lotsenbetriebsvereins, befindet sich der Fahrkartenschalter für die Fördeschiffahrt. Jahrelang wurde dieser Schalter von einem Mann unterhalten, den die Kinder »Chef« nannten. Über seinen Tresen wanderten die mit heißem Herzen überreichten Groschen für ein kleines Eis, Brausepulver, einige Bonscher, »Onkel Ali's« Wundertüten oder die von den Eltern heftigst bekämpften Bildheftchen aus der Piccolo-Serie.

Die Hafenmeisterei befindet sich heute ebenfalls am Ende der Südmole und residierte früher in dem grauen quaderförmigen Haus am Nordrand des Hafenbeckens. Der alte Hafenmeister *Rudolf Schlapkohl* saß in den Sechziger Jahren oft mit seinen alten Freun-

Hafenpanorama mit kleiner Fischereiflotte

den auf den Bänken im Hafenbereich und wußte stets eine Geschichte zu erzählen, die nicht immer Seemannsgarn war. Er gehörte noch zu den Seeleuten, die mit einem Segelschiff Kap Horn umrundeten, und erzählte oft, wie er dort nach einem Schiffbruch dem Tod nur mit knapper Not entronnen ist. Sein Begräbnis erfolgte stilgerecht zu den Klängen des Hans-Albers-Liedes »La Paloma«.

Rosenstraße

8

Die Rosenstraße verfügt über einen noch aus der Gründerzeit stammenden Baubestand. Die Herkunft der Straßenbezeichnung ist ungesichert. Der Name soll von hier angelegten Rosenstöcken herrühren; aber es heißt auch, er sei ein bitter-beschönigender Hinweis auf eine als Pestfriedhof bezeichnete Begräbnisstätte am Ende der Rosenstraße, dem Grunsbarg, und der ihr entströmenden »Düfte«. Der Ursprung der Seuche, an der 1711 zehn bis fünfzehn Personen starben, wurde nie geklärt.

Auf dem Pestfriedhof wurde 1872 die erste Mühle errichtet. Sie war ursprünglich als Segelmühle konzipiert worden, die Flügel besaßen eine Segeltuchbespannung, die je nach Windstärke gerefft werden konnte. Das war zeitraubend und umständlich, und so ersetzten ab 1892 zum ersten Mal in Schleswig-Holstein Jalousien die Segeltuchbespannung. 1904 gab es Feueralarm: Die Mühle brannte! Im August 1914 brannte die neu errichtete Mühle noch einmal. Dieses Mal war sie aber auf Anordnung der Kieler Festungskommandantur angezündet worden. Die Militärs befürchteten, das weit über See hin sichtbare Bauwerk könne feindlichen Flotten als Navigationspunkt dienen und der Schiffsartillerie das Einschießen erleichtern. Ein Zeitzeuge: »Es war ein schauriges Bild, als die lodernden Flammen gen Himmel schlugen und die Windmühlenflügel, von der Gewalt des Feuersturms gepackt, sich noch einmal zu drehen begannen, ehe dann in einem Funkenregen alles zusammenstürzte.«

Hinter der Mühle ein bemerkenswerter Ausblick

1923 neu errichtet, arbeitete die Laboer Mühle bis 1963, 5 Jahre später wurde sie, nunmehr stilliegend, zum Restaurant »Alte Windmühle« umgewandelt und bis 1972 bewirtschaftet und danach bis 1982 als Diskothek betrieben. Seitdem bemühte sich eine Interessengemeinschaft Baupflege Laboe e.V. um die Erhaltung der verfallenen Mühle. Vom Landratsamt des Kreises Plön kam keine Hilfe, weil durch die ständigen Umbauten der ursprüngliche Charakter nicht gewahrt worden war. Heute wird das Gebäude als Restaurant und Bar »Laboer Windmühle« betrieben.

Hinter der Mühle steht jetzt an der Stelle des früheren Getreidelagers ein Altenpflegeheim. Etwas weiter oben, von der Mitte des Weges aus, bietet sich ein bemerkenswerter Ausblick auf den Ort und die Förde.

Schulstraße

Von 1780 bis 1800 war ein Schneider und Bienenkorbmacher damit betraut, den ca. 80 Schulkindern das Lesen und Schreiben beizubringen. Als Gegenleistung erhielt er von den steuerpflichtigen Kindeseltern Brot und Feuerung, außerdem durfte er eine Kuh halten. Viele Eltern schickten damals ihre Kinder nur zeitweise während der Wintermonate oder auch gar nicht auf die Schule. Die Kinder hatten auf dem Bauernhof oder beim Fischfang mitzuhelfen. Später konnten sie dann vom Schulbesuch teilweise befreit werden, mußten aber mindestens zweimal die Woche für 3 Stunden am Unterricht teilnehmen.

Nachfolger dieses Nebenerwerbslehrers wurde für 6 Jahre Peter Plett. *Dieser soll bereits 1791 noch vor dem englischen Landarzt* Jenner *die erste Pockenschutzimpfung überhaupt an einem Probsteier vorgenommen haben.*

Alte Bauernhäuser neu genutzt

Von 1869 bis 1906 lehrte der strenge Hauptlehrer A. Löwe *an der Schule. Die Kinder müssen ihn nicht sonderlich gemocht haben: »Löwe mit dem Besenstiel haut die Kinder allzuviel, allzuviel ist ungesund, Löwe ist ein Lumpenhund.«*

1867 wurde der Neubau in der Schulstraße seiner Bestimmung übergeben. Die alte Schule platzte aus allen Nähten. Heute fragen sich die Laboer hingegen angstvoll, ob ihre Schule vielleicht geschlossen werden müsse, weil die Schülerzahl kontinuierlich abnimmt.

Oberdorf

Das altbäuerliche Siedlungsgebiet war ursprünglich als Rundling angelegt. Wie fast alle Dörfer in der Probstei war auch Laboe ein Rundangerdorf: Die Bauernhäuser standen mit der Giebelseite zu einem kreisförmigen Platz, dem Anger. Vor und zwischen den Häusern waren Eichen, Linden und Eschen angepflanzt, um bei einem Brand den Funkenflug abzufangen. Hinter den Häusern lagen Gemüsegärten, dahinter die Hausweiden, von einem befestigten, kreisförmigen Wall begrenzt, der die Wölfe — eine Landplage des Mittelalters — daran hindern sollte, nachts auf den Anger zu kommen, auf dem abends das Vieh zusammengetrieben wurde. Nach Ausrottung der Wölfe wurde auf dem Anger Wohnraum für die Kätner und das Gesinde geschaffen.

Heute befinden sich nur noch wenige alte Bauernhäuser im Oberdorf. Besonders eindrucksvoll ist ein 450 Jahre altes niedersächsisches Fachhallenhaus, der Hof Wiese. Die äußere Gestalt des Hauses gehört jedoch der jüngeren Vergangenheit an, die Giebelseiten sind sogar erst 1910 entstanden. In diesem Haus werden seit einigen Jahren regelmäßig im Sommer künstlerische Kurse durchgeführt.

An der Südspitze des Oberdorfs befindet sich bei einer rechts leider abgesägten Doppeleiche ein Gedenkstein. 1889 haben die patriotischen Honoratioren Laboes damit ein äußeres Zeichen für die Schleswig-Holsteinische Erhebung 1848 gesetzt: »Op ewig ungedeelt«.

Petersberg

Vom Oberdorf in das Unterdorf zurück führt eine idyllisch gelegene alte Treppe namens Petersberg. An deren Ende befand sich in dem heutigen Gebäude der Schlosserei Kruse die gleichnamige ältere Schmiede, welche die ganz alte Schmiede im Oberdorf abgelöst hatte. Noch bis in die Sechziger Jahre hinein glühte hier das Schmiedefeuer, klangen Amboß und Hammer zusammen und wurden Arbeitspferden die Hufe beschlagen.

Kurpark

9

Der Kurpark wurde in den Zwanziger Jahren angelegt und war stets voller Entenflott. Ein Bestand von hohen Bäumen säumte damals die Wege. Drei rechteckig abgezirkelte Teiche waren in Nord-Süd-Richtung angelegt. In den Siebziger Jahren wurde der Kurpark völlig umgestaltet mit künstlichem Gewässer, einer Treppen- und Wegekonstruktion aus Holz sowie einem Pavillon. Insbesondere ältere Laboer sind mit dieser Lösung gar nicht zufrieden. Der Gedenkstein für die im I. Weltkrieg umgekommenen Laboer am Rande wirkt in diesem Ensemble rührend hilflos. Die Minigolfanlage vor dem Ein- und Ausgang zum Katzbek ist besonders für Kinder ein Anziehungspunkt.

Promenadenweg

Trotz fragwürdigem Symbolgehalt zum Wahrzeichen geworden

Marine-Ehrenmal

⑩

Vom Kurpark zum Marine-Ehrenmal empfiehlt sich ein Gang durch den Promenadenweg. Zur Zeit des Faschismus hieß diese Strecke Schlageterstraße, bezeichnet nach dem nationalistischen Freikorps-Angehörigen *Albert Leo Schlageter*, der 1923 als Attentäter von der französischen Besatzungsmacht des Rhein- und Ruhrgebietes hingerichtet wurde. Links säumt den Weg ein alter idyllischer Hausbestand mit Gartenanlagen, rechts liegt eine früher wegen der gelben Blumen »Kletschenbarg« genannte Anhöhe.

Das Marine-Ehrenmal auf dem Gelände, auf dem früher ein Panzerturm stand, gehört dem Deutschen Marinebund e.V. und ist nach offiziellem Sprachgebrauch eine Gedenkstätte zu Ehren aller auf See Gebliebenen. 1926 beschloß der Bund der deutschen Marinevereine die Errichtung der Anlage und sammelte 1927–1936 Spenden in Höhe von fast 1 Million Reichsmark. Für die gen See gerichtete Rippe schafften Steinfischer Granitblöcke vom Boden der Kieler Bucht herbei. Die Einweihung erfolgte im Beisein von Adolf Hitler am »Festtage der Kriegsmarine« im Mai 1936 aus Anlaß des 20. Jahrestages der Schlacht vor dem Skagerrak.

Wertungsfrei?

Die Anlage ist auch heute noch genauso monströs wie seinerzeit. Es ist müßig, darüber zu streiten, ob der Turm, der eine frappante Ähnlichkeit mit dem jetzigen Kosmonautenehrenmal in Moskau aufweist, einen Rammsporn, ein Panzerschiff, den Steven eines Wikingerschiffes oder eine emporlodernde Flamme symbolisieren soll – es kommt im Prinzip auf dasselbe hinaus. Im Jahre 1986 hat der Kieler Autor Hannes Hansen *eine ganz andere Interpretation geboten: »Was soll uns also daran hindern, in dem Backstein- und Granitklotz ein Phallussymbol zu sehen... einen gewaltigen und gewalttägigen Penis, den eine – trotz aller martialischen Rede oder gerade wegen ihr – ihrer Rolle und ihrer selbst zutiefst unsichere Marineoffizierskaste als Demonstration von Männlichkeitswahn und Machtgelüsten aufgepflanzt hat«. Hansen veröffentlichte einen »Vorschlag, das Marine-Ehrenmal zu Laboe von dem amerikanischen Künstler* Christo *einpacken zu lassen« im Neuen Malik Verlag Kiel, der auf Beschluß der Kieler Ratsversammlung einen Druckkostenzuschuß in Höhe von DM 1100 erhielt. Die Ratsherrenfraktion der CDU lief erwartungsgemäß dagegen Sturm.*

Zwei Jahre zuvor, im Jahre 1984, geriet der Flaggenraum im Turm ins öffentliche Gerede, nachdem eine Schulklasse Strafanzeige wegen Verwendung von Kennzeichen verfassungswidriger Organisationen erstattet hatte. In dem Raum hängt die Fahne der faschistischen Kriegsmarine mit Hakenkreuz wie völlig selbstverständlich zwischen den Flaggen der alten Reichsmarine und der Bundesmarine. Der Marinebund verwies darauf, daß die NS-Fahne ein wertungsfreies bloßes Ausstellungsstück sei. Das Ermittlungsverfahren wurde eingestellt. Ebenso wertungsfrei dürfte es dann auch sein, daß in der »Weihehalle« unter dem »Ehrenhof« ständig von ehemaligen Angehörigen der Waffen-SS Kränze deponiert werden, die den Wahlspruch dieser Mörderorganisation »Unsere Ehre heißt Treue« auf den Schleifen tragen. Im Gegensatz zu dem Deutschen Marinebund nehmen einige Besucher hieran doch Anstoß, teilweise im wörtlichen Sinne.

Nach der Kapitulation der Faschisten 1945 wollte die britische Besatzungsmacht die Anlage zunächst sprengen, was dann leider

Die Umgestaltung des Kurparks gefällt nicht jedem.

unterblieb. Heutzutage besteht für Schiffe der Bundesmarine befehlsgemäße Pflicht, beim Passieren des Turms die Flagge zu dippen, um den Toten die letzte Ehre zu erweisen, was denen allerdings auch nichts mehr nützt.

Strandpromenade

Am Strand in unmittelbarer Nähe des Ehrenmals ist das U-Boot 995 aus dem Jahre 1943 aufgebaut. Tafelinschriften verraten viel über die technischen Daten. Verschwiegen wird die beispiellose Ausfallquote, welche die U-Boot-Kräfte durch die Allierten im letzten Kriege erlitten. Im Prinzip waren es schwimmende Särge, in denen die Besatzungen in Himmelfahrtskommandos verheizt wurden und für Interessen, die nicht die ihren sein konnten, ein schreckliches Schicksal erlitten. *Lothar-Günter Buchheims* Roman »Das Boot« zeugt davon.

In Richtung Stein befindet sich ca. 5 Minuten vom Ehrenmal entfernt »Det Koffiehuis«. Ein Besuch lohnt sich, nicht nur wegen des im Café zu erwartenden Imbisses, sondern auch wegen der Galerie mit wechselnden Ausstellungen.

Der Weg zurück auf der Promenade zeigt Laboe von der Seite, die dem Ort die Bezeichnung »Ostseebad« verliehen hat. Die Anfänge dieser Entwicklung liegen bereits über 100 Jahre zurück.

Ein Kieler Professor, der in den Siebziger Jahren des letzten Jahrhunderts die Semesterferien regelmäßig in Laboe verbrachte, riet den Einwohnern, ihre Einkünfte durch Zimmervermietung während der Sommermonate zu verbessern. Er selbst förderte die Kurbadbestrebungen durch Werbungen im Freundes- und Verwandtenkreis. 1886 wurde der Verschönerungsverein gegründet, der die Attraktivität Laboes durch die Anlage von Wegen, Plätzen und Baumbepflanzungen erhöhen sollte. Die Jahre bis zum I. Weltkrieg waren für den Ausbau des Bades von großer Bedeutung. Die kaiserliche Marine, der Ausbau der Kieler Werften, die Eröffnung des Kaiser-Wilhelm-Kanals und der allgemeine wirtschaftliche Aufschwung nach der Gründer-

zeit bildeten ein solides Fundament für den Tourismus, von dem damals allerdings die werktätige Bevölkerung vollkommen ausgeschlossen war. Hauptanziehungspunkt für die Urlauber war in diesen Zeiten die alte Seebadeanstalt. Entsprechend des Zeitgebrauchs war sie »zur Wahrung von Sitte und Moral« unterteilt in Damen-, Herren- und Familienbad.

1928 kaufte die Gemeinde das zuvor private Bad auf. Zu seiner Vervollkommnung wurde die alte Seebadeanstalt im gegenüberliegenden Falkenstein demontiert und hinter der als Eingang dienenden Lesehalle wieder aufgebaut. Bis in die Fünfziger Jahre hinein war sie mit Rutsche und Sprungturm im Wasser eine gern besuchte Attraktion auch für die Einheimischen. Begehrt waren die Plätze auf dem Dach der Umkleidekabinen, um den Blick auf die Förde zu genießen. Ende der Fünfziger Jahre wurde die Badeanstalt durch die Eisschollen der starken Winter weitgehend zerstört. Da kein Geld zur Instandhaltung aufgebracht wurde, sind die letzten Überreste Anfang der Sechziger Jahre abgerissen worden. Als Ersatz soll die heutige Meereswasserschwimmhalle dienen.

In den letzten 100 Jahren des Tourismus in Laboe hat sich sehr viel verändert. Die Gestaltung des Urlaubs gründet sich hier wie andernorts auf die bekannten technischen, baulichen, sportlichen und auch kommerziellen Errungenschaften, über deren Bewertung zu streiten ist.

Kaum zu streiten ist allerdings über den mißglückten Umbau der alten Strandhalle. In der Nachkriegszeit war sie u.a. ein beliebtes Tanzlokal. Besonders gern gehört wurde das Lied von *Rudi Schuricke* über die bei Capri untergehende Sonne, weil dann im schwachen Schein von roten Lämpchen die gern genutzte Gelegenheit bestand, sich näherzukommen. Auch das führte jedoch neben der Wohnungsnot und dem Arbeitsmangel zu weiteren eifersüchtigen Spannungen zwischen der einheimischen Bevölkerung und in Laboe angelandeten Flüchtlingen aus dem Osten. Dieses Problem hat sich inzwischen zeitlich überholt. In jüngster Zeit ist zahlenmäßig das Verhältnis von Gästen zu Gastgebern in ein Ungleichgewicht geraten. Laboe versucht durch verschiedene Angebote wie Dia-Vorträge, Spielfeste und Entdeckungstouren, die von Einheimischen geleitet werden, die entstandene Anonymität zwischen den Gästen und Gastgebern wieder aufzuheben.

In dieser Straße wohnte er, der Bäcker von Laboe, dessen Phantasie der Laboer Kampfhase entsprungen sein soll.

Reventloustraße

Die Reventloustraße ist schon immer durch das Rathaus, das Postamt, die Bank und die in diesem Bereich konzentrierten zahlreichen Geschäfte ein Ortsmittelpunkt gewesen. Auch der »Bäcker von Laboe« ist noch vorhanden. Der Urgroßvater des heutigen Inhabers ruderte morgens seine Backwaren zu den im Ausgangsbereich der Kieler Förde auf Reede liegenden Kriegsschiffen. Die Matrosen sangen ihm zu Ehren häufig ein deftiges Lied, welches aus abgewandelten Zeilen mit einem auf ihn gemünzten Refrain bestand, wovon hier eine jugendfreie Strophe wiedergegeben werden soll: »Seemann mach die Socken klar, der Bäcker von Laboe ist da«.

In den letzten Jahren ist auch die Reventloustraße vielfach umgestaltet worden. Auf dem neu angelegten Probsteier Platz soll demnächst das Kunstwerk »Mare« des Kieler Architekturstudenten *Eckard Wundram* aufgestellt werden.

Der Gehörnte Hase, ein Ahnherr des Laboer Kampfhasen

Das renovierte Rathausgebäude war seit jeher Sitz der Gemeindevertretung. Das Jahr 1933 führte mit der Machtübergabe an die NSDAP auch hier zu einem Bruch, der sich jedoch weniger augenfällig gestaltete. Massenverhaftungen wie in den größeren Städten gab es nicht. Die KPD besaß in Laboe keinen Einfluß, ihr einziges Mitglied wechselte die Fronten. Die SPD-Mitglieder des Gemeinderates gingen größtenteils in die sogenannte innere Emigration.

Wilhelmsallee

Parallel zur Reventloustraße ist die Wilhelmsallee angelegt. Dieser Straßenzug entstammt der Gründerzeit und ist bis heute kaum verändert worden.

Anlegestelle Laboe

Der Fähranleger wurde für Laboe und seine Bewohner der Nabel zur Welt, sicherte er doch das Überleben des Dorfes und hat darüber hinaus die Entwicklung Laboes vom kleinen Fischer- und Bauerndorf mit 628 Einwohnern im Jahre 1867 zum Ostseebad mit 4300 Einwohnern 1988 erst ermöglicht. Jahrzehnte hindurch erreichte man Laboe problemlos im allgemeinen nur auf dem Wasserweg. Die regelmäßige Busverbindung besteht erst seit 1967.

Die erste Fährverbindung zwischen Kiel und Laboe nahm eine Frau namens Beke Sellmer *im Jahre 1857 auf. Sie beförderte die Fahrgäste mit einem offenen Segelboot einmal wöchentlich zum Markt nach Kiel. Die Fahrt kostete 2 Schilling, bei Flaute mußten die männlichen Passagiere rudern. Beke Sellmer konnte im Hafen von Laboe noch ohne Anleger verkehren. Mit ihrem Boot mochte das angehen, schwieriger wurde es, als 1864 ihre Nachfolge durch die beiden Kieler Bootsführer* Karl Krantz *und* Georg Holm *angetreten wurde. In diese Zeit fällt der Bau des alten Anlegers. 1867 nahmen die Schiffe der »Grünen Linie« namens »Courier« und »Express« den Fährverkehr auf. Die genannten Schiffe brachten nicht nur Gäste und Einwohner von und nach Laboe, sondern auch Fracht und Bedarf des täglichen Lebens. Der Landweg über Gaarden, Ellerbek, Dietrichsdorf, Heikendorf und Brodersdorf war mit der Zeit zu beschwerlich und zeitaufwendig geworden. Kein Wunder, daß die Fahrt über die Förde für alle Beteiligten interessanter und auch beliebter war.*

Heute fahren tagsüber die Schiffe stündlich von Kiel nach Laboe. In jüngster Zeit ist die kombinierte Rad- und Schiffstour — mit dem Rad hin und dem Schiff zurück — immer beliebter geworden. Besonders im Hochsommer kann es passieren, daß Mutter und Tochter mit ihren Rädern noch aufs Schiff kommen, Vater und Sohn hingegen draußen bleiben müssen, weil der Matrose anweisungsgemäß die kleine Gangway bei Überfüllung hochstellt. Wenn Vater dann anfängt, sich lauthals zu empören und die Drohung ausstößt, bis ganz nach oben gehen zu wollen, so zeigt das vielleicht Kampfgeist, aber auf jeden Fall, daß Vater die Grundregel der christlichen Seefahrt nicht kennt: »An Bord bestimmt der Kapitän.« Und dem kann es in solchen Situationen dann schon einmal herausrutschen: »Holt Muul, du Mors!«

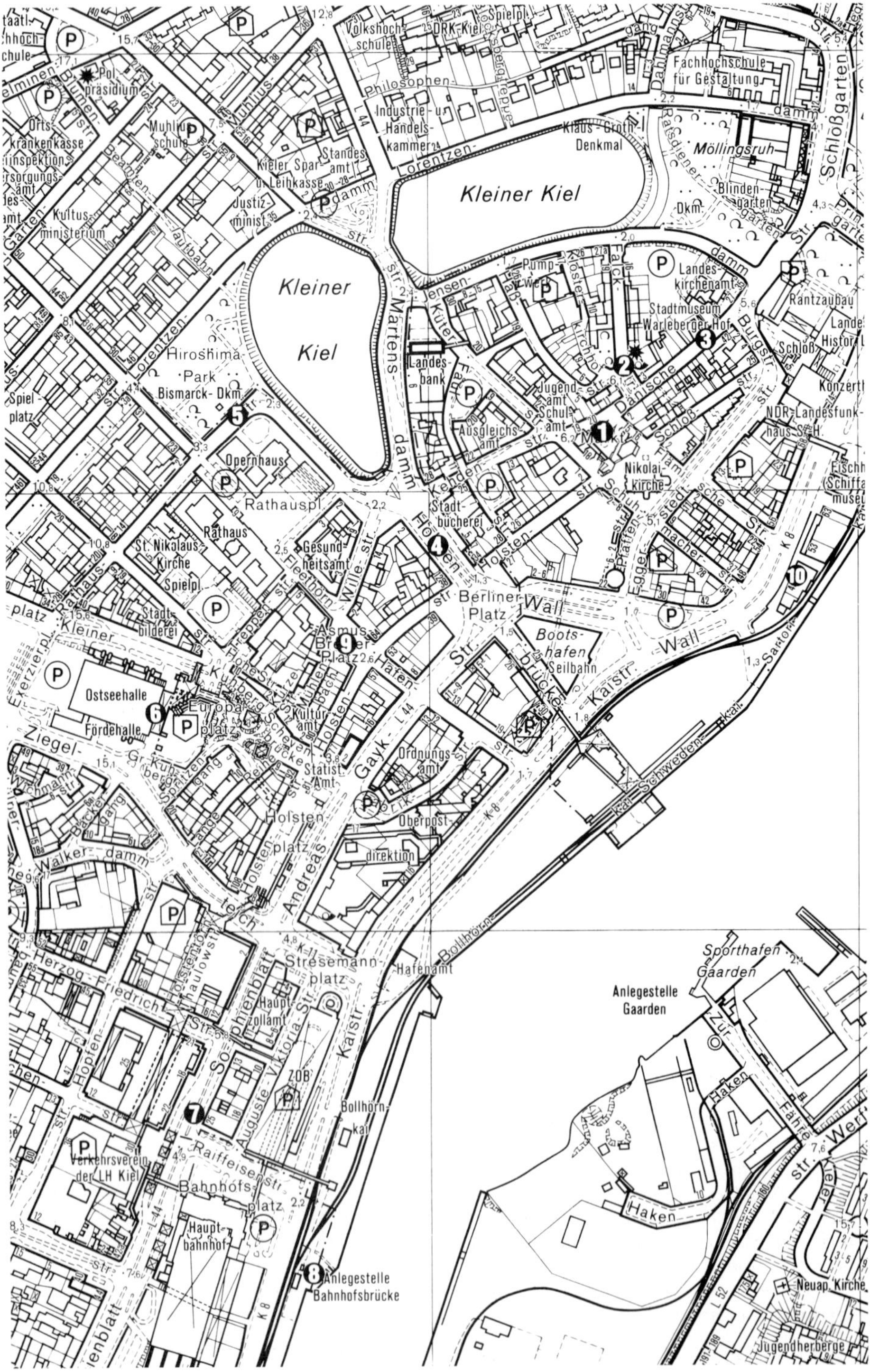
Volkshochschule
DRK-Kiel
Spielpl.
Fachhochschule für Gestaltung
Philosophengang
Industrie- u. Handelskammer
Klaus-Groth Denkmal
Möllingsruh
Kieler Spar- u. Leihkasse
Standesamt
Kleiner Kiel
Blindengarten
Dkm.
Schloßgarten
Pol.-präsidium
Ortskrankenkasse
Muhliusschule
Muhliusstr.
Kultusministerium
Justizminist.
Lorentzendamm
Kleiner Kiel
Martensdamm
Landesbank
Pumpwerk
Klosterkirchhof
Landeskirchenamt
Stadtmuseum Warleberger Hof
Rantzaubau
Schloß
Hiroshima-Park
Bismarck-Dkm.
Jugendamt
Schulamt
Ausgleichsamt
Dänische Str.
Burgstr.
Markt
Nikolaikirche
NDR-Landesfunkhaus S-H.
Opernhaus
Rathauspl.
Rathaus
St. Nikolaus Kirche
Spielpl.
Gesundheitsamt
Stadtbücherei
Holstenstr.
Schuhmacherstr.
Eggerstedtstr.
Berliner Platz
Wall
Bootshafen
Seilbahn
Fleethörn
Stadtbilderei
Asmus-Bremer-Platz
Kulturamt
Ostseehalle
Fördehalle
Europaplatz
Ziegelteich
Kaistr.
Schwedenkai
Ordnungsamt
Statist. Amt
Holstenplatz
Andreas-Gayk-Str.
Oberpostdirektion
Walkerdamm
Herzog-Friedrich-Str.
Holstentörn
Sophienblatt
Stresemannplatz
Hafenamt
Hauptzollamt
Bollhörnkai
ZOB
Auguste-Viktoria-Str.
Raiffeisenstr.
Bahnhofsplatz
Hauptbahnhof
Verkehrsverein der LH Kiel
Anlegestelle Bahnhofsbrücke
Sporthafen Gaarden
Anlegestelle Gaarden
Zur Haken
Fährstr.
Werftstr.
Neuap. Kirche
Jugendherberge
Sartori
Exerzierpl.
Wall

Berühmte Skandale und Hexenkessel im »Block D«

Innenstadt: Rund um das Rathaus

von Ute Kohrs-Heimann, Volker Lassen und Horst Peters

Ausgangspunkt: *Alter Markt, Bus 3, 4, 44, 64, Haltestelle Holstenbrücke*
Endpunkt: *Eggerstedtstraße, Bus 1, 2, 12*
Dauer: *ca. 3,5 Stunden*

Das Kerngebiet von Kiel liegt zwischen Bahnhof und Altstadt, aber ein alter Stadtkern ist nicht mehr zu erkennen. Der Bauboom im Kaiserreich und die Bomben des II. Weltkrieges haben den ursprünglichen Charakter des Gebietes völlig verändert. Selbst das für eine norddeutsche Stadtgründung des 13. Jahrhunderts typische, vom zentralen Markt ausgehende Straßen-Doppelkreuz wurde verändert.

Das schwarze, unbesegelte Schiff geht auf das Bild einer Kogge zurück. Hier im ältesten Siegel der Stadt von 1365

Das Stadtgebiet erweiterte sich schon ab 1600 nach Süden hin und es entstand die sogenannte Vorstadt. Weit draußen lag im Bereich des heutigen Bahnhofs die St. Jürgens-Kapelle mit einem Hospital für Aussätzige. Die 1833 eingeweihte Chaussee nach Altona führte durch diese Vorstadt, und die Eisenbahnlinie mit dem erst nach der Eröffnung 1844 fertiggestellten Bahnhof auf dem Gelände der heutigen Oberpostdirektion beschleunigte den Ausbau der Vorstadt. 1832 standen am Sophienblatt nur vereinzelt Häuser, zehn Jahre später war es durchgängig bebaut.

Da die Innenstadt als Zentrum für eine Großstadt mit 108.000 Einwohnern im Jahre 1900 zu klein wurde, verlegten die damaligen Stadtväter die Verwaltung, das neue Rathaus, aber auch das Stadttheater und das Gymnasium aus der Altstadt auf die andere Seite des Kleinen Kiels. Wohnbereiche für die ärmeren Bevölkerungsschichten, Geschäftsbereiche und Fiskalbauten bestimmten den Bereich der südlichen Innenstadt.

Ein besonders extremer städtebaulicher Eingriff war die Anlage der Eggerstedtstraße, als im Zuge des Schloßneubaues in die vorhandene Straßenstruktur eine Schneise geschlagen wurde.

Der 1886 geborene Namensgeber Otto Eggerstedt *war Kieler Parteisekretär und Stadtverordneter der SPD bis 1927, danach Polizeipräsident von Altona und gleichzeitig Sonderbeauftragter zur Aufklärung der faschistischen Bombenattentate der schleswig-holsteinischen Landvolkbewegung. Er wurde am 12.10.33 von den Nationalsozialisten — wie es damals hieß — »auf der Flucht erschossen«.*

Der Alte Markt, früher die höchstgelegene Stelle in der alten

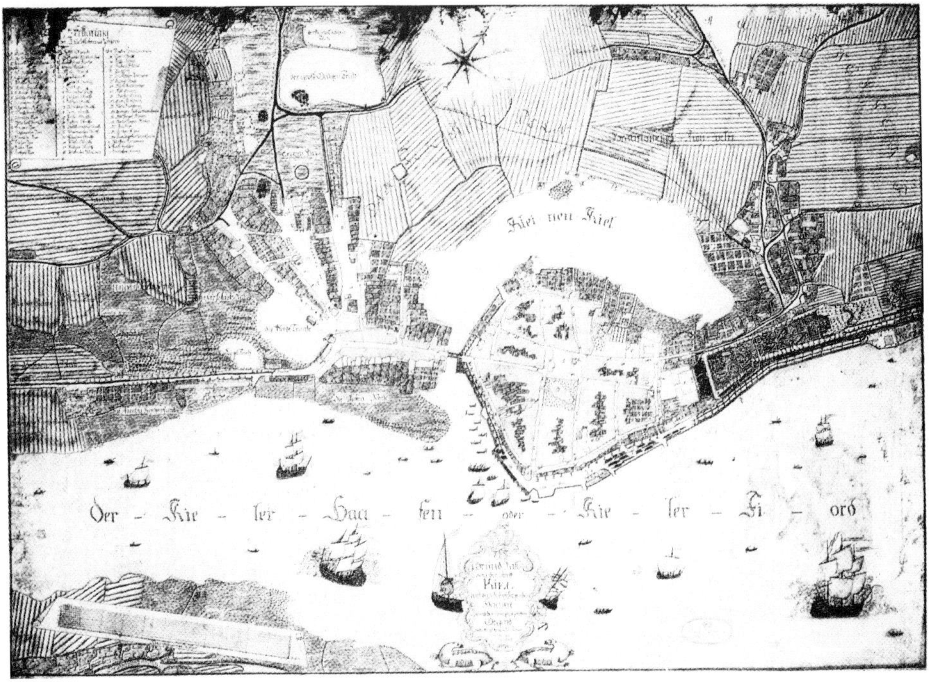

Die malerische Förde-landschaft 1780

Alter Markt

❶

Stadt, ist heute eine gepflasterte Senke mit einem Granitstein in der Mitte, der als Nabel von Kiel gilt.

1242 wurde die Stadt auf einer Halbinsel gegründet, um dem Stadtgründer — Adolf IV. von Schauenburg — *als Handelsstadt Steuereinkünfte zu bescheren. Die ideale Lage — durch die Förde auf der Ostseite und den »Kleinen Kiel« auf der Süd- und Westseite geschützt, mit nur einer schmalen Landbrücke im Norden und einem Tiefwasserhafen, der vor Stürmen sicher war — versprach eine gute Entwicklung zur Handelsstadt, die allerdings so nie eintraf. Lübeck beherrschte den Ostseehandel und die Hanse. Kiel als Konkurrenzgründung blieb dagegen immer unbedeutend. Auch fehlte das nötige Hinterland und die Nähe zu den Haupthandelswegen, was Kiels Bedeutung als Hafenstadt für den Warenumschlag bis in unser Jahrhundert belastet hat.*

Alter Markt/ Küterstraße

Jeden Samstag boten auf dem Alten Markt Bauersfrauen und Höker Waren des täglichen Bedarfs und frische Lebensmittel wie Obst, Gemüse, Fleisch, Butter, Kartoffeln, aber auch Blumen an. Nach dem II. Weltkrieg wurde der Alte Markt als Parkplatz genutzt. Der seit 1946 amtierende Parkplatzwächter *»Onkel Ludwig«*, ein Kieler Original, starb 1967 an den Folgen eines gewalttätigen Raubüberfalls. An ihn erinnert die an der Säule des Hauses Ecke Küterstraße angebrachte Bronzeplakette. Im Zuge der Neugestaltung des Alten Marktes Anfang der Siebziger verschwand der Parkplatz. Die jahrzehntelang verschüttete Markttradition soll heute durch täglich an den Ecken des Platzes aufgestellte Obst- und Gemüsestände wieder aufleben.

Raus aus dem Elend

Alter Markt/ Holstenstraße

In der dem Patron der Fischer- und Kaufleute geweihten Nikolai-Kirche sind die Reste der ehemaligen Stadtpfarrkirche verarbeitet, einer dreischiffigen Hallenkirche aus den Gründungsjahren der Stadt, die Ende des 14. Jahrhunderts um einen tiefen Chor erweitert wurde. Die 1878 im neugotischen Stil renovierte und im II. Weltkrieg weitgehend zerstörte Kirche wurde nur äußerlich wieder aufgebaut, während sie im Inneren in moderner Form hergerichtet wurde. Links vom Kircheneingang steht der »Geistkämpfer« von *Ernst Barlach*, eine 1928 vor der damaligen Universitätskirche enthüllte Skulptur. Seinerzeit erregte das Kunstwerk, das an die Gefallenen des I. Weltkrieges gemahnen soll, die Gemüter einiger Kieler, die es als zu unvölkisch ansahen. Ihr Mißfallen drückten sie dadurch aus, daß sie das Schwert verbogen. 1937 entfernten die Faschisten die Skulptur als »entartete Kunst«. Erst 1953 ist sie am heutigen Ort der Öffentlichkeit wieder zugänglich gemacht worden.

Von kämpferischem Geist

Früher befand sich auf dem Marktplatz das 1943 zerbombte Rathaus. Es war mit einem Gemälde und einem Erinnerungsstein geschmückt, die beide an die Revolution von 1848 erinnerten: die provisorische Regierung für Schleswig und Holstein wurde hier proklamiert. Bereits zu Anfang des Jahrhunderts war das Rathaus zu klein geworden und 1911 ein Neubau an der Fleethörn errichtet worden.

Alter Markt/ Schloßstraße

Die Häuserzeile zwischen Küterstraße bis zur Schloßstraße zeigt teilweise noch die Bebauung des Alten Marktes aus dem vorigen Jahrhundert, allerdings ist der alte Charakter der Häuser durch die Schaufenster im Parterrebereich völlig verändert worden. Vorhanden sind u.a. noch die Stadtbäckerei Lange, das Haus Engel und das Gebäude der jüngst aufgegebenen Haushalts- und Spielwarenfirma Schmielau. Das Spielzeug von Schmielau war etwas Besonderes und galt als pädagogisch wertvoll. Speziell in der Vorweihnachtszeit konnten sich die Kinder in der Spielwarenabteilung nicht satt genug sehen. Heute befindet sich in dem Haus die Klosterbrauerei mit einem Ausschank.

Markt 9

Neu errichtete Pavillons engen den Alten Markt ein und nehmen ihm seinen eigentlichen Platzcharakter. Sie sollen an die Persianischen Häuser erinnern, die früher den Platz vor der Nikolaikirche abschlossen. Ihren eigentümlichen Namen führten diese Gebäude, weil sie im 17. Jahrhundert unter Verwendung des Bauholzes errichtet worden waren, mit dem *Herzog Friedrich III.* Packhäuser am Hafen bauen ließ. Sie sollten Seide aus Persien aufnehmen. Seine Idee, den Seidenhandel nach Kiel zu lenken, zerschlug sich jedoch, und die Häuser wurden in Ratswohnungen verwandelt.

Für Kinder ist der Alte Markt ein beliebter Spielplatz. Über Steine zu klettern, die Schrägen herunterzurutschen und sich am Brunnen naßzuspritzen, ist ein großer Spaß. Dieses 1971 fertig gestellte Environment stammt von *Max Sauk* und nennt sich »Brunnen und Steinblumen«.

Alter Markt/ Kehdenstraße

Kehdenstraße 6

Die Hauptstraße des alten Kiel säumten bis in die Mitte des vorigen Jahrhunderts Renaissance-, Barock- und Treppengiebelhäuser. In dem Haus Nr. 6 hatte der Kieler Arzt und Kunstsammler *Dr. Paul Johann Friedrich Wassily* (1868-1951) sein 1941 zerstörtes Haus. In allen Räumen und Etagen war jede freie Wandfläche mit Gemälden und Bildern geschmückt.

Der Wochenmarkt 1890

An der Stelle des heutigen Hinterausganges des Modehauses Rolfs befand sich in einem gleichfalls kriegszerstörten Haus bis 1933 das Möbelgeschäft Schumm. Als es am 01.04.33 wie alle jüdischen Geschäfte boykottiert wurde, geriet der Sohn des Inhabers, der Königsberger Rechtsanwalt Friedrich Schumm, *mit einem der dort auf Posten stehenden SS-Angehörigen in ein Handgemenge und soll diesen Mann mit einem Pistolenschuß verletzt haben. Friedrich Schumm wurde zum Polizeipräsidium in der Blumenstraße gebracht. Binnen kurzem versammelten sich dort SA und SS sowie Faschisten in Zivil. Der Polizeipräsident gab seinen Beamten nach einiger Zeit die Anordnung, der Rotte den Zugang zu gewähren, mit der Folge, daß etwa 30-40 Faschisten die Zelle stürmten und Friedrich Schumm mit ca. 30 Schüssen ermordeten.*

Haßstraße

Neben Bauten aus den fünfziger Jahren und Parkplätzen finden sich in der Haßstraße Lagerhäuser, Reste von Fabrikgebäuden und Bauten aus der Jahrhundertwende, eine noch nicht durch Sanierung glattgebügelte Bebauung der Altstadt.

Die »Pumpe« hatte früher eine andere sehr wichtige Funktion. Kiel hatte zwar schon lange ein Kanalisationssystem für Schmutzwasser, 1906 begann die Stadt mit dem Bau der Hauptkanäle für eine Vollkanalisation — für Toilettenabwasser reichte es aber nicht aus. So wurde der Inhalt der Kieler Toiletten mit Eimern abgefahren, die beschönigend »Goldeimer« hießen. Die Pumpstation in der Haßstraße ermöglichte es dann, die Abwässer aus dem tief liegenden Kiel nach Bülk zu pumpen, wo sie ins Meer geleitet wurden.

Haßstraße 22

Heute befindet sich in dem Gebäude eines der größten Kultur- und Kommunikationszentren der Bundesrepublik: »die pumpe e.V.«, von einem gemeinnützigen Trägerverein betrieben. Das monatliche Programm umfaßt Veranstaltungen aus vier eigenständigen Bereichen: Kommunales Kino, Musik, Theater und Projekte des Vereins sowie der zahlreichen Initiativen und Arbeitskreise. Neben der »Pumpendisco« gibt es eine Kneipe mit kleiner Restauration im Großraum des Gebäudes, in dem das alte und unter Denkmalschutz stehende Pumprad aus der früheren Nutzung noch zu sehen ist.

Der kleine Anbau neben der Rückseite des Schmielau-Hauses diente früher der jüdischen Gemeinde in Kiel als Betsaal, bis die Synagoge in der Goethestraße 1906 eingeweiht wurde. Heute erinnert nichts mehr an diese Vergangenheit. Das obere Stockwerk wurde im Kriege weggebombt, das verbliebene Erdgeschoß ist jetzt ein heruntergekommener Lagerschuppen.

Haß-/Falckstraße ❷

Lagerhäuser beherrschen die Ecke von der Haß- zur Falckstraße und geben einen Eindruck von der früheren Bebauung. Gegenüber liegt der Klosterkirchhof mit den Resten des alten Franziskaner-Klosters, das *Adolf IV. von Schauenburg* gründete, um ein Gelübde in der Schlacht von Bornhöved zu erfüllen. Diese Stelle gilt als Keimzelle der Stadt. Nach der Reformation diente das Kloster als Siechenheim, bis 1665 die erste Universität darin untergebracht wurde. Das Grab des Stadtgründers befindet sich vermutlich unter dem Kreuzgang, der als einziger Gebäuderest die Zeiten überdauert hat. Er wird jetzt als Wohnheim für Studierende der Theologie genutzt. Sie haben sich mit großem Engagement für den Erhalt der von der Friedrich-Naumann-Stiftung zur Bebauung vorgesehenen Freifläche eingesetzt, als vorgenommene Grabungen die Mauerreste der alten Klosteranlage zutage förderten. Die Bebauungspläne sind hauptsächlich am Geldmangel gescheitert. Die ganz oder teilweise erhaltenen Grabplatten sind letzte Spuren der jahrhundertealten Geschichte des Klosterkirchhofes.

Falckstraße 4

Das 2. Polizeirevier, die »Falckwache«, hat besonders in den »68er Zeiten« eine gewisse Berühmtheit erlangt. Hierher wurden festgenommene Teilnehmer von Demonstrationen aus der Innenstadt gebracht. Manche von ihnen konnten sich der Personalienfeststellung allerdings durch eine Flucht aus den Fenstern über die Hinterhöfe entziehen. Vielleicht wegen der nahe gelegenen »Küste« gelten die hier Dienst tuenden Polizeibeamten in der Stadt als besonders ruppig. An der Stirnfront des Hauses ist ein großes steinernes »W« erhalten geblieben, ein Signum für *Kaiser Wilhelm II.* Das Revier wurde Anfang 1900 errichtet und ersetzte die Polizeiwache in dem längst abgerissenen ehemaligen Gildehaus an der Ecke Alter Markt zur Dänischen Straße, das »Tanzsaal« genannt wurde.

Falckstraße/ Jensendamm

Geschenkt

Ein Stück Ruinenfreiraum in der Innenstadt liegt an der Ecke Falckstraße zum Jensendamm. Freigehalten für eine mögliche Erweiterung des Stadtmuseums, dient er als Parkplatz mit der Bezeichnung »Alte Feuerwache«, die auf eine längst vergangene Nutzung hinweist. Aber Vorsicht, der Platz verwandelt sich bei Hochwasser in eine Schlammwüste. Die Fassadengemälde an den Brandmauern der Häuser rund um den Platz sind ein Geschenk der Hansestadt Bremen zum 100. Kieler—Woche-Jubiläum, das der frühere Kieler Kulturreferent *Dieter Opper* veranlaßte. Nach seinem Wechsel nach Bremen entwickelte er die Idee weiter, Kunst auf geeigneten großen Flächen an Gebäuden, Brandmauern oder Fassaden in den öffentlichen Raum zu tragen.

Dänische Straße 19
❸

Der 1765 errichtete Warleberger Hof ist neben der Kirche und den Klosterresten die einzige Bausubstanz, die noch aus der Zeit vor der Verwandlung Kiels in eine Marine- und Werftstadt herrührt. Im Buchwaldtschen Hof wurde 1814 im Zuge der Napoleonischen Kriege der »Kieler Friede« geschlossen, das alte Kieler Schloß war bereits zu marode, um es dafür zu benutzen. Kiel wies Ende des 17. Jahrhunderts mehr als 70 Höfe als Stadthäuser der schleswig-holsteinischen Adligen auf, ohne daß diese die städtischen Lasten mittrugen. Um die Jahrhundertwende mußten die Höfe bis auf den Warleberger Hof und dem damaligen Buchwaldt'schen Hof auf dem Gelände des heutigen Landeskirchenamtes der Stadterweiterung und der Modernisierung weichen. Dabei wurde die Fassade des Warleberger Hofes um einige Meter zurückversetzt, um einen Straßenraum entstehen zu lassen, der den damaligen Bedürfnissen entsprach. Zuvor war die Straße so eng, daß die

Ausländische Matrosen in der Holstenstraße

Ladenbesitzer sich, wenn sie bei gutem Wetter vor der Türe saßen, über die Straße hinweg unterhalten konnten.

Die übrige Bebauung der Dänischen Straße zeigt teilweise Gebäude aus der Gründerzeit. In einem unterhielt in den Dreißiger Jahren Rechtsanwalt *Paulsen* seine Kanzlei. Er ist der einzige Kieler Rechtsanwalt, von dem bekannt ist, daß er ab dem Frühjahr 1933 die Flucht von gefährdeten Sozialdemokraten und Kommunisten in das meist dänische Exil organisatorisch und finanziell unterstützt hat.

In jüngerer Zeit haben die hier ansässigen Geschäftsleute versucht, einen Straßenzug mit eigenem Charakter entstehen zu lassen, der sich von anderen Einkaufsstraßen absetzen soll. Die nunmehr reine Fußgängerzone wurde mit alten und mit schwarzer Farbe neu lackierten Lampen und Eisenpfählen bestückt, was bei dem einen gut ankommt, bei anderen aber als nostalgisch-kitschig gilt.

Holstenstraße

Schon weit vor dem II. Weltkrieg, als sich die Altstadt immer mehr zur City umwandelte, war die Holstenstraße neben der in Schutt und Asche versunkenen Brunswiker Straße die herausragende Einkaufsstraße der Stadt, beherrscht von großen Warenhäusern und Banken. Zwei Kaufhäuser von Architekt *Stoffers* flankierten früher den Übergang zur Holstenstraße: Links das immer wieder veränderte Gebäude von Karstadt und rechts das Jacobsenhaus, das heute Büro- und Unterrichtsräume beherbergt. Nach dem letzten Krieg wurde die verkehrsreiche Geschäftsstraße zu der ersten Fußgängerzone der Bundesrepublik überhaupt umgestaltet, in der Kraftfahrzeuge verbannt, die Bordsteine beseitigt und die Straßenpflasterung planiert wurden. Dann blieb lange alles beim alten, während in den anderen Städten Fußgängerzonen mit eigenem Gesicht entstanden. In jüngster Zeit wurde mit einer Möblierung

Wo heute Karstadt steht, gehörte im vorigen Jahrhundert A.C. Bauer die zweitgrößte Tabakfabrik.

des Straßenraumes begonnen. Es finden sich jetzt zahlreiche Bänke sowie Hoppelpferde aus Holz auf Spiralen für Kinder zwischen schiffsförmigen Hochbeeten mit Blumenrabatten. In das Pflaster wurden Messingplatten mit Kieler Sprotten und den Namen der jeweiligen Spender eingelassen, wodurch der maritime Charakter der Stadt unterstrichen werden soll. Diese Gestaltung gefällt nicht allen ansässigen Geschäftsleuten. Der Anlieferverkehr wird behindert, und es entsteht Gedränge, und außerdem lädt die attraktivere Holstenstraße nicht nur Kauflustige zum Verweilen ein. Viele Geschäftsleute empören sich nicht nur über fliegende Händler und Straßenmusikanten, sondern auch über Nichtseßhafte sowie übermütige Jugendliche, und versuchen, gegen Alkoholkonsum in der Öffentlichkeit die Polizei einzusetzen. Gesellschaftliche Daseinsberechtigung hat für sie offensichtlich nur, wer für das Geräusch der Registrierkassen sorgt.

Holstenstraße 24

Das Schallplattengeschäft von Kihr-Goebel (heute Weiland) war früher das bevorzugte Ziel vieler Jugendlicher der Stadt. Hier konnte man sich Platten auflegen lassen und die neuesten Hits hören — allerdings bestand die Gefahr, herausgeworfen zu werden, wenn zu offensichtlich wurde, daß kein Kaufinteresse bestand.

❹ Holstenbrücke

»Grün ist die Heide« im Gloria 1951. Kiel wird zur Kino-Hochburg.

Die Holstenstraße wird durch die Holstenbrücke unterbrochen. Ihr Name weist darauf hin, daß hier früher jenseits des Holstentores, des Hauptzugangs zum alten Kiel, eine Brücke über einen ehemaligen Wassergraben führte, der als Verlängerung des Kleinen Kiel bis zur Förde reichte. Der Wassergraben wurde Ende des letzten Jahrhunderts zugeschüttet, noch heute läuft das Wasser unterirdisch vom Kleinen Kiel in den Bootshafen. An der Holstenbrücke befanden sich früher zwei große Kinos, von denen nur noch eines, die »Brücke«, als letztes Innenstadtkino erhalten ist. Das gegenüberliegende »Gloria« mußte der neuen Stadtbücherei und dem ersten »Mc Donald's« weichen, dem heute allerdings die Filiale auf dem Europaplatz vorgezogen wird.

Der Kleine Kiel war früher wesentlich größer und wurde durch Aufschüttungen am Uferrand ständig verkleinert. Eine Zweiteilung in der Mitte erfolgte durch die Brücke zur Bergstraße, deren Vorläufer eine hölzerne Konstruktion war, die von 1887 bis 1909 bestand. Die Bebauung im Uferbereich war kostspielig, da das gesamte Gelände sumpfig ist. Verständlicherweise scheuten Privatpersonen diese hohen Kosten, und es findet sich eine hohe Zahl von Fiskalbauten am Uferbereich, wie das Gebäude der Kieler Spar- und Leihkasse sowie das Justizministerium. In letzterem residierte früher das Oberlandesgericht Kiel. Nach dem zweiten Weltkrieg wurde es als schleswig-holsteinisches Oberlandesgericht in Schleswig untergebracht.

Hiroshimapark

Die Anlagen am Bismarckdenkmal von *Harro Magnussen* tragen seit 1987 den Namen Hiroshima-Park. Jedes Jahr am 6. August findet dort das Lotusblütenfest statt, mit dem der »Arbeitskreis Städtesolidarität« der Atombombenopfer von Hiroshima und

Der Kleine Kiel bietet im Winter viel Vergnügungsfläche.

Nagasaki gedenkt und zum Protest gegen Krieg und militärische Bedrohung aufruft. Das Denkmal selbst wird regelmäßig entwaffnet; der Säbel wird entwendet.

Auf dem Gelände stand früher das aus der alten, bereits 1320 gegründeten Kieler Gelehrtenschule hervorgegangene Gymnasium. Das im zweiten Weltkrieg völlig zerstörte Gebäude wurde nicht wieder aufgebaut. Die Schule zog in den 50er Jahren in einen Neubau an der unteren Feldstraße um.

❺ Rathausstraße

Das Stadttheater, heute als Opernhaus bezeichnet, besteht aus zwei Teilen, einem Alt- und einem Anbau. Der Altbau, von *Heinrich Seeling* im Jugendstil entworfen, wurde 1907 mit einer Darbietung des »Fidelio« eröffnet. Von der Wagner-Oper bis zum intimen Konversationsstück sollte dort alles gespielt werden. Heute wird das zur Olympiade 1972 um einen schwarzen Anbau für die Werkstätten und den Fundus erweiterte Haus nur noch für Opernaufführungen verwendet. Schauspiele gibt es heute im Schauspielhaus in der Holtenauer Straße zu sehen. Zerstörungen im Krieg haben bewirkt, daß das frühere Fürstenportal an der linken Seite weggefallen ist. Den Innenbereich hat der Architekt *Kallmorgen* neu gestaltet.

FIDELIO

Oper in zwei Aufzügen. Frei nach dem Französischen.
Musik von Ludwig van Beethoven.

PERSONEN:

Don Fernando, Minister	Rolf Rueff
Don Pizarro, Gouverneur eines Staatsgefängnisses	Emil Brith
Florestan, ein Gefangener	Richard Hofer
Leonore, seine Gemahlin, unter dem Namen Fidelio	Sofi Anton-Cordes
Rocco, Kerkermeister	Willy Stuhlfeld
Marzelline, seine Tochter	Mimi Bermann-Fränkel
Jaquino, Pförtner	Kurt Klemich
Ein Hauptmann	Willy Seidler
Erster Gefangener	Dr. Bruno Decarli
Zweiter Gefangener	Kurt Daum

Offiziere, Soldaten, Staatsgefangene, Volk.

Die Handlung geht in einem spanischen Staatsgefängnisse, einige Meilen von Sevilla, vor.

In Szene gesetzt von Direktor Franz Gottscheid.
Musikalische Leitung: Dr. Felix Schreiber.
Einstudierung der Chöre: Chordirektor Hans Kummer.

Programmzettel zur Eröffnung

Einer der berühmtesten Skandale, die das Haus erschütterten, war die Kontroverse um den 1896 geborenen Dramaturgen und Schauspieler Carl Zuckmayer. *1923 wurde der Intendant* Elwenspoek *nur deshalb für ein weiteres Jahr verpflichtet, weil trotz bestehender Unzufriedenheit nicht schon wieder ein Intendantenwechsel vorgenommen werden sollte. Eigentlich entsprachen die Vorstellungen Elwenspoeks vom Theater, wie er sie in der ersten Spielzeit zu verwirklichen suchte, nicht den Wünschen der Mitglieder der Theaterkommission. Sie war dann endgültig verstimmt und wollte Elwenspoek nicht mehr beschäftigen, als dieser Zuckmayer und zwei andere unliebsame Mitglieder des Ensembles weiter verpflichtete, ohne vorher die Kommission befragt zu haben. Die Theaterleute ahnten die bevorstehende*

Buchausgabe des »Eunuchen«

Carl Zuckmayer 1922

Gustav Gründgens am Kieler Stadttheater

Entlassung und wollten Kiel wenigstens mit einem Eklat verlassen. Mit einer Bearbeitung des »Eunuchen« von Terenz, in der alles darauf angelegt war, die Besucher zu schockieren, sollte ein Skandal entfacht werden. Das gelang glänzend bei einer Generalprobe vor geladenem Publikum am 18. April 1923. Eine Schauspielerin, die am ganzen Körper geschminkt war, trat auf und antwortete auf die Frage, wo sie herkomme, lispelnd: »Aus Lesbos« — für damalige Verhältnisse unerhört. Carl Zuckmayer ließ sich nach seinen Jahren in Kiel, München und bei Max Reinhardt in Berlin zunächst in Salzburg nieder. Hier schrieb er seine volkstümlichen Stücke wie den »Schinderhannes« und den »Hauptmann von Köpenick«, die sich gegen Spießertum und Militarismus wenden. 1939 emigrierte er über die Schweiz und Cuba in die Vereinigten Staaten von Amerika, wo er auch seinen Lebensabend verbrachte, nachdem er sich 1946 bis 1958 noch einmal als Beauftragter der US-Regierung in der Bundesrepublik aufhielt.

Außer Zuckmayer waren noch andere bekannte, damals noch junge Schauspieler an der Kieler Bühne. Gustav Gründgens *spielte in der Saison 1921/22 das erstemal den »Mephisto», wenn auch nur als Notnagel für einen anderen zunächst vorgesehenen Schauspieler. In derselben Spielzeit begann* Ernst Busch *am Kieler Stadttheater seine Karriere. Seit der Spielzeit 1922/23 betrat ferner* Hans Söhnker *in Kiel die Bretter, die die Welt bedeuten. Sowohl Busch als auch Söhnker waren Söhne von Kieler Arbeitern. Der Vater von Hans Söhnker, ein engagierter Sozialdemokrat, war im Arbeiterchor und im Vorstand der Volksbühne. In eben diesen Jahren sammelte auch der junge* Bernhard Minetti *in Kiel seine ersten Bühnenerfahrungen. Wegen der herausragenden Stellung seines Vaters als Magistratsoberbaurat der Stadt trat er zunächst als Statist nur unter einem Pseudonym auf. Nach dem zweiten Weltkrieg kehrte er als Schauspieler und Regisseur zurück. Von 1935 bis 1937 war schließlich* Brigitte Mira *als Operettensängerin in Kiel und gewann sehr schnell die Gunst des Publikums.*

Schon in der Zeit vor 1933 gab es Tendenzen, den Spielplan von sogenannten »unvölkischen«, damit »undeutschen« Stücken freizuhalten. Mit dem Machtantritt der Faschisten wurden Künstler, die sich als Kommunisten oder Sozialdemokraten zu erkennen gegeben hatten, entlassen. Das nationalsozialistische Blatt »Volkskampf« wies bereits am 24.2.1933 darauf hin, daß »die Zeiten endgültig vorbei sind, wo ein Schauspieler mit solchen Belastungen auftreten darf«.

Fleethörn

Das neben dem Opernhaus stehende Rathaus wurde von *H. Billing* entworfen und von 1907 bis 1911 errichtet. Der 106 m hohe Turm mit einem Kupferhelm erinnert an die Silhouette von Venedig und ist zum Wahrzeichen der Stadt geworden. Dieses neue Rathaus ersetzte das zu klein gewordene Gebäude auf dem Alten Markt und verdeutlicht als Repräsentativbau den Übergang Kiels vom idyllischen Landstädtchen zur Industriestadt.

Zur Eröffnung war auch Kaiser Wilhelm II. anwesend. Für seinen Besuch wurde eine eigene Tür eingebaut. Seiner Majestät sollte nicht zugemutet werden, das Zimmer des Oberbürgermeisters erst durch das Vorzimmer betreten zu müssen. Nach der Einweihung wurde die Tür wieder entfernt und die rechts neben der Vorzimmertür befindliche Öffnung zugemauert.

Schon damals kosteten Bauten stets mehr, als zunächst veranschlagt worden war. Die Kosten des neuen Rathauses verdoppelten sich gegenüber der Planung. Der Bau verschlang schließlich über vier Millionen Goldmark. Deshalb dichteten die Kieler auf das vom Turm stückweise viertelstündlich und komplett zur vollen Stunde erschallende Glockenspiel den Reim: »Kiel hat kein Geld, das weiß die Welt. Ob's noch was kricht, das weiß man nicht«. Eigentlich liegt dem Glockenspiel der Vers zugrunde: »De Klock, de sleiht, de Tied, de geiht; nicht to veel Quark, frisch ran an't Wark«.

Im Rathausgebäude besteht für Kinder das größte Vergnügen darin, mit dem Paternoster hinauf und hinab zu fahren. Zum Ratssaal führt eine repräsentative Marmortreppe, die zur Kieler Woche mit einem roten Teppich belegt wird. Den Weg säumen verschiedene Plastiken und Porträts – so *Ernst Barlachs* »Die Frierende« und »Die Hockende«, ferner die »Schwerttänzerin« von *Arnold Brütt.* Ähnlich wie das Bismarck-Denkmal provoziert diese Figur »Entwaffnungsaktionen«, daher sind ihre Bronzeschwerter inzwischen durch billiges Plastik ersetzt worden.

Die Porträts im Gang vor dem Ratssaal zeigen frühere Landesherren und die ihnen nachfolgenden StadtpräsidentInnen, Bürgermeister und Bürgervorsteher. Auch der im März 1933 von Nationalsozialisten ermordete sozialdemokratische Stadtverordnete Spiegel ist verewigt.

Der wohl berühmteste Oberbürgermeister war *Andreas Gayk,* der von 1893 bis 1954 lebte. Er prägte den Wiederaufbau der zerstörten Stadt.

Willy Brandt war von 1951 bis 1961 Persönlicher Referent des Stadtpräsidenten

Seit seiner Jugend gehörte er der SPD an, er widersetzte sich besonders mutig den Demontagewünschen der britischen Besatzungsmacht und versuchte, Teile der Kieler Werften zu retten. Seinen Wünschen zufolge sollte eine friedliche Industrie Arbeitsplätze für die Bürger schaffen: »Es gibt keine gesunde, krisenfeste Wirtschaft ohne Bekenntnis zu einer echten Friedenswirtschaft. Diese Friedenswirtschaft wollen wir, die wir in diesen schweren Zeiten Verantwortung für das Schicksal der Stadt übernommen haben, Schritt für Schritt, aber zielbewußt aufbauen.« – so Gayk in einer Rede vom Mai 1946. Der Zeit entsprechend lautete die Parole der SPD im ersten Kommunalwahlkampf nach dem Krieg: »Raus aus dem Elend«.

Rathausplatz

Der Rathausplatz hieß früher Neumarkt und während der nationalsozialistischen Herrschaft folgerichtig Adolf-Hitler-Platz. Auf ihm steht eine weitere Plastik von Arnold Brütt, der »Schwertträger«, eine ehemalige Brunnenfigur. Seine provozierende Männlichkeit wird häufig durch Aufkleber und Sprühaktionen unterstrichen. Auf dem Platz befindet sich auch die Glassäule, in der 1972 das olympische Feuer brannte. Diese Flamme wird zu jeder Kieler Woche neu entfacht, in der restlichen Zeit des Jahres dient das Gebilde als Basketball-Korb-Ersatz für Müll.

Abgestempelt

Waisenhofstraße

Das »Wiener Café-Haus« lädt mit seinem Angebot der verschiedensten Kaffees zu einer ersten Rast ein. Es wird von einer Wienerin geführt, die dem Kieler Nachtleben selten abgeneigt war und nach ausgedehnten Streifzügen zunächst die Nachtschwärmer noch in ihrer Wohnung bewirtete. Jetzt bietet ihnen das Lokal zu jeder Tageszeit ein ganz eigenes Flair.

Kleiner Kuhberg

Die Wille-Stiftung mit Turnhalle und zwei Gebäuden stammt aus der großzügigsten Stiftung, die Kiel jemals erhalten hat. Der Kaufmann *Theodor Wille* war in Hamburg durch den Kaffeehandel zu

Reichtum gelangt und vermachte seiner Vaterstadt im Jahre 1892 zwei Millionen Goldmark. Das Geld sollte für pädagogische Zwecke verwendet werden. Es entstand eine Lehrerbibliothek, eine Turnhalle und eine Sammlung von Lehrmitteln. Später beherbergte die Stiftung die Stadtbildstelle und die Stadtbücherei, heute befindet sich darin die Abteilung Kunst der Volkshochschule.

Die Ostseehalle wurde nach 1945 aus Teilen einer auf der Insel Sylt abgetragenen Flugzeughalle auf Veranlassung des Schrotthändlers *Radomski* erbaut. Als sich für ihn der Betrieb als Veranstaltungsort nicht mehr lohnte — das häusliche Fernsehen war zu einem starken Konkurrenten geworden — überließ er der Stadt die Halle als Deckung für seine Steuerschulden. Radomskis Geschäfte waren vielfältig, u.a. heißt es, daß eines Tages ein kleiner Grieche bei ihm erschien, um ihm ein Geschäft vorzuschlagen. Er sollte Geld in abgewrackte Schiffe investieren, um diese dann nach der Renovierung gewinnbringend zu verkaufen. Radomski lehnte ab und soll später seine Entscheidung bereut haben. Der Grieche hieß *Aristoteles Onassis.*

Graffitis an der Ostseehalle. Es gibt sie nicht mehr.

Hexenkessel im »Block D«

❻

Die Ostseehalle bietet 8.000 Besuchern Platz und wird vielfältig genutzt. Sieht man mal von Elvis Presley und den Beatles ab, dann traten hier alle Rock, Pop- und Schlagergrößen auf. Klassische Konzerte finden allerdings aus akustischen und atmosphärischen Gründen vorzugsweise im Kieler Schloß statt. In den 50er Jahren eröffnete Peter Frankenfeld *den Reigen seiner für das Fernsehen produzierten Quiz-Sendungen,* Hans-Joachim Kuhlenkampff *führte diese Tradition in den 60er Jahren fort. Von den Sportveranstaltungen liegen den Kielern insbesondere die Handballbundesligaspiele des THW am Herzen. Diese Spiele sind immer ausverkauft und so eigentlich geschlossene Vorstellungen. Die Sitz- und Stehplätze gehen schon vor der Saison hauptsächlich über Dauerkarten weg. Besonders aus »Block D« wird ein Hexenkessel entfacht, den die auswärtigen Vereine fürchten. Trotz zahlreicher Ausstellungen in der Ostseehalle läuft Kiel nach wie vor dem Ruf einer Messestadt vergeblich hinterher.*

Die Gestaltung des Ostseehallenplatzes hat die Gemüter der Anwohner und Besucher außerordentlich erregt — er ist als Steinwüste verschrien. Die Pflasterung hält einige Fallen für hochhackige Damenschuhe bereit; durch Pavillons wird der Blick auf die Halle verstellt; die großen Rohre, die an Nebelhörner erinnern, entlüften eine Tiefgarage.

Was hier in der Ostseehalle stattfand, lesen Sie auf S. 123. Oder lesen Sie es den Gesichtern ab.

Früher befand sich auf dem Gelände das in den 20er Jahren sanierte und im Krieg zerstörte »Gängeviertel«. Die engen, dunklen Straßen, die dem Viertel den Namen gaben und an die nur noch Straßennamen wie »Bierträgergang« erinnern, wurden erweitert, die kleinen Häuser durch moderne Bauten ersetzt. Auf dem heutigen Parkplatz befanden sich in der Alten Reihe 2/4 die Büroräume der revolutionären Gewerkschaftsopposition, der Sitz des 1930 von der Freien Turnerschaft abgespaltenen Rot-Sports-Verbandes und der des Einheits-Verbandes der Seeleute und Hafenarbeiter, einer der KPD nahestehenden Einzelgewerkschaft. Einer ihrer Treffpunkte war das Lokal »Glaskasten«.

Exerzierplatz

Der Exerzierplatz zeigt nur noch auf der südlichen Seite einen Teil der Bebauung, die ursprünglich den ganzen Platz umrahmte. Hier bildete sich das neue Geschäftszentrum der südlichen Innenstadt. 1910 gab es in dem Bezirk 261 Läden, d.h. die Hälfte aller Häuser beherbergte einen Laden. Seit 1902 wird hier der Wochenmarkt abgehalten, heutzutage jeden Mittwoch und Samstag. Samstags werden auch lebende Tiere angeboten. Kinder füttern sie gerne mit Resten von den Gemüseständen.

Eiche Bier

Jenseits des Platzes stand früher eine große Brauerei, an die nur noch die Kneipe »Zur Braustube« erinnert. Auf dem Gelände ist vor kurzem eine Wohnanlage errichtet worden, die den Namen der Brauerei »Zur Eiche« übernommen hat. Mit relativ kleinen Wohnungen in gepflegter Atmosphäre und einem Tiefgaragenplatz ist die Wohnanlage eher für begüterte Singles attraktiv als für Familien mit Kindern.

Schülperbaum/ Prüne

Das Eckgebäude bietet einen letzten Eindruck der Kriegszerstörungen in Kiel. Immer noch von einem Behelfsparkplatz aus Sand umgeben, ist es das letzte Haus einer früheren Blockrandumbauung.

Sophienblatt

7

Durch die Lerchenstraße hindurch erreicht man das erste Sanierungsgebiet Kiels, dessen deutlichstes Zeichen der Sophienhof ist. Devise der Sanierung war nicht die Erhaltung, sondern die Errichtung neuer und angeblich schönerer Bauten bei gleichzeitiger Verbreiterung der Straßen. Der »Fall Sophienhof« lieferte auch Zündstoff für einen parlamentarischen Untersuchungsausschuß.

Direkt gegenüber dem Bahnhof erstreckte sich lange Zeit eine Stadtlandschaft mit teilzerstörten Häusern, die dringend einer Renovierung bedurft hätten. In den Häusern mit großen Wohnungen im Vorderhaus, Fabrik und Werkstattgebäuden im Hinterhaus und wenig Komfort bildete sich eine Kulturszene eigener Art zwischen Sexkino und Drogenszene heraus.

Atelier »Laboratorium Rheinsberg«: »Reise durch die Gegenstände«

Künstler wie Raphael Rheinsberg *und* Jörg B. *richteten sich hier ein. Der 1943 geborene Rheinsberg schuf ein Museum, das sich langsam um Räumlichkeiten erweiterte, die die früheren Bewohner aufgegeben hatten. Bereits der Großvater von Rheinsberg war in diesem Gebäude einst Pförtner. 10 Jahre lang sammelte und ordnete der Künstler zurückgelassene Gegenstände und Gebrauchsspuren und machte so die Geschichte des Gebäudes sinnlich erfahrbar. Seine Mauer aus alten Koffern, die er zunächst im Museum aufstellte und die bei einer Demonstration gegen den Abriß auch auf dem Rathausplatz stand, kann heute im »Kulturviertel« betrachtet werden.*

Das vor hundert Jahren für Kieler Großbürger errichtete Jugendstilhaus wurde vor seinem Ende von Hausbesetzern übernommen. Zu spät setzte sich eine Vielzahl von Menschen für den Erhalt des Gebäudes ein, die Weichen für den Abriß waren bereits Ende der 60er Jahre gestellt worden. Die Stadtverwaltung fürchtete Regreßansprüche im Falle einer Planänderung. Die zunächst als Bauherrin auftretende »Neue Heimat« hatte bereits vorsorglich Schadenersatzforderung in Millionenhöhe angekündigt. Die Neuerrichtung erfolgte dann allerdings durch die Fa. »Wilma«. Ein zunächst geplantes Hotel fand keinen Abnehmer, es wurde dann entschieden, die Räume für eine Galerie und kulturelle Veranstaltungen herzurichten. Der Künstler *Heinrich Ehmsen* wird hier in seiner Heimatstadt mit einer Dauerausstellung gewürdigt.

1886 in der Muhliusstraße geboren, ging Ehmsen nach seinen Kieler Lehrjahren nach Düsseldorf. Ein besonders bekannter Zyklus seiner Bilder ist Ereignissen aus der Zeit der Münchener Republik gewidmet; einige dieser Bilder hängen heute in der Leningrader Eremitage. 1949 wurde er das erste Opfer eines Berufsverbots. Als stellvertretender Direktor der Hochschule für Bildende Künste hatte er am 20. April 1949 im sozialdemokratischen »Vorwärts« einen Aufruf zur Unterstützung des Pariser Weltfriedenskongresses unterzeichnet. Studentische Proteste führten dazu, daß er aus diesen Gründen im Dezember 1949 entlassen wurde. Ehmsen wechselte nach Ost-Berlin und wurde dort Mitglied der Akademie der Künste. Er starb 1964 hochgeehrt in der DDR.

Der St.-Jürgen-Friedhof. 1952 auf Altmetallsuche geplündert. Vorn das Grab des Dichters Carl Loewe.

Heute ist das Gelände des Sophienhofs bestimmt durch die Einkaufspassage, mit der der Schwerpunkt der Innenstadt weiter nach Süden verlagert wurde. Eine überdachte Passage hat in einer häufig windigen und regnerischen Stadt ihren eigenen Reiz. Zwar ist das Konzept, im Sophienhof vor allem Läden des gehobenen Bedarfs anzusiedeln, nicht in vollem Umfang aufgegangen. Jedoch zieht Kiel nun zunehmend kauflustige Bewohner des Umlandes an.

Empfehlenswert ist ein Blick in die Stadtgalerie. In ihrem Eingangsbereich unterhält der Fremdenverkehrsverein seinen Informationstresen. Die Caféteria im 4. Stock bietet einen guten Ausblick auf die Innenförde und die Industrielandschaft auf dem Ostufer.

Sophienblatt/ Raiffeisenstraße

Der erste Kieler Bahnhof lag auf dem Gelände der heutigen Oberpostdirektion. 1895 wurde mit dem Bau des neuen Bahnhofs begonnen. Umgeben war er von der St.-Jürgens-Kapelle mit Fried-

Statt steuerbegünstigter Wohnungen wuchs hier ein Geschäftszentrum.

hof und dem Stadtkloster. Die Kapelle und das Stadtkloster mußten bereits zu Beginn des Jahrhunderts einer Erweiterung des Bahnhofs weichen. Der Friedhof mit vielen Gräbern bedeutender Persönlichkeiten wurde nach 1945 zugunsten eines Parkplatzes aufgegeben.

Das Stadtkloster mit Altersheim war anfänglich im Franziskanerkloster am Alten Markt untergebracht. Es wurde zunächst in Gebäude am Kütertor, und dann in die Vorstadt verlagert. Das neue Stadtkloster ist in der Harmsstraße errichtet worden.

Der alte, infolge der Kriegszerstörungen ebenfalls stark veränderte Bahnhof bot einen repräsentativen Rahmen auch für Begrüßungen einheimischer und ausländischer Majestäten. Fähnchenschwingende Kinder, Salutschießen und die Anwesenheit der städtischen Honoratioren gehörten zum Ritual. Für derartige Auftritte gab es ein eigenes Portal mit breitem Treppenaufgang, das durch einen Eckturm überragt wurde. Ferdinand Hoff *schildert einen Empfang in seinen Erinnerungen: »Als König Eduard von England kam, stand ich ... am Bahnhof, um das Schauspiel des Empfangs mitzuerleben. Auf einem breiten, roten Läufer schritt der englische König zur Rechten des Kaisers den kurzen Weg zum Hafenufer, ein dicker Mann mit einem vollen Spitzbart, mit Tränensäcken unter den Augen und ausdruckslosem Gesicht. Er trug eine deutsche Admiralsuniform, der Kaiser eine britische Admiralsuniform. Am Ufer wartete ein großes Ruderboot, in dem wohl etwa 20 Matrosen, auf beiden Bordseiten verteilt, in weißen Uniformen aufrecht standen, regungslos wie die Kerzen, die langen Ruder senkrecht in die Höhe haltend, so gleichmäßig wie die vielen Fahnenstangen am Uferrand.«*

Das Portal ist längst zugemauert, lediglich Adler und Kaiserkrone prangen noch über den Fenstern des Bahnhofrestaurants. Gleichwohl heißt die Stelle auch heute immer noch »Kaisertreppe«.

Kaistraße

Auf der gegenüberliegenden Straßenseite liegt eine Schiffsschraube, der »Prinz Eugen«. Das Schiff wurde als schwerer Kreuzer in Kiel von der Friedrich-Krupp-Germaniawerft AG 1938 gebaut und lief in Gegenwart von *Adolf Hitler* vom Stapel. Es überstand mit dem größten Teil der 1600 Mann starken Besatzung den Zweiten Weltkrieg. Von den Amerikanern als Kriegsbeute übernommen, diente es 1946 bei Atomwaffenversuchen in der Nähe des Bikini-Atolls als Zielschiff und ist dort verstrahlt und versenkt worden.

8
Bahnhofskai

Nicht weit von der Schiffsschraube stechen die »Butterschiffe« in See. Sie sind nicht nur wegen der Möglichkeit zum zollfreien Einkauf, insbesondere von Alkoholika und Zigaretten, beliebt. Bei Nachmittagsfahrten spielt eine Ein-Mann-Kapelle zum Tanz auf, gerade ältere Kielerinnen und Kieler nutzen diese Gelegenheit, um sich zu vergnügen und neue Bekanntschaften zu schließen.

Bei »Heringsfieber« und überquellenden Kühltruhen kommt es schon mal zum Familienkrach.

Ein Spaziergang im Bereich der Kaianlagen ist nicht möglich, da sie vom Umschlag-Verkehr beansprucht werden. Stückgut, Getreide und Containerfracht werden an- und abtransportiert. Das Bild bestimmen Gleisanlagen und Kräne. Aber auch Angler stehen am Kai und versuchen ihr Glück.

Von der Fußgängerbrücke, die zum zentralen Omnibusbahnhof führt, empfiehlt sich ein Blick auf den Eckmannspeicher. Er wurde 1925 als Lagerraum für die Fa. Eckmann gebaut und ist wegen seiner architektonisch ansprechenden Klinkerkonstruktion zu einem Kulturdenkmal erklärt worden.

Auguste-Viktoria-Straße

Der ZOB ist einer der unwirtlichsten und zugigsten Stellen in Kiel. Zur Olympiade 1972 errichtet, bestehen bereits jetzt Planungen, ihn demnächst abzureißen und durch eine Grünanlage oder Neubauten zu ersetzen.

Die Unfallklinik Dr. Jensen ist eine der Endstationen in Kiel für Beteiligte an Schlägereien, insbesondere aus dem Bereich der »Küste«.Neben dem Klinikgebäude hängt an der Häuserwand eine Uhr, die rückwärts geht.

Detlev von Liliencron. Sein Roman »Leben und Lüge« enthält viel Autobiographisches.

In diesem Bereich hat sich die alte Bausubstanz noch weitgehend erhalten. Sie bildet einen starken Kontrast zu dem Kaufhaus »Hertie«, auf dessen Grundstück sich früher das 1877 errichtete Thaulow-Museum befand. Das nach seinem Spender, einem Kieler Philosophieprofessor, benannte Museum beherbergte die landesgeschichtliche Sammlung, die nach dem Zweiten Weltkrieg in Schleswig verblieb, wohin sie wegen der Bombengefahr ausgelagert worden war. Eine Erinnerungstafel weist auf den Dichter *Detlev von Liliencron* (1844–1909) hin, der hier lebte. Zunächst war er Offizier, später Kirchspielvogt. Er verbrachte lange Jahre in Kiel, seine bekannteste Gedichtesammlung ist »Adjudantenritte«.

Sophienblatt/ Ziegelteich

Vor der Oberpostdirektion steht die Plastik »Fünf Kontinente« von *Bernhard Heiliger,* die bei der Aufstellung wegen des abstrakten Charakters Aufsehen und Ärgernis erregte.

Die Landwirtschaftskammer, ein sehenswertes Gebäude im

Bauhaus-Stil, wurde in den Jahren 1926/27 von *J. Theede* erbaut. Das fünfgeschossige Bürogebäude hat sechsundzwanzig Fensterachsen, die den großen Klinkerbau stark gliedern. Der Gesamteindruck ist allerdings durch den neuen Aufgang zur Kaufhausetage, den »Holstentörn«, verdorben.

Holstenplatz

Asmus-Bremer-Platz

9

Der Platz ist nach einem früheren Kieler Bürgermeister *Asmus Bremer* benannt, der in Bronze nachgebildet auf einer Bank sitzt. Bremer hatte eine Chronik verfaßt, die als historisch wichtige Quelle Einblick in das mittelalterliche Leben Kiels bietet.

Die »Kieler Nachrichten«, die hier ihren Sitz haben, sind die einzige örtliche Tageszeitung. Als Nachfolger der ursprünglich liberalen, ab Ende der 20er Jahre rechtsradikalen »Kieler Zeitung« und der konservativen »Kieler Neuesten Nachrichten« avancierten die KN ab 1946 zum Zentralorgan christdemokratischer Politik. Die sozialdemokratische »Volkszeitung« tat sich schon in der Weimarer Rebublik mit der Konkurrenz schwer. 1933 verboten, nach dem Zweiten Weltkrieg erneut herausgegeben, mußte die »Volkszeitung« 1968 ihr Erscheinen einstellen. Die KPD beschäftigte vor 1933 nur eine kleine Lokalredaktion, deren Artikel und Meldungen in der »Hamburger Volkszeitung« erschienen. Das nach 1945 erschienene »Norddeutsche Echo« wurde nach dem KPD-Verbot 1956 eingestellt. Der Versuch, die Kieler Pressewüste mit einer alternativen Wochenzeitung Anfang der 80er Jahre zu beleben, ist gescheitert. Die »Kieler Rundschau« fand nicht genügend Abnehmer und arbeitete stets nahe am finanziellen Abgrund, in dem sie jetzt auch untergegangen ist.

Hier ruht sich der Fahrradbeauftragte auf dem Kieler Zeitungsjungen aus.

Berliner Platz

Der Bootshafen ist ein Rest des vom Kleinen Kiel ursprünglich zur Förde führenden Wassergrabens. Früher tatsächlich als Bootshafen genutzt und nur durch eine bewegliche Brücke von der Förde abgetrennt, ist es heute ein brackiges, stehendes Gewässer und durch den Stenaterminal auch optisch von der Förde getrennt.

Die Grünanlage am Rande des Bootshafens hat die Spitze des alten Friedrichsorter Leuchtturmes und eine seemännische Tonne aufgenommen. Die ebenfalls seit der Olympiade 1972 über den Bootshafen führende Gondelbahn wird abgebaut, weil niemand die weiteren Kosten zur Unterhaltung übernehmen will.

Sie verschwindet. Die Gondelbahn

Am Wall 49-51

10

Der Sartori-Speicher weist auf die vielleicht berühmteste Kieler Reederei hin. 1858 wurde sie als Firma »Sartori & Berger« gegründet. Der Initiator *August Sartori*, offensichtlich ein alerter Yuppie seinerzeit, war bei Gründung noch nicht volljährig und mußte einen erwachsenen Kompagnon mit aufnehmen. Berger schied 1862 bereits wieder aus der Firma aus und überließ ihr bis zum heutigen Tage seinen Namen.

Am Wall/ Flämische Straße

Gegenüber im »Kieler Snack«, dem früheren »Hühnermax«, können sich unerschrockene Liebhaber deftiger Speisen mit einem der berühmten »Kieler Poller« stärken: Es sind Brötchen mit furchtbar fettigem, gegrilltem Schweinefleisch, die im Volksmund auch als »Schweine-Poller« bekannt sind.

Reventlou-schule
Gemeinschaft der Siebenten-Tags-Adventisten
Heiligengeist-Gmd.
Haus d. Kommun. Selbstverwaltg.
Spielplatz Ansgarkirche
Waitz-str.
Brüdergemeinde
Haus der Familie
Spielplatz
Lornsen-str.
Paulus-kirche
Hohenberg-str.
Landesausgleichsamt
Oberfinanz-direktion
Schauenburger-str.
Marine-gang
Schwestern-gang
Kirchen-str.
Medizin Klinik
Haus Quickborn des DRK
Kinderklinik
Volkshochschule Gerhardstr.
Spielplatz
Klaus-Groth-Pl.
Schwanen-weg
Jungmann-str.
Holtenauer Str.
Kieler Gelehrtenschule
Orthopäd. Klinik
Poliklinik
Radiologie Pathol. Inst.
Alter Botanischer Garten
Hautklinik
Sportplatz
St. Andrews Halle
Chirurgische Klinik
Institut f. Meereskunde
Spielpl.
Präsidium d. Fach-hochschule Kiel
Photo-fachschule
Universitäts-Kliniken
Chirurgische Klinik
Radiologie
Inst. f. Human-ernährung
Michaelis-str.
Arnold-Heller-Str.
Gerichts-medizin
Frauenklinik
Gemeinschaft in der Landeskirche
Sozial-ministerium
HNO-Klinik
Zahn- u. Kieferklinik
Kunst-halle
Pharmakologie u. Toxikologie
Dreiecks-platz
Brunswiker str.
Ev. Freikirche Gemeinde Baptisten
Umwelt-toxikologie
Zoolog. Museum
Mus. f. Völkerkunde
Augen-klinik
Sporthafen Seeburg
Hygien. Inst.
Kiellinie
Volkshoch-schule
DRK-Kiel
Spielpl.
Schloß-garten
Fachhochschule für Gestaltung
Philosophen-gang
Industrie- u. Handels-kammer
Muhlius-schule
Klaus-Groth-Denkmal
Möllingsruh
Dkm.
Oslokai
Kieler Spar- u. Leihkasse
Standes-amt
Lorentzen-damm
Kleiner Kiel
Blinden-garten
Prinzen-garten
Düsternbrooker Weg
Justiz-minist.
Landes-kirchenamt
Pump-weg
Rantzaubau
Kleiner Kiel
Martens-damm
Stadtmuseum Warleberger Hof
Landesbibliothek Histor. Landeshalle
Schloß
Hiroshima-Park
Landes-bank
Bismarck-Dkm.
Jugend-amt
Schul-amt
Dänische Str.
Konzerthalle
Ausgleichs-amt
Markt
NDR-Landesfunk-haus S.-H.
Anlegestelle
Seegartenbrücken
Opernhaus
Rathauspl.
Nikolai-kirche
Fischhalle (Schiffahrts-museum)
Museums-brücke
Rathaus
Stadt-bücherei
Nikolaus-Kirche
Gesund-heitsamt
Spielpl.
Holsten-str.
Berliner Platz
Wall
Asmus-Bremer-Platz
Boots-hafen
Seilbahn
Europa-platz
Kultur-amt
Karlstr.
Ordnungs-amt
Statist. Amt
Schweden-kai
Gayk-str.
Holsten
Oberpost-

Gärten an der See, Kaiserzeit und Revolution

Nördliche Innenstadt

von Ute Kohrs-Heimann und Horst Peters

Ausgangspunkt:	*Schiffahrtsmuseum, Bus 6, 13, 16, Haltestelle Seegartenbrücke; Schiff Fördelinie, Schwentinelinie, Anleger Seegarten*
Endpunkt:	*Burgstraße/Dänische Straße, Bus 1, 2, 12, 40, Haltestelle Eggerstedtstraße*
Dauer:	*ca. 2 Stunden*

Unser Spaziergang führt vom Rande der ehemaligen Altstadt durch den ehemaligen Flecken Brunswik, der erst 1869 eingemeindet wurde. Die Kieler Altstadt war zu eng geworden und bot Professoren und Kaufleuten nicht mehr die Möglichkeit, repräsentative Häuser zu bauen, und die schöne Lage am Kleinen Kiel oder in unmittelbarer Nähe zur Förde machte eine Ansiedlung vor den Toren der Stadt attraktiv. Da die Steuerlast in Brunswik geringer war, zog dieser Vorort nicht nur begüterte Leute an, sondern auch Arbeiter, und so entstand eine Arbeiterkolonie in der Nähe des Dreiecksplatzes. Dieser »Friedrichshof« mit etwa 45 Wohnungen wurde meist von Arbeitern einer Kalkbrennerei und einer Zündholzfabrik bewohnt. Neben der Bebauung mit Häusern begüterter Kieler Bürger und Arbeiterwohnungen wurde dieser Stadtteil durch die Auslagerung der Universität, der Universitätskliniken und der Anlage einer Kasernenstadt geprägt. Nach dem Zweiten Weltkrieg hat sich das Bild dieses Stadtteils in einigen Bereichen völlig verändert, die großen Zerstörungen ermöglichten eine Verlegung der Straßen, eine offene Bebauung und Grünanlagen. Einzelne Gebäude erinnern noch an den früheren Charakter des Viertels und an historische Ereignisse. Der Blick auf den Hafen fällt heute nicht mehr auf die vielen Kriegsschiffe, die auf Reede lagen und die Geschichte Kiels nach seiner »zweiten Stadtgründung«, die Erhebung Kiels zum Reichskriegshafen 1871, wesentlich bestimmten. Heute prägen die Fähranleger das Gesicht des Hafens, Oslokai und Stenaterminal, von denen aus Oslo und Göteborg regelmäßig angesteuert werden. Während ihrer Liegezeit ergänzen sie wie langgestreckte mehrgeschossige Wohnblocks die Bebauung am Schloßpark und am Wall. Darüber hinaus bestimmen die Ströme von Passagieren, Urlauberautos und Gütertransporten die Gesamtstruktur des Stadtteils: Straßenzüge, Verladeflächen, Wartebahnen, Überführungen und Terminals wappnen sich für den Ansturm bei jedem An- und Ablegen. Kiel hat als Fährhafen für Ziele in Skandinavien eine lange Tradition und berechtigterweise den Beinamen »Tor zum

Blick auf das Ostufer

Norden«. So gab es schon im 18. Jahrhundert eine regelmäßige »Paketfahrt« nach Kopenhagen, auch Stockholm und Petersburg wurden angesteuert.

❶ Seegartenbrücke

Ein Blick auf die andere Seite der Förde zeigt die Howaldtswerke Deutsche Werft AG mit ihren das Stadtbild beherrschenden Portalkränen und dem Schwimmdock 2. Die Werftindustrie hat die Wirtschaft der Stadt Kiel über hundert Jahre lang beherrscht und der Aufschwung, den die Stadt im Kaiserreich nahm, ist eng mit der Marine und dem Kriegsschiffbau verbunden (siehe S. 105 und S. 198).

Bis in die 50er Jahre beherrschte die Werft nicht nur optisch, sondern auch akustisch die Stadt. Das Nieten war überall in der Innenstadt zu hören. Erst seitdem das Nieten vom Lichtbogenschweißen abgelöst wurde, fehlt diese besondere Geräuschkulisse in der Stadt.

Kiel war auch bereits vor der Entstehung der Werftindustrie ein Schiffbauplatz. Die Holzschiffwerften lagen unterhalb des Schlosses wie die Werft Reuter & Ihms, die an der Stelle des Seegartens einen Bootsbauplatz betrieb. Vom Seegarten aus läßt sich der Hafen gut überblicken.

Seine Geschichte als Aussichtspunkt begann 1844. In diesem Jahr kündigte die Stadt der Holzschiffwerft, weil sie berechtigterweise befürchtete, daß auch diese Werft an der zentralen Stelle zwischen Schloß und Hafen zum Eisenschiffbau übergehen wollte. Statt dessen entstand eine Grünanlage und ein Restaurant. Zur gleichen Zeit wurde auch der Anleger Fischertor hierher verlegt, der für die Fördeschiffahrt immer mehr an Bedeutung gewann. Dampferanlegestelle ist die Seegartenbrücke geblieben, aber der Platz ist mittlerweile gepflastert und seit Sommer 1989 steht auf ihm der Feuerträger des ehemaligen Feuerschiffes Kiel, das heute als »Alexander von Humboldt« besegelt wird.

Als noch die Ellerbeker Fischersfrauen mit ihren Einbäumen über die Förde ruderten, boten sie den Kieler BürgerInnen auf diesem Platz ihre Fische an. Als der Fischhandel an einer Stelle im Hafen vereinigt werden sollte, wurde eine Stelle in unmittelbarer Nachbarschaft 1909 für die Errichtung einer Fischhalle ausersehen. Das vom Stadtrat *Pauly* geplante und in den 70er Jahren vom Abriß bedrohte Gebäude steht mittlerweile unter Denkmalschutz als ein für das Küstengebiet typisches Beispiel einer Jugendstilarchitektur, die Elemente des Frühbarocks einschließt.

Seit 1978 befindet sich in der ehemaligen Fischhalle das Kieler Schiffahrtsmuseum, das in seinen Ausstellungsräumen Kieler Hafen- und Stadtgeschichte lebendig werden läßt: Verschiedene Modelle von in Kiel gebauten Schiffen weisen auf die Bedeutung der Werftindustrie hin; Bilder aus der Arbeitswelt zeigen, wer diese Schiffe baute; Echolot und Kreiselkompaß zeugen von Erfindungsgeist. Eine Werftarbeiterküche und ein Zimmer, im bürgerlichen Wohnstil eingerichtet, veranschaulichen die Gegensätze innerhalb der wilhelminischen Gesellschaft; in einem Schaukasten ist die Hafenlandschaft nachgebildet, wie sie ungefähr vor 50 Jahren war. Der Kieler Knabenanzug fehlt ebensowenig wie Lesebücher aus einer Zeit, in der die Flottenbegeisterung keine Grenzen kannte:

»Im Hafen liegen viele Schiffe. Sie sind sehr lang und beinahe ganz aus Eisen gemacht. Oben haben sie große Schornsteine, aus denen kommt schwarzer Rauch heraus, wenn sie auf dem Wasser umherfahren. ... Diese Schiffe heißen Kriegsschiffe, und sie gehören dem Kaiser. Der wohnt in Berlin oder in Potsdam, weit von hier; aber oft kommt er auch nach Kiel.«

Der Kaiser als Karikatur

Beim NDR-Gebäude wurde versucht, eine alte Figur in das neue Gebäude zu integrieren, die einmal Bestandteil eines Hauses war, das sich früher an dieser Stelle befand. Weil keine anderen Gestaltungselemente dies unterstützen, wirkt der Steuermann, eine Bronze von *A. Brütt*, an der neuen Fassade aufgesetzt und gliedert sich nicht ein.

Küste an der Küste

NDR-Neubau, Platzgestaltung und Straßenführung der Eggerstedtstraße sind nach den umfangreichen Zerstörungen während des zweiten Weltkrieges entstanden. Nichts deutet mehr auf die Vergangenheit, als dieser Bereich noch Bestandteil des benachbarten »Vergnügungsviertels«, der sogenannten »Küste«, war, und die nicht mehr vorhandene »Fischerstraße« für käufliche Liebe stand. Heute üben Skateboardfahrer auf dem gestalteten Vorplatz ihre Kunststücke, werden aber immer wieder vertrieben, weil sie den Beton der Rampen beschädigen.

Eggerstedtstraße
❷

Auch das Kieler Schloß wurde ein Opfer der Bomben. Man versuchte, den Neubau auf den Grundmauern des alten Schlosses wieder aufzubauen, um den Baukörper, der die Altstadt abschließt, zu erhalten. Auch der Turm, der sich dem Schloßgarten zuwendet, hat diese Funktion.

Das Schloß entstand aus einer um 1250 zum erstenmal erwähnten Burg und wird seit 1460 als »Schloß Kiel« bezeichnet. Herzog Adolf *errichtete zwischen 1559 und 1569 das »Neue Haus«, das schon an der Stelle des heutigen Hauptgebäudes stand und ständigen und zahlreichen Um- und Erweiterungsbauten ausgesetzt war. Um 1700 bildete sich eine U-förmige Anlage heraus, die sich zum Schloßpark hin öffnete und sich gegen die Stadt abschloß.*

Das Kieler Schloß gehörte zum Gottorper Anteil, wurde aber nicht als dauernde Residenz genutzt. Der Gottorper Herzog Karl Friedrich *schuf eine enge Verbindung mit dem russischen Herrscherhaus, als er 1721 nach dem nordischen Krieg, reduziert auf seine holsteinischen Besitztümer, die älteste Tochter des Zaren Peter I., Anna Petrowna, heiratete. Auf dem Kieler Schloß wurde der spätere Zar Peter III. geboren und erzogen. Als er nach Petersburg ging, verfiel das Schloß wieder und wurde erst durch Katharina II., die ihrem Mann 1762 auf den Thron folgte, wieder hergerichtet. Im folgenden Jahrhundert befand sich das Schloß in einem ziemlich verkommenen Zustand. Als Herzog Karl von Glücksburg einziehen wollte, und die feuchten Räume Tag und Nacht geheizt wurden, um sie auszutrocknen, brannte 1838 der Ostflügel des Schlosses aus. Nach dem großen Brand – ein Motiv, das sich in vielen Gemälden wiederfindet – wurde das Schloß schnell wieder aufgebaut.*

Anna Petrowna

1864 notierte Theodor Fontane *in seinen Reisenotizen: »Das alte Schloß, ein ziemlich unschöner Bau, das fensterlose Paterre sehr hoch, fast die halbe Höhe des Ganzen, dann noch 3 Etagen.« Ähnlichen Glanz wie unter Katharina II. erlebte das Kieler Schloß wieder im Kaiserreich, als es zum dauernden Wohnsitz von* Prinz Heinrich *wurde, dem Bruder* Kaiser Wilhelms II. *Die Stadt Kiel schenkte dem Prinzen zu seiner Hochzeit mit Irene, einer gebürtigen Prinzessin von Hessen, den 1889 von* Eduard Lürssen *gebauten, im Schloßhof aufgestellten Kilia-Brunnen. Kilia, eine ähnlich ideale Frauengestalt wie Germania, trug auf ihrer Brust ein Stadtwappen, das die Verbindung Kiels zum Kaiserhaus symbolisieren sollte. Heute befindet sich im Schloßhof ein neuer Springbrunnen. Während des Matrosenaufstandes 1918 verließ der Prinz auf unrühmliche Weise das Schloß. Nachdem er zunächt als Bruder des Monarchen nicht belästigt worden war, versuchte er die aufziehende Patrouille des Soldatenrates selbst zu vertreiben. Obwohl ihm niemand etwas verwehrte oder ihn einschränkte, fürchtete er wohl um sein Leben und wollte auf sein Gut Hemmelmark bei Eckernförde fliehen. Er tarnte sein Auto zu diesem Zweck mit einer roten Fahne und chauffierte selbst.*

Heute beherbergt das Schloß verschiedene Kultureinrichtungen und zwei Konzertsäle, die allerdings auch für große Bälle wie den Theaterball genutzt werden. Auch Festivalkonzerte finden hier statt und locken Touristen und alle, die dabei sein wollen, im Sommer hierher. Im einzigen noch erhaltenen Bau des Schlosses, dem Rantzaubau, dem Westflügel von *Domenico Pelli*, befindet sich heute die Stiftung Pommern, eine Gemäldegalerie, die Malerei des 17. bis 19. Jahrhunderts umfaßt. Bemerkenswert ist die Sammlung im Bereich der zweiten Hälfte des 19. Jahrhunderts mit Gemälden von *Caspar David Friedrich* und *Philipp Otto Runge.*

Schloßgarten

44 Nördl. Innenst.

Der Schloßgarten, der heute von breiten Straßen umgeben ist, wurde 1652 von *Herzog Adolf I.* als Renaissancegarten angelegt und später mehrfach verändert, bis er dann als Englischer Garten gestaltet wurde. Die Trennung zwischen Schloßgarten und Schloß hat eine lange Tradition. 1560 befand sich an der Stelle der Straße Prinzengarten ein Burggraben, der 1696 mit Trümmern des eingestürzten Südflügels wieder zugeschüttet wurde. Mit der Errichtung der Universität am Ende des Schloßgartens 1884 erhielt er seine letzte Ausgestaltung. Früher zum Flanieren bei Promenadenkonzerten nahe dem Wasser ein beliebter Park, findet der Schloßgarten heute kaum noch Besucher, da er trotz altem Baumbestand eher wie eine Rasenfläche zwischen zwei Straßen anmutet.

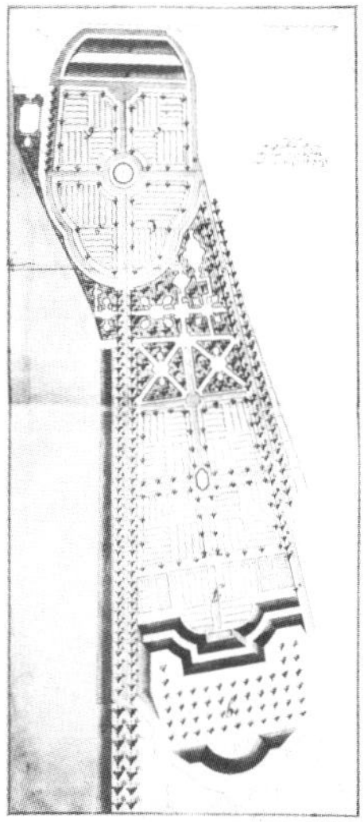

Der Schloßgarten Ende des 17. Jahrhunderts

Im Schloßgarten befindet sich die Rotunde von *Rudolf Siemering*, ein Denkmal zum Krieg 1870/71. Hier wurde versucht, mit Hilfe eines Volksbildes und nicht durch die Darstellung von Generälen an das Ereignis zu erinnern. Aber so richtig anrühren ließen sich die Kieler von den verschiedenen Abschiedsszenen nicht. So wurde bei dem dargestellten weinenden kleinen Mädchen immer die Frage gestellt: »Warum weint das kleine Mädchen?« Antwort: »Kein Wunder, wenn jemand einem ein Holzbein auf den Fuß stellt!« Außerdem steht in der Rotunde noch das bronzene Kaiser-Wilhelm-Reiterstandbild von *A. Brütt*, der den Schleswig-Holsteinern die Einverleibung in Preußen versüßen sollte. Schleswig und Holstein, die das Denkmal als allegorische Figuren umrahmten, sind allerdings dem Einschmelzen zum Opfer gefallen.

Der Parkplatz, der nun auch im Zuge des Umbaus des Schloßgartens verschwinden und einer Tiefgarage weichen soll, befindet sich an der Stelle, an der früher die alte Universität stand.

Preußen setzte in dem verschlafenen und idyllischen Landstädtchen neue Maßstäbe und lagerte die Universität 1876 aus dem alten Stadtkern aus. Das Zoologische Museum und die ehemalige Universitätsbibliothek sind heute noch vorhanden, während das Kollegiengebäude verschwunden ist. Von den Architekten *M. Gropius* und *H. Schmieden* entworfen, wird durch die Bänder und Muster im gelben Klinker eine Trennung zwischen dem konstruktiven Gerüst und der dekorativen Ausschmückung der Gebäude erreicht.

Die Kieler Universität, 1665 gegründet, bekam zunächst kein eigenes Gebäude, sondern wurde im Heiligengeistkloster, einem Armenhaus, untergebracht. Trotz einer Werbeschrift, die die abgeschlossene Lage mit den dazugehörigen Gärten lobt, fanden sich zunächst kaum Studenten ein. Mit nur drei Studenten war man nicht in der Lage, das 100-jährige Jubiläum zu feiern. Katharina II. sorgte dann dafür, daß die Universität ein eigenes Gebäude in der Kattenstraße erhielt, das spätere Museum für vaterländische Altertümer, in dem auch das Nydamboot ausgestellt war. Außerdem besetzte sie vakante Lehrstühle und erhöhte die Dotierung der Professoren. Nach der Vereinigung des gottorpschen Holstein mit dem übrigen Schleswig-Holstein wurde die Kieler Universität geistiger Mittelpunkt des Landes. Man stand mit anderen Hochschulen im wissenschaftlichen Austausch und pflegte zu den anderen kulturellen Zentren des Landes wie Emkendorf enge Beziehungen. Die besondere Bedeutung der Universität machte sich auch 1848 bemerkbar, als sich Professoren wie Dahlmann *und* Esmarch *für die Schleswig-Holsteinfrage engagierten (siehe S. 173).*

Der Gründer der Universität soll eine silberne Trompete für den dümmsten Professor gestiftet haben, doch keiner weiß, wer sie hat.

Kiellinie

❸

Spielinie

An der Seeburg weist heute noch ein Schild darauf hin, daß dieses Studentenhaus ein Geschenk des Kaisers war. Eine private Mensa, die sich im Haus befindet, bietet preiswertes Essen an. Im Sommer können auf der Terrasse mit Fördeblick die großen Fähren beim An- und Ablegen beobachtet werden, während man sich nach einem Spaziergang am Wasser bei Kaffee und Kuchen stärkt.

1931 kam die Seeburg zu einen unrühmlichen Ruf, als eine nationalsozialistische Studentengruppe eine Versammlung mit dem Republikaner *Walter Schücking* durch eine Stinkbombe sprengte: Schücking, Mitglied des Reichstages, galt den Nationalsozialisten als »Novemberverbrecher«, da er bei den Versailler Friedensverhandlungen mitgewirkt hatte. Am 6. 12. 1936 rammte sich das mit viel Pomp vom Stapel gelassene Schlachtschiff »Gneisenau« in die Kaimauer vor der »Seeburg«. Tausende von Kieler Bürgern hatten das Schauspiel gesehen, aber die Nazi-Propaganda verschwieg den Vorfall. Noch heute spekulieren Antifaschisten, ob eine falsche Berechnung der Konstrukteure zugrunde lag, der zu hohe Akkord Pfusch zur Folge hatte oder es sich um bewußte Sabotage handelte.

Zur Kieler Woche ist die Kiellinie die Spiellinie. Für Kinder, Jugendliche und Erwachsene werden die unterschiedlichsten Mitmachaktionen angeboten, aber auch Straßentheater, Musikgruppen und Gaukler treten auf. Bis zu 10.000 Menschen strömen am Wochenende bei gutem Wetter über die Kiellinie-Spiellinie. Auch am Abend in der Kieler Woche ist die Kiellinie ein beliebtes Ziel. Musikgruppen, Theatergruppen, aber auch Bierstände und die verschiedensten Spezialitäten locken die Besucher.

Ein ganzjähriges Vergnügen bietet das Aquarium des Instituts für Meereskunde, in dem überwiegend Fische und wirbellose Tiere

Segeln, Dampfer, Kieler Woche

Auch wen die Segelschiffahrt nicht im geringsten interessiert, kann ohne weiteres dieses »größte Sommerfest im Norden Europas« besuchen. Völkerverständigung, Kultur, große und kleine Schiffe, Spaß, Sport und Protest — das ist die bunte Mischung, die häufig mehr als 200.000 Menschen in der dritten Juni-Woche in Kiel auf die Beine bringt. Ein sorgfältig vorbereitetes Programm der Stadt sorgt dafür, daß jung und alt von der Eröffnung der Kieler Woche auf dem Rathausplatz bis zum Abschluß durch ein großes Feuerwerk etwas geboten wird.

Dem Spielmannszug der Ellerbeker Turnvereinigung kann ebenso gelauscht werden wie einem Gitarreabend der evangelisch-lutherischen Kirchengemeinde; internationale Schach- und Skatturniere, Diskussions- und Sportveranstaltungen aller Art erwarten ein unternehmungslustiges Publikum.

Großen Anklang findet jedesmal die vom Kulturamt organisierte Spiellinie an der Kiellinie mit vielen Spielgeräten, Künstlern, Gauklern und Buden. Hier soll kreativ mitgemacht werden beim Malen, Töpfern, Musizieren und Spielen als Ausgleich zum bloßen Bestaunen der insgesamt an die 5000 Segelboote und Segler, die mitten auf der Ostsee kreuzen.

Der Kieler Yacht Club sorgt mit anderen Vereinen für die Veranstaltung der Segel-Wettkämpfe, die weit von den Toren Kiels entfernt, im 15 Kilometer nördlich liegenden Schilksee, in insgesamt 18 Boots- und zwei Surfklassen stattfinden.

Schilksee ist nicht nur ein beliebter Badestrand der KielerInnen, sondern auch das »Segelmekka«. Die zur Olympiade 1972 entstandenen Betonbauten und Yachthafenanlagen haben den Charakter des Ortes völlig verändert. Wurden früher die Segelregatten in der Innenförde vor der »Wasserallee«, heute Hindenburgufer, ausgetragen, befinden sich die verschiedenen Regattakurse jetzt vor Bülk. Zwar ist die Teilnahme an Regatten immer noch ein exklusives Vergnügen, aber Segeln am Wochenende oder in den Ferien durch die Dänische Inselwelt und in die benachbarten Förden gilt mittlerweile als Volkssport. Schon 1932 wurde übrigens versucht, ein preiswertes Boot zu konstruieren, das es auch Leuten mit weniger Geld erlauben sollte, Segelsport zu betreiben. Daraus entstand der »Wal«, er kostete in der Anschaffung 2400 DM, und 1940 in Schweden das Nordische Folkeboot, das in seiner Kunststoffversion noch heute gesegelt wird. Für eine neue Form des Segelns, nämlich das Windsurfen, wurden eigens Surfstrände eingerichtet, um den Badebetrieb zu schützen.

Wem der Weg zum Schilkseer Strand, von dem aus die Regatten auch nur von scharfsichtigen Experten in ihren Feinheiten verfolgt werden können, zu weit ist, kann sich auf einem der Regattabegleitschiffe einen Platz kaufen.

Heute werden alle Schiffahrtslinien von der KVAG bedient, während in den Anfängen verschiedene Gesellschaften sich an der Fördeschiffahrt beteiligten. Es gab eine »Schwarze Dampferlinie«, die Dampfer der NDC, der Neuen Dampfercompanie, 1887, die »Blaue Dampferlinie« von A.C. Hansen, 1872, und die »Weiße Dampferlinie« der Hafenrundfahrt A.G., 1906. Natürlich führten diese unterschiedlichen Unternehmen alle zur Kieler Woche Regattabegleitfahrten durch.

Am 23. Juli 1882 fand die Regatta statt, die als erste Kieler Woche gilt, ein nicht nur sportliches, sondern auch gesellschaftliches Ereignis mit einer feierlichen Preisverleihung und einem Festessen in Bellevue. Bereits drei Jahre später segelte Prinz Heinrich,

der auf dem Kieler Schloß residierte, mit, aber auch das Interesse der Seeoffiziere und des Kaisers Wilhelm II. war erwacht. Man beschränkte sich nicht mehr auf einen Tag, und der Kaiser überreichte einen gestifteten Wanderpokal. Er selbst wurde Kommodore des Kaiserlichen Yachtclubs, KYC, und erwarb eine in Schottland gebaute Yacht, die er Meteor nannte. Derartige Großyachten wie die Meteor konnten nur mit bezahlten Leuten gesegelt werden, so brauchte die Meteor II eine Regattabesatzung von 42 Mann. Allerdings mußte der Kaiser selber nicht auf Komfort verzichten, der Salon war mit einem Kamin ausgestattet, es gab ein sogenanntes »Damenzimmer« und ein Badezimmer. Zunächst stammten die Mannschaften der Rennsegler aus England, erst die Meteor III wurde mit einer deutschen Mannschaft besegelt.

Neben den Segelbooten, die die Kieler Woche besuchten, kamen nun auch Kriegsschiffe und bevölkerten den Kieler Hafen. Diese Tradition hat sich zum Ärger des einen Teils der Bevölkerung bis heute erhalten, während ein anderer Teil mit Begeisterung die Schiffsbesichtigungen wahrnimmt und sich während der Kieler Woche jedes Jahr wieder, vor allem an Sonnabenden und Sonntagen, auf der Tirpitzmole drängt.

Zur Eröffnung gehören Transparente in der Menge oder sogar auf dem streng bewachten Rathausturm zum üblichen Bild; Proteste gegen Kriegsschiffe wie Atom-U-Boote oder den Flugzeugträger »Iowa« sorgen immer wieder für neue Auseinandersetzungen.

Die Empfindlichkeit gerade der militärischen Präsenz gegenüber hat tiefe Wurzeln in der Vergangenheit: War es nicht Wilhelm II., der die private Veranstaltung einiger leidenschaftlicher Segler zur Vorführung seiner Kriegsflotte im neu erkorenen Reichskriegshafen Kiel umfunktionierte? Auch die Einweihung des flottentauglich ausgelegten Kaiser-Wilhelm-Kanals 1895 nahm der Kaiser zum Anlaß, mit seiner »Hohenzollern«-Dampfyacht und seinen Flotteneinheiten zur Kieler Woche zu erscheinen. Die Kieler Woche 1914 wurde dann zum militärisch besonders denkwürdigen Datum, als dem Kaiser an Bord seiner Yacht »Meteor« die Nachricht vom Mord in Sarajewo übermittelt wurde. Auf schnellstem Wege kehrte er nach Berlin zurück, denn damit war der Ausbruch des ersten Weltkrieges besiegelt.

Nach 1918 wurde kurzzeitig die Kieler Woche wieder als Privatveranstaltung der Segler abgehalten. Sie erreichte einen neuen Höhepunkt im Olympiajahr der Faschisten 1936, die sie für propagandistische Zwecke nutzten. Die Marine mit ihren Panzerschiffneubauten war wieder dabei. Oberbürgermeister Gayk wollte nach Kriegsende dann endgültig mit der militärischen Präsenz zur Kieler Woche aufräumen. — Vergebens! Dennoch gestaltete er erstmals 1949 die Kieler Woche als Volksfest und Fest des Friedens mit reichhaltigem kulturellen Programm, Segeln und internationalem Publikum. Dieser Schwerpunkt ist bis auf den heutigen Tag so geblieben, wenn auch die Marineeinheiten das Erscheinungsbild mitbestimmen.

Ute Kohrs-Heimann/Manfred Lang

der Nord- und Ostsee sowie des Nordatlantiks in 27 Becken gezeigt werden. Das Seehundbecken ist bei Kindern und Jugendlichen besonders beliebt, weitere Attraktionen sind die Haie und der Heringsschwarm.

Schwanenweg ❹

Der Alte Botanische Garten wurde zwischen 1878 und 1890 angelegt. Auf der Grundlage eines schon vorhandenen Gartens sollte ein Landschaftsgarten eingerichtet werden. Stadtkrone und Schlußstein des Gartens bildet ein Aussichtstürmchen aus dem Jahre 1891. Mit ihm wurde das Ende der Gelbsteinperiode beim Bau der Universitätsgebäude eingeläutet, von nun an baut man mit roten Ziegeln. Von dem Türmchen aus reicht der Blick weit über die Förde, bei gutem Wetter bis zum Laboer Ehrenmal. Auf der anderen Seite sieht man auf den Klinikflügel. Chirurgie und Pathologie sind noch teilweise erhalten und zeugen von der langen Tradition der akademischen Krankenanstalten an dieser Stelle. 1862 wurden auf diesem Hügel vier Kliniken bezogen, eine Medizinische und Chirurgische, eine Frauenklinik, eine Pocken- und Choleraanstalt und eine Anatomie. *Professor Hegewisch*, zuständig für die Frauenklinik und die Hebammenschule, war damals gegen eine Verlegung in die Hospitalstraße, da das Gebärhaus überwiegend von unverheirateten Müttern genutzt wurde. Derartig Unmoralisches sollte nicht dort angesiedelt sein, »wo tausend Frauen und Jungfrauen reine Luft zu atmen wünschen«. Heute hat sich die Universitätsfrauenklinik mit ihren Forschungen zu Retortenbabys einen sehr umstrittenen Ruf erworben (siehe S. 118). Die erste Medizin, die sich im Gebäude des ehemaligen Militärlazarettes befindet, und die Garnisonskirche am Niemannsweg zeigen deutlich, wie stark Kiel durch Militär und Marine geprägt worden ist. Die Kirche wurde 1880/82 im Stil der Neugotik errichtet, um den Marinesoldaten den Kirchbesuch zu ermöglichen.

Im alten Botanischen Garten

Klaus Groth 1899 vor seinem Haus aus gelben Ziegeln kurz vor seinem Tod

Die Ansiedlung der Akademischen Krankenanstalten führte dazu, daß der Schwanenweg zur Professorenstraße und Villengegend wurde. Der wohl berühmteste Hausbesitzer war *Klaus Groth*, der sich 1865 dort ein Haus bauen ließ. Der Förderer der niederdeutschen Literatur dichtete:

»Ik heff en Hüschen, is man lütt,
Doch ist't min egen, as ik meen;
Hollt dicht voer Regen, Küll und Hitt,
is bu't ut gele Tegelsteen.«

Der Brauersche Garten, der Vorläufer des Botanischen Gartens mit seinen kleinen Teichen, die ein Schwanenpaar beherbergten, gab der Straße den Namen. Innerhalb von 30 Jahren veränderte sich die vormals ländliche Umgebung völlig und wurde zur Vorstadt. Klaus Groth schrieb:

»Rapphehn und Swans gungn weg;
Wi kregen en Swanenweg.
Brunswik war en Vorstadt,
Kiel war en Weltstadt –
Wat en Vergnögen.«

Düsternbrooker Weg

Die Kunsthalle zeigt überwiegend Gemälde aus dem 19. Jahrhundert und Werke der Moderne. Dieser Bau der Kunsthalle, die bereits die zweite in Kiel ist, wurde 1909 gebaut. Der erste befand sich unterhalb des Schlosses. Durch den zweiten Weltkrieg wurde das Treppenhaus so beschädigt, daß es durch ein neues im Stil der 50er Jahre ersetzt werden mußte. Den Eingang flankieren zwei Wisente von *August Gaul.* Dieser Eingang steht nun aber nicht mehr alleine, da sich durch einen modernen Erweiterungsbau, der hinter dem alten versteckt liegt, ein neuer Eingang direkt der Stadt zuwendet. Die vor den übrigen Skulpturen etwas fremd wirkenden »Spieße« (einer Schlacht im Ersten Weltkrieg, in der vor allem Kriegsfreiwillige, Abiturienten und Studenten mit »Hurra« auf den Lippen in den Tod gingen) bilden ein Langemarckdenkmal, das an die Gefallenen erinnern soll. 1931 dort neben das Kollegiengebäude gestellt, ist es dort verblieben, während die Universität längst den Platz gewechselt hat.

Hegewischstraße

Mit der 1887/88 erbauten Augenklinik, dem Zoologischen Museum und der ehemaligen Universitätsbibliothek befinden sich drei Fiskalbauten in unmittelbarer Nähe zueinander.

Eine der Attraktionen im Zoologischen Museum ist ein im Raum aufgehängtes 30 m langes Blauwalskelett. Seit 1989 wird das Museum umgestaltet zu Ausstellungen mit ökologischen Inhalten wie »Lebensräume der Erde«, »Lebensgemeinschaften von Ökosystemen des Landes«. Neu sind eine Museumsschule und ein Insektengarten. Im gleichen Gebäude befindet sich das Völkerkundemuseum, das verschiedene Kulturkreise in ihren wirtschaftlichen, künstlerischen und religiösen Lebensäußerungen zeigt, wie etwa die Aufzeichnungen eines afrikaischen Zauberers.

1881 als Schausammlung ausgebaut mit Insektenfauna, Schnecken und Muscheln, Paradiesvögeln und tropischen Spechten

Brunswiker Straße

5

Im Brunswiker Pavillon können Ausstellungen von zeitgenössischen Künstlern aus Schleswig-Holstein besucht werden. In enger Verbindung mit der Muthesius-Schule, der Fachhochschule für Gestaltung, präsentiert sich hier die bildende Kunst. Maler wie *Harald Duwe* und *Peter Nagel*, der Bildhauer *Jan Koblasa* und der Designer *Bernhard Schwichtenberg* lehrten oder lehren hier als Professoren. Da die Räumlichkeiten viel zu beengt sind, wird immer wieder nach Ausweichquartieren gesucht. Die Anerkennung zur Hochschule wird angestrebt, da es bislang keine Hochschule für bildende Künste in Schleswig-Holstein gibt.

Nebenan war früher die Säuglingsmilchküche des Frauenbildungsvereins untergebracht; eine verwaschene Anschrift erinnert noch daran. Das wilhelminische Gebäude blieb nach dem 2. Weltkrieg inmitten eines Trümmerfeldes erhalten und sollte einer Tiefgarageneinfahrt weichen. Die sich daran anschließenden Auseinandersetzungen dokumentieren die noch heute sichtbaren Parolen an der Fassade. Aus den unterschiedlichsten Bevölkerungsgruppen setzte man sich für den Erhalt des Gebäudes als eine Erinnerung an die frühere Bebauung rund um den Kleinen Kiel ein. Auch das Problem preiswerten Wohnraumes in der Innenstadt spielte bei der Argumentation eine Rolle. Letztendlich konnten sich die Gegner des Abrisses durchsetzen, die Bausubstanz wird heute jedoch durch fehlende Sanierungsmaßnahmen bedroht.

Die alte Säuglingsmilchküche

Die ehemalige Klinik Lubinus, heute Sitz des Verwaltungsdirektors des Klinikums, aber auch des Toxikologen *Ottmar Wassermann*, der durch sein mutiges Auftreten und seine Vorträge immer wieder auf die Gefahren für unsere Umwelt hinweist, wurde aller baulichen Veränderungen entblößt und in den alten Zustand zurückgebaut. Zwei Häuser wurden durch einen Mittelbau zu einem gemacht, was sich nun auch wieder erkennen läßt.

Die Brunswiker Straße, im Hintergrund die ehemalige Klinik Lubinus

Der offene Straßenraum ist erst durch die Zerstörungen im Zweiten Weltkrieg und den Wiederaufbau entstanden. Früher war es eine engbebaute Geschäftsstraße, in der auch viele Tanzlokale mit großen Sälen angesiedelt waren, die nahe Kasernenstadt versprach ein gutes Geschäft. So gab es »Die Hoffnung«, Brunswiker Varieté und Bierhaus« und den »Brunswiker Biergarten«, der wegen häufiger Schlägereien auch »Knochensaal« genannt wurde.

Langer Segen

Wie eng die Straßen einmal waren, ist hier sichtbar. Am 3. November 1918 fand hier die erste Schießerei der Revolution (siehe S. 79) statt. Eine große Kasernenstadt lag auf dem Gelände, das heute überwiegend Grünfläche ist und auf dem sich die Kieler Gelehrtenschule befindet.

6

Die Gaykwäldchen, benannt nach dem damaligen Oberbürgermeister *Andreas Gayk*, der diese Initiative ins Leben rief, symbolisierten nach dem 2. Weltkrieg Schaffenskraft und Wiederaufbau. Die vormaligen Trümmergrundstücke wurden mit schnell wachsenden Pappeln bepflanzt. Rund um den Bunkerberg, dem Rodelberg des Viertels, steht noch ein Gaykwäldchen.

Die Kieler Gelehrtenschule, ein althumanistisches Gymnasium, hervorgegangen aus der Lateinschule, gegründet um 1320, empfindet sich noch heute als Eliteschule. Zur Zeit der 68er-Bewegung war es allerdings das Gymnasium, an dem die Schülerbewegung ihre hervorragendsten Vertreter hatte. Professorensöhne bildeten damals den AUSS (Arbeitskreis unabhängiger sozialistischer Schüler), die Schülerorganisation des SDS. Die Schule wurde bestreikt und die führenden Köpfe relegiert. Die etwas älteren Schüler gerieten dann während des Studiums in die Nähe der RAF und fanden durch ihr politisches Engagement den Tod, so *Thomas Weisbecker* und *Georg von Rauch.* Heute sind Kleiderfragen und Reisen die entscheidenden Fragen, und die politische Vergangenheit scheint fast vergessen.

Feldstraße

Die Kasernenstadt, die sich hier befand, wurde gleich nach der Einverleibung Schleswigs und Holsteins in Preußen errichtet. Es entstanden an der Feldstraße, früher Carlstraße, die Seebataillonkaserne, das Marine-Gerichts- und Arrestgebäude, das Marinebürogebäude, das Marine-Bekleidungsmagazin und das Intendanturgebäude für die Marinestation Ostsee. Außer einigen Resten im Langen Segen, dem Tor zur Marinewäscherei und der Intendantur ist nichts erhalten geblieben.

Marinegang

Eine Stätte mit historischer Bedeutung

Die Marinestation Ostsee, die heutige Oberfinanzdirektion, war Schauplatz der Verhandlungen zwischen dem Soldatenrat und dem Gouverneur. Über dem Haupteingang an der Ecke befindet sich noch heute in Sandstein eine Kaiserkrone mit einem großen W. Darüber befindet sich das Verhandlungszimmer. An dem 1892 gebauten Gebäude fallen besonders die Terrakottaembleme auf, die teilweise die Wappen der verschiedenen Hafenstädte an Nord- und Ostsee zeigen und teilweise die Abzeichen der verschiedenen Marineeinheiten wiedergeben.

Adolfstraße/Lornsenstraße

Die Lornsenstraße zeigt zum Teil noch das ganze Ensemble der alten Bebauung mit den Wohnhäusern, die große Wohnungen enthalten. Marineoffiziere mußten ein »großes Haus« führen können. Man brauchte repräsentative Eßräume mit anschließendem

Damen- und Herrensalon. Außerdem mußte ein Mädchenzimmer vorhanden sein. In dieser Straße sind die Vorgärten noch nicht einer Straßenerweiterung gewichen, so daß man sich ein Bild vom damaligen Zustand machen kann. Früher fuhr hier die Straßenbahn, was man auch an den Teerstreifen im Kopfsteinpflaster erkennen kann, die Schienen wurden entfernt.

Holtenauer Straße

Die Holtenauer Straße als alter Landweg und Ausfallstraße wurde nach und nach bebaut. Je nach Konjunkturlage baute man Landhäuser oder aber mehrgeschossige Wohnhäuser. In einer dieser Villen aus der Zeit der Baisse befindet sich die Tanzschule Gemind. Nach dem Kriege nach Kiel aus Lübeck umgezogen, haben ganze Generationen hier Tanzen und »Benimm« gelernt. Zu der Zeit, als noch Mädchen und Jungen getrennt zur Schule gingen (das letzte Mädchengymnasium nahm 1971 die ersten Sextaner auf), war dies eine der ersten Kontaktstellen. Die Herren links und die Damen rechts, so begann der Unterricht. Daß die »Herren« sich manchmal vor die Tür flüchteten und dann wieder hineingetrieben wurden, gehörte zur Tanzstunde dazu. Gleich gegenüber befindet sich das Programmkino – Regina –, das in den 70er Jahren als einziges Kino noch die heute wieder vorhandenen Spätvorstellungen hatte. Die beliebtesten Nachtvorstellungen waren die, in denen die alten Eddie Constantin Filme »zum Mitschießen« gezeigt wurden. Das Programmkino soll 1990 geschlossen werden, da der neue UFA-Palast dieses Angebot mit übernehmen soll.

Schauenburger Straße

In der Schauenburger Straße befinden sich Häuser, die noch die typischen 2-Zimmer-Wohnungen mit »Klo auf halber Treppe« enthalten. Auch einige Kellerläden sind hier noch bewirtschaftet, wie man sie sonst in Kiel kaum noch findet. Hinterhofkleinindustrie prägte diesen Straßenabschnitt genauso wie das Austragen sozialer Konflikte, die besonders durch die Nähe zu Düsternbrook deutlich wurden. Noch heute befindet sich im oberen Teil der Straße eine Fischräucherei auf dem Hof. Die »Schauenburger Raben«, eine Jugendbande, verunsicherte die Umgebung und bot auf Grund ihrer Mutproben immer wieder Anlaß für stadtweite Gespräche. Ein solcher Anlaß war z. B. das Neujahrsbaden. Während das Jahr wechselte, sollte man in der Förde schwimmen. Vom Anleger Reventloubrücke sprang man mit dem Glockenschlag ins kalte Wasser.

Die sogenannte »Klagemauer« war eines der ersten größeren Bauvorhaben nach dem zweiten Weltkrieg. Nach der Zusammenlegung von 36 Grundstücken und der Entschädigung der Eigner, die insgesamt bescheidene DM 500.000 erhielten, wurde hier unter dem Bauherrn *Kersig* eine einheitliche Bebauung vorangetrieben. Durch dieses radikale Verfahren wurde Kiel zwar mit bitter benötigtem Wohnraum versorgt, der neue Bauherr aber beherrschte dadurch ganze Straßenzüge. Die vielen Geschäfte lockten die BürgerInnen zum Einkaufen, aber meist war nicht genug Geld vorhanden, so daß einem nichts anderes übrig blieb, als zu klagen.

Durch den Ausbau des Sophienhofes haben viele Geschäfte ihre Laufkundschaft verloren, was auch zur Schließung des Kaufhauses am Dreiecksplatz führte. Diese Verluste sollen nun durch die Neugestaltung mit Glasarkaden ausgeglichen werden. Auch der Dreiecksplatz wird umgestaltet, einerseits, um die Grüntangente Nord weiter auszubauen, andererseits, um die Straßenführung der Innenstadttangente zu verbessern.

Dreiecksplatz
7

Zentraler Punkt des Dreiecksplatzes war immer das Kaufhaus, erst Kaufhaus Jacobsen, dann Merkur und zum Schluß Horten. Demnächst steht eine Wiedereröffnung mit kleinen Läden und einem Supermarkt bevor, und auch dann werden ältere Leute wieder sagen, daß sie zu »Jacobsen« gehen.

Wilhelminenstraße

Das »Studio«, früher »Capitol«, ist eines der ältesten Kinos der Stadt. Heute ist es in vier kleine Kinos zerlegt. Die sich seriös gebende »Buchhandlung am Dreiecksplatz« wird vom einschlägig bekannten Neonazi *Dietmar Munier* betrieben, der seine Vorgängergeschäfte in der Rathausstraße (z. B. den »Sturmwind-Buchladen«) aufgrund öffentlicher Proteste hatte schließen müssen.

Legienstraße

Die Ingenieurschule, früher die Schiffs- und Maschinenbauschule, spielte während der Revolution auch eine Rolle. *Gertrud Völcker* berichtet:

»Die Schiffs- und Maschinenbauschule wurde als Verwaltungsstelle für die zur Entlassung kommenden Soldaten hergerichtet. Eines Tages mußten Else Riechers, später Else Kuklinski und ich mit unseren Schreibmaschinen aus dem Arbeitersekretariat in die Schiffs- und Maschinenbauschule umziehen, ins neu geschaffene Büro der Arbeiter- und Soldatenräte. Hier trafen wir verantwortungsbewußte, aktive, nette, junge Soldaten an, aber auch Familienväter, die interessiert waren an einem geordneten Abzug in die Heimat. Es wurden ordnungsgemäße Entlassungsscheine ausgestellt, Proviant, Mäntel, Wolldecken und Schuhe gegen Quittung mitgegeben.«

Wie man diesem Bericht entnehmen kann, war diese Revolution eine ordentliche Revolution.

Nicht ganz so ordentlich ging und geht es im »tament« zu. Bekannt und berüchtigt als Abschlepperkneipe, gilt sie immer noch als die beste Studentendisco.

Am Gewerkschaftshaus zog auch der Trauerzug bei der Beerdigung der Opfer des Kapp-Putsches vorbei.

Benannt ist die Straße nach *Carl Legien*, dem ersten Vorsitzenden der 1890 in Berlin gegründeten Generalkommission der Gewerkschaften Deutschlands, der von 1893–1921 Kieler Reichstagsabgeordneter war. Erste Gewerkschaftsgründungen in Kiel fanden 1850–1870 im Versammlungslokal »Englischer Garten« statt, später war »Baumann« in der Langen Reihe das Vereinslokal, danach »Zentralhallen«. 1904 wurde in der damals noch Fährstraße genannten Legienstraße der Grundstein für eine Gewerkschaftsherberge gelegt, die drei Jahre später eingeweiht werden konnte.

Das Gewerkschaftshaus bot den Matrosen am 1. November 1918 einen Versammlungssaal. Man versammelte sich im Gewerkschaftshaus, da man dort einen gewissen Schutz durch eine vorhandene Öffentlichkeit hatte, falls

Im Hintergrund das 1911 erbaute Warenhaus Jacobsen, die im gleichen Jahr errichtete Fischhalle rechts wurde abgerissen.

es zu Repressionen kommen sollte. Verhaftungen oder eine gewaltsame Auflösung der Versammlung wären sofort innerhalb der Arbeiterbewegung bekannt gewesen. Es trafen sich dort etwa 250 Matrosen, um über die mögliche Befreiung der Kameraden und das weitere Vorgehen zu beraten. Auch der Arbeiter- und Soldatenrat tagte hier.

Eine Tafel am Haus erinnert an die Ereignisse. Bis zum Ende der Weimarer Republik blieb das Gewerkschaftshaus mit seinem großen Versammlungssaal und der gut sortierten Bibliothek das organisatorische Zentrum der Arbeiterbewegung. Am Morgen des 13. März 1933 wurde es von SA-Angehörigen besetzt, die Funktionäre wurden verhaftet. Nachdem das Haus drei Jahre später an die Stadt zwangsversteigert wurde, ging es 1947 nach zähen Verhandlungen für 423.132,– RM an den DGB zurück. 1975 wurde es durch einen Großbrand stark beschädigt und konnte erst 1979 wiedereröffnet werden.

❽

Muhliusstraße/ Bergstraße

Das »Ex 2000« war einer der ersten Anlaufpunkte: Gegen Ende der 60er Jahre durfte man eine Discothek nur beschlipst betreten, Alterskontrollen waren an der Tagesordnung. Der Personalausweis mußte beim Türsteher abgegeben werden, damit die unter 18-jährigen um 22 Uhr zum Gehen aufgefordert werden konnten. In den 60er Jahren entwickelte sich hier eine Kneipen- und Discoszene in unerwartet großen Ausmaßen. Zunächst sollte ein Bordell eröffnet werden, das allerdings keine Konzession erhielt. Zum Geheimtip für Kneipen- und Discogänger wurde dann die Musikkneipe »Hinterhof« in einem schäbigen Gebäude hinter einer Tankstelle. Von diesem Hinterhof ausgehend, eröffneten immer mehr Lokale, die heute ein mehrstöckiges, labyrinth-ähnliches und unterirdisches System bilden, das für Außenstehende schwer zu durchschauen ist.

Kasu-Kaufhaus in der ehemaligen Infanteriekaserne. 63 Todesopfer, sämtliche Glocken läuteten drei Stunden lang.

Diese Straßenkreuzung spielte für *Axel Eggebrecht* während des Kapp-Putsches eine große Rolle. Der spätere Kommunist, der zwei Semester in Kiel studierte, hatte sich zu dem Zeitpunkt noch den Freicorps angeschlossen. Freicorps, bestehend aus konservativen Offizieren und Soldaten, die 1918 bei Kriegsende den Anschluß an das bürgerliche Leben nicht wiederfanden, waren von der Obersten Heeresleitung organisiert worden, um sogenannte »Straßenunruhen« zu bekämpfen. Axel Eggebrecht, der in Holtenau Armbinde und Gewehr erhalten hatte, schreibt:

»In Kiel kämpfte die gut ausgerüstete Schutzpolizei gemeinsam mit den Arbeiterwehren gegen die Aufständischen. ... Die Telefonverbindung zur Innenstadt riß ab. Freiwillige für eine Erkundung wurden aufgerufen, ich trat als einer der ersten vor. Zu viert marschierten wir los. ... Die Straßen waren unheimlich leere Schluchten.. Hinter einem verlassen dastehenden Straßenbahnwagen standen Freicorpsleute. Sie winkten uns heran. ... Wir bogen in die Muhliusstraße ein. Im nächsten Augenblick brach die Hölle los. – Eckhäuser sind oft durch turmartige Aufbauten erkennbar, eine Bauvorschrift aus der Zeit vor 1914 soll das verlangt haben. – Dort oben saß hinter einem Maschinengewehr der ehemalige Matrose Rudi Kegel, ... (Eggebrecht trifft ihn später in Moskau) ... Fest presse ich mich in einen verschlossenen Hauseingang. Einem Freikorpsmann ist die Hirnschale weggerissen, zwei andere liegen stöhnend auf dem Pflaster. Blindlings schießen einige auf den unsichtbaren Gegner. Sobald sich jemand bei uns rührt, kommt eine neue MG-Salve.«

Am 27.2.1933 mußte die »Schleswig-Holsteinische Volkszeitung«, das Presseorgan des SPD-Landesverbandes, eingestellt werden. Die Nationalsozialisten übernahmen nach dem Verbot des Organs Räume und Maschinerie des Verlagsgebäudes und produzierten ihre Tageszeitung »Nordische Rundschau«.

Verboten!

Andreas Gayk verlor seine Stellung und sämtliche Ehrenämter

Bergstraße 11

Die Fabrik des Sozialdemokraten »Zuckerbäcker« Heinrich lag hier. Auch nachdem die »Rote Hilfe« – eine der KPD nahestehende Organisation zur Unterstützung politischer Gefangener und ihrer Angehörigen – 1933 in den Untergrund gehen mußte, wurde sie durch den Fabrikanten finanziell unterstützt.

Vor der Muhliusschule steht ein Denkmal, das an die Stifter eines Waisenhauses erinnert. Heute beherbergt das Gebäude die Kieler Volkshochschule, während die Grundschule in das Gebäude der Carl-Löwe-Schule, einer Realschule, umgezogen ist, die dem Schülermangel nach 101 Jahren zum Opfer fiel.

Der Blick über den kleinen Kiel erlaubt eine Vorstellung über die Größe und die Anlage der ehemaligen Kieler Altstadt. Früher waren beide Teile des Kleinen Kiels miteinander verbunden, und man mußte mit einem Boot übersetzen. Daher hieß die Legienstraße auch früher Fährstraße. Der Kleine Kiel machte Kiel zur Halbinsel und schloß die Stadt vom Umland ab. Häufig wurde gerügt, daß er zur Geruchsbelästigung der BürgerInnen beitrug. Gegen die idyllische Kleinstadt gab es nur einen Einwand, den Sumpf. Damit war der Kleine Kiel gemeint, der sehr üble Gerüche ausgesandt haben muß. So berichtet *Julia Michaelis* vom Kleinen Kiel als der »trüben Fläche des sumpfigen und übelriechenden Kleinen Kiels«.

Philosophengang

Der dänische Dichter Baggensen *berichtet über einen Besuch in Kiel: »Im Frühling 1798 erreichte ich endlich Kiel, die freundliche Stadt an der anmutigen Ostsee-Bucht, mit Buchenwäldern umkränzt, mit heiteren Dörfern an seinen Gestaden gelegen. ... von der Stadt Kiel, ihren Bauten, Straßen, dem Hafen, Schloß usw. will ich bloß bemerken, daß alles eine sehr artige Physiognomie hat, die gut zu der Gegend paßt.«*

Aus dem idyllischen Landstädtchen, wie es der Dichter Baggensen schildert, wurde durch den Bauboom, den die Erhebung Kiels zum Reichskriegshafen hervorrief, eine mittlere Großstadt. Die alten Häuser in der Innenstadt wurden abgerissen und planlos neue gebaut, so daß die Innenstadt durch freistehende Brandmauern charakterisiert war.

Das von Heinrich Mißfeldt geschaffene Bronze-Standbild tauchte 1949 wieder auf einem Harburger Schrottplatz auf.

Kein Wunder, daß die Bürger der Stadt das Gefühl hatten, daß ihre Stadt der Verschönerung bedürfe. Ein Ergebnis dieser Bemühungen ist u. a. das Klaus-Groth-Denkmal. 1912 aufgestellt, ist es eines der wenigen Projekte, die auch durchgeführt wurden.

Ratsdienergarten

9

Zum Breuste-Denkmal, das an die Revolution erinnern soll, führt der Weg über eine der wenigen in Kiel wieder entsiegelten Straßen. Das Denkmal erregt immer wieder die Gemüter der BürgerInnen der Stadt Kiel, die teilweise ihren Unmut durch Beschriftung des Denkmals Ausdruck verleihen. Teilweise wird Kritik geübt, weil man nicht erkennen kann, wofür das Denkmal steht, während andere Teile der Bevölkerung der Meinung sind, Meuterern sollte man kein Denkmal setzen. Drei schwebende Granitsäulen in Schiffsbaustahl, der sich selbst durch eine Rostschicht vor Korrosion schützt, verdeutlichen die stürzenden Machtverhältnisse und den Bezug zur Marine. Ein Zitat aus Tollers »Feuer aus den Kesseln« weist auf den Anlaß hin.

Der Blindengarten, der sich auch im Ratsdienergarten befindet, ist darauf aufgebaut, daß man Pflanzen möglichst durch Riechen und Tasten erfahren kann. Für Kinder ist dies häufig auch eine ganz neue Erfahrung.

»Kilia« heißt die Dame

Zurück in die Kaiserzeit und die enge Beziehung der Stadt Kiel zum Kaiserhaus führt uns das letzte Denkmal auf dem Weg.

Dänische Straße

Die Kilia, 1889 von *Eduard Lürssen* geschaffen und Geschenk der Stadt Kiel an den Prinzen Heinrich anläßlich seiner Vermählung, hat hier ohne Brunnen einen neuen Platz gefunden. So stehen denn Kaiserzeit und Revolution nahe beieinander, ohne daß dies bewußt wahrgenommen wird.

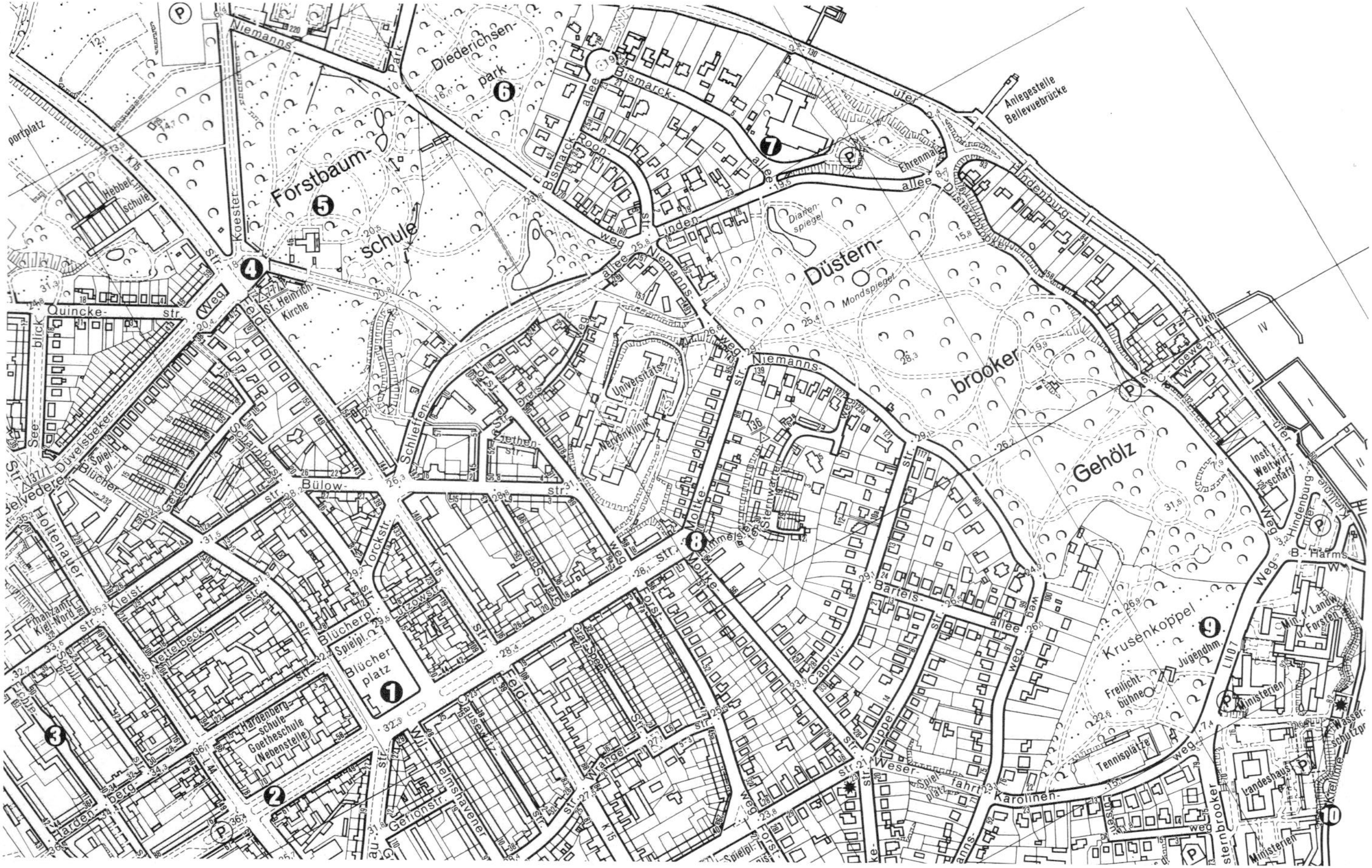

Düstern-
brooker
Gehölz
Forstbaum-
schule
Diederichsen-
park
Krusenkoppel
Blücher-
platz
Sternwarte
Anlegestelle
Bellevuebrücke
Diana-
spiegel
Mondspiegel
Universitäts-
Nervenklinik
Hardenberg-
schule
Goetheschule
(Nebenstelle)
Hebbel-
schule
St. Heinrich-
Kirche
Freilicht-
bühne
Jugendhm.
Tennisplätze
Landeshaus
Ministerien
Inst. f.
Weltwirt-
schaft
Finanzamt
Kiel-Nord
Niemanns-
weg
Bismarck-
allee
Holtenauer
Str.
Feld-
str.
Moltke-
str.
Bülow-
str.
Karolinen-
weg
Düppel-
str.
Hindenburg-
ufer

»Lusthölzer« unter neu entdecktem Himmel

Düsternbrook und rund um den Blücherplatz

von Heide Ziefuß

Ausgangspunkt: *Feldstraße, Yorkstraße, Bus 1, Haltestelle Yorkstraße*
Endpunkt: *Reventloubrücke, Bus 8, 18, 6, 16, Haltestelle Reventloubrücke; Schiff Fördelinie, Anleger Reventloubrücke*
Dauer: *ca. 3,5 Stunden*

Der Blücherplatz mit Umgebung war bis zum 2. Weltkrieg bevorzugtes Wohngebiet der Spitze der Kieler Gesellschaft, und das waren die höheren kaiserlichen Offiziere, vor allem das Offizierskorps der Marine.

Fassadenriß des Wohnhauses Holtenauer Straße 131

Mehr als in anderen Städten des damaligen Deutschen Reiches bestimmte in Kiel, in dem das Großbürgertum fehlte, der Landadel seinen Einfluß verloren und die Universität provinziellen Charakter hatte, das Militär die gesellschaftliche Stellung der Bewohner, auch wenn die finanziellen Verhältnisse den damit verbundenen Lebensformen oftmals nicht entsprachen. Zum Lebensstil der Offiziere gehörten Wohnungen mit 4–5 beheizbaren Zimmern, einem eigenen Abort, Bad und Küche in großzügigen Mietshäusern, in denen sie mit Familie, Gouvernante und Hausangestellten wohnten. Die Tage des Wilhelminismus sind vorbei, und heute leben in den Mietshäusern dieses Viertels studentische Wohngemeinschaften, Universitätsangehörige und Familien, die für diese Wohnungen die entsprechende Miete zahlen können oder sie als Eigentum erworben haben.

Eine Trennlinie zu dieser Bebauung bildet die heutige Feldstraße, die die Grenze zu Düsternbrook darstellt, das als nicht weniger vornehm angesehen wurde und wird.

In diesem Wohn- und Erholungsgebiet nahe der Kieler Förde mit dem schönsten Blick auf bewaldete Ufer bis zur offenen See hinaus haben sich Fabrikanten, Unternehmer, höhere Beamte, Ärzte und Rechtsanwälte ihre großzügig angelegten Villen erbauen lassen. Sie standen zwar als Zivilisten in der Gesellschaftshierarchie unterhalb der Offiziere, gehörten aber als Personen des gehobenen kaufmännischen Bürgertums und als Akademiker zum oberen Drittel der Kieler Gesellschaft, und daran hat sich eigentlich bis heute gar nicht so viel geändert.

Feldstraße 133

Uniformen waren im alten Kiel eine alltägliche Erscheinung. Heute gibt es nur noch ein kleines Fachgeschäft für Marinebedarf als Relikt aus jener Offizierszeit, das Uniformen, Mützen, Marine-

Blaue Jungs und »vornehme« Gouvernanten

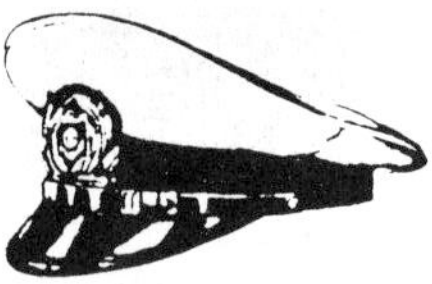

Klapphosen, alles mögliche bis hin zum Marinedolch verkauft. Hier deckt sich die Marine ein, aber auch für Zivilisten wird allerlei Maritimes angeboten: von der Kieler-Woche-Krawatte bis zum gestreiften Fischerhemd, vom Aschenbecher mit Schiffsmotiv bis zum Seemannspullover. Wie eh und je gibt es hier auch noch den Kindermatrosenanzug.

Blücherplatz
❶

Bis auf ein nach dem Kriege erbautes zehnstöckiges Haus sind die Häuser um den Blücherplatz weitgehend erhalten geblieben. Sie sind nach dem 1901 erstellten Generalbebauungsplan des Kölner Städtebauers *Joseph Stübben* erbaut worden. Der Plan sieht eine systematische Raumgliederung von Straßen und Plätzen vor, wobei immer wieder am Ende einer Straße ein Blickfang oder eine grüne Ruhezone vorgesehen ist.

Montag bis Donnerstag von 7.00 bis 13.00 Uhr verwandelt sich der Blücherplatz in ein lebendiges Einkaufszentrum. Ab 6.00 Uhr morgens bauen die Marktleute ihre Gemüse-, Blumen-, Fisch-, Fleisch- und andere Stände auf. Diese emsige Geschäftigkeit wird in den frühen Stunden öfter durch lautes Fluchen und Schimpfen unterbrochen, wenn ein Auto auf dem sonst öde asphaltierten und zum Parken freigegebenen Platz stehen geblieben ist und der Fahrer — zwischen Gemüse, den Blumen, Fisch und anderen Hindernissen hindurch jonglierend — sein Können unter Beweis stellen muß. Pech hat, wer noch später kommt, und sein abgeschlepptes Auto nur für eine deftige Gebühr wieder in Empfang nehmen kann.

An den wochenmarktfreien Tagen nutzen höchstens einige ältere Mitmenschen die Sitzbank an der Südseite des dortigen Toilettenhäuschens als Treffpunkt zum Klönen. Eine Bürgerinitiative konnte bis heute keine Verschönerungen, z.B. einen Brunnen, durchsetzen. Die Umgestaltung des Kinderspielplatzes mit Matschecke ging vom Jugendamt aus. Trotz der geringen äußerlichen Attraktivität des Platzes ist der Wohnraum hier besonders begehrt.

Vor 1945 war der Blücherplatz noch ein Sandplatz und diente als Treffpunkt von NS-Jugendorganisationen, der DJ 1 XI. Hier befand sich auch ein teilweise unterirdischer Bunker, der 1945 gesprengt wurde. Kinder nutzten die Ruinen dann als Spielfläche und als Schlittenbahn, bis der unterirdische Bunkerteil zugeschüttet wurde und der Blücherplatz als glatte Asphaltfläche zurückblieb.

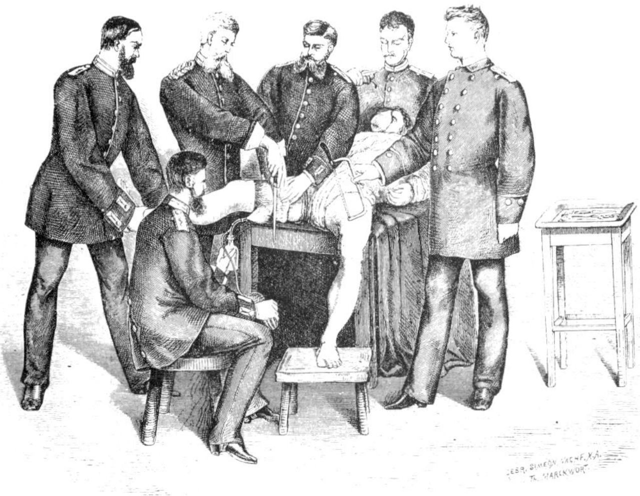

»Fiete Isbüddel« und eine seiner Amputationsgruppen im Handbuch der Kriegschirurgischen Technik

Nach dem Chirurgen *Prof. Friedrich von Esmarch* (1823–1908), von seinen Studenten »Fiete Isbüdel« genannt, wurde die südliche Straße am Blücher bezeichnet. *Esmarch* genoß in Kiel Sonderrechte. Sein Haus nahe der Förde durfte zu Lebzeiten nicht verbaut werden. Als einziger trug er einen Bart wie der Kaiser und war in zweiter Ehe unstandesgemäß mit der *Prinzessin Henriette von Schleswig-Holstein* verheiratet. Er verbesserte das Lazarettwesen, die Kriegschirurgie und führte die Samariterschulen in Deutschland ein. Ab 1873 arbeitete er das Verfahren der künstlichen Blutleere bei Operationen aus und propagierte das Verbandspäckchen. Auch *Clara Schumann* war bei ihren jährlichen Kielbesuchen seine Patientin.

❷

Die Esmarchstraße, zwischen Blücherplatz und Holtenauer Straße, weist die typische Gliederung nach dem Stübbenplan auf. Nach Westen gehend, sieht man direkt auf den 1882–1888 errichteten Wasserturm auf dem Ravensberg, einem stämmigen Ziegelrundbau mit umlaufender Blendgliederung und einem auf Konsolen abgestützten, weit vorkragenden Obergeschoß und zentraler Laterne. Die Esmarchstraße selbst wird durch einen etwa 15 m breiten, grünen baumbestandenen Mittelstreifen untergliedert. Die Hausnummern 53, 60 und 66 zeigen eine wegen ihrer Schönheit

Esmarchstraße 53, 60, 66

und ihres Alters über Kiel hinaus bekannte Hausbegrünung auf, wobei das Haus Nr. 53 von einem recht seltenen immergrünen Baumefeu berankt wird.

Schöner wohnen mit Spinnen und Vögeln

Die Schönheit dieser Straße, die 1910 den Reichsarchitektenpreis erhielt, endet an der Ecke zur Holtenauer Straße. Wir blicken auf Häuserblocks, die gleich nach dem Krieg nach dem ERP-Plan zur schnellen Wohnraumschaffung aufgebaut wurden. Noch vor der Währungsreform war Kiel die bestaufgeräumte Stadt nach dem 2. Weltkrieg. *Andreas Gayk* (1893–1954) hatte es als Kämmerer hervorragend verstanden, Mittel zur Entrümpelung Kiels zu »beschaffen«. Der damals dringend notwendige und hilfreiche Bau von Wohnsilos wäre heute städtebaulich nicht mehr akzeptabel.

Hardenbergstraße 9/11

Bei Südwind dringen aus der nahen, in Richtung Innenstadt gelegenen Holstenbrauerei die typischen würzigen Gerüche, die einen noch hunderte von Metern weit begleiten. Die Holstenbrauerei wurde 1879 in Hamburg gegründet, fusionierte später mit der Kieler Schloß-Schifferei-Brauerei und produziert täglich ca. 500.000 Liter Bier. Die bei der Produktion entstehenden Gerüche haben in der Hardenberg-Grundschule und Enking-Realschule zu heißen Diskussionen über das Öffnen von Fenstern während des Unterrichts geführt. Die Realschule ist nach dem Kieler Dichter *Ottomar Enking* (1867–1945), der zuerst Schauspieler, dann Redakteur und zuletzt Dichter war, benannt.

1987 wurde von der Ratsversammlung der Stadt Kiel die Auflösung der Enkingschule wegen Schülermangels beschlossen und damit trotz heftiger Diskussionen und Konfrontationen von Interessengruppen eine lange Tradition beendet. Die Schultradition war wie in so vielen Schulen während des 2. Weltkrieges unrühmlich durch die Einrichtung eines Arbeits- und Erziehungslagers unterbrochen.

❸

Fichte-, Kleist-, Schill-, Niebuhrstraße

Diese Anlage entstand in den 20er Jahren als Marinewohnsiedlung und Gegenmodell zu der bis dahin üblichen Bebauung, als ein sozial orientiertes, ideenreiches Wohnquartier im Stile des Klinkerexpressionismus.

Schmucker Hofeingang mit Figuren und Ornamenten

Obwohl weitgehend nicht mehr von Marineangehörigen bewohnt, sind die ursprünglich für diese Bevölkerungsgruppe in Architektur umgesetzten sozialen Ideen heute für viele Anwohner immer noch der Grund, warum sie gerne in den unter Denkmalschutz stehenden Häusern wohnen. Den Wandel drückt eine dort schon über 40 Jahre wohnende ältere Frau aus: »Stell'n Sie sich vor, hier wohnen jetzt auch Männer und Frauen allein oder welche, die nicht verheiratet sind. Früher wohnten hier nur Familien von Matrosen oder Offizieren, Hauptsache sie hatten Familien. Ob Offizier oder Matrose war nicht so wichtig, dafür waren ja die Wohnungen unterschiedlich groß.« Die attraktive Gestaltung der Fassaden und die großzügigen grün angelegten Innenbereiche der zweistöckigen Anlage erleichtern die Kommunikation. Nachbarn treffen Nachbarn, grüne Ecken laden zum Sitzen ein. In die geschlossene Häuserreihe integrierte Torbögen, die von der Straße in die Innenflächen übergehen, spiegeln eine Offenheit wider, die bei den fünfstökkigen Häusern um den Blücherplatz mit den Offizierswohnungen nicht gewollt war.

Die alte Pferdebahn in Aktion

Holtenauer Str. 214

Wo der »Kaktus« mit preiswertem Mittagstisch und Sitzmöglichkeiten im Freien einlädt, fuhr 1985 die letzte Linie 4 der Straßenbahn die Holtenauer Straße entlang. 100 Meter weiter Richtung Norden, am Belvedere, war vor mehr als 100 Jahren eine Wendeschleife für die Pferdebahn. Im Jahr 1896, dem Jahr der Kieler Gewerbeausstellung, mußte die alte Pferdebahn der Elektrischen weichen. Die Wendeschleife ist heute noch durch die liegengebliebenen Schienen zwischen Toilettenhäuschen und Holtenauer Straße erkennbar. Der Plan eines studentischen Kneipenwirts, nach der Stillegung der Straßenbahn einen Wagen in der Wendeschleife als Restaurationsbetrieb zu betreiben, scheiterte nach nächtelangen Diskussionen wohl letztendlich am schnöden Mammon.

Feldstraße 172
4

Am unteren Ende des Düvelsbeker Weges, der an der Nordseite mit Ein- bis Zwei-Familienhäusern aus der Gründerzeit und an der Südseite mit kastenartigen Häusern aus den 30er Jahren und der Nachkriegszeit bebaut ist, sollte eigentlich nach dem Stübbenplan in der Achse als Blickfang die katholische St. Heinrichkirche stehen. Warum sie 1907 etwa 50 m zu weit in den Süden der Feldstraße gebaut wurde, weiß heute niemand mehr. Die Errichtung einer katholischen Kirche wurde mit dem Ausbau Kiels zum Kriegshafen und der damit verbundenen Zunahme der katholischen Bevölkerung nötig. 1904 berichtete der evangelische Stationspfarrer *Rogge* seiner vorgesetzten Dienststelle über die »Kirchennot in Kiel«.

Die teilweise im 2. Weltkrieg zerstörte Kirche wurde 1948 in Eigenarbeit der Gemeinde unter Architekt *Otto Schnittger* wieder aufgebaut.

»Dat is van Dag en Märkenwohld mit sölven Stämm un Low als Gold...« dichtete Hans Dreyer *über das Düsternbrooker Gehölz, das seit altersher den Kielern als Erholungsgebiet dient. 1795, als die Brunswiker Bauern noch ihre Schweine zur Eichelmast ins »herrschaftliche Gehölz« trieben, appellierte* Fabricius *an die »königliche Gnade«, den Kielern »zu dem Ver-*

Naturdenkmal oder Kletterbaum?

❺

gnügen unserer Studierenden und der Stadt« das Gehölze zu überlassen. »Als Forsten sind sie äußerst unbedeutend, da jedes kaum ein Halbhundert Stämme enthält; aber als Lusthölzer könnten sie ausgenutzt, eingerichtet, wegen ihrer herrlichen Lage ganz vortrefflich werden. Es würde kaum eine Stadt in Europa sein, die sie schöner würde haben können.« (1795)

Das Gelände trägt den Namen »Forstbaumschule« nach der 1788 entstandenen Anlage, die der Ausbildung von Schülern der Forstlehranstalt diente. *Johannes von Schröder* rühmte 1841 die gut erhaltene Sammlung von ausländischen Bäumen, »der virginische Tulpenbaum, die Zirbelkiefer, die Lärche, der nordamerikanische Walnußbaum, der Platanus und die amerikanische Linde.« Noch heute ist ein kleiner Teil des damaligen Baumbestandes erhalten.

1853 wurde die Forstbaumschule öffentliche Handelsgärtnerei und diente dem Leiter der Forstlehranstalt als Wohnung. Schon damals beherbergte das Gebäude eine kleine Gaststätte. Zwei Linden, zur Begrenzung des Eingangs gesetzt, sind mächtig gewachsen, und ein Glasschutzdach für überdeckte Sitzplätze wurde um ihre Stämme herumgebaut. 1904–1905 wurde an die Stelle der alten Gaststätte eine neue größere gebaut, die heute noch in dieser Form mit vertäfeltem, großem Innenraum, Sommergarten und Musikpavillon erhalten ist. Seit 1985 sorgen ein neuer Pächter, preiswertes Essen und Angebote wie Musikgruppen am Sonntagmorgen oder auch das jährliche Himmelfahrtstreffen der Kieler SPD für starken Zulauf.

Am kleinen Teich in der Forstbaumschule stehen Sumpfzypressen, nicht weit davon ein imposanter Mammutbaum. Gerade die Vielfalt der Vegetation macht den Bereich der Forstbaumschule zu einem äußerst interessanten Park zu jeder Jahreszeit.

Beinahe wären die »edlen Bäume« 1856/57 abgeholzt worden, der dänische König brauchte Geld. »Das wäre ungefähr, als ob man einem schönen Mädchen das lockige Haar oder gar ein Auge nehmen wollte«, schrieb das Kieler Wochenblatt. Beziehungen — eine Kieler Waschfrau war mit der Frau des dänischen Königs verwandt — sollen den Wald gerettet haben.

Nur noch eine 1 m hohe Grundmauer im Diederichsenpark erinnert an die frühere Villa Forsteck

Niemannsweg

Der Niemannsweg ist zusammen mit dem Schwarzenweg die älteste Villenstraße Kiels. Bei Überquerung versperrt ein klobiges, 1936 erbautes Gebäude den Blick zur Förde. 1937 wurde es vom Lufkommando VI und von *Göring* selbst übernommen. Seit dieser Zeit dient das Gebäude militärischen Zwecken. Schlagbaum, Kontrollhaus und Schilder mit der Aufschrift »Achtung Schußwaffengebrauch!« stören Idylle und Frieden der Parklandschaft. 1945 übernahm die britische Besatzung dieses Gebäude. Heute ist noch das kleine Nebengebäude in der Parkstraße ein Offizierskasino der Engländer. Das Hauptgebäude übernahm die Bundeswehr 1956 mit erstem Stabsbefehl als Wehrbereichskommando I. Durch Aufgabenerweiterung ist es heute zum Territorialkommando Schleswig-Holstein geworden.

Den Diedrichsenpark übergab die Stadt Kiel der Öffentlichkeit

1958 zur Kieler Woche. Die mitten im Parkgelände gelegene, etwa 1 m hohe Mauer ist die Grundmauer der ehemaligen, großzügig gestalteten Diedrichsenvilla, die 1944 durch Bomben zerstört wurde. *Heinrich Diedrichsen* (1865–1942) erwarb 1893 als vermögender Kieler Kaufmann und Reeder (1926 kaufte er die Howaldtswerke und rettete sie damit vor dem Zusammenbruch) das Haus Forsteck, das zuvor der Hamburger Kaufmann *Heinrich Adolph Meyer* von der staatlichen Obstbaumschule übernommen hatte. Zu seiner Zeit war es über Jahrzehnte ein kultureller Mittelpunkt Kiels. Hier gab *Clara Schumann* am 28.6.1875 ihr letztes Konzert, nachdem ihr Arm mit einer neuen Therapie von *Prof. Esmarch* behandelt worden war. ❻

Hindenburgufer

Wo sich der Diedrichsenpark zur Förde hin öffnet, liegt tief unten die Ostsee und die seit 1933 vom Uferweg in Hindenburgufer umgetaufte und bis heute nicht wieder umbenannte Fördestraße. Seit 1979, als der Katastrophenwinter die Straße unpassierbar machte, wurde sie auf einer Länge von mehreren Kilometern zur Förde hin befestigt. So gut wie nichts erinnert mehr an die schönste Strandpromenade der Biedermeierzeit. »Hier wandelt ein glücklich liebend Paar und bleibt unter einem mächtigen Eichbaume stehen und blickt träumerisch auf die Wogen der Ostsee.« (A. v. Baudissin)

Einzig die Kieler Seebadeanstalt Bellevue, auf Pfählen in die Förde gebaut, in der 1969 Bundespräsident *Dr. Heinemann* ein Bad nahm, läßt noch die Illusion von Strandleben zu. Noch vor Errei-

»Was die Augen mancher Wanderer am meisten anzieht, das sind die schönen Kielerinnen«, 1844.

chen dieser Badeanstalt führt ein versteckter Serpentinenweg in eine der bevorzugtesten Villengegenden.

7 Hier oben finden sich einmalig schöne Villen (einige durch neuere Umbauten verunstaltet), aber auch das klotzige Hotel Maritim, das auf einer der schönsten Aussichtsstellen Kiels steht.

»Ein Punkt auf einer der höchsten Stellen am Ufer hat wegen seiner schönen Aussicht den Namen Bellevue erhalten. Links an der westlichen Seite der Bucht erblickt man von hier die Mündung des bekannten Kieler Kanals — die Reihe der großen Packhäuser längs demselben —, in größerer Ferne die kleine Festung Friedrichsort, auf der entgegengesetzten Seite, am östlichen Ufer, die bis an das Ufer mit Holz bewachsenen malerischen Hügel des Gutes Schrevenborn, weiter hin das Dorf Laboe, und zwischen beiden Ufern die unbegrenzte See, und fast immer mehrere Schiffe, deren geschwellte Segel im Sonnenglanze auch noch vom fernsten Horizonte her deutlich erscheinen«, schrieb Prof. Falck *1822 in seinem Buch »Das Kieler Seebad«.*

Die Nachfolger des Handelsgärtners *Christian Eckhardt,* der 1829 das Gelände der ehemaligen Obstbaumschule Düsternbrook (nicht zu verwechseln mit der Forstbaumschule!) kaufte, und dort eine einfache Gaststätte errichtete, machten diese zu der berühmtesten Gaststätte im ganzen Norden. 1861 genehmigte der König dem Anwesen den schon lange gebräuchlichen Namen Bellevue, und in den 80er Jahren des 19. Jahrhunderts sprach man vom Kieler Seebad als nur noch vom »Ostseebad und Hotel Bellevue«. Zu den regelmäßigen Gästen gehörte Kaiser Wilhelm I., und 1896 war der chinesische Vizekönig Li-Hung-Tschang zu Gast. Die großen Zeiten des »Bellevue« endeten kurz nach der Jahrhundertwende. Im 1. Weltkrieg war das Gebäude Hilfslazarett, 1922–27 Studentenheim. Bis 1957 entstand anstelle des im 2. Weltkrieg zerstörten Restaurants ein modernes Terrassenrestaurant mit riesigen Glasfronten zur Förde, um das für die Olympiade 1972 das heutige Maritim-Bellevue-Hotel gebaut wurde.

Der in der Nähe liegende, von der Stadt Kiel 1986 renaturierte Teich, wieder zum Gelände der Forstbaumschule gehörend, ist ein gutes Beispiel für Teichsanierungen. Hier mündet auch der Forst-

Forstweg

weg in das Gelände. Umbenennungen des Forstwegs in Spiegelweg zum Andenken an Rechtsanwalt *Spiegel,* der in der Nacht zum 12.3.33 von den Nazis ermordet wurde, waren gegenüber der Kieler Ratsversammlung nicht durchsetzbar. Das Wohnhaus der Familie Spiegel steht heute nicht mehr.

»Der Zugangsweg von der Moltkestraße zum hoch gelegenen Sternwartenweg wird heute vielfach »Himmelsleiter« genannt. Diese Bezeichnung wird für zutreffend gehalten, da sie geeignet sein dürfte, die Erinnerung an die frühere Kieler Sternwarte in diesem Gebiet wachzuhalten«, so der Beschluß der Ratsversammlung 1961.

Himmelsleiter
8

Die steil aufsteigende, etwas versteckte Treppe wird von Fremden häufig als Privatgelände wahrgenommen, wenn nach dem Erklimmen die vom Architekten *Brokstedt* 1950 erbaute, idyllische Siedlung, die Sternwartenhäuser, vor einem liegt, mit ihren mit großem Geschick angelegten Gärten.

Die 1867 erbaute Sternwarte war eines der Wahrzeichen Kiels, das vor 110 Jahren den Ruf der Universitätsstadt auf dem Gebiet der Astronomie begründete. Sie verschwand 1950 bis auf das Hauptgebäude, das heute zur Wohnnutzung dient.

Bis zum ersten Weltkrieg war sie die »Zentralstelle für astronomische Telegramme«. Aus der ganzen Welt wurden neu entdeckte Himmelserscheinungen hierher gemeldet. Hier wurde der größte Meridiankreis, der je gebaut worden ist, von Geheimrat Prof. Dr. Paul Harzer *konstruiert. 1933, als der jüdische Professor* Dr. Hans Rosenberg, *Ordinarius für Astronomie an der Christian-Albrechts-Universität, emigrieren mußte, erlosch der gute Ruf der Kieler Himmelsforschung. Als Nachfolger wurden einige nationalsozialistische »zuverlässige« Gelehrte vorgeschlagen, gegen die sich die philosophische Fakultät mit Erfolg wehrte. Die Folge war die Aufhebung des Lehrstuhls für Astronomie in Kiel.*

Unterhalb des Hauptgebäudes der Sternwarte, mitten im Berg, spielte sich im April 1945 bei einem Bombenangriff eine der schwersten Tragödien Kiels ab. Den unterirdischen Moltkebunker, einen als abolut sicher geltenden Luftschutzstollen, traf eine mächtige Sprengbombe. Durch den starken Luftdruck strömte Kohlendioxid aus den im Bunker befindlichen Kohleöfen. Etwa 230 Menschen fanden noch in den letzten Kriegstagen den Erstickungstod.

Versteckt im Düsternbrooker Gehölz, nahe dem Stadtgärtnerhäuschen, findet sich eine seltene Doppeleiche, die Theodor-Storm-Eiche, die im Sept. 1917 zum 100. Geburtstag von *Theodor Storm* (1817–1888) gepflanzt wurde.

Theodor Storm, nach einem Gemälde von M. v. Wartenberg

Nachdem Theodor Storm als Student der Jurisprudenz 1837 von Husum nach Kiel kam, trat er in das Corps »Holsatia« ein. Dort fühlte er sich nach kurzer Zeit durch den rauhen Ton abgestoßen. Er war oft einsam und wanderte dann durch das Düsternbrooker Gehölz. Vor der Doppeleiche, wo bis 1865 die Waldwirtschaft Sanssouci stand, wurde 1927 ein von der Stadt Kiel gestifteter Granitstein mit der Inschrift »Theodor Storm. Auf der Universität« enthüllt.

In der Waldwirtschaft Sanssouci ruinierte sich so mancher Student durch das Grogtrinken. Hier war der Schauplatz, wo in Storms Erzählung »Auf der Universität« die schöne Lore Beauregard auf dem Studentenball mit dem »Raugrafen« tanzte, bevor sie ihr Leben in den Fluten des Kieler Hafens beendete.

Hindenburgufer

In einem Teil der komfortablen Villen sind heute studentische Verbindungen untergebracht, deren Bewohner nur noch selten auf-

Schlagender Beweis wofür?

Düsternbrooker Weg 120

Kleidung im Kaiserlichen Yacht-Club für Nichtuniformierte

fallen. »Vollwichs«, d.h. Farben tragen, Kostümierung anlegen, gestiefelt und gespornt auftreten, wurde erst wieder zu einem Begriff, als anläßlich des Besuchs von *F. J. Strauß* im Jahre 1981 vom Asta-Aggressiv das Flugblatt: »Die Voll-Wichser kommen!« herausgegeben wurde. 12 Strafanzeigen wurden deswegen gegen die Verantwortlichen *Uwe Danker* und *Patrick Diemer* gestellt. Alle wurden wegen »Beleidigungsunfähigkeit« niedergeschlagen. An der Förde entlang, der Sonne entgegen, liegen zum Teil sehr alte Schiffe im Yachthafen. Eine der ersten Bebauungen der früher als Salzwiese bezeichneten Landseite war das heutige Institut für Weltwirtschaft (Kernbau 1900).

F. Krupp *baute es als Logierhaus; auch der Ausbau des Strandweges war ihm einen namhaften Betrag wert. Nach dem 1. Weltkrieg überließ er das Hotel- und Restaurantgebäude der Universität zur Unterbringung des Königlichen Instituts für Seeverkehr und Weltwirtschaft. Schon 1919/20 baute der Architekt* Sommer *das vornehme, im englischen Landhausstil (siehe Treppenhaus) erbaute Gebäude für die Bedürfnisse des Instituts um. Die Zerstörung im 2. Weltkrieg ließ nur den nördlichen Flügel des parallel zur Förde stehenden »Studierhauses« mit seinen Fachwerkgiebeln, dem runden Eckturm und den umlaufenden Balkonbrüstungen übrig. 1968 erfolgte eine Erweiterung im Süden. Die weltberühmte Bibliothek war während des Krieges in Ratzeburg ausgelagert und wurde damit gerettet.*

Zu Zeiten des Kruppschen Logierhauses spielte sich hier ein Großteil des Kieler Gesellschaftsleben, mit Festen, Vergnügungen und Bällen ab. Der Glanz des internationalen Lebens, das vor allem zur Kieler Woche Mode prägte, ist erloschen. Wo früher der Blumenkorso auf dem Strandweg stattfand oder der Lampionkorso auf der Förde begann, wo Tausende von Schaulustigen die Ufer säumten, da enden heute die Buden und Stände zur Kieler Woche.

Auch die Nationalsozialisten nutzten den ästhetischen Reiz von Wasser, Himmel, Segeln und lampiongeschmückten Booten propagandistisch. Sie schalteten der Kieler Woche eine »Marine-Volkswoche« voran und stellten das Segelschulschiff »Gorch Fock« in Dienst. Wenn die neue »Gorch Fock« nicht auf Weltreise ist, liegt sie (nicht mehr zum Besichtigen freigegeben, da kürzlich Studenten das Schiff zu einer Demo enterten) auf unserem Weg.

Die zwölf Apostel, wie sie im Volksmund heißen, sind zwölf mehr als hundert Jahre alte Lindenbäume, die in einem Kranz an der untersten Stelle von der Krusenkoppel zum Düsternbrooker Weg angeordnet sind. Beim Ausbau der Straße wurde darauf geachtet, daß dieser Kranz nicht zerstört wurde, so daß jetzt drei Linden auf dem Bürgersteig stehen.

❾

Das Gelände der Krusenkoppel ist seit mehr als hundert Jahren ein Ort, der immer wieder zu Geselligkeiten und Veranstaltungen diente. Bis 1870, als eine Feuersbrunst wütete, stand hier das Vergnügungslokal Tivoli mit seinem großen Garten.

»Es enthielt ein Sommertheater, in welchem oftmals ganz gute Truppen spielten, in seinem Saal sind manch politisch wichtige Reden gehalten worden«, schrieb Eckardt *1920.*

1905 erhielt die Hardersche Räucherkate dort ihren neuen Standort als Freilichtmuseum. Diese Kate wurde in diesem Villenviertel nie recht angenommen, der weitere Ausbau zum Museum unterblieb, und als im 2. Weltkrieg die Zerstörung durch Bomben erfolgte, fiel das lange nicht auf.

Unabhängig davon war die Krusenkoppel seit altersher Spielgelände und ist vor allem im Winter die schönste Rodelbahn Kiels. Gelassen blickt auf dieses Treiben ein Pferdestandbild in natürlicher Größe, das Springpferd »Meteor« von Fritz Tiedemann.

Seit 1948 dient die Krusenkoppel auch wieder Volksfesten. Eins der ersten Feste stand unter dem Motto »Kiel stellt sich um«. Es war das Abschlußfest zur Kieler Woche im Herbst 1948, mit einem umfangreichen politischen und kulturellen Programm unter Verzicht auf das traditionelle Segeln.

Mächtig grüßt die Landesregierung mit ihren Ministerien.

Was sich dort über Jahrzehnte hinter den »schwarzen« Fenstern abspielte, ist selbst bis heute noch nicht in allen Einzelheiten geklärt. Der Kieler Untersuchungsausschuß zur Barschel-Pfeiffer-Affäre hat, wie überall bestätigt wird, gute Arbeit geleistet: Absprachen aufgedeckt, Verleumdungskampagnen offengelegt, Falschaussagen erkannt, Urheber von anonymen Anzeigen festgestellt und Ehrenworte widerlegt. Die Mehrheit der davon Betroffenen sitzt noch dort, wo sie im Ministerium schon immer saß oder hat eben nur ein anderes Stühlchen eingenommen. Auch der Aktenbote im Landeshaus meint: »Eigentlich hat sich nicht viel verändert, nur der Herr Ministerpräsident, der grüßt jetzt so nett.«

Altlast

An der Reventloubrücke befand sich 1896 das Segel- und Ruderbootverleihgeschäft von Rempka mit dem Hinweisschild »Bööte«. Weil ein Sprachgelehrter nur »Booten« mieten wollte, änderte Rempka das Schild, wogegen andere Herren derselben Sorte protestierten. Um den dauernden Sprachwechselbädern zu

⑩

Die neue »Gorch Fock« seit 1958. Hier am Wiker Tirpitzhafen. Beim Segelsetzen trillern die Matrosen.

entgehen, fertigte Rempka schließlich Schilder mit allen Schreibweisen an: »Booten«, »Bööten«, »Boten«, und »Böte«.

Im Arkadencafé lassen sich Wartezeiten auf Bus oder Schiff überbrücken.

Das Landeshaus

Majestätisch prunkvoll liegt es da, einst als »Warte deutscher Macht« errichtet »zu Feindes Trutz«: das Landeshaus. Und was architektonisch so gar nicht nach demokratisch gesinnten Bewohnern scheinen will, ist dennoch seit 1950 Sitz des Schleswig-Holsteinischen Landtags. Bekannt wurde dieser Ort in jüngster Zeit allerdings wiederum durch höchst undemokratisches Gebaren, das in seinen Fluren vor sich ging: die Barschel-CDU-Affäre. Denn das Haus beherbergt nicht nur das hiesige Parlament, sondern auch die Staatskanzlei samt dem Ministerpräsidenten des Landes. Von räumlicher Gewaltenteilung kann also noch immer nicht die Rede sein.

Die einleitenden Zitate stammen jedoch keineswegs aus der Zeit der Barschel-Regierung, sondern vielmehr aus einem Gedicht, das ein Mitglied der Bauleitung bei der Einweihungsfeier am 6. Oktober 1888 vortrug. Was sich noch heute als öffentliche Autoritätsarchitektur präsentiert, war ursprünglich als Sitz der Marineschule und der Kaiserlichen Marineakademie des Deutschen Reiches gebaut worden.

Das Gelände wurde zuvor als Seebadeanstalt genutzt (siehe S. 9). Der torfigmoorige Boden machte die Ramm- und Gründungsarbeiten zu einem schwierigen Unterfangen. Das Kellergeschoß wurde auf einem Pfahlrost mit ca. 2000 Eichenpfählen errichtet, was allein zwei Jahre der siebenjährigen Bauzeit in Anspruch nahm. Die Gesamtkosten für Gebäude und Anlagen (z.B. Rasentennisplätze, Kegelbahn, Turnhalle) beliefen sich auf die üppige Summe von 1,604 Mio. RM (etwa 68 Mio. DM). Jedoch war dem damaligen Preußen nichts zu teuer, um die in den Kriegen gegen Dänemark und Frankreich erwiesene Unterlegenheit seiner Marine zu überwinden. Kiel, seit 1871 Reichskriegshafen, tat damit einen weiteren Schritt auf dem Weg zum Marinestützpunkt des Deutschen Reiches. Der Bau des Kaiser-Wilhelm-Kanals (heute: Nord-Ostsee-Kanal) von 1889 bis 1895 komplettierte diese Entwicklung. Nach dem Ersten Weltkrieg diente das Gebäude bis 1945 als Sitz des kommandierenden Admirals der Marinestation Ostsee, einer Verwaltungsbehörde mit territorialer Befehlsgewalt über die Marineteile in ihrem Bereich.

Die Bomben des Zweiten Weltkrieges hinterließen auch an dem Marinegebäude deutliche Spuren. Zeittypische, pompöse Schmuckelemente wie etwa die auf dem Gebäude stehende überlebensgroße Statuengruppe mit der zum Land winkenden Viktoria, der aufs Wasser schauenden Germania sowie dem Reichsadler sind nur noch auf zeitgenössischen Fotos und Zeichnungen zu sehen. Nach dem Krieg wurde das Gebäude dann in die Planungen eines Regierungsviertels am Düsternbrooker Weg mit einbezogen.

Baulich wurde das Haus nach 1945 vor allem in seinem Zentrum verändert: Die auf der Mittelachse liegende Halle mit Freitreppe über mehrere Geschosse ist der Lobby (erstes Obergeschoß), den Fraktionsräumen (zweites OG) und den Presseräumen im obersten Stockwerk gewichen.

Die Raumsituation war für die Abgeordneten von Anfang an sehr unbefriedigend und führte immer wieder zu Diskussionen über einen notwendigen Neubau des Parlamentsgebäudes. Dafür sprach auch die wenig erfreuliche Situation, Untermieter des Innenministeriums zu sein. Selbiges nämlich war bis Anfang der achtziger Jahre ebenfalls im Landeshaus untergebracht und hatte das Hausrecht inne. Erst nach dem Auszug des Innenministeriums 1983 wurde diese Frage zwischen Landtag und Staatskanzlei in einem Vertragsformular einvernehmlich geregelt. Die Landtagsverwaltung erhielt damit unter anderem Hausrecht für den Eingangsbereich — das Parlament wurde zum Hausherren. Ein Jahr später wird diese selbst-bewußte Entwicklung vom Ältestenrat des Parlaments vervollständigt: Er stellt klar, daß sich die Telefonzentrale des Hauses fortan nicht mehr mit *Landesregierung*, sondern mit *Landeshaus* melden müsse.

Der letzte Schritt zur zumindest räumlichen Verselbständigung des Landesparlaments, nämlich der Auszug der Staatskanzlei aus dem Gebäude, steht noch aus. Dieser wird jedoch im Zusammenhang mit in Planung befindlichen Umbauten durchaus diskutiert. Jedoch traut sich zur Zeit aus Kostengründen niemand an die notwendige Erweiterung des Plenarsaals und der Zuschauertribüne sowie den Umbau der einer ›altägyptischen Grabanlage‹ ähnelnden Eingangshalle heran. Zuviel Geld haben die 1983 begonnene und 1988 abgeschlossene Grundinstandsetzung sowie erste Umbauten verschlungen: gut 26 Mio. DM. Und das unter Bedingungen, bei denen keineswegs gilt, was der geheime Rat *G.F. Thaulow* zu Zeiten der Errichtung des Gebäudes formulierte: »Geld genug ist ja vorhanden.«

Doch selbst unter den obwaltenden Bedingungen wird einiges getan, um das Gebäude auch im wörtlichen Sinne zu einem öffentlichen Gebäude zu machen. Abgesehen davon, daß die Kantine im dritten Stockwerk (Aufzug für Behinderte ist vorhanden) wegen des Blicks auf die Förde den Spaziergänger zur Rast einlädt, wird auch Kultur geboten. Im Schleswig-Holstein-Saal, der während der Aufdeckung der Barschel-CDU-Affäre dem Untersuchungsausschuß als Tagungsort diente, finden wechselnde Ausstellungen statt. Auch auf den Fluren des Hauses ist manche Kunst zu bestaunen. Nicht zuletzt können sich Besucher den Spaß machen, mit einem der letzten noch vorhandenen Paternoster zu fahren — er fährt übrigens trotz Regierungswechsels noch immer rechts hoch und links runter!

An Bürgernähe, zumal nach den skandalösen Vorfällen der jüngsten Vergangenheit, ist schließlich auch das Parlament selbst interessiert. Eine Parlaments- und Verfassungsreform soll die Bürgerrechte gegenüber Landtag und Landesregierung verbessern helfen. Dabei wird über die Einführung von Volksentscheiden als Ergänzung zum parlamentarischen System kontrovers diskutiert. Auch die parlamentarische Einbindung und Kontrolle der Regierung soll nach den Erfahrungen der Barschel-Zeit verbessert werden. Nicht zuletzt sollen auch die Parlamentsdebatten belebt werden, um nicht wie bisher den Eindruck lästiger Pflichtübung zu vermitteln. Auch die das Parlament weiträumig umgebende Bannmeile soll zumindest verkleinert werden und dann auch nur an Sitzungstagen Demonstranten von den Abgeordneten des schleswig-holsteinischen Volkes fernhalten. So kommt es womöglich nach der Barschel-Affäre zur Umsetzung der Erkenntnis, daß Bürgernähe *nicht* zu den Einflußnahmen gehört, die die Parlamentarier in unzulässiger Weise beeinflussen.

Wer einmal die Sitzung des Parlaments beobachten möchte, kann sich an die Öffentlichkeitsabteilung des Landtags wenden (Tel. 0431-596/2134, 2135 oder 2136) und dort um Karten für die Tribüne nachsuchen. Auch außerhalb der Plenartagungen werden Informationsprogramme mit Abgeordneten für Besuchergruppen durchgeführt. Darüber werden ebenfals unter o.g. Telefonnummern Auskünfte erteilt.

Annette Wiese

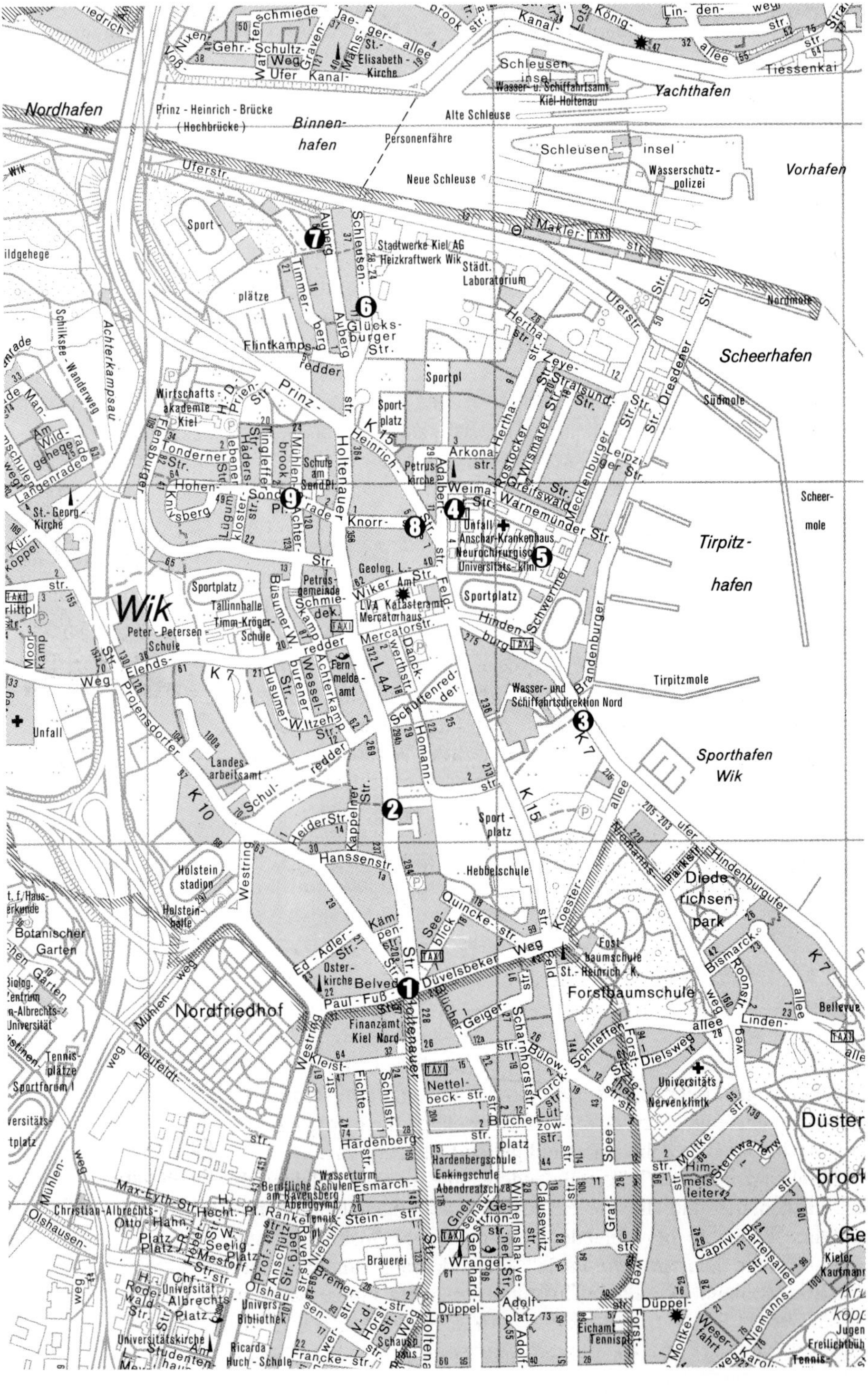

Nordhafen
Prinz - Heinrich - Brücke
(Hochbrücke)
Binnenhafen
Personenfähre
Alte Schleuse
Schleuseninsel
Wasser- u. Schiffahrtsamt Kiel-Holtenau
Yachthafen
Neue Schleuse
Wasserschutzpolizei
Vorhafen
Tiessenkai
Uferstr.
Maklerstr.
Stadtwerke Kiel AG Heizkraftwerk Wik
Städt. Laboratorium
Nordmole
Scheerhafen
Südmole
Scheermole
Tirpitzhafen
Tirpitzmole
Sporthafen Wik
St.-Elisabeth-Kirche
Gehr.-Schultz-Weg
Ufer Kanal-
Timmerberg
Auberg
Glücksburger Str.
Flintkampsredder
Prinz-Heinrich-Str.
Holtenauer Str.
Wirtschaftsakademie Kiel
Sportplatz
Arkonastr.
Petruskirche
Adalbertstr.
Weimarer Str.
Warnemünder Str.
Unfall
Anschar-Krankenhaus
Neurochirurgische Universitätsklinik
Hertha-str.
Rostocker Str.
Wismarer Str.
Greifswalder Str.
Mecklenburger Str.
Stralsund. Str.
Leipziger Str.
Dresdener Str.
Zeyestr.
Knorrstr.
Geolog. L.-A.
Wiker Str.
LVA Katasteramt Mercatorhaus
Mercatorstr.
Hindenburgufer
Schwerinerstr.
Brandenburger
Wasser- und Schiffahrtsdirektion Nord
Wik
Peter-Petersen-Schule
Tallinnhalle
Timm-Kröger-Schule
Petrusgemeinde
Schmiedekamp
Elendsredder
Fernmeldeamt
Dänckwerthstr.
Schützenredder
Homannstr.
Landesarbeitsamt
Projensdorfer Str.
Schulredder
Heider Str.
Kappelner Str.
Hanssenstr.
Westring
Holsteinstadion
Holsteinhalle
Hebbelschule
Quinckestr.
Seeblick
Koesterallee
Niemannsweg
Parkstr.
Diederichsenpark
Bismarckallee
Roonstr.
Lindenallee
Bellevue
Forstbaumschule
St.-Heinrich-K.
Düvelsbeker Weg
Belvedere
Paul-Fuß-Str.
Osterkirche
Ed.-Adler-Str.
Kämpenstr.
Nordfriedhof
Mühlenweg
Neufeldtstr.
Finanzamt Kiel Nord
Blücherstr.
Geigerstr.
Scharnhorststr.
Bülowstr.
Yorckstr.
Schlieffenallee
Dielsweg
Universitäts-Nervenklinik
Kleiststr.
Fichtestr.
Schillstr.
Nettelbeckstr.
Blücherplatz
Lützowstr.
Hardenbergstr.
Hardenbergschule
Enkingschule
Abendrealschule
Wasserturm
Esmarchstr.
Berufliche Schulen am Ravensberg
Abendgymn.
Steinstr.
Rankestr.
Brauerei
Gneisenaustr.
Clausewitzstr.
Wilhelmshavener Str.
Graf-Spee-Str.
Moltkestr.
Himmelsleiter
Sternwartenweg
Caprivistr.
Bartelsallee
Düsternbrook
Kieler Kaufmann
Jugend-Freilichtbühne
Botanischer Garten
Biolog. Zentrum d. Christian-Albrechts-Universität
Tennisplätze
Sportforum
Max-Eyth-Str.
Christian-Albrechts-Platz
Otto-Hahn-Platz
Olshausenstr.
Universität
Universitätsbibliothek
Universitätskirche
Ricarda-Huch-Schule
Francke-str.
Bremerstr.
Schauspielhaus
Wrangelstr.
Düppelstr.
Adolfplatz
Adolfstr.
Eichamt
Tennispl.
Weserfahrt
Niemannsweg
Achterkampsau
Schilksee-Wanderweg
Wildgehege
Langenrade
St.-Georg-Kirche
Kürkoppel
Moorkamp
Unfall
Tonderner Str.
Flensburger Str.
Hadersleben. Str.
Knivsberg
Lügumkloster Str.
Sonderburger Pl.
Mühlenbrook
Schule am Sond.Pl.
Büsumer W.
Husumer W.
Wesselburener Str.
Achterkamp
Itzehoer Str.

Revolutionäre Matrosen und ein würdiges Gotteshaus

Marinestadtteil Wik

von Nico Sönnichsen

Ausgangspunkt: *Belvedere, Bus 2, 4, 10, 14, 24, 41, 44, 64, 71*
Endpunkt: *Holtenauer Straße/Hohenrade, Bus 4, 14, 24, 41, 64, 71*
Dauer: *ca. 2,5 Stunden*

Kein anderer Stadtteil Kiels ist in seinem äußeren Erscheinungsbild und seiner geschichtlichen Entwicklung so sehr von der Marine geprägt worden wie »die Wik«. Seit der Ernennung Kiels zum Reichskriegshafen ist die Marine in der Wik präsent und hat ihr ihren Stempel aufgedrückt: Vom einstigen Wiker Strand ist nichts mehr übrig geblieben; das alte Dorf Wik in der Wiker Bucht wurde ausradiert. Die Macht der Marine ging so weit, daß sie der Stadt Kiel nach der Eingemeindung Wiks (1893) sogar den Bau eines Handelshafens in der Wiker Bucht verbieten lassen konnte.

Und heute? »Die Wik lebt von der Marine«. Das meinte jedenfalls das Territorialkommando Schleswig-Holstein in einer Propagandaschrift anläßlich des 700. Geburtstags der Wik im Jahre 1986. Unumstritten ist diese Behauptung nicht. Die Marine ist zwar immer einer der größten Arbeitgeber in der Wik gewesen, doch zweimal in diesem Jahrhundert mußten die Wiker mit dem Untergang der Marine auch die weitgehende Zerstörung ihres Stadtteils miterleben. 17.000 Menschen wohnen heute in der Wik, die nicht gerade zu den reicheren Gegenden Kiels zählt.

Aber die Wik ist auch die Wiege der deutschen Novemberrevolution von 1918. Sie begann mit dem Aufstand der Matrosen in den Wiker Kasernen, erfaßte von hier aus wie ein Lauffeuer das ganze Reich, bis schließlich die alte militaristische Obrigkeit zum Teufel gejagt war. Doch während die vielen preußischen Admirale in der Wik verewigt worden sind, sucht man die Namen der revolutionären Matrosen vergeblich in den Straßenbezeichnungen der Wik. Ob die Marine auch hier ihren Einfluß geltend gemacht hat?

❶ Belvedere

Das Eingangstor zur Wik ist Belvedere, eine Anhöhe, auf der sich die Holtenauer und die Projensdorfer Straße nach Norden hin gabeln. Wo heute bei Belvedere ein modernes Wohnhochhaus steht, erbaute *Hinrich Schmidt* 1877 das kleine Gasthaus »Neu-Christinenhöhe«. Die alte »Christinenhöhe« lag einige hundert Meter weiter nördlich in Höhe der »Villa Kämpen«, die 1883 errichtet wurde. Die Straßenbezeichnung »Kämpen« erinnert noch

Kämpen 8

Belvedere, der Eingang zur Wik

heute an die Feldmark des gleichnamigen Hofes. Hier wohnte in den 20er Jahren *Walter Krüger,* seinerzeit Vorsitzender der Stadtteilgruppe Wik der KPD (siehe S. 220).

Spätestens bei dem Ausbau der ehemaligen Holtenauer Landstraße (heute: Holtenauer Straße) zur »großzügigsten und großstädtischsten Straße Kiels« 1904, fielen die alten Häuser dem gleichzeitig einsetzenden Mietwohnungsbau-Boom in der Wik zum Opfer. Die Holtenauer Straße wurde auch aus strategischen Gründen für die Marine begradigt, erweitert und zu Ehren des Großadmirals der Kaiserlichen Marine in »Prinz-Heinrich-Straße« umbenannt. *Heinrich Prinz von Preußen* (1862–1929) wurde schließlich zum Ehrenbürger Kiels ernannt.

Prinz Heinrich um 1900

Projensdorfer Str.

Zu Ehren seiner Gemahlin erhielt die frühere Knooper Landstraße (heute Projensdorfer Straße) den Namen »Irene-Straße«. In losen Häusergruppen entstanden links und rechts der »Irene-Straße« und der neuen »Prinz-Heinrich-Straße« drei- bis viergeschossige Mietshäuser für die Arbeiterfamilien der sich entwickelnden (Marine-) Industrie in der Wik. Die Kieler Straßenbahn wurde über Belvedere hinaus bis zur Knorrstraße geführt.

Hanssenstr. 1

Die Hanssenstraße ist benannt nach einem anderen Ehrenbürger Kiels: *Dr. Georg Hanssen,* Professor der Statistik und Kameralwissenschaften. Hanssen erwarb sich »große Verdienste« um das Zustandekommen der Kiel-Altonaer-Eisenbahn 1844. Das Restaurant »Tadsch Mahal« in der Hanssenstraße ist das erste und bislang einzige Lokal in Kiel, in dem indische Spezialitäten serviert werden, übrigens zu »humanen« Preisen.

»Ein feste Burg ist unser Gott« stand in goldenen Lettern über dem Eingang des »ersten würdigen Gotteshauses«, das die Wiker Kirchengemeinde Ende der 20er Jahre auf einer freien Anhöhe an der Holtenauer Straße errichten konnte. Wie so vieles in der Wik überstand auch die »feste Burg«, wie sie bald bei den Wikern hieß, den kommenden Weltkrieg nicht. Heute befinden sich hier ein städtischer Kindergarten, der Jugendtreff Nord und die Wiker Kinderbücherei. Genau gegenüber unterhält das Amt für Soziale Dienste eine von insgesamt fünf »Sozialen Gruppen« zur Verhinderung von Heimerziehung.

❷
Holtenauer Str. 257

Holtenauer Str. 282

In den Jahren 1786–89 erhielt die Wik ihr erstes ordentliches Schulhaus, ein niedriger Bau unter Strohdach mit Lehmfußboden. Mit dem Bau dieser Schule war es damals höchste Eisenbahn geworden, denn nach dem Bau des Eiderkanals (1777–1784) war die Einwohnerzahl der Wik rasant in die Höhe geschnellt.

Schulredder

Die »Hardersche Räucherkate«, die bis 1904 auf gleicher Höhe stand, wurde im Zuge des Ausbaus der »Prinz-Heinrich-Straße« abgerissen und als »Freilichtmuseum« auf der Krusenkoppel wiederaufgebaut (siehe S. 69).

Holtenauer Str. 273

Die Gaststätte »Nordstern« zwischen Schulredder und Elendsredder diente in den 20er Jahren der Stadtteilgruppe Wik der KPD als ständiges Versammlungslokal. Unterdessen traf die kleine Gruppe der Kieler Anarchosyndikalisten sich in der Dorfschänke »Zur Linde« bei der Wiker Straße. Offenbar war die Wik die Kieler Hochburg der damaligen »Anarchos«.

Holtenauer Str. 283

Holtenauer Str. 334

Der südliche Punkt des Wiker Centrums wird von der Wiker Post und der gegenüberliegenden Gaststätte gleichen Namens markiert. Auch die »Wiker Post« hat Zeit ihres Bestehens schon zahlreiche politische Versammlungen erlebt. In den 70er Jahren trafen sich hier die Mitglieder der Stadtteilgruppe Wik der Kieler Bürgerinitiative gegen Atomanlagen und sonstige politische Zirkel.

Holtenauer Str. 322

Im »Mercatorhaus«, einem zu Beginn der 70er Jahre in den Wiker Stadtkern hineingepflanzten modernen Verwaltungshochhaus, befinden sich der Landesrechnungshof und etliche andere Landesämter.

Mercatorstr. 1–9

Regelmäßig kommen Klein- und Wanderzirkusse in die Wik. »Manege frei« heißt es dann auf der an der Mercatorstraße zur Feldstraße hin gelegenen Wiese. Nach dem 2. Weltkrieg wurde hier im Winkel zwischen Schüttenredder, Wiker Straße und Feldstraße das »Scheerlager« errichtet, eine aus Baracken bestehende Siedlung für die vielen nach Kiel gekommenen »Ostflüchtlinge«. 150 von ihnen trafen sich im November 1988 in Kiel wieder. »Da erinnerte man sich ans gemeinsame Entlausen, an die Nöte und Einschränkungen, die man damals in Kauf nehmen mußte.«

Schüttenredder/
Feldstr.

Wo das Hindenburgufer zur Wiker Bucht hinunterführt, war ursprünglich der Mittelpunkt des alten Dorfes Wik, das sich von der Bucht hinauf zur heutigen Adalbertstraße erstreckte. Die inmitten des Dorfes gelegene Kate des Hufners *Claus Ströh* beherbergte im 18. Jahrhundert in einem kleinen Stübchen den ersten Wiker Schul-

❸
Hindenburgufer

raum. Die »Dibbernsche Kate« an der Wiker Bucht wurde später häufig von dem Großindustriellen *Friedrich Krupp* aufgesucht, als Raststelle auf seinen Spaziergängen am Fördeufer.

Die Wik war seinerzeit ein Rundlingsdorf mit niedrigen strohgedeckten Höfen und Katen, die sich mehr oder weniger um eine Dorfwiese herumgruppierten. Lange Zeit hatte dieses stille Dorf den gewaltigen Veränderungen durch den Bau des Kanals und durch die Ansiedlung der Marine standhalten können. Einige Dorfteile blieben bis in dieses Jahrhundert hinein erhalten, nachdem die neue Wik hauptsächlich entlang der Holtenauer Straße und im Bereich Knorrstraße und Wiker Straße entstanden war. Doch Mitte der 30er Jahre mußten auch die letzten Dorfbewohner umziehen: Ihre Häuser an der Wiker Bucht wurden einplaniert, um hier neue Kasernenanlagen für die Luftwaffe Nazi-Deutschlands zu bauen, nur ein Haus ist bis heute stehengeblieben.

Adalbertstr.

Schon einige Jahrzehnte vorher waren die Höfe im Bereich der heutigen Adalbertstraße schonungslos abgeräumt worden. Die Adalbertstraße, benannt nach dem »Schöpfer der preußischen Marine« und Admiral *Adalbert Prinz von Preußen* (1811-1873), entstand in Verlängerung des alten Dorfredders als neue Zufahrtsstraße zum Kasernen- und Kriegshafenareal der Marine und ihrer Lazarettgebäude. Schon immer ist die Adalbertstraße die Kneipenstraße in der Wik gewesen, wo die Marinesoldaten nicht selten ihren Frust ›runterspülen‹. Die Kneipennamen sprechen Bände: Queens Pub, Nordkap, Zum Störtebeker, Anleger, Lord Nelson ... ein einziger langer Tresen.

❹ Weimarer Str.

Längst ist sie zum Wahrzeichen der Wik geworden: Die in den Jahren 1905 bis 1909 nach Plänen der Karlsruher Architekten *Cur-*

Zirkus vor dem Besoldungsamt

jel und *Moser* gebaute Marine-Garnisonskirche bzw. Petruskirche in der Weimarer Straße. Sie ist eines der wenigen imposanten Backsteinbauwerke aus jener Zeit, die den Krieg überstanden haben. Zwar blieb auch diese Kirche vom Bombenhagel nicht verschont, nur noch der Turm und die Umfassungsmauern blieben nach einem Bombenangriff im Jahr 1944 stehen, doch Spenden der amerikanischen Sektion des Lutherischen Weltbundes sorgten dafür, daß sie 1949 innerhalb von nur zwei Monaten wiederaufgebaut werden konnte. Mit ihrer »eigenwilligen Mischung von Jugendstilformen mit gotischen und romanischen Elementen« zählt die Petruskirche zu den architektonisch bedeutendsten Kirchbauten des frühen 20. Jahrhunderts in Deutschland.

Ein Verein hat sie erstanden, die Marine-Garnisonskirche

Admiral von Tirpitz *hatte den Bau der Kirche angeordnet, nachdem es in der als Simultankirche für evangelische und katholische Marinesoldaten genutzten ersten Wiker Garnisonskirche im Niemannsweg (siehe S. 49) zu eng geworden war. Doch längst sind die Zeiten vorbei, als ganze Kompanien zum Gebet abkommandiert wurden, um sich für den gottlosen Krieg zu rüsten. Seit 1945 wird die Petruskirche nicht mehr als Marinekirche genutzt. Auf Pachtbasis überließ das Bundesvermögensamt die Garnisonskirche den beiden Wiker Petrus-Gemeinden, die immer noch kein eigenes Gotteshaus besaßen. Seit Anfang der 80er Jahre dient ihr großer Kirchsaal dank seiner hervorragenden Akustik als Aufführungsort für Musik- und Kulturveranstaltungen aller Art — natürlich auch im Rahmen des allsommerlichen »Schleswig-Holstein-Musikfestivals«.*

Namensgeber Großadmiral von Tirpitz

Zwei Flottengesetze beschloß der Deutsche Reichstag 1898 und 1900, die den beschleunigten Ausbau der Kaiserlichen Marine regelten. Für die Wik bedeutete dies den Bau neuer Kasernenanlagen auf dem Areal zwischen Adalbertstraße und Fördeufer und zwischen Zeyestraße und Weimarer Straße. 16 Kasernen für je 300 Marinesoldaten entstanden, angeordnet in einem großen offenen Rechteck, in der Mitte der Exerzierplatz. Südlich der Weimarer Straße kam das aus sechs Krankenhäusern und etlichen Wirtschaftsgebäuden bestehende Marine-Lazarett hinzu, »das von hübschen gärtnerischen Anlagen umrahmt ist«. Und natürlich gehörten auch die Kriegshafenanlagen dazu, der heutige Tirpitz- und Scheerhafen.

Doch bevor die Kasernen 1904 bezogen werden konnten, kam es erst einmal zum »Großen Hafenprozeß«, den die Stadt angestrengt hatte, um sich eigene Rechte zum Hafenbau in der Wik zu sichern. Zwar entschied das Landgericht Kiel 1902 zugunsten der Stadt, doch 1904 kassierte das Kieler Oberlandesgericht dieses Urteil wieder ein. Die Marine gewann. Der Hafenprozeß soll das Verhältnis der Marine zur Stadtverwaltungg »zeitweise erheblich getrübt« haben.

Und dann war da noch die Schlachtermeisterwitwe Ehms, *die als Eigentümerin großer Ländereien in der Wik »die Grundstückspreise diktierte«. Ihr gehörten auch Gebiete auf dem von der Marine in Aussicht genommenen Gelände. »Eine Mäßigung der Forderung (der Witwe Ehms — Anm.) ist als ausgeschlossen zu betrachten, da die Witwe sehr wohlhabend ist und glaubt, daß ihr der Fiskus kommen muß«, meldeten Unterhändler nach Berlin .... und der Fiskus zahlte, was der Witwe nur recht war.*

Währenddessen überwog in der Stadtverwaltung immer noch der Groll aus dem verlorenen Prozeß: Jetzt verweigerte der Magistrat der Marine die Bauerlaubnis — doch auch das half nicht mehr. Fast die gesamte Wiker Bucht wurde zu einem der größten Kriegshäfen Deutschlands, was sie — mit kurzweiligen Unterbrechungen von 1918 bis 1920 und von 1945 bis 1957 — bis heute geblieben ist. Nach dem 2. Weltkrieg war sie einer der größten Schiffsfriedhöfe der Welt. »Aber noch heute birgt der Grund des Kieler Hafens manches Wrackstück, das vielleicht erst nach Jahrzehnten beim Baggern wieder an das Tageslicht kommt.«

»Feuer aus den Kesseln«, hieß es am 28.10.1918 auf den Kriegsschiffen der deutschen Flotte. Dann überschlugen sich die Ereignisse und die Novemberrevolution von 1918 begann (siehe S. 79).

Wie damals machen heute die vielen Kriegsschiffe, die alljährlich zur »Kieler Woche« kommen, an der Tirpitzmole am heutigen Marinehafen fest. Das US-amerikanische Schlachtschiff »Iowa« mußte 1989 allerdings in der Förde auf Reede liegen, weil das Hafenbecken für den Stahlkoloß zu flach war. Wie kein anderes Kriegsschiff sorgte die »Iowa« in Kiel für Zoff: Nicht nur die Umweltschutzorganisation Greenpeace, Friedensinitiativen und Grüne forderten die Ausladung der Atomwaffen tragenden »Iowa«, auch Kiels Oberbürgermeister *Karl Heinz Luckhardt* (SPD) zog sich den Zorn von CDU und Marine zu, weil er das »Teufelszeug« in Kiel nicht haben wollte. Vier Jahre vorher hatten 50.000 Menschen die »Iowa« in Kiel besichtigt, als sie während eines Ostsee-Manövers in der Wiker Bucht ankerte.

Immer wieder ein heißes Eisen: Kriegsschiffe

»Feuer aus den Kesseln« — Vom Kaiserreich zur Republik

Am 29. und 30. Oktober 1918 weigerten sich in Wilhelmshaven die Matrosen des 1. und 3. Geschwaders auszulaufen. »Durch ganz bestimmte Maßnahmen waren die Marineangehörigen zu der Überzeugung gelangt, daß die Führer der deutschen Flotte beabsichtigten, eine Verzweiflungsschlacht zu liefern, was die nutzlose Opferung der ganzen Besatzung bedeutet hätte. Am 28.10. sollte die Flotte auslaufen, angeblich zu einem Manöver. Die Heizer rissen jedoch die Feuer heraus und verhinderten so das Auslaufen der Flotte. Die meuternden Matrosen, speziell die Heizer, wurden nun massenhaft verhaftet. So allein von der ›Marggraf‹ ca. 100 Mann. Aber das schlug dem Faß den Boden aus«, berichtete der Kieler USPD-Funktionär *Lothar Popp* in seinem Werk »Ursprung und Entwicklung der Novemberrevolution von 1918«, das bereits wenige Monate später erschien.

Um die Meuterei niederzuschlagen, wurde das 3. Geschwader nach Kiel verlegt. Auf der Fahrt durch den Nord-Ostsee-Kanal (früher Kaiser-Wilhelm-Kanal) wurden auf den Schiffen 46 Matrosen als Rädelsführer verhaftet, bei den Holtenauer Schleusen von Bord geholt und auf verschiedene Arrestanstalten in Kiel verteilt, ein Teil in die Arrestanstalt in der Feldstraße. In der Nacht zum 1. November trafen die Schiffe im Kieler Hafen ein und die Besatzung — über 5000 Mann — erhielt am folgenden Tag Landurlaub.

Etwa 250 Mann des 3. Geschwaders trafen sich am Abend im Gewerkschaftshaus in der Legienstraße (früher Fährstraße) und forderten die sofortige Freilassung der Inhaftierten. Man verabredete sich für den nächsten Tag zu einer größeren Versammlung, auf der diese Forderung mit mehr Nachdruck wiederholt und das weitere Vorgehen besprochen werden sollten. Am nächsten Tag wurden den Matrosen Räumlichkeiten für eine weitere, größere Versammlung verweigert.

Dann überschlugen sich die Ereignisse. Innerhalb weniger Tage organisierten die aufständischen Matrosen eine Massendemonstration, wie sie Kiel noch nie gesehen hatte. »Am entscheidenden Sonntag, den 3. November, befand sich bereits ganz Kiel in höchster Spannung. (...) Schon um 5 Uhr hatte sich bereits eine riesige Menschenmenge auf dem großen Exerzierplatz hinter dem Vieburger Gehölz angesammelt, bestehend größtenteils aus Soldaten, Frauen und Werftarbeitern.«

Ihre Forderungen waren klar: »Sofortige Beendigung des Krieges; Abdankung des Hohenzollernhauses; Aufhebung des Belagerungszustandes; Freilassung unserer gemaßregelten Kameraden vom 3. Geschwader; Freilassung aller im Zuchthaus zu Celle sitzenden Kameraden von der Matrosenerhebung im Jahre 1917; Freilassung sämtlicher politischer Gefangenen; Einführung des allgemeinen gleichen und geheimen Wahlrechts für beide Geschlechter.«

Eine Stunde vor Versammlungsbeginn gaben die amtlichen Stellen Stadtalarm, um so die Matrosen an der Teilnahme zu hindern — vergebens. Nach verschiedenen Reden setzte sich ein Demonstrationszug in Richtung Feldstraße in Bewegung, um die inhaftierten Kameraden zu befreien. Am Bahnhof kam es zu Tumulten, wobei eine Frau unter die Straßenbahn geriet und so zum ersten Opfer der Revolution wurde.

Noch einmal schüttete die Obrigkeit Öl ins Feuer, als sie bei der Brunswiker Straße/Ecke Feldstraße in den Demonstrationszug hineinschießen ließ. Am Morgen des 4. November legten die Arbeiter der Germaniawerft und der Torpedowerkstätten in Fried-

Lothar Popp 1974 auf der Reventlou-Brücke

Eines der ersten Bücher über die Revolution

richsort die Arbeit nieder. Um 13.00 Uhr verweigerten die Matrosen in der Wik den Gehorsam. Um 15.00 Uhr wurde verhandelt — mit Erfolg. Die Arrestierten wurden in einem Triumphzug aus dem Gefängnis befreit. Abends trafen der Staatssekretär *Haußmann* und der SPD-Abgeordnete *Noske* auf dem Kieler Hauptbahnhof ein. In der Nacht wurde ein Arbeiter- und Soldatenrat gebildet.

Am Morgen des 5. November wehten über den Kriegsschiffen im Kieler Hafen nicht mehr die Kriegsflaggen, sondern rote Fahnen. Nur auf der »König« versuchte der Kommandant, die kaiserliche Fahne mit seinem Leben zu verteidigen, auf den anderen Schiffen ging der Wechsel kampflos ab. Generalstreik und Schießereien beherrschten diesen Tag, es gab zehn Tote und 21 Verletzte.

Innerhalb weniger Tage hatten die Arbeiter und Soldaten die politische Macht in Kiel errungen und trugen den Aufstand ins ganze Reich.

»Noch nie in der Geschichte ist eine so weithin leuchtende und folgenreiche politische Umwälzung, wie die durch den Kieler Matrosen-Aufstand bewirkte, so schnell und verhältnismäßig unblutig erfolgt. Wie ein Kartenhaus fiel das scheinbar so feste Gefüge der deutschen Militärautokratie zusammen,« urteilte der Kieler SPD-Funktionär *Bernhard Rausch* in seiner noch im November 1918 erschienenen Bilanz »Am Springquell der Revolution«.

Die deutsche SPD hatte *Gustav Noske* von Berlin nach Kiel geschickt, um das »kopflose Durcheinander« (Noske über die Matrosenerhebung) in geordnete Bahnen zu lenken. Tatsächlich gelang es Noske, »die Zügel fest in die Hand (zu) nehmen« und sich binnen kürzester Zeit vom Obersten Soldatenrat zum neuen Gouverneur von Kiel wählen zu lassen.

Karl Artelt, in der Wik stationierter Marinesoldat der 5. Kompagnie der 1. Torpedo-Division und führender USPD-Genosse in Kiel, der von Beginn an dabei war und schließlich zum Vorsitzenden des Obersten Soldatenrates gewählt wurde, urteilte später, *Noske* habe die Zusammenarbeit mit dem Soldatenrat »nur als formale Angelegenheit» aufgefaßt: »Im geheimen konferierte er mit den Rechtssozialisten in Berlin, um die revolutionäre Bewegung abzuwürgen.« *Artelt* war »der Mann mit der Löwenstimme«, wie eine Kieler Zeitung damals berichtete, der maßgeblichen Anteil an der Vorbereitung und Durchführung des Matrosenaufstandes hatte. Bereits 1917 war *Artelt* wegen revolutionärer Tätigkeit unter den Matrosen und Werftarbeitern zu Festungshaft verurteilt worden. Nach dem großen Januarstreik 1918 wude er als angeblich Nervenkranker in eine Nervenheilanstalt eingesperrt, »obwohl meine Nerven, wie der Arzt nach der Untersuchung feststellte, kerngesund waren.«

Die unruhigen Tage endeten mit der Flucht *Prinz Heinrichs* aus dem Kieler Schloß auf sein Gut Hemmelmark. Verkleidet, das Auto mit roten Fahnen geschmückt, entkam er ungehindert aus der Stadt. Am 6. November kehrte in Kiel bereits wieder Ruhe ein.

Ute Kohrs-Heimann/Nico Sönnichsen

Mit rund 400 Wracks bei Kriegsende einer der größten Schiffsfriedhöfe der Welt

❺

Die früheren Marinelazarett-Gebäude in der Weimarer Straße sind wie die Petruskirche bis heute erhalten geblieben. Bis 1988 haben sie das Kieler Anschar-Krankenhaus beherbergt, das nach der Erweiterung des städtischen Krankenhauses aufgelöst wurde. Seither stehen die zahlreichen Gebäude des Lazarett-Komplexes leer oder werden nur teilweise von Instituten und einzelnen Betrieben genutzt. Was aber auf Dauer mit den Gebäuden des alten Lazaretts geschehen soll, ist ungewiß. Planungen bestehen weder bei der

Das Marine-Lazarett-Gebäude kann gekauft werden.

Bundesvermögensverwaltung, die Eigentümerin des gesamten Lazarett-Geländes ist, noch bei der Stadt. Wünschenswert wäre vielleicht die Unterbringung einer Dokumentation zur »Novemberrevolution« oder/und einer »Geschichtswerkstatt«.

Herthastr.

Ein schmaler, fast versteckter Fußweg bei der Bundeswehrfachschule in der Hertha-Straße (benannt nach einem alten Kriegsschiff) führt zwischen Kleingärten und Kasernengelände hindurch hinüber zur Schleusenstraße. Nördlich des Fußwegs liegt das Gelände des früheren Gaswerks und jetzigen Heizkraftwerks Wik. Verfehlen kann man es nicht, denn seine beiden 110 Meter hohen Schornsteine sorgen für gute Orientierung. Die riesigen Kohlehalden reichen teilweise bis an die Kleingärten heran.

Schon vor der Jahrhundertwende begann man mit dem Bau der »Städtischen Gas- und Elektrizitätswerke« in der Wik, weil das »nur mit amerikanischen Verhältnissen vergleichbare Anwachsen der Einwohnerzahl Kiels« neue Planungen zwingend machte. Das neue Gaswerk in unmittelbarer Nähe des »Kaiser-Wilhelm-Kanals« wurde 1898 fertiggestellt. Mittels eines alten Dampfkranes wurden die Kohlen aus den damals noch kleinen Schiffen über eine Hängebrücke direkt in den Kohlenschuppen gehievt.

Schon 1902 bis 1903 und erneut 1909 mußte das Gaswerk ausgebaut werden. Im Sommer 1909 gaben die »Städtischen Kollegien« grünes Licht für den Bau eines zweiten Gaswerks, Gaswerk Wik 2, das noch vor dem ersten Weltkrieg in Betrieb genommen wurde. Nach dem Krieg wurde das Gaswerk Wik 1 stillgelegt, nicht zuletzt, weil die Energieabgabe wegen der nicht mehr benötigten militärischen Einrichtungen schlagartig um ein gutes Drittel geschrumpft war.

Ausbaupläne vor und während des 2. Weltkriegs machte ein Bombenteppichabwurf mit 40 Volltreffern 1945 ein Ende.

Die Pontondrehbrücke am Holtenauer Ufer

Während der Wiederaufbauzeit kam es zu dramatischen Szenen am Kraftwerksgelände: Auf ankommende Kohlezüge machte die Bevölkerung regelrecht Jagd; herunterfallende Kohlen wurden säckeweise ins eigene Heim geschafft. In den Jahren 1967 bis 1977 wurde das neu errichtete Kraftwerk Wik in ein Heizkraftwerk umgerüstet; die Fernwärmeproduktion wurde aufgenommen. Das Kraftwerk Wik wird als »Auslaufmodell« Anfang der 90er Jahre stillgelegt; die Kieler Energie- und Fernwärmeerzeugung wird auf das »Gemeinschaftskraftwerk Ostufer« konzentriert, das die Stadt Kiel gemeinsam mit dem Atom-Multi »Preußen-Elektra« betreibt. Für den Fall eines Ausstiegs Schleswig-Holsteins aus der Atomenergie ist das Kraftwerksgelände in der Wik aber schon wieder als Standort eines neuen konventionellen Kraftwerks im Gespräch.

❻
Schleusenstr. 11-33

Die zweigeschossige Mietshauszeile — gegenüber dem Kraftwerk — wurde in den Jahren 1924 bis 1926 gebaut; für die Arbeiter(familien) des Kraftwerks, der Schleusenanlagen und der Marine. Wegen ihrer für die 20er Jahre typischen Zeilen-Siedlungsbauweise aus rotem Backstein mit eigenwilligen Giebeln und Rundbögen steht sie jetzt unter Denkmalschutz. Auch heute noch sind es vorwiegend Arbeiterfamilien, die hier wohnen; fast ein Stück Ruhrpott in Kiel. Bis zum Ende der Straße ratterte einst die Straßenbahn; ab hier ging's dann weiter mit der Kanalfähre nach Holtenau. Die bewegliche Pontonbrücke, die ab 1895 als Verlängerung der Schleusenstraße nach Holtenau hinüber führte, wurde 1913 abgerissen und durch den Fährverkehr ersetzt.

Fahrmarke der Kieler Straßenbahn

Als der Eiderkanal als Vorläufer des »Kaiser-Wilhelm-Kanals« gebaut wurde (siehe S. 92), entstand ungefähr in Höhe des jetzigen Endes der Schleusenstraße die erste Kanalschleuse, »hart am

Uferstr.

Wohnen in der Schleusenstraße

Verwackelt, der Fotograf flüchtete vor den Gänsen.

Fuße des Aubergs«. Am 1. Februar 1864 sollen in dieser Gegend die ersten Schüsse im Österreichisch-Dänischen Krieg gefallen sein.

Wie Holtenau wurde die Wik Schauplatz heftiger Bodenbewegungen, als riesige Naß- und Trockenbagger anrückten und Hunderte von Arbeitern den Kanal bauten und ihn später vertieften, begradigten und die neue Holtenauer Schleuse bauten.

Am 3. Juni 1887 machten sich Tausende Kieler mit Kind und Kegel auf den Weg in die Wik, um wenigstens einmal im Leben den Kaiser life zu erleben. Der nämlich wollte an diesem Tag persönlich den Grundstein für den Ausbau des alten Eiderkanals zum neuen »Kaiser-Wilhelm-Kanal« legen. Schon acht Jahre später bot der Kaiser am 5. Juni 1895 zur Kanal-Einweihung den Tausenden Schaulustigen mit seiner weißen »Hohenzollern«-Yacht und unzähligen (Kriegs-)Schiffen im Geleit ein noch größeres Spektakel. Das pompöse Heck einer nachgebildeten Kriegsfregatte (vom Kaiser selbst entworfen) diente ihm und seinen weit über 1000 fürstlichen und anderen hochherrschaftlichen Gästen als originelle Festhalle. »Unter Blitzen und Donnern endete der denkwürdige Tag in einem gewaltigen Naturschauspiel.«

Im Zuge des Baus der Holtenauer Schleuse waren jetzt auch Teile des »Fresendorfkamps« im Kanal versunken. »Fresendorp« war im Mittelalter ein kleines Nachbardorf der Wik, das schon vor 1300 von zugewanderten Friesen aufgebaut worden sein soll. Nach Überfällen und Plünderungen durch die Heikendorfer vom Ostufer der Förde sollen sie das Dorf aber schon bald wieder verlassen haben.

7
Auberg

Von der unteren Schleusenstraße führt eine Treppe hinauf zum Auberg.

In den Steinbaracken des früheren Obdachlosenlagers Timmerberg auf dem Auberg wohnen seit Mitte der 70er Jahre vor allem Studenten und Wohngemeinschaften. Das ehemals triste Lager haben sie seither zu einer idyllischen Wohnstätte im Grünen umgebaut.

Gleich nebenan betreibt die Stadt Kiel das »Gartenprojekt Timmerberg«, ein Modellprojekt für arbeitslose Jugendliche unter sozialpädagogischer und gärtnerischer Anleitung. Besucher werden nicht selten von einer nervösen Gänseschar begrüßt.

Auf dem Auberg hat auch der SV Wik sein Domizil. Der Sportverein wurde am 5. Juni 1929 gegründet. Zu den wohl ungewöhnlichsten Aktivitäten des SV Wik gehörten die »Sprottenkistenrennen«, die in den 50er Jahren im Wohngebiet Knivsberg/Hohenrade/Tingleffer Straße veranstaltet wurden.

Prinz-Heinrich-Str.

»Ein neues Bild im Rahmen der Wik boten die im Laufe des Krieges entstandenen Gefangenenlager an der Hochbrückenauffahrt und an anderen Punkten. Große niedrige Holzbaracken nahmen viele Polen, Russen u.a. auf. Von ihnen blieben manche noch lange Zeit nach dem Kriege dort«, heißt es in einer Wiker Chronik. Im Lager »Zur Hochbrücke« (an der heutigen Prinz-Heinrich-Straße) waren in 12 Baracken bis zu 800 Kriegsgefangene und ZwangsarbeiterInnen eingesperrt; sie wurden für Arbeiten des Marinebauamtes abkommandiert. Ein zweites Lager, hauptsächlich für Gefangene aus Dänemark, soll auf dem Gelände des Wiker Gaswerks gestanden haben. Die für die Nazi-Marine arbeitenden Industriefirmen Elac (heute Honywell-Elac) und Hagenuk (heute Tochterunternehmen der HDW) unterhielten ein Zwangsarbeiterlager an der Projensdorfer Straße, bestehend aus 13 Baracken für fast 500 Gefangene aus der Sowjetunion und aus Polen. Für die ebenfalls für die Kriegsmarine tätige Firma Anschütz & Co., die bis Kriegsende auf dem Kieler Ostufer angesiedelt war und erst nach 1945 in die Wik kam (Mecklenburger Straße), mußten Kriegsgefangene in den Außenlagern Neumühlen (Kiel) und Hohwacht (bei Lütjenburg) der KZs Buchenwald und Neuengamme schuften.

ANSCHÜTZ

Wie die Adalbertstraße wurde auch die Knorrstraße Anfang unseres Jahrhunderts als Zufahrtsweg zum Wiker Kasernengelände neu angelegt und für Marineangehörige und Arbeiterfamilien bebaut. *Admiral von Knorr* war seinerzeit Kommandant des Kanonenbootes »Meteor« und Chef des Oberkommandos der Kaiserlichen Marine (1840 bis 1920).

Knorrstr. 11

Der »Butt« in der Knorrstraße lädt zum deftigen Fischessen ein. In der gegenüberliegenden »Wiker Börse« ist dagegen eher eine gute Portion Trinkfestigkeit angesagt.

Knorrstr. 10

1906 erbaute der einstige »Kieler Schlachterverband« ein Altersheim für Verbandsangehörige. Heute wird das schmucke Gebäude als Mietshaus genutzt.

8

In der 1906 gebauten Paech-Brotfabrik in der Knorrstraße wird seit langem kein Teig mehr gerollt. Die dreigeschossige Fabrik steht seit Jahren leer, was viele Wiker als »regelrechten Skandal« empfin-

Wer rettet die Paechbrotfabrik vor dem Abrißbagger?

den. Überlegungen, das alte Gebäude für soziale und kulturelle Zwecke nutzbar zu machen, sind bisher immer am Geld gescheitert.

Das Fabrikgebäude ist in privater Hand und als Baustelle ausgewiesen. Ob es abgerissen wird, ist dennoch nicht gewiß. Die Eigner des Gebäudes spekulieren immer noch auf einen potenten Investoren, der die alte Fabrik mit neuem Leben füllen könnte. Im Winter 1988/89 diente die Brotfabrik einem kleinen Wanderzirkus als Winterlager.

Holtenauer Str. 354

Holtenauer Str. 342

Mit dem Ausbau des Straßenbahnnetzes bis in die Wik entstand der »Betriebsbahnhof Wik« der Straßenbahn-Gesellschaft. Der Straßenbahn-Betriebshof ist ebenso wie die einstige, 1876 errichtete Wiker Mühle, die für kurze Zeit als Wahrzeichen der Wik galt, und das in unmittelbarer Nähe liegende Fuhrgeschäft Wulf aus dem Stadtbild verschwunden. Der während der Nazi-Zeit gebaute »Knorr-Bunker« diente nach dem Krieg vorübergehend als städtische Entbindungsanstalt.

Das 1978 erbaute, moderne Kirchenzentrum des »Gemeindezentrums Nord« der Wiker Petrus-Gemeinden (Architekten *Jungjohann* und *Hoffmann* aus Kiel) ist wie der nebenstehende Kriegsbunker grau in grau gehalten und fast fensterlos. Man habe bei dieser Konzeption die Verkehrslage berücksichtigt, heißt es: »Die Kirche erhält ihr Licht von oben, ist weitgehend von der lärmenden Außenwelt abgekapselt.«

⑨
Sonderburger Platz

Die Schule am Sonderburger Platz (früher Pestalozzi-Platz) wurde 1906 gebaut und 1938 erweitert. Nach dem 2. Weltkrieg wurde die ehemalige »Pestalozzi-Schule« umbenannt in »Mädchenvolksschule Wik II«, während eine der vielen leerstehenden Kasernen vorübergehend als »Knabenvolksschule Wik I« genutzt wurde.

»Auf der bislang so stillen, ganz unbebauten Hohenradekuppe, über die bisher nur ein Fußpfad zur Projensdorfer Straße führte, wurde es 1935 mit einem Schlage lebendig. Auf ihr und rundum im Tal setzte überall der Spaten an, aus dem Boden wuchs förmlich Haus um Haus, meist gleicher Art, nur mit Erd- und Obergeschoß als Doppelhaus, mit Garten und Vorgarten, und zwar an neuen Straßen und oben auf der Höhe um einen freien Platz. Wer kurz zuvor hier noch über das Feld gegangen war, sah sich erstaunt mit einem Male in einer kleinen Stadt für sich.« (Festbroschüre der Baugenossenschaft Wik e.G., 1986).

Die neuen Straßen wurden nach nordschleswigschen Städten benannt, die die Nazis ohnehin zum Deutschen Reich zählten.

Die neuen Baumöglichkeiten rund um den Knivsberg beflügelten aber auch zur Eigeninitiative: 1936 gründeten acht Kieler Bürger die Baugenossenschaft Kiel-Wik, die 1986 ihr 50jähriges Jubiläum feiern konnte. Über 100 Zwei- und Zweieinhalb-Zimmerwohnungen konnten bis Kriegsende in der Haderslebener und Tingleffer Straße errichtet werden.

Die monatliche Miete in den Genossenschaftswohnungen betrug damals 35 Reichsmark. In mühevoller Handarbeit mußten die Mieter das hinter den Häusern liegende Gelände planieren, um Kleingärten anzulegen.

Schule am Sonderburger Platz

Knivsberg

In der »kleinen Stadt für sich«, die auch das Nordschleswigsche Viertel genannt wird, gibt es auch heute noch keinen Treffpunkt für Geselligkeiten. Wer die sucht, muß zurück ins Wiker Zentrum entlang der Holtenauer Straße. Das jugoslawische Spezialitätenrestaurant »Mostar«, die »Pizzeria Mare«, das »Steakhouse« (Wiker Straße) und eines der ältesten griechischen Restaurants in Kiel (Knorrstraße) laden ebenso ein wie der »Gockel-Grill« oder eines der vielen Bierlokale.

Sie ist längst durch Busse ersetzt

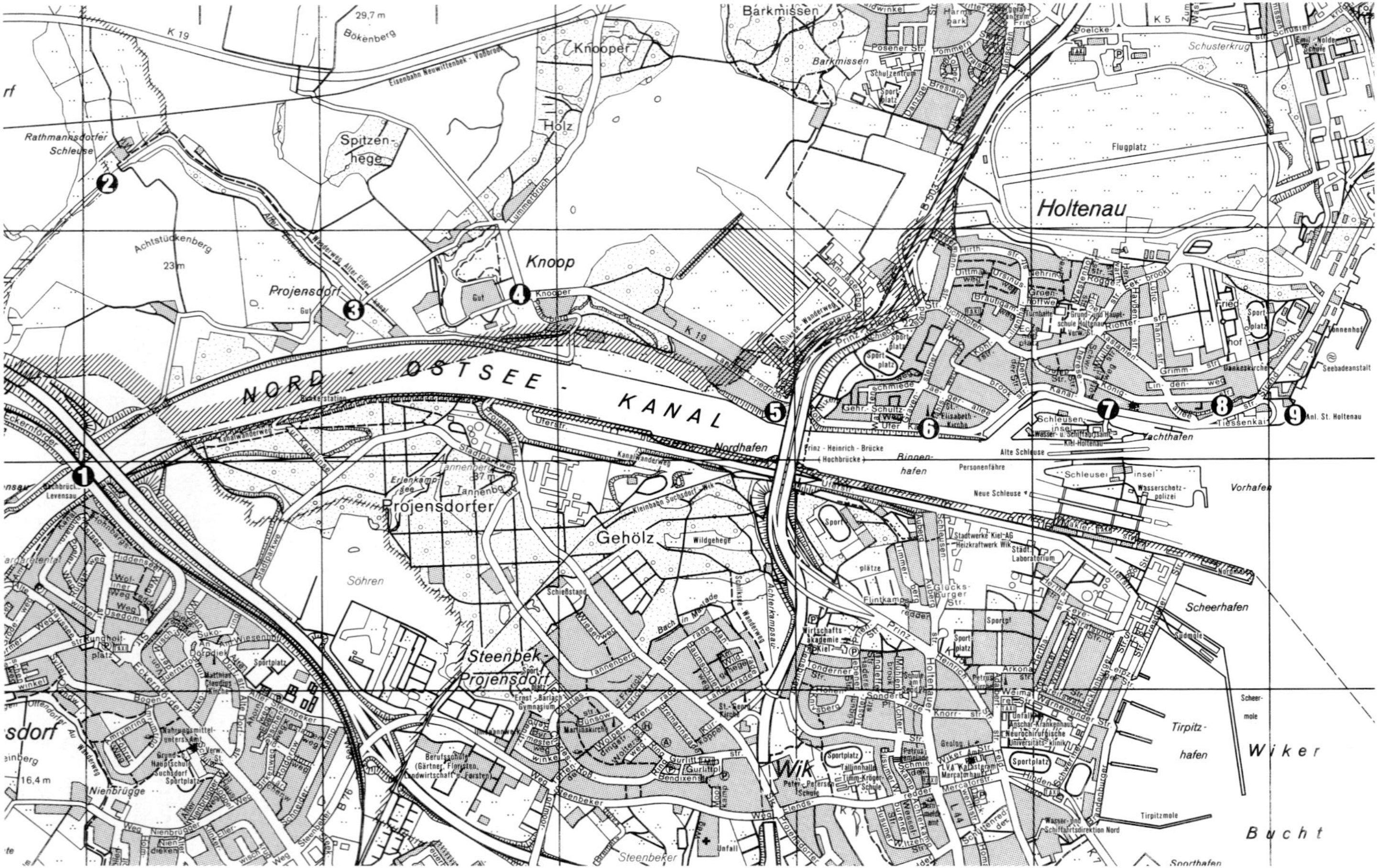
NORD - OSTSEE - KANAL
Holtenau
Flugplatz
Knoop
Knooper
Holz
Spitzenhege
Bökenberg
29,7 m
Barkmissen
Schusterkrug
Rathmannsdorfer Schleuse
Achtstückenberg
23 m
Projensdorf
Projensdorfer
Gehölz
Söhren
Steenbek-Projensdorf
Wik
Nordhafen
Binnenhafen
Prinz - Heinrich - Brücke (Hochbrücke)
Personenfähre
Alte Schleuse
Neue Schleuse
Schleuseninsel
Yachthafen
Vorhafen
Scheerhafen
Tirpitzhafen
Wiker Bucht
Sporthafen
Tirpitzmole
Seebadeanstalt
Anl. St. Holtenau
Wildgehege
Schilksee - Wanderweg
Kanalwanderweg
Stadtwerke Kiel-AG Heizkraftwerk Wik
Wasserschutzpolizei
Nienbrügge
16,4 m
K 19
B 76
L 44
K 5

Der Kaiser schmolz im Hochofen

Holtenau: Eine Kanalwanderung

von Gerd Neuner und Dagmar Mossin-Neuner

Ausgangspunkt: *Rungholtplatz, Bus 5, 15, 16, 73, Haltestelle Rungholtplatz*
Endpunkt: *Leuchtturm Holtenau, Bus 1, 41, Haltestelle Kastanienallee; Schiff Fördelinie, Anleger Holtenau*
Dauer: *ca. 2,5 Stunden*

Naturfreunden und Liebhabern von Industriedenkmälern wird unsere Wanderung entlang des alten Eiderkanals gefallen, denn wir passieren Kanäle, Schleusen, Brücken, einen Leuchtturm, und mit etwas Glück verspüren wir noch die Idylle, die der Bruder Jules Vernes in seinem Reisebericht um 1880 einfing:

1895. Die Eröffnung des Kanals ist einen Stempel wert

»Die Jacht gleitet ruhig durch den geheimnisvollen Laubengang dahin. Die Fahrt scheint zu unbekannten Welten zu gehen. Rings um das Schiff schwankt und rauscht ein Blättermeer und die Ufer verschwinden fast unter dem dunkelglänzenden Grün. Rosenbüsche neigen sich bei unserem, unerwarteten Erscheinen, Wasserpflanzen mit grünen unbeweglichen Blättern scheinen zu erschrecken und tauchen in die Tiefe. Buchfinken und Stieglitze entgleiten raschen Fluges. Aber als Wahrzeichen der bezaubernden Landschaft bleiben die Störche furchtlos stehen, sehen uns vorüberfahren, erheben sich dann in die Lüfte und suchen sich einen Ruheplatz auf dem Gipfel der Bäume oder auf ihrem Nest im Dachfirst des Bauernhofes.«

Rungholtplatz

Die Allee halb rechts vom Busausstieg ist der Rest der alten Heerstraße. Sie überquerte früher beim Dorf Levensau auf einer Bohlenbrücke den Eiderkanal, der bis 1864 die Grenze zwischen Schleswig und Holstein bildete.

Damit ist man bereits mitten in der schleswig-holsteinischen Geschichte, die so verwirrend ist, daß der englische Premierminister *Lord Palmerson* Mitte des letzten Jahrhunderts meinte: »Nur drei Personen haben sie je verstanden. Die eine war Prinz Albert; er ist verstorben. Die zweite war ein deutscher Professor; er ist verstorben. Die dritte bin ich, und ich habe alles wieder vergessen.«

Seit den 1850er Jahren war der König von Dänemark auch gleichzeitig Herzog der beiden selbständigen Landesteile. Als am 18. November 1863 der dänische König Christian IX. *eine neue Verfassung unterschrieb, die Schleswig quasi zur dänischen Provinz machte, kam es zum militärischen Konflikt mit Preußen und Österreich. Auf der schleswigschen Seite des Eiderkanals waren dänische Soldaten in Stellung gegangen. Hinter den Bäumen der alten Heerstraße hatten preußische Soldaten Deckung gesucht. Der liebe Gott mußte herhalten, um am Montag, dem 1. Februar 1864, um 7 Uhr früh mit dem Marschbefehl »In Gottes Namen drauf!« preußische Machtpolitik zu*

Zu schmal für zwei Pferdegespanne?

verkleiden. Über die Bohlenbrücke bei Levensau marschierten brandenburgische, in Rendsburg verbündete österreichische Soldaten über den Kanal. Mit ihnen zog der junge Reporter Theodor Fontane, *der gerade die »Wanderungen durch die Mark Brandenburg« veröffentlicht hatte, als Kriegsberichterstatter gen Norden. Schließlich durfte er das kriegsentscheidende Gemetzel an den Düppeler Schanzen nahe Sonderburg miterleben. Jahre später fand er kritische Worte über das sich hinter diesem Konflikt verbergende preußische Großmachtstreben. Dänemark verlor immerhin ein Viertel seines Staatsgebietes.*

❶ Die Levensau, die der Hochbrücke ihren Namen lieh, war ein kleiner Fluß, der gemeinsam mit der Eider die Grenze zwischen Schleswig und Holstein bildete. Das Flüßchen verschwand beim Bau des Eiderkanals vor rund 200 Jahren. Die Brücke sah nach ihrer Fertigstellung 1895 noch ganz anders aus. Auf beiden Seiten sicherten protzige zinnenbewehrte Türme eine Rundbogendurchfahrt. Bis 1915 mußten sich Bahn und Straßenverkehr die Fahrbahn teilen, im Ersten Weltkrieg erhielt die Bahn schließlich eine eigene Trasse. Für Lkw-Lenker konnte trotzdem die Überfahrt auf der nun nur noch 4,50 Meter breiten Fahrbahn zu einer schweißtreibenden Angelegenheit werden. Sie mußten Zentimeterarbeit leisten. 1953 wichen die Türme den Preßlufthämmern, die Straße wurde verbreitert und ein Teil der Stahlkonstruktion entfernt. Die Brückenbauer machten sich mit gemischten Gefühlen an den Turmabriß. Für sie war es meisterliche Handwerksarbeit, die es zu zerstören galt. Dem damaligen Denkmalpfleger hingegen waren die landfremden Anleihen der ursprünglichen Bauherren aus der Kaiserzeit ein Dorn im Auge. Was hatten rheinische Burgzinnen bei Schießscharten in Schleswig-Holstein zu suchen?

Wegen des Autobahnausbaus wurde im Sommer 1984 nur 100 Meter entfernt eine zweite Kanalbrücke fertiggestellt. Der 23 m hohe Achtstückenberg, über den der Weg zur restaurierten Eiderschleuse führt, soll seine Bezeichnung von acht dort aufgestellten alten Kanonen erhalten haben.

Schiffe, die den Eiderkanal durchfuhren, mußten einen Berg von insgesamt 7,30 Meter Höhe bezwingen. Für den Auf- und Abstieg hatte man mit holländischer Unterstützung jeweils drei Kastenschleusen mit zwei Kammern unterschiedlicher Abmessung errichtet. Die Rathmannsdorfer Schleuse war nach Holtenau und Knoop die dritte Schleusenstufe. Hier wurden die Schiffe um 2,40 Meter gehoben. 35 Meter Innenlänge, 7,80 Meter Breite und 3,50 Meter Wassertiefe standen den Frachtseglern in der Hauptkammer zur Verfügung. Die lediglich 5 Meter breite Nebenkammer war zur Regulierung des Wasserstandes errichtet.

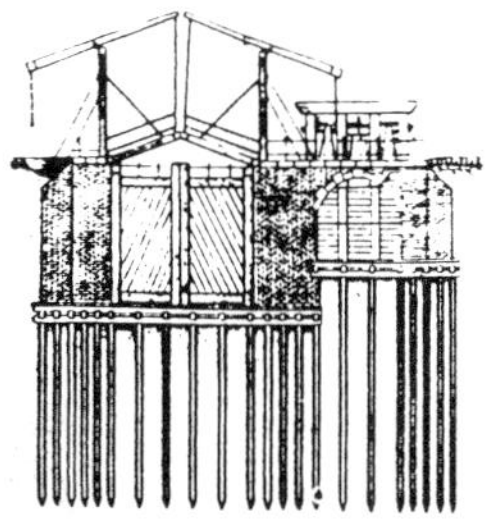

Skizze der mächtigen Pfahlgründung der Rathmansdorfer Schleuse

❷

Bis auf die Rathmannsdorfer Schleuse verfügten alle Schiffsschleusen über eichene Zugbrücken holländischer Konstruktion. In Rathmannsdorf hatte man darauf verzichtet, weil »Eine Vierthelstunde weiter bey Suchsdorf, wo die ordentliche Straße von Copenhagen nach Kiel durchgehet, (...) eine ganz vortreffliche Brücke erbauet (ist).« Gemeint war die weiter oben erwähnte Bohlenbrücke bei Levensau. Ungefähr 1600 m Buchenpfähle wurden in den Baugrund gerammt, um den lockeren und sandigen Baugrund tragfähig zu machen. Nach dem Ruf »Brüg up hoch!« zog der Schleusenwärter geruhsam die Brücke hoch.

Wanderweg Alter Eiderkanal

Was hat die Jammerbucht an der nördlichen Westküste Dänemarks mit einer Wasserstraße quer durch Schleswig-Holstein zu tun? Vielen schwerfälligen Seglern früherer Zeiten wurde die dort herrschende auflandige Meeresströmung und die heftigen, meist böigen

Die vier Wasserstraßen im Tal der Levensau

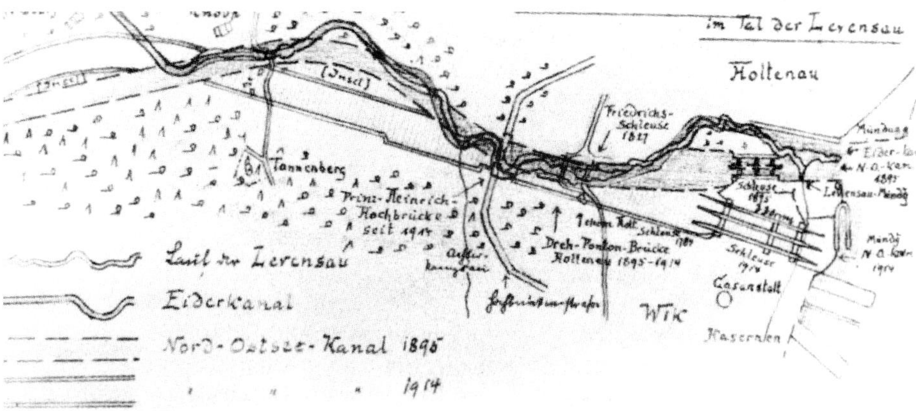

Westwinde zum Verhängnis. Noch in der zweiten Hälfte des letzten Jahrhunderts strandeten hier 117 Schiffe, 46 Seeleute ertranken. Bei statistisch nicht erfaßten kleineren Schiffbrüchen verloren 400 Menschen ihr Leben. Planungen, einen Kanal zu bauen, der Ost- und Nordsee gefahrlos verbindet, zogen sich durch die Jahrhunderte. Doch erst vor gut 200 Jahren wurde der Plan, von Kiel einen Kanal bis Rendsburg zu bauen, um dann die schiffbare, allenfalls zu vertiefende Eider bis Tönnig nutzen zu können, durch Resolution des dänischen Königs bestätigt.

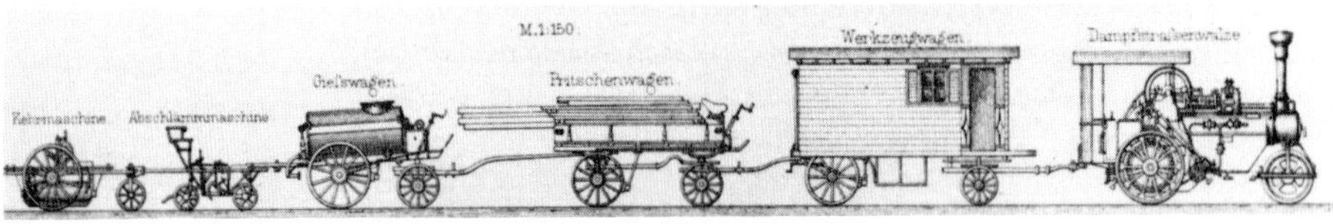

Dampfwalzen beim Brükkenbau

Der holländische Kanal- und Schleusenbau diente den Ingenieuren als Vorbild.

Die Arbeitsbedingungen in den regenreichen und kühlen Sommermonaten von 1783 und '84 waren unmenschlich. Viele Arbeiter wohnten in Zelten und Erdhütten und kamen vermutlich tagelang nicht aus ihrer nassen Bekleidung heraus. Fast die Hälfte der Arbeiter erkrankte an Sumpffieber und fiel aus. Nicht nur epedemische Krankheiten verzögerten die Fertigstellung des Kanals. Da viele Landarbeiter beim Kanalbau beschäftigt waren, fehlten den Gutsbesitzern Arbeitskräfte für ihre Ernten. Um die Ernte einzubringen, boten sie den Kanalarbeitern einen höheren Lohn als die Kanalbauunternehmer.

Als Ende September 1784 endlich alle Arbeiten abgeschlossen waren, stand für damalige Zeiten der Schiffahrt ein einzigartiger Verkehrsweg zur Verfügung. Kein anderer Kanal in Europa konnte seegehende Schiffe mit Ladung aufnehmen.

❸ Das in unmittelbarer Nähe zu Knoop gelegene ehemalige königliche Lehnsgut ist mehr als 600 Jahre alt und gehörte die längste Zeit zum Gut Knoop. Die Projensdorfer Straße war die Zuwegung. Vor 200 Jahren als eingeschossiges Gebäude errichtet, erhielt das Gutsgebäude seine derzeitige, im neoklassizistischen Stil veränderte Form vor 100 Jahren.

❹ Wenn man durch die verschwiegene Lindenallee am Knooper Forsthaus vorbei zu den Kavalierhäusern des Gutes Knoop gelangt, ahnt man nicht die architektonischen und landschaftlichen Schönheiten, die sich hier auftun. Der romantische kleine See war ursprünglich mit dem Graben einer alten Wasserburg verbunden. Rechts, ungefähr zwischen dem Forsthaus und der Alleebiegung, befanden sich zwei großzügige Gartenanlagen. Eine davon wurde streng geometrisch, die andere mit Schlängelwegen im englischen Stil gestaltet.

Knoop ist einer der ältesten Siedlungsplätze des Dänischen Wohldes, wie diese ehemals von Wald bedeckte Halbinsel zwischen Kieler und Eckernförder Bucht heute heißt, und es ist das wichtigste klassizistische Herrenhaus Schleswig-Holsteins.

Bereits Anfang des 14. Jahrhunderts — Kiel war erst einige Jahrzehnte alt — wurde am Nordufer der Eider eine Burg auf dem Gelände des heutigen Gutes erbaut und ungefähr 200 Jahre später zu einer Wasserburg umgestaltet. Ende des 18. Jahrhunderts wird dann Gut Knoop im heute noch existierenden klassizistischen Stil errichtet. Hier auf Gut Knoop und im Schwestergebäude, dem Gut Emkendorf, werden die Gegensätze zwischen klassizistischem Glanz und profanem Gewinnstreben augenscheinlich. Dänemarks Finanzminister Heinrich Karl Schimmelmann, *der das Gut Knoop 1776 von einem seiner Schuldner erwarb, hatte sich eine goldene Nase im atlantischen Dreiecksgeschäft verdient: Stoffe, Schnaps und Gewehre wurden an die westafrikanische Küste geschifft, die Segler voll Sklaven gestopft, die wie Vieh an amerikanische Plantagenbesitzer verkauft wurden. Die Ladung für den Rückweg nach Europa war dann Zucker, Rum und Baumwolle. Als einer der größten Sklavenhalter Europas konnte Schimmelmann rasch den finanziellen Grundstock legen, um sich als nichtadeliger Emporkömmling gesellschaftliche Anerkennung zu erkaufen. In Ehepolitik verstand er sich auch: Seine Tochter Caroline heiratete den Sohn des ehemaligen bei ihm verschuldeten adeligen knoopschen Besitzers.*

Caroline schenkte ihrem angetrauten Heinrich Friedrich Baudissin als Brautgabe das Gut Knoop. Die beiden von der alten Burganlage noch vorhandenen Kavalierhäuser (Gästehäuser), die den Zugang zum Gutshof wie Torhäuser einrahmen, wurden neu gestaltet und 1783 in Backstein ausgeführt. Ein paar Jahre nach Schimmelmanns Tod — auf dem Eiderkanal dürften schon die ersten Schiffe am Gutsgebäude vorbeigeglitten sein — wurde ein Herrenhaus auf dem teilweise zugeschütteten Burggraben völlig neu errichtet, das der junge Architekt Axel Bundsen *nicht in die Landschaft hineinkomponierte, sondern herrschaftlich dominierend an erhabener Stelle hoch über dem Eiderkanal plazierte. Bundsen war ganz offensichtlich beeinflußt von einer neuen klassizistischen Architektur, die er in Frankreich kennengelernt hatte. Dieses Ideal, die »strenge simplicité, Schlichtheit auf rational-geometrischer Grundlage«, spiegelt sich in der Fassadengestaltung augenfällig wider.*

Lieber Junge, Prost! Das »Knooper Fährhaus« warb mit dem Herrenhaus Knoop.

Polterberg

❺

»Seine Majestät der Kaiser und König haben allergnädigst zu bestimmen geruht, daß der neuen Brücke der Name ›Prinz-Heinrich-Brücke‹ beigelegt wurde.« Diese Bestimmung erfolgte 1912 nach Fertigstellung der Hochbrücke. Sie machte die Prahmdrehbrücke aus Schwimmpontons überflüssig. Ein Blick von der Einmündung Gravensteiner Straße (Restaurant Waffenschmiede) hinüber zum anderen Kanalufer rechts neben dem roten Backsteinhaus läßt noch die alte Streckenführung der Verbindungsstraße Kiel — Holtenau erkennen. Der adelige preußische Namenspate ist heute vergessen.

Friedrich-Voß-Ufer

Nach dem Ingenieur *Friedrich Voß,* der neue Wege im Brückenbau beschritt, wurde ein Teil der Kanaluferstraße benannt. Im Berliner Reichsamt des Inneren wurde damals festgelegt, daß Straßenbahngeleise in die Brücke eingefügt werden sollten. Mit dieser Auflage erwiesen sich die damaligen Planer vorausschauender als das Kieler Innenministerium der sechziger Jahre. Die Planer der Neuzeit »vergaßen« schlicht, den Ausbau des Kieler Straßenbahnnetzes über die neue Holtenauer Hochbrücke technisch zu ermöglichen. Damit war sehr früh das Todesurteil für einen schienengebundenen öffentlichen Personennahverkehr gesprochen. Die neue Hochbrücke wurde rechtzeitig zur Sommerolympiade 1972 fertig.

WAAnsinn: Aktion gegen Gift- und Atomtransporte

»In Holtenau, da ist der Himmel blau...!« Mit dem blauen Himmel, der den Holtenauern, wie es der alte Spruch behauptet, wohlgesonnen sein soll, muß es etwas auf sich haben. Die zweite Hälfte dieses Verses, »da tanzt der Ziegenbock mit seiner Frau«, ist wohl ein mißglückter Reimversuch. Immerhin spricht für den blauen Himmel die Tatsache, daß die Platanen in Holtenaus Renommierallee seit rund 90 Jahren gedeihen. Sie sollen einmal das Kanaleinweihungsgeschenk des japanischen Kaisers gewesen sein. Ob die nördlichste Platanenallee Europas erhalten bleibt, ist ungewiß. Nicht das trotz Südlage schlechte Wetter macht diesen Bäumen zu schaffen, sondern frühere Winterstreusünden und der saure Regen. Das Kieler Baumkataster weist die Platanen als die am stärksten geschädigte Baumart aus.

Mählsweg

❻

Die kleine Fähre einige Meter unterhalb der Abzweigung Mählsweg bietet eine kostenlose Überfahrt zum »Kieler« Ufer. Von dort sind die Schleusenaussichtsterrassen in wenigen Minuten zu erreichen. Busanschluß besteht für die Linien 4, 14 und 24 sowie ab 19.20 Uhr für die Linie 64.

Kanalstr. 17

Köhlstraße

Für die Namensgeschichte Holtenaus stehen zwei Versionen zur Auswahl, entweder — vergleichbar mit Altona — »all to nah« (= allzu nahe) oder »Holt« (= Wald) und »Au« (= größerer Bach). Sollte die erstere, möglicherweise nach einer Herberge benannte, plattdeutsche Verballhornung zutreffen, dann hat es hier schon im 13. Jahrhundert eine Siedlung gegeben. Spätestens ab 1479 gibt es das ›H‹ vor dem Namensrest. Fast drei Jahrhunderte lang bis 1791 gehörte das Leibeigenendorf zum adligen Gut Seekamp. Zur gleichen Zeit, als das preußische Landrecht die Leibeigenschaft der Bauern in Gutsuntertänigkeit änderte, wurde aus Holtenau ein freies Bauerndorf

Der Traum der Meerjungfrauen von Nord- und Ostsee

Über der Eingangstür zum Holtenauer Leuchtturm, dem »Dreikaiserturm«, reichen sich die Meerjungfrauen die Hand.

Die Bedrohung der Seeschiffahrt durch die stürmische Nordsee auf ihrem Wege zur Ostsee wird mit einer freundliche Geste der Verbindung aufgehoben. Angedeutet wird allerdings auch das martialische Ziel der kriegerischen Seebeherrschung vom Reichskriegshafen Kiel aus.

Kaiser Wilhelm I. hatte nämlich 1889 per Gesetz bestimmt, daß »ein für die Benutzung durch die Kriegsflotte geeigneter Seeschiffahrtskanal von der Elbmündung über Rendsburg nach der Kieler Bucht« zu bauen war. Für Kiel als Handelshafen brachte der neue Kanal eher Nachteile, weil nun die Handelsschiffahrt ohne Zwischenaufenthalt in Kiel direkt Hamburg ansteuern konnte.

1895 legte Kaiser Wilhelm II. in Holtenau mit großem Pomp den Schlußstein für den 99 km langen Kanal und taufte ihn auf den Namen seines Großvaters, Kaiser Wilhelm.

Kaiser Wilhelm II. hatte aller Welt, insbesondere der damals stärksten Seemacht England, klargemacht, daß der Dreizack auch in deutsche Hand gehöre. So wurde der Nord-Ostsee-Kanal Bestandteil einer offensiven Flottenbau- und Rüstungspolitik.

Stritten sich die Militärs zu Bismarcks Zeiten noch über den Nutzen dieser Wasserstraße, so orientierten sich die Erweiterungspläne gut 10 Jahre nach der Kanaleröffnung an der modernen Kriegsschifftechnik.

Mit der bis 1914 fertiggestellten neuen Kanallinie und der neuen Schleusen (330 m x 45 m/alte Nordschleusen von 1895: 150 m x 25 m) konnte nun auch der ab 1906 gebaute Kriegsschiffstyp mit 27 m Breite und mehr als 9 m Eintauchtiefe den Kanal passieren. Die Sohle des Kanals wurde von 22 auf 44 m, die Wasserspiegelbreite von 67 auf über 100m erweitert.

Zu jenen Zeiten glaubte man, den Kanal und die Doppelschleusen großzügig für die Zukunft bemessen zu haben. Jedoch schon 1914 und dann 1966 mußte man Erweiterungen vornehmen.

Für den Aushub von 80 Mio. Kubikmeter Boden, die Befestigungsarbeiten und den Bau von Schleusen und Fähren des ersten Ausbaus wurden zeitweise bis zu 8000 Menschen gleichzeitig beschäftigt. Täglich wurde 12 Stunden für 3,30 Mark gearbeitet.

Der Nord-Ostsee-Kanal ist zur meistbefahrenen Wasserstraße der Welt geworden mit etwa 50000 Schiffspassagen pro Jahr. Transportiert wird (in Mio. Gütertonnen, 1968): Stückgut (17,5), Kohle (6,7), Erz (2,7), Holz (5,1), Getreide (2,0), Düngemittel (2,7), Zellulose (1,9), Mineralöl (10,1), Sonstiges (8,5).

Schiffskatastrophen mit gefährlichen Gütern wie der Untergang der Mont Louis 1986 im Ärmelkanal mit 71 Uranhexafluoridfässern haben besonders in letzter Zeit auf gefährliche Transporte aufmerksam gemacht. Jährlich passieren etwa 1400 Schiffe mit Ammoniak, Heizgas, Sprengstoff, Uranhexafluorid, Sondermüll, Pflanzenschutzmitteln, explosiven Treibstoffen, radioaktivem Material und anderem den Kanal. Dabei passieren bis zu drei Kollisionen oder Böschungsberührungen in nebligen Nächten. Deshalb werden immer wieder Proteste laut: Zu Buß- und Bettag 1986 ketteten sich Mitglieder von Robin Wood bei Durchfahrt der Herta H an die Kanalschleuse; 1987 wurde eine Schiffstour Gift- und Atomtransporte organisiert, und zwei Umweltprotestler seilten sich von der Levensauer Hochbrücke ab.

Die militärische Bedeutung des Nord-Ostsee-Kanals ist auch heute noch erkennbar. 1982 wurde ein Manöver zur Verteidigung des Kanals bei Levensau abgehalten. Mit von der Partie waren allerdings auch zivile »Manöverspaziergänger«. In einem gerichtlichen Nachspiel wurde der »Rädelsführer« dem »Kriegsrichter« Bill vorgeführt, der an geheimen Kriegsrichterübungen teilgenommen hatte.

Der knapp 100 km lange Nord-Ostsee-Kanal ist zur meistbefahrensten Wasserstraße der Welt geworden, auch wenn wegen gesunkener Treibstoffkosten (rund Skagen ist billiger) die Anzahl der Schiffspassagen (ca. 50000 p.a.) leicht zurückgeht. Der Kanal ist heute weltweit unter Seeleuten als Kiel-Canal ein Begriff.

Gerd Neuner/Manfred Lang

und schließlich kurz nach der deutschen Reichsgründung 1871 eine freie Landgemeinde im Kreis Eckernförde.

Richthofenstraße 53

Bis zu Beginn unseres Jahrhunderts prägte die Landwirtschaft das Bild des Bauerndorfes Holtenau. Die meisten Höfe (Hufen) lagen in einem geschlossenen Oval zwischen Gravensteiner und Apenrader Straße. Übrig geblieben sind nur noch die beiden Bauernhöfe Ecke Richthofenstraße und das Fachwerkhaus auf der anderen Straßenseite. Der Hof der Familie *Hammerich* an der alten Eiche wird noch bewirtschaftet. Frisches Gemüse, Kartoffeln und Eier werden in der alten Räucherdiele verkauft. Beim Einkauf kann man erfahren, wie es damals im Dorf Holtenau zuging, als die Kinder noch über Wiesen hinunter zum alten Kanal laufen konnten.

Der Bau des alten Eiderkanals Ende des vorletzten Jahrhunderts veränderte den dörflichen Charakter Holtenaus nicht. Erst mit dem Bau des Nord-

Malerische Fender

Ostsee-Kanals wandelte sich das Erscheinungsbild Holtenaus. Von 1885 bis 1919 stieg die Einwohnerzahl von 391 auf 3201. Nicht nur den zuziehenden Kanalarbeitern war dieser enorme Zuwachs zu verdanken, sondern auch der wilhelminischen Rüstungspolitik, die dem Nachbarort Friedrichsort Rüstungsbetriebe und damit Arbeitsplätze bescherte. Von der Jahrhundertwende bis zur Eingemeindung Holtenaus am 1. Oktober 1922 waren bereits um den ursprünglichen Dorfkern herum Wiesen und Felder erschlossen und in städtischer Siedlungsweise bebaut worden. In den dreißiger Jahren verloren mit dem Bau des Flugplatzes die verbliebenen Gehöfte den größten Teil ihres Hinterlandes und damit ihre landwirtschaftliche Existenzgrundlage. Holtenaus Erwerbsstruktur läßt bereits vor dem 2. Weltkrieg erkennen, daß die Landwirtschaft eine untergeordnete Rolle spielte. Von den 4200 Einwohnern waren über 2000 in der Kanalwirtschaft beschäftigt und einschließlich ihrer Familien 1000 Personen der Luftwaffe angehörig.

Mittlerweile wohnen in Holtenau noch ca. 6000 Menschen. Mehr als die Hälfte der erwerbstätigen Holtenauer arbeitet im Dienstleistungsbereich (Handel, Verkehr, Kanaldienst).

Die ehedem nach dem Gemeindevorsteher Wendenburg benannte Hauptstraße wurde übrigens von den Nazis in Richthofenstraße umbenannt.

Einladungskarte 1895. Die Einweihung des Kanals wird gefeiert.

Kanalstraße

❼

Die Kanalstraße wurde mit dem Bau des Kanals als Zuwegung und Transportstraße angelegt. Bis weit in die siebziger Jahre befand sich in dem Straßenabschnitt gegenüber der Kanalinsel das Einkaufszentrum (Hotel, Kaufhaus, Sparkasse, Schlachterei, Drogerie, Fisch- und Lebensmittelgeschäfte, Friseur, Apotheke, Handwerksbetriebe). Mit dem Großbauvorhaben nordwestlich der Richthofenstraße, das u.a. auch aus Bundeswehrmitteln finanziert wurde, entstand Mitte der sechziger Jahre auch eine neue Ladenstraße. Auf dem Parkplatz davor ist freitags Wochenmarkt. Holtenaus Ein-

Mit dem Schiff zum Einkauf

kaufszentrum hat sich inzwischen mehr und mehr hierher verlagert, daran konnten auch Kanalstraßenfeste nichts ändern. Nachgerückt sind Spezialgeschäfte, die kaum einen Beitrag zur ehemaligen Lebendigkeit dieser traditionsreichen Straße leisten.

Kanalstraße 27

Zwischen Apenrader Straße und der Zufahrt zur Kanalinsel führt am alten Eiderkanalarm hinter Schrebergärten ein idyllischer Fußweg am Gewässer entlang. Die Baumstämme, die hier im Wasser schwimmen, werden im gegenüberliegenden Sägewerk zu Flößen und Fendern (Fender sind Flöße, die zwischen Schiffsbordwand und Kaimauer schwimmen und Beschädigungen verhindern) verarbeitet. Ein Stückchen weiter am Thiessenkai kann man die Fender beobachten.

Auf der Kanalinsel (Zufahrt »Schleusengruppe Nord«) befindet sich eine interessante Ausstellung über den Nord-Ostsee-Kanal (»NOK-Ausstellung«). Viermal am Tag einschließlich an Sonn- und Feiertagen können sich Kanalfans um 9.00, 11.00, 13.00 und 15.00 Uhr beim Schleusenpförtner melden. Mindestens zwei Personen, möglichst mehr, müssen es allerdings sein. Denn für die Führung wird eigens ein versierter Kanalkenner vom Pförtner herbeitelefoniert, der in wenigen Minuten kommt.

Königstraße 22

Die kleine Treppe rechts neben dem Polizeirevier ist ein Beispiel für vergessene Bedeutungen. Das unscheinbare graue Haus am linken, oberen Ende beherbergte ab 1873 die Holtenauer Postagentur, die damals als einzelnes Haus zwischen Feldern und Schrebergärten stand.

Damit auch die Schiffer zur Post gelangen konnten, wurde eigens für sie eine Treppe in das Steilufer gebaut. Die oben verlaufende

Links die alten, rechts die neuen Schleusen 1915

Königstraße führte zum vom Volksmund so genannten »Königsfeld«, auf dem das Holtenauer Packhaus immer noch steht. Das Königsfeld war ein Freihafengebiet, in dem Waren unverzollt umgeladen werden durften.

Wenn man sich die aus Beton gefertigten Appartementhäuser am Laboer Hafen heute anschaut, dann können die Holtenauer froh sein, daß damals die Denkmalschützer im »verzweifelten Kampf« um das Packhaus die Sieger blieben. Mit diesem Ausgang blieb der Stadt Kiel das einzige »echte« Baudenkmal erhalten.

❽

Einer ist übriggeblieben. Der Obelisk vor dem Packhaus

Im Zuge des Eiderkanalbaus vor gut 200 Jahren entstanden drei dieser Packhäuser. Ein dem Kieler Packhaus baugleicher Zwilling steht 75 Kilometer weiter westlich in Tönning. Geographisch genau in der Mitte, in Rendsburg, wurde damals ein dritter Speicher errichtet, nur halb so lang wie die sich über 77 m erstreckenden Packhäuser in Kiel und Tönning. Diese drei noch erhaltenen Zweckgebäude aus der Zeit des Merkantilismus sind Zeugen eines damals einzigartigen, landübergreifenden Systems. Hier wurde Kanalfracht wie Getreide, Teer, Tran, Zucker, Tabak und Stückgüter zwischengelagert.

Die massige Holzkonstruktion der Stockwerke hat die Zeit bestens überstanden. Wer einen Blick durch die Fenster wagt, sieht, daß in allen Zimmern die prächtigen Holzträger sichtbar geblieben sind. Heute glänzt das Packhaus wie noch nie. Alle typischen Fassadenmerkmale, so zum Beispiel die halbrunden Ladeluken, blieben bei den Instandsetzungs- und Umbauarbeiten erhalten. Neu hinzu kamen die Dachgauben, damit die Bauträgergesellschaft auch das Dachgeschoß als Wohneigentum verkaufen konnte.

Wandgemälde in der »Wartehalle«. Die beim Kanalbau beschäftigten Bauräte in Tiergestalten

Die Häuser rechts und links vom Packhaus wurden für Kanalbedienstete errichtet. Unter ihnen war der konzessionierte »Entrepreneur«, der Treidelpferdehalter. Gegen eine Pachtgebühr organisierte er die kostenpflichtige »Canal-Pferde-Beförderung von Holtenau nach Landwehr«. Außerdem durfte er eine Gastwirtschaft mit Hökerei, eine Bäckerei und eine Brauerei betreiben. Die Anzahl der Treidelpferde pro Schiff war vorgeschrieben und hing von seinem Gewicht ab. Pferde und Knechte mußten innerhalb von 2 Stunden gestellt werden, bei Hochbetrieb sprangen Pferde und Knechte der Holtenauer Bauern aushilfsweise ein.

Wer einmal von See kommend versucht hat, eine Einmündung in der Küstenlinie zu erkennen, weiß, wie hilfreich Ansteuerungsmarkierungen auf dem Wasser sind. Eine mit unserer Zeit vergleichbare Betonnung und Befeuerung (Leuchtfeuer) der Wasserstraßen gab es damals nicht. Weithin sichtbare Zeichen für die Seeleute vor 200 Jahren waren zwei 7,50 Meter hohe mit einer Krone und der Inschrift »Patriae et Populo« (für Volk und Vaterland) versehene Obelisken, die die Kanaleinfahrt markierten. Einer ist übriggeblieben und steht nun etwas abseits von seinem ursprünglichen Standort am Tiessenkai vor dem Parkplatz des Packhauses.

Thiessenkai

Die Inschrift spiegelt das wirtschaftliche und politische Selbstverständnis des damaligen Dänemarks wider. Ein aufgeklärter Absolutismus und der Merkantilismus bildeten den Rahmen, in dem es den Wohlstand des eigenen Volkes durch Förderung des inländischen Handels zu mehren galt. Es gelang aber nicht, die ausländische Konkurrenz auszuschalten, da sich eine ausschließliche Nutzung der neuen Wasserstraße durch dänische Schiffe als unrentabel erwies.

9

Mit der Kanaleröffnung im Jahre 1895 wurde auf dem mit Kanalbaggergut angeschütteten Hügel ein Leuchtturm für Tag- und Nachtbetrieb errichtet. Ähnlich wie die Gestaltung der Levensauer Hochbrücke, so trug wohl auch die des Leuchtturms dem Darstellungsdrang des erst 34jährigen Hohenzollernkaisers *Wilhelm II.* der ihm eigenen Mischung aus dilettantischer Kraftmeierei und teutonischem Größenwahn Rechnung. In die schmiedeeisern als knorrige Eiche gearbeitete Türbewehrung der sogenannten Dreikaiserhalle wurde das symbolisch alles überstrahlende kaiserliche Monogramm als Sonne eingefügt. Der Zeitraum zwischen Kanalplanung, Grundsteinlegung, Bau und Schlußsteinlegung fiel in die Amtszeit dreier Kaiser.

Auf der Rasenfläche zwischen dem Leuchtturm und der heute als Restaurant betriebenen ehemaligen Lotsenwartehalle fand am 21.6.1895 gleichzeitig Schlußsteinlegung, Taufe, Weihe und Grundsteinlegung durch Wilhelm I. statt: Seinen Großvater ernannte er zu Wilhelm I. den Großen, der auch Namenspate für den Kaiser-Wilhelm-Kanal wurde. Die Weihe vollzog er als Monarch von Gottes Gnaden. Und schließlich legte er den Grundstein für ein Kaiser-Wilhelm-Denkmal. Der spätere Sockel und das Standbild ragten aus einem Wikingerboot. Das Denkmal fiel schließlich dem Materialmangel im 2. Weltkrieg zum Opfer: Im Hochofen wurde das begehrte Metall geschmolzen, um die Kriegsmaschinerie aufrechtzuerhalten.

Südlich der alten Schleuse, dort, wo sich jetzt die sogenannten neuen Schleusen (von 1914) befinden, war für die kaisertreuen Honoratioren eine Festhalle in Schiffsform für das opulente Festmahl errichtet worden. Dem Holtenauer Bürger hat es angesichts der Prachtentfaltung sicher den Atem verschlagen. Der eigens für diese Eröffnungsfeier errichtete Schiffsfestsaal war 114 m lang, 24 m breit und bot 1050 Festgästen Platz.

Für den Ausklang unseres Spazierganges und zur Erfrischung laden zwei Restaurationen an historischen Orten: Das Restaurant im Kanalpackhaus oder die ehemalige Lotsenwartehalle, das Restaurant »Fördeblick«.

Das ehemalige Restaurant Wartehalle gibt es noch. Das Denkmal wurde eingeschmolzen.

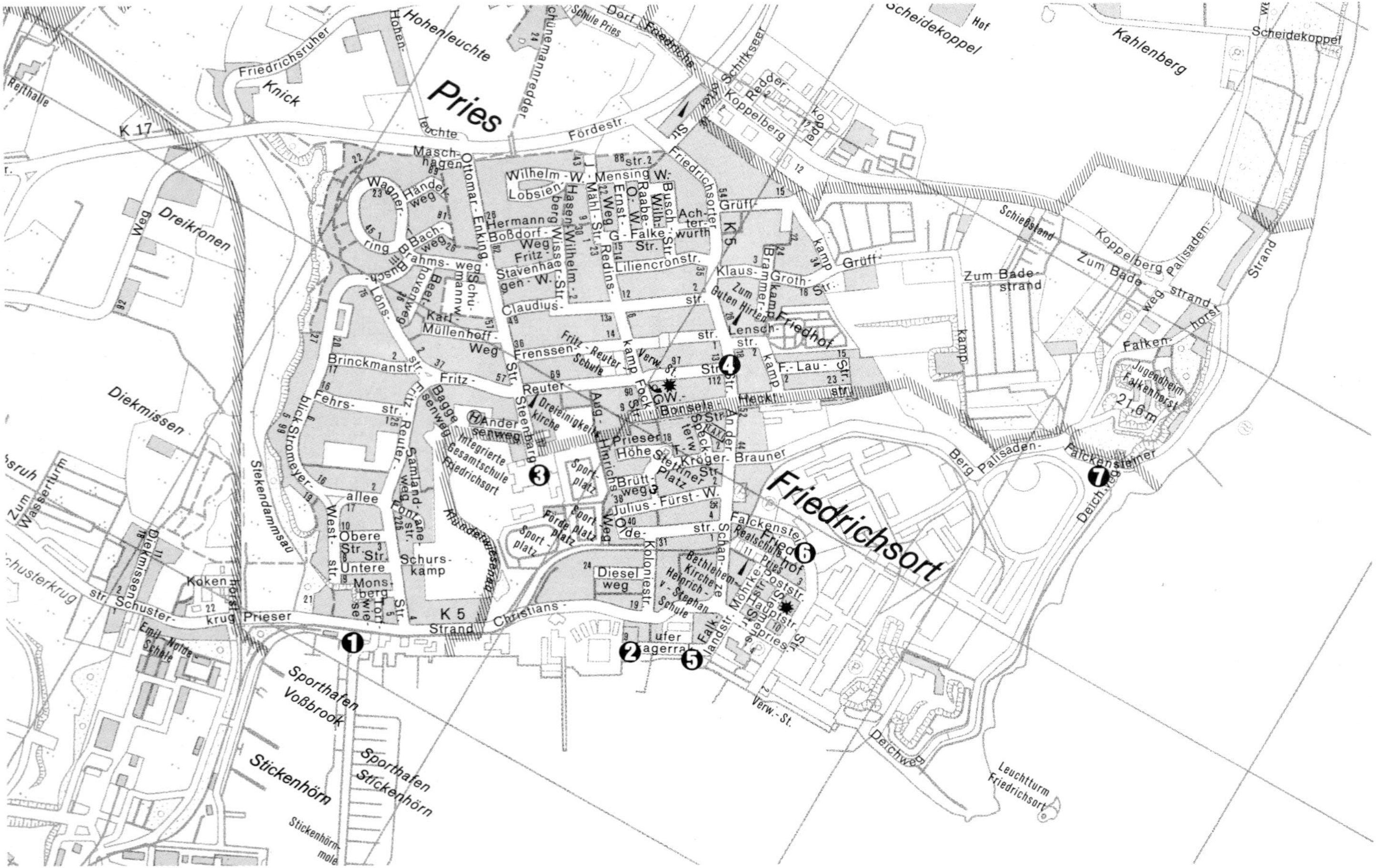
Pries
Friedrichsort
Hohenleuchte
Knick
Dreikronen
Diekmissen
Scheidekoppel
Kahlenberg
Sporthafen Voßbrook
Sporthafen Stickenhörn
Stickenhörn
Stickenhörn-mole
Leuchtturm Friedrichsort
Jugendheim Falkenhorst
Integrierte Gesamtschule Friedrichsort
Dreieinigkeitskirche
Bethlehem-Kirche
Heinrich-v.-Stephan-Schule
Realschule
Friedhof
Emil-Nolde-Schule
Stekendammsau
Fördestr.
Friedrichsorter Str.
Prieser Strand
Christiansstr.
Deichweg
Schusterkrug
Reithalle
K 17
K 5

Feindliche Flotten, Lob und Liebe aus der Festung

Pries-Friedrichsort

von Lutz Oschmann und Manfred Lang

Ausgangspunkt:	*Mole Stickenhörn, Bus 14, 41, 44, 64, 71, Haltestelle Torfwiese*
Endpunkt:	*Falkenstein, Schiff Fördelinie von April bis August, Anleger Falkenstein*
Dauer:	*ca. 2,5 Stunden*

Als Tor zum Kieler Hafen hat Friedrichsort frühzeitig eine besondere Rolle übernommen, denn hier, an der schmalsten Stelle der Kieler Förde, kann der Hafen zur offenen See hin abgeschirmt werden. Bereits 1631, zur Zeit des 30jährigen Krieges, kaufte deswegen der dänische König *Christian IV.* die Ländereien des Gutes Seekamp und ließ darauf die Festung Christianspries erbauen, die sein Nachfolger, *Friedrich III.*, in Friedrichsort umbenannte.

Der alte Friedrichsorter Leuchtturm steht nicht mehr.

Bis auf den heutigen Tag haben militärische Gesichtspunkte das Leben in den beiden Ortschaften Pries und Friedrichsort, die nach ihrer Eingemeindung nach Kiel 1922 zu einer Einheit zusammenwuchsen, geprägt.

Jules Verne beschreibt die militärische Bedeutung des Festungsortes 1881 sehr plastisch:

»Die Kieler Bucht ist ohne Zweifel eine der schönsten und sichersten von ganz Europa. In diesem geräumigen Wasserbecken könnten alle Flotten der Erde Schutz suchen und sogar manövrieren. Wir brauchen wohl nicht besonders zu bemerken, daß der Kieler Busen sorgsam und zweckmäßig befestigt ist. Die sehr enge Einfahrt zu demselben wird von furchtbaren Batterien beherrscht, welche jene über's Kreuz bestreichen. Die berühmte Kanone — von Preußen 1867 zur Internationalen Pariser Ausstellung geschickt —, welche ein Geschoß von zehn Centnern schleudert, ist auf einer Bastion an der engsten Stelle des Hafeneinganges aufgestellt. Ein feindliches Schiff, das diesen Weg zu forciren versuchte, würde zweifelsohne binnen weniger Minuten zerschmettert sein.«

Herzlich willkommen im friedlichen Kiel

Heute hat Friedrichsort, offiziell Pries-Friedrichsort genannt, zwar einige Sport- und Gesangsvereine gemeinsam, aber das kulturelle und soziale Leben in Pries und Friedrichsort ist weder durch gemeinsame Traditionspflege noch durch ein verbindendes kulturelles Zentrum geprägt. Wirtschaftlich bedeutend sind die drei Großbetriebe Krupp-MaK-Maschinenbau GmbH, die Lindenau-Werft und Sauer & Sohn Maschinenbau in dieser Region.

❶ Mole Stickenhörn

Die etwa 600 Meter lange Molenstraße führt an dem Gebäude der Yacht- und Bootswerft Rathje vorbei in die Bucht vor dem

Eingang der Lindenau-werft

Prieser Strand

Schusterkrug. Die Aufschüttung dieses Erdwalles war 1918 der erste Schritt zum Bau eines U-Boot-Hafens. Die ausbrechende Revolution machte damals diesen Plänen ein schnelles Ende.

Bis Mitte der 70er Jahre war die Mole noch dicht bewachsen mit Bäumen und Sträuchern und diente den Stadtteilbewohnern als Naherholungsgebiet. Mit dem Auto befahrbar war zunächst nur eine etwa 100 Meter lange Strecke. Noch heute lockt die Mole viele Spaziergänger an — Attraktionen sind die schöne Aussicht, startende Segel- und Motorflugzeuge und Fallschirmspringer. Oberhalb der Molenmitte liegt die Einflugschneise für landende Sportflieger des Holtenauer Flugplatzes.

❷
Skagerakufer 10

Die Lindenauwerft, 1919 in Memel gegründet, wurde hier unter der Leitung des Schiffkonstrukteurs *Paul Lindenau* (1892–1955) neu angesiedelt. Neben dem Neubau und der Reparatur von Schiffen betreibt die Werft auch einen kleinen Teil schiffsbaufremder Fertigung. 1987, mit der Zuspitzung der Schiffsbaukrise, mußte Konkurs beantragt werden. Mit Hilfe öffentlicher Kredite und einer veränderten Geschäftsführung konnte der Betrieb, in dem von ursprünglich 350 Beschäftigten 140 entlassen wurden, schließlich weitergeführt werden.

❸
Steenbarg 17

Mitten in dem Sport- und Erholungsgebiet der Klönderwiesen liegt die integrierte Gesamtschule Friedrichsort (IGF). Diese erste Gesamtschule in Schleswig-Holstein, als Schulversuch 1972/74 für etwa 20 Millionen DM errichtet, war nördlich des Kanals Kiels erste bis zum Abitur führende Schule. Nachdem der Schulbetrieb 1974 aufgenommen werden konnte, öffnete die Stadtteilbücherei; kurz darauf fanden in den Schulräumen die ersten Volkshochschul-

»Geliebte, ungeliebte Marine«

Kiel hat sich nicht langsam zur Großstadt entwickelt, sondern wurde dazu gemacht. Die Entscheidungen darüber fielen 1864 und 1871, als die Stadt zum Kriegshafen Preußens und schließlich zum Reichskriegshafen erhoben wurde. Das Verhältnis von Stadt und Marine zueinander ist seither keineswegs nur freundschaftlich und kooperativ, zuweilen lag und liegt man sich sogar regelrecht in den Haaren, vor allem dann, wenn es um Fragen der Hafennutzung geht.

Schon 1874 beschränkte die Marine den Handelshafen auf den innersten Winkel der Förde. Nördlich der Linie Schloßgarten/Gaardener Fähranleger beanspruchte sie Wasser und Ufergelände für sich allein; ihre Schlachtschiffe hatten hier demonstrativ Vorfahrt gegenüber den Handelsschiffen. Die Marine »besetzte« die Wiker Bucht ebenso wie große Teile des Ostufers. Nur in mühsamen Verhandlungen gelang es der Stadtverwaltung nach 1918, Hafenanlagen am Ausgang des Nordostseekanals (Scheerhafen) für die Dauer von 20 Jahren zu pachten. Doch bereits ein Jahr nach der Machtübernahme der Nationalsozialisten nahm die Marine auch dieses Gelände wieder in Besitz. Erst vor wenigen Jahren kam eine Fährverbindung mit der sowjetischen Stadt Klaipeda auch deshalb nicht zustande, weil die Marine sich gegen diese »Panzerrollbahn über die Ostsee« sperrte.

Noch heute ist ein Großteil der Förde durch die vielen Marine- und Werftansiedlungen für die BewohnerInnen Kiels unzugänglich, ein Handelshafen kaum zu erkennen. Eines der größten Probleme bei der Suche nach neuen Handelshafenflächen besteht darin, geeignetes wasserseitiges Gelände zu finden. Das Nachsehen hatte dabei vor allem die Ostufer-Bevölkerung, die bis zum heutigen Tage nur am Gaardener Fähranleger und an der Schwentine freien Zugang zur Förde hat.

Die Ernennung Kiels zum Reichskriegshafen 1871 sei »fast eine revolutionäre« Entscheidung gewesen, heißt es in der Geschichtsliteratur. Gemeint ist damit die tiefgreifende Umgestaltung des früheren Hafenstädtchens am »Kleinen Kiel« zur emporstrebenden Marine-Industriestadt und der damit verbundene Bevölkerungszuwachs, der im Norden Deutschlands wohl einmalig war. Während Kiel 1871 noch 32000 Einwohner zählte, lebten hier 1914 schon 222000 Menschen, darunter 30000 Militärpersonen. Den 180 Arbeitsplätzen auf den kleinen Holzschiffswerften 1855 standen bereits 1914 17400 Arbeitsplätze auf den neuen Großwerften gegenüber. Im ersten Weltkrieg wuchs ihre Zahl auf 35.000

Wer hoch steigt, fällt um so tiefer. Entsprechend düster waren jeweils die Nachkriegsjahre an der Förde. Als die Marine 1918 vorübergehend aufgelöst wurde, waren auch die Auftragsbücher der Werften und Zuliefererbetriebe so gut wie leer. Die einseitige Ausrichtung der Stadt auf Marine-Industrien ließ die Erwerbslosenquote in Kiel dreifach so hoch steigen wie im Reich. Nach 1945 — die Stadt war zu 80 Prozent zerstört — wurde die Kriegsmarine aufgelöst, ihre Werften demontiert, die Docks zugeschüttet ... Noch heute liegt das versenkte Panzerschiff »Admiral Scheer« als tickende Öko-Zeitbombe zugeschüttet im früheren Ausrüstungsbassin der »Deutschen Werke«, das heute zur HDW gehört.

Trotz alledem ist man im Rathaus auch stolz darauf, die »geliebte, ungeliebte Marine« seit 1956 wieder an Bord zu haben. Man schätzt ihre Hilfen bei der Organisation und Durchführung von Segelregatten ebenso wie ihren »innovativen« Einfluß auf die Entwicklung der nautischen Industrien und ihre Rolle als Arbeitgeber und Werbeträger. Ohne die Marine hätte es gewiß nie den »Kieler Matrosenanzug« gegeben, der immerhin weltberühmt geworden ist. Und ohne die Marine wäre Kiel wohl auch niemals zu Direktflugverbindungen mit Kopenhagen, Berlin und Frankfurt gekommen. Ob die Vorteile die Nachteile überwiegen oder umgekehrt, darüber gehen die Meinungen natürlich weit auseinander.

Nico Sönnichsen

kurse statt. Heute bieten die Räumlichkeiten, vor allem die Aula, Platz für kulturelle und politische Veranstaltungen. Das Betongebäude weist mittlerweile bauliche Schwächen auf, insbesondere durchnässende Wände und Dachteile. Die 900 Schüler und Schülerinnen reagieren bei Regengüssen mit Gelassenheit auf tropfende Stellen — Eimer sind genügend vorhanden.

Die Klönderwiesen boten nicht immer einen so friedlichen Anblick wie heute. Hier standen am Schurskamp Baracken für etwa 800 Zwangsarbeiter, ein Bruchteil dessen, was in Friedrichsort in etwa zehn Unterkünften für die Kriegswirtschaft zusammengetrieben worden war.

Die zwei- bis vierstöckigen Wohnblocks auf der östlichen Seite der Straße werden zum größten Teil von Arbeiterfamilien der Firma Krupp-MAK bewohnt.

Stettiner Platz 2

Das siebengeschossige Fördehochhaus mit Hotel, Restaurant und Kegelbahn war in den 70er Jahren beliebter Veranstaltungsort für Vereine und Tanzvergnügen. »Tagen Sie in unserem ›Penthouse‹ mit Blick über die Kieler Förde«, heißt es heute. Für 2,8 Millionen DM umgestaltet, soll es zahlungskräftige Geschäftsleute und Kurzzeittouristen anziehen. Früher stand hier bis in die 50er und Anfang der 60er Jahre die Arbeitersiedlung Prieser Höhe, die als vorbildlich galt für ihre Einrichtungen wie Vor- und Gemüsegärten, den Spiel- und Sportplatz, das Kaufhaus des Konsum-Vereins und das Arbeitererholungsheim »Haus Erholung«.

Prieser Höhe

Die in der Kolonie Prieser Höhe aufgewachsenen Kinder treffen sich teilweise noch heute zum sogenannten »Kolonastentreffen«. Bereits um die Jahrhundertwende bekämpften sich jugendliche »Kolonasten« und »Boddenlecker« aus dem heutigen Alt-Friedrichsort. Die jugendlichen Rivalitäten spiegeln die sozialen Gegensätze zwischen Offizieren, Beamten und Arbeitern wider, die auch räumlich durch zwei voneinander getrennte Siedlungen im preußischen Friedrichsort zum Ausdruck kamen.

4

Friedrichsorter Straße

Das Einkaufszentrum und die umstrittene Umgehungsstraße »Zum Dänischen Wohld« befinden sich noch im Bau, geplant ist ferner eine Fußgängerzone in der Friedrichsorter Straße. Im Sommer locken hier mehrere Eiscafés auf dem Weg zum Falkensteiner Strand.

Östlich der Friedrichsorter Straße, oberhalb des »Braunen Berges«, ist die auf dem Friedhof 1911 errichtete Prieser Kirche »Zum

Guten Hirten« sehenswert. Sie besitzt eine außergewöhnliche, farbige, und mit Schnitzereien versehene Holzdecke.

Die Grundzüge des ursprünglichen Siedlungskerns von Friedrichsort sind auch heute noch trotz umfangreicher städtebaulicher Eingriffe bestehen geblieben. Die durch baumbestandene Straßen getrennten Baublöcke zwischen Poststraße und Christianspries sind noch in Fragmenten zu erkennen. Die Wohnbebauung unmittelbar neben dem westlichen Festungsgraben der früheren Seefestung Christianspries mußte 1877 den Gebäuden des Torpedodepots weichen. Später entstand hier der Kern der Krupp-MaK-Werke, dem zweitgrößten Industriebetrieb in Kiel.

Christianspries

Viel Atmosphäre erhält das heutige Alt-Friedrichsort, das früher auch das »Kasernenviertel« oder das »untere Friedrichsort« genannt wurde, durch die granitgepflasterte Hauptstraße und eine Reihe holzverkleideter Gebäude, darunter die Bethlehemkirche. Es lohnt sich, in die 1875 erbaute Garnisonskirche einen Blick zu werfen. Die Einrichtung ist zwar schlicht, doch reizvoll durch ihren maritimen Charakter.

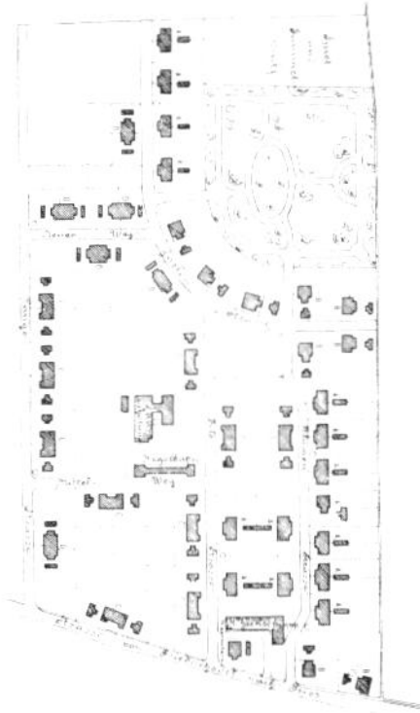

Lageplan der ehemaligen Arbeiterkolonie »Prieser Höhe«

Heute hat die Stadtverwaltung Mühe, dem Abstieg Alt-Friedrichsorts entgegenzuwirken, der besonders augenfällig durch den neben der Kirche gelegenen Schrottplatz wird. Der Versuch der Krupp-MaK, ihr Werksgelände auf das Gesamtgebiet des Viertels auszudehnen, hat bereits Spuren hinterlassen: Um für PKW-Stellplätze Raum zu gewinnen, wurden 1986 mehrere Wohngebäude zwischen Poststraße, Werner-von-Siemens-Straße, Hauptstraße und Falkensteiner Straße abgerissen. Die Auseinandersetzungen um den entsprechenden Bebauungsplan sind aber noch nicht abge-

Holzhäuser neben der Kirche. Im Hinterhof mit Schrottplatz

schlossen. Alt-Friedrichsorter Bürger wehren sich gegen die Einengung ihres Wohnbereichs und finden dabei Unterstützung durch städtebauliche Gutachten, in denen gefordert wird, die Wohngebäude zu renovieren und die umfangreichen Baumbestände sowie das teilweise noch vorhandene Natursteinpflaster zu erhalten.

Verstreut im ganzen Wohngebiet von Alt-Friedrichsort stehen Backstein- und Putzbauten aus wilhelminischer Zeit, in denen Offiziere und Beamte der militärischen Dienststellen gewohnt haben. Heute leben in Alt-Friedrichsort noch ca. 40 Menschen, zum großen Teil MaK-Mitarbeiter oder ehemalige Werksangehörige. Das frühere Dienstwohngebäude der Torpedowerkstatt beherbergt jetzt Schulungsräume und Büros der Krupp-MaK.

Skagerakufer 5

❺

Im ehemaligen Lazarett befinden sich mittlerweile die Heinrich-von-Stephan-Schule und der Förderverein Neue Produktion (FNP), der sich mit der Entwicklung umwelt- und sozialverträglicher Produkte beschäftigt. Als Beitrag zur Rüstungskonversion wird der Verein von der Stadt Kiel finanziell unterstützt. Im Sommer dient der versteckte, mit Bäumen bestandene Sandstrand am Skagerakufer einem geruhsamen Badeaufenthalt.

In den umliegenden Straßen stehen weitere, verputzte Dienstwohngebäude der ehemaligen Torpedowerkstatt, des Minendepots und des Artilleriedepots.

Falckensteiner Straße 2

Wo heute das neue Verwaltungsgebäude der Krupp-MaK steht, befand sich die »Scheer-Kaserne« für Matrosen der Artillerie. Sie wurde in den letzten Jahren bis zu ihrem Abriß im Jahre 1977 als Wohnheim für türkische Arbeitnehmer genutzt.

Noch vor dem Bau der Kaserne stand hier mit dem Pächterhaus von Johann Prüß *(1809-1876) das erste Haus außerhalb der Festung. Vier Generationen lang, vom Beginn des 19. Jahrhunderts bis 1924, wurde der Gutsbezirk Friedrichsort als königliche Domäne an die Familie Prüß verpachtet, die auch im zivilen Teil von Friedrichsort durch Verpachtung, Handel und eine Fuhrunternehmung eine wichtige Rolle spielte.*

❻

Kapelle auf dem Friedhof, verbarrikadiert und verfallen

Zum Ortsbild von Alt-Friedrichsort paßt der etwa 350 Jahre alte, auf einer Anhöhe idyllisch gelegene Friedhof. Der Garnisonsfriedhof der früheren Festung Christianspries ist nach einfachen Prinzipien rechtwinklig angelegt. Um die kleine Kapelle mit Wandmalereien im Innenraum, die für Besucher leider geschlossen ist, da sie sich in einem sehr baufälligen Zustand befindet, liegen Soldatengräber aus dem 1. Weltkrieg; am Eingang der Kapelle befindet sich eine Grabplatte aus dem Jahre 1738.

Die Krupp-MaK-Werke sind die wichtigsten Arbeitgeber in Friedrichsort. Aus der ehemaligen Torpedowerkstatt, die 1919 von der Deutschen Werke AG übernommen und 1945 in HOLMAG (Holsteinische Maschinen AG Friedrichsort) umbenannt wurde, entstand 1948 die »MaK Maschinenbau Kiel AG«, 1964 dem Krupp-Konzern einverleibt.

Zwischen den beiden Weltkriegen produzierte das Werk zunächst zivile Güter, um 1936 wieder die Torpedo- und Ausstoßrohrfertigung aufzuneh-

»Siegel Gottes« und »Tarzan« in der ehemaligen Torpedowerkstatt 1950

men. Als sich die HOLMAG nach Ende des 2. Weltkrieges wieder der zivilen Produktion im Bereich Maschinenbau zuwenden wollte, war sie von der britischen Militärregierung bereits zu den »bösen Sieben« der zu demontierenden kriegsbedeutsamen Werke eingestuft worden. Eine Demontage der HOLMAG hätte damals Landwirtschaft, Fischerei und Verkehr erheblich beeinträchtigt, denn das Werk stellte Motoren für Fischkutter her, war der einzige Reparaturbetrieb der damaligen Reichsbahn in den Westzonen und auch der einzige Betrieb, der Traktoren herstellte. Die lebensnotwendige Produktion hinderte die Militärregierung allerdings nicht daran, die Einstufung als erstrangiges Rüstungswerk aufzugeben. Gegen die drohende Demontage streikten die Arbeiter erstmalig im September 1947. Sie umringten 40 Maschinen und verhinderten damit ihren Abtransport. Auf einer Werksmauer stand in großen Lettern: »Ist Demontage Wiederaufbau??? Nein, Hunger!« Daraufhin sperrte die britische Militärregierung die Belegschaft aus — jedoch ohne die erhoffte Wirkung: Auf einer Betriebsversammlung erklärte sich kein Arbeiter bereit, an der Demontage von Maschinen mitzuwirken. Nach einem zweistündigen Sympathiestreik aller Kieler Beschäftigten und einem vierwöchigen Streik der HOLMAG-Belegschaft wurde die Arbeit am 10.10.1947 wieder aufgenommen. Ein Kompromiß war gefunden worden, nachdem die Militärregierung die Demontage bis Juni 1947 festschrieb, aber einen Wiederaufbau des Betriebes am Kieler Ostufer erlaubte. Im März 1948 trat eine von der gesamtpolitischen Lage beeinflußte Wende ein: Die Militärregierung genehmigte die Nutzung der ursprünglichen Gebäude der HOLMAG, vorrangig zur Reparatur von Lokomotiven und Waggons. Ohne den entschiedenen Widerstand der Belegschaft aber, die nun die Garantie dafür übernahm, ausschließlich für die Friedensproduktion zu arbeiten, hätte der Betrieb zu diesem Zeitpunkt schon nicht mehr existiert.

Aus formellen Gründen — die HOLMAG-Werke hätten bis Juni 1948 demontiert sein sollen — formierte sich eine neue Gesellschaft, die »MaK Maschinenbau Kiel AG«. Anteilseigner waren zunächst das Land Schleswig-Holstein und die Stadt Kiel. 1954 erwarb der Stinnes-Konzern das Werk; seit 25 Jahren gehört es mittlerweile zum Krupp-Konzern.

Schiffsdiesel von MaK

Mit der Wiederbewaffnung erfolgte auch der Wiedereinstieg des Werks in das Rüstungsgeschäft — es werden erneut Panzer und Torpedoausstoßsysteme gebaut. Für die kommenden Jahre hat die MaK den Auftrag für den Bau von 34 »Leopard II« Panzern an Land gezogen. Gegenwärtig beträgt der Anteil der Rüstungsproduktion an der Gesamtproduktion der MaK etwa 50%. Nach Meinung des Vorstandes ist dies ein »Beitrag zur Sicherung des Weltfriedens«. Mitarbeiter des Arbeitskreises »Neue Produktion« sehen das anders und engagieren sich für zukunftsweisende Alternativen zur Rüstungsproduktion, um der hohen Arbeitslosenquote in Norddeutschland entgegenzuwirken.

❼ Falckensteiner Deichweg

Vor der Panzerversuchsstrecke der Krupp-MaK kann man von der Deichkrone aus einen schönen Ausblick auf die schmalste Stelle der Kieler Förde genießen. Weiter südlich, 50 m vom Strand entfernt, steht der 1973 erbaute Leuchtturm. Hinter dem Ende des Deichs liegt die alte Festung mit erhaltenen Ost- und Südwällen sowie den etwa 15 m breiten Gräben.

Die Befestigungsanlagen sind auch heute noch an den sternförmigen Gräben und Wällen im Gelände ansatzweise zu erkennen. Doch einer Erkundung sind Grenzen gesetzt: Nördlicher Wall und Graben wurden bereits nach dem 1. Weltkrieg abgetragen und zugeschüttet. 1972 wurde der MaK gestattet, die bereits mit Fabrikrückständen verschmutzten westlichen Gräben für die Nutzung als Lagerplatz vollständig zuzuschütten. Ein Teil der östlichen Wälle wurde von der Bundeswehr in den anliegenden Graben geschoben. Die übriggebliebenen Gräben sind durch Ölrückstände, Umweltgifte und — einem Bericht der Kieler Nachrichten zufolge — von

96-Pfünder zum Schiffe zerschmettern, 1870/71

Abwässern der MaK schwer belastet. Eine Sanierung scheiterte bisher an den hohen Kosten und eine Ausweisung als Denkmal an der Einwendung der MaK. Die östlichen Teile der Anlage auf dem Bundeswehrgelände sind der Öffentlichkeit nicht zugänglich.

Von der Wasserseite aus — beim Pförtnereingang des Bundeswehrgeländes — läßt sich ein kleiner Ausschnitt der alten Festung und ihrer Baureste überblicken.

Zwischen 1632 und 1637 vom dänischen König Christian IV. erbaut, 1663 zur Festung Friedrichsort erweitert und umbenannt, ist sie als einzige deutsche Seefestung lange erhalten geblieben. Neben ihrer eigentlichen Funktion, der Kontrolle des Schiffsverkehrs, diente sie auch als Gefängnis und als Flüchtlingsunterkunft. Zu ihren prominenten Gefangenen gehörten unter anderen Graf Baudissin, *Neffe des Gutsbesitzers von Knoop (siehe dazu S. 92) und* Uwe Jens Lornsen, *Verfechter der Schleswig-Holsteinischen Freiheitsbewegung im 18. Jahrhundert. Die Strafen schienen nach Berichten einer Zeitgenossin teilweise recht erträglich gewesen zu sein: »Die Freunde (Graf Baudissins) versammelten sich oft bei ihm. Die Cousinen in Knoop kamen im Boot durch den Kanal in seine Festung; und Lob und Liebe erklangen unter den hohen Bäumen in schmelzenden, melodischen Tönen über Wald und Meer«, erinnert sich* Lotte Hegewisch.

Die ruhigen Zeiten wurden durch den Krieg mit Dänemark im Jahre 1848 und mit Frankreich in den Jahren 1870/71 durch eher amüsante Episoden unterbrochen. Als 1848 nach dem Ausrufen der provisorischen Regierung in Kiel der Kampf mit Dänemark begann, ließ Werner Siemens, *der spätere Elektro-Industrielle, Friedrichsort befestigen und im Hafen unterseeische Minen in Gummisäcken mit Elektrozündern verlegen. Zur Sicherung des Eingangstors wurde eine Mine versteckt. Als drei dänische Kriegsschiffe in Sicht kamen, explodierte die versteckte Mine mit elektrischer Zündung, weil der Bruder Fritz einen Zünddraht aus Versehen auf die Batterie fallen ließ. Durch die heftige Explosion fielen sämtliche Dachziegel herunter, so daß die dänischen Schiffe meinten, die Festung sei in die Luft geflogen und beruhigt wieder nach Hause fuhren.*

1870/71 wurde erneut eine Hafensperre mit Booten und elektrisch zündbaren Minen eingerichtet. Um nicht wieder irgendwelche Pannen mit zufälligen Zündungen zu riskieren, waren für die Peilung und Zündung der Minen speziell ausgebildete Soldaten verantwortlich.

Mit der Verlegung der preußischen Marinestation der Ostsee von Danzig nach Kiel im Jahr 1865 wurde Friedrichsort das Zentrum weiterer Befestigungsanlagen und militärischer Produktionsstätten. Es entstanden Küsten- und Landforts, die heute nicht mehr existieren: Falckenstein, Holtenau und Herwarth auf dem Westufer und Fort Stosch, Korügen und Röbsdorf auf dem Ostufer. Westlich der Festungsanlage Friedrichsort wurde ein später zur Torpedowerkstatt erweitertes Torpedodepot gebaut und auf dem heutigen Gelände der Lindenau-Werft ein Minendepot errichtet. Nach dem 2. Weltkrieg wurden Flüchtlinge in den erhalten gebliebenen Kasematten untergebracht. Später wurde das Gelände von der Bundeswehr eingezäunt und geriet in Vergessenheit.

An schönen Tagen — allerdings nur im Sommer — bringt der Fördedampfer Scharen von sonnenhungrigen Besuchern zum Anleger. Kinder können gefahrlos im flachen Wasser am Falcken-

Nur im Sommer Schiffsanleger. Bis zum 1.9. legen die Fördeschiffe an.

Wer baut die schönste Festung? Um die Jahrhundertwende am Strand

steiner Strand planschen, während die Eltern Schiffen und Segelbooten nachsehen. Ideal für Kinder- und Jugendgruppen sind das im waldigen Hinterland gelegene Jugendheim Falkenhorst und das Kinder- und Jugendlager Falckenstein. Zur stadtnahen Idylle gehört auch ein öffentlicher Grillplatz.

Auf den Spuren einer Republik für Kinder

Wo gibt es das, einen Ort für Kinder ohne naseweise Einmischung der Erwachsenen nach dem Vorbild der Kinderrepublik Seekamp? Für einige Tage lebt diese Tradition zeitweise in Zeltlagern oder Feriendörfern der Falken, AWO, Pfadfinder oder anderer Jugendorganisationen in Falckenstein oder anderen Plätzen an der Kieler Förde wieder auf.

Die Falken der Sozialistischen Jugend Deutschlands (SDJ) blicken auf eine 60jährige Tradition zurück, die 1927 mit der ersten Kinderrepublik auf dem Gut Seekamp bei Friedrichsort begann.

Schöpfer dieser Zeltlageridee für ein selbstverwaltetes Kinderdorf mit 2000 Kindern und 130 Zelten war *Andreas Gayk* (siehe S. 33). Unterstützung bekam er von der Reichsarbeitsgemeinschaft der Kinderfreunde. »Die Staatsgewalt geht vom Kinde aus« war oberster Grundgedanke der Kinderrepublik. Anschaulich dargestellt wird dieses in einer Dokumentation, von Kindern selbst geschrieben (Herausgeber: A. Zimmermann, J. Zimmer), und einem Film der Falken.

Der Strand von Falkenstein und das Gut Seekamp waren damals ganz in der Hand der Kinder. Jedes Zelt beherbergte etwa 10 Kinder. 10 Zelte bildeten ein Dorf, das einen Bürgermeister wählte. Das Kinderparlament für die gesamte Republik wurde von allen Dörfern gewählt. Präsident war *Kurt Löwenstein,* Leiter der Kinderfreunde.

Gut Seekamp war 1925 als Resthof von dem Kunstmaler *Olde* durch die Stadt Kiel erworben worden. Es ist das traditionsreiche Zentrum der Ländereien Seekamp mit Schilksee, Pries und Holtenau um 1600. Damals war es von Christopher Rantzau als Wasserburg errichtet worden. Die sogenannte Walscheune aus dem Jahre 1800 wurde im Freilichtmuseum wieder aufgebaut. Es ist eine reetgedeckte Bohlenscheune, die wie der Buckel eines Wals aussieht. In neuerer Zeit wurde das Herrenhaus und der reetgedeckte Pferdestall des Gutes verpachtet. Ein neues Aufleben der Tradition der Kinderrepublik an diesem Ort ist unwahrscheinlich, da nach dem Auslaufen des Pachtvertrages ein Künstlerhaus von der Stadt geplant ist.

An anderer Stelle lebt die Tradition in Ansätzen fort, im Kinderlager Falkenstein. Dort ist auf den Trümmern des ehemaligen Forts Falckenstein ein städtisches Kinderlager mit mehreren Häusern entstanden, in dem sich auch heute wieder Kinder in demokratischen, selbstverwalteten Strukturen üben.

Wer sich nicht mit den großen Ideen der Durchsetzung sozialistischer Gesellschaftsformen in der roten Kinderrepublik befassen will und nach alltäglicheren Möglichkeiten eigenständigen Lebens von Kindern sucht, stößt auf das im Mai 1989 in Damp eröffnete »erste Restaurant nur für Kinder, ›Luftikus‹, mit Zirkusatmosphäre und eigener Währung«, einem Restaurantteil in der Pizzeria San Marino mitten im Ferientrubel des Einkaufszentrums Damp. Ein 12jähriges Kind über seinen Besuch:

»Es hieß, es sei ein Kinderrestaurant. Für mich bedeutet das, daß Kinder im Alter von 5 bis 15 essen gehen können wie die Erwachsenen, es ein gemütlicher großer Raum ist und nur der Zutritt für Erwachsene verboten ist (außer dem Kellner oder der Kellnerin), daß es kindgerechtes Essen gibt, was man auch vom Taschengeld bezahlen kann, und wo man eine Ecke zum Lesen oder Spielen hat, bis das Essen kommt? Nun, Luftikus ist nichts davon! Die Preise sind die normalen der Erwachsenen, die Portionen für Babys. Es sind dort Kinder von 1 bis 5 gewesen, bei denen die Erwachsenen immer danebenstanden, daß es ihren Kleinen ja bloß gut gehe. Ein Kassettenrecorder spielt das Lied ›Alle meine Entchen‹.«

Nun, wer etwas anderes erwartet hat, kann den Kindern immer noch den herrlichen Strand in Damp zum Toben anbieten.

Manfred Lang/Daja Ziefuß

Nordfriedhof
Düstern-
brooker
Gehölz
Sporthafen
Düsternbrook
KIELER
HAFEN
Kleiner Kiel
Schreven
park
Schreven-
teich
Die Hörn
Südfriedhof
Gaarden-Ost
Volkspark
Moorteich-
wiese
Waldwiese
Sophienhöhe
Sporthafen
Seeburg
Sporthafen
Gaarden
Ellerb

Auf der Suche nach der weiblichen Intelligenz

Eine frauenbewegte Radtour

von Susanne Kalweit

Ausgangspunkt:	*Hauptgebäude der Christian-Albrechts-Universität, Bus 2, 10, 12, 41, Haltestelle Ohlshausenstraße*
Endpunkt:	*Medusastraße, Bus 38, 50, 72, Haltestelle Karlstal*
Dauer:	*ca. 2,5 Stunden*

»Amazonen sind auf geistigem Gebiet naturwidrig,« (vor)urteilt 1897 die Kieler Autorität *Max Planck* und erläutert, daß »die Natur selbst den Frauen ihren Beruf als Mutter und als Hausfrau vorgeschrieben hat«. Genaueren Nachforschungen in der Stadtgeschichte und -gegenwart hält diese Auffassung heute wohl kaum stand, hat doch gerade Kiel eine sehr aktive Studentinnen-Bewegung, eine vielfältige autonome Frauenszene, erfolgreiche Politikerinnen jeder Couleur und auch sonst auf vielen Gebieten kompetente Frauen aufzuweisen.

Westring 385

❶

Es bietet sich an, mit dem Rundgang im Universitätsviertel zu beginnen. Von hier aus gingen Ende der 70er Jahre entscheidende Impulse für die heutige Frauenszene aus. Um der Isolation und der Benachteiligung von Frauen an der Universität entgegenzuwirken, wurde das AStA-Frauenreferat von Studentinnen als autonome Einrichtung ins Leben gerufen. Vom RCDS als »Lesbenreferat« verunglimpft, konnten die Frauen zumindest auf ihre Tolerierung durch die linke Mehrheit der im AStA vertretenen StudentInnengruppen bauen.

Olshausenstraße/ Westring

Hinter dem Hauptgebäude wird seit 1987 das Frauenarchiv des Soziologischen Instituts aufgebaut. Zwar gibt es in Kiel noch keinen Lehrstuhl für Frauenforschung, jedoch werden zunehmend Themen aufgegriffen, die Frauen anders betreffen oder aus weiblicher Sicht betrachtet werden. Nicht zuletzt das Thema Gentechnologie stellt einen ständigen Anlaß zur Auseinandersetzung dar.

Johanna-Mestorf-Straße

Dieser Aufschwung der weiblichen akademischen Bildung und das Selbstbewußtsein der modernen Studentinnen waren für Max Planck sicherlich noch unvorstellbar. Von einer bedeutenden Wissenschaftlerin hätte er immerhin wissen können: *Johanna Mestorf* (1828–1909), Prähistorikerin und – unter anderem – Direktorin des Altertumsmuseums in Kiel, wurde 1899 als erste Frau in Deutschland mit dem Professorentitel bedacht. Vor ihren ersten wissenschaftlichen Veröffentlichungen mit 30 Jahren lebte sie einige Jahre in Schweden und Italien. Als Übersetzerin und auch

Frauen haben Recht und Rechte.

literarisch trat Johanna Mestorf hervor: Ihr früher Roman »Wiebeke Kruse« erzählt das Schicksal einer holsteinischen Bauerntochter zur Zeit Christian IV. In ihrem Nachruf hieß es, sie habe »aus sich heraus ein neues Maß geschaffen für die Beurteilung der Leistungsmöglichkeit ihres Geschlechtes ....«, allerdings — »abseits stehend von der lauten modernen Gleichberechtigungsbestrebung der Frauen ...«

Elsa Matz *(1881–1959), die erste Frau, die in Kiel zum Doktor der Philosophie promovierte, schlug eine politische Laufbahn ein: Als einzige liberale Politikerin gehörte sie während der Weimarer Republik ununterbrochen dem Reichstag an, kehrte jedoch nach der Zwangsunterbrechung zwischen 1933 und 1945 nicht wieder in die politische Arena zurück. Elsa Matz mußte schon früh um ihre Karriere kämpfen: Das humanistische Gymansium verweigerte ihr die Aufnahme, da nur Jungen zugelassen wurden. Durch intensives Selbststudium bestand sie das Abitur und wurde zu einer der profiliertesten deutschen Schulleiterinnen. Nach ihrer Pensionierung beteiligte sie sich maßgeblich am Aufbau des Müttergenesungswerkes.*

❷ Hansastraße 48

Vorbei an den Gebäuden der Ricarda-Huch-Schule, die nach der Schriftstellerin *Ricarda Huch* benannt ist, gelangen wir zum »Sponti Hansa« (in Anlehnung an das nicht weit vom Schloß liegende Luxushotel Conti Hansa so benannt). Hier wurde 1983 die erste Kieler Frauenwoche geplant, die seitdem, von unterschiedlichen Frauen organisiert, regelmäßig etwa alle zwei Jahre stattfindet. Das »Sponti Hansa« dient auch heute noch der autonomen Frauenbewegung als Treffpunkt, wenn, wie etwa am 8. März 1989 zur Solidaritätsfete für *Ingrid Strobl*, das Frauenzentrum zu klein ist.

Die Kieler Arbeitsgemeinschaft zum 8. März, in der Gewerk-

Holtenauer Straße

schafterinnen, Sozialdemokratinnen und Kommunistinnen, Frauen aus Verbänden und Interessengruppen gemeinsame Aktionen organisieren, um den Internationalen Frauentag zu begehen, beschloß 1988, wenigstens symbolisch dem Mangel an weiblichen Straßennamen in Kiel abzuhelfen. Ganze vier Straßen sind bisher nach Frauen benannt, die durch eigene gesellschaftliche Leistungen hervorgetreten sind: die Johanna-Mestorf-Straße, der Ida-Hinz-Platz, der Käthe-Kollwitz-Pfad in Russee und die Schwester-Therese-Straße in Holtenau, letztere nach der Begründerin des Kieler Mädchenheims, *Therese Blunck.*

Zu nächtlicher Stunde überklebten Frauentrupps Straßenschilder, die z. B. von Kiels Militärvergangenheit zeugen, mit den Namen deutscher Pazifistinnen. Eine Gruppe wurde vom Arm des Gesetzes ereilt, als sie die Holtenauer Straße in ›Straße der Trümmerfrauen‹ umtaufte. Späte Ehre sollte ihren Geschlechtsgenossinnen erwiesen werden, die ab 1945 den Schutt — auch im übertragenen Sinne — männlicher Kriegsbegeisterung wegräumten und zurück an den häuslichen Herd gingen, als die »Helden« ihren Platz in Arbeit und Politik wieder beanspruchten. Nicht einmal die Teilnahme der Stadtpräsidentin Silke Reyer *— die sich allerdings nicht erwischen ließ — bewahrte vor einer erst nach langen Bemühungen beigelegten Anzeige.*

»Lesende Kinder«

In Kiel wirken viele Malerinnen, Bildhauerinnen und andere bildende Künstlerinnen, oft allerdings recht verborgen und erst in letzter Zeit durch Ausstellungen und Veröffentlichungen hervorgetreten. Schon 1956 hat *Ursula Hensel-Krüger* (*1925) ihre Skulptur »Lesende Kinder« geschaffen, die links von uns vor einer Buchhandlung zu sehen ist. Zwölf weitere Arbeiten von ihr haben Eingang in Kiels »Kunst am Bau« gefunden, daneben auch solche von anderen Künstlerinnen wie *G. Wiebke Schröder* (*1897), *Karin Hertz-Siegert* (*1921), *Ursula Querner* (1921–1969), *Susan Gray* (*1939), *Annemarie Rathmann* (*1947), *Dörte Siemers* (*1951), *Christiane Teich* (*1951) und *Frauke Wehberg* (*1940).

❸ Düppelstr. 23

Viele der späteren »Trümmerfrauen« lernten zwischen 1933 und 1945 das Gestapo-Gebäude (heute das Polizeirevier I) kennen und fürchten. Frauen, die sich während der Nazizeit im Widerstand engagierten, hatten von der Staatsgewalt keine Schonung zu erwarten. So wurde *Emma Drewanz* (1885–1969), Vorsitzende der SPD-Frauengruppe von Groß-Kiel, die nach 1933 unter dem Deckmantel von »Gesellschaftsfahrten« den Kontakt unter Kieler GenossInnen aufrechterhalten half, mehrfach zu Vernehmungen abgeholt, zweimal verhaftet und wegen Hochverrats vor Gericht gestellt.

Das ehemalige Gestapo-Gebäude, Polizeirevier 1

❹ Beselerallee 61

Eine Straße weiter hat seit Januar 1989 das Schleswig-Holsteinische Frauenministerium seinen Sitz. Zum erstenmal in der deutschen Geschichte ist eine Ministerin ausschließlich für die Belange von Frauen zuständig. Die Erwartungen an *Gisela Böhrk* aus Lübeck, die bereits seit Jahren an frauenpolitischen Konzeptionen der Schleswig-Holsteinischen SPD mitgewirkt hat, sind hoch, u. a. eine landesweite gesetzliche Grundlage für Frauenförder-Richtlinien, Impulse zum Abbau der Frauen- und Mädchenarbeitslosigkeit, Maßnahmen gegen Gewalt gegen Frauen und Mädchen und verbesserte Bedingungen für autonome Frauen- und Mädchenprojekte in Schleswig-Holstein.

❺ Hegewischstraße

Die Universitäts-Frauenklinik war bis in die 70er Jahre berüchtigt für drangvolle Enge und Überforderung des Personals, weshalb Kielerinnen nach — kaum vorhandenen — Alternativen suchten. Erst nach Einsetzung eines parlamentarischen Untersuchungsausschusses 1973 besserten sich die Verhältnisse spürbar. Noch heute wissen alte Kielerinnen zu erzählen, wie sie als Babys zum »Milchfassen« in der Eile an die falsche Mutter gereicht wurden, oder von Frauen, die aus Platznot in eine Abseite geschoben und dort bis zu zwei Tagen »übersehen« blieben.

Viele Frauen wollen nicht in die Uni-Klinik.

Gegenwärtig ist es eher der Forschungstätigkeit von Prof. Lieselotte Mettler *und Prof.* Kurt Semm *auf dem Gebiet der Reproduktionstechnologie (extrakorporale Befruchtung) zuzuschreiben, daß die Uni-Klinik Gegenstand kritischer Betrachtung ist. Semm gab seiner Auffassung 1984 in einem Interview mit der Uni-Frauenzeitung Ausdruck: »Deswegen lebt eigentlich eine Frau, um die Rasse, die Art, jedenfalls den homo sapiens oder homo erectus zu bewahren. Das ist ihre ureigenste Aufgabe, alles andere, was dazu kommt — Beruf oder sonstwas — das ist sekundär. Die Uraufgabe des Weibes ist schlechthin die Erhaltung der Rasse und Art. Wenn eine Frau dazu nicht fähig ist, dann ist eigentlich ihr ganzer Lebenszweck — vom Biologischen her gesehen — unerfüllt. Demzufolge ist diese Nichtreproduktion des Weibes pathologisch, und was pathologisch ist, ist gleichzeitig krankhaft. — Ganz klare Definition! — « Als 1988 die Eröffnung der gynäkologischen Abteilung im Städtischen Krankenhaus auf unabsehbare Zeit aufgeschoben werden sollte, mußte diese Entscheidung wegen massiver Proteste von Kieler Frauen, die nicht in die Uni-Klinik wollten, rückgängig gemacht werden.*

Düsternbrooker Weg

❻

Elisabeth Martius

In der Kunsthalle begann 1923 *Lilli (Elisabeth) Martius* (1885–1976) als Mitarbeiterin des Kupferstichkabinetts.

Bis zu ihrem 37. Lebensjahr hatte sie keine Notwendigkeit gesehen, einen Beruf zu wählen: »Es war ... die typische Lebensform der ›höheren Tochter‹, denn der Anspruch einer Berufsbildung begann sich erst leise anzuzeigen ...« 1926 nahm sie auf Drängen des Kunstvereins ihre Dissertation in Kunstgeschichte in Angriff. Sie hatte nicht einmal Abitur. »Man hatte angesichts der zahlreichen, insbesondere weiblichen Personen, die nach Verlust der Vermögen auf einen Beruf angewiesen waren, in Berlin die Möglichkeit eines Examens eingerichtet ..., das wie für meinen Fall geschaffen schien.« Ihre Ernennung zum Kustos der Kunsthalle im Jahre 1947 begrüßte Lilli Martius als einen wichtigen »Schritt auf dem Wege, zu einer Altersversorgung zu kommen.« Heute ist sie Ehrenbürgerin der Universität und Kulturpreisträgerin Kiels.

❼

Wall/Flämische Straße

Frauen-Nachttaxi

Zwischen 1983 und 1987 wurden an der »Küste«, dem Kieler Bordellviertel, zwei Prostituierte ermordet. Der Täter konnte erst gefaßt werden, nachdem er 1987 ein »anständiges« junges Mädchen umgebracht hatte. Dieser Mord und zwei weitere, die innerhalb von acht Wochen Kiel aufschreckten, bildeten den Anlaß zur nachdrücklichen Forderung nach besseren Sicherheitsvorkehrungen für Frauen in der Öffentlichkeit. Die Forderung wurde von der im gleichen Jahr in Kiel eingerichteten, ersten hauptamtlichen Gleichstellungsstelle Schleswig-Holsteins als Schwerpunkt aufgegriffen: In Zusammenarbeit mit Frauengruppen und Behörden erarbeitete sie ein Frauen-Nachttaxi-Modell. Damit sollte Frauen kurzfristig die Möglichkeit geboten werden, sicherer und angstfreier am öffentlichen Leben teilzunehmen. Die Alternative, sich entweder in ständiger Angst vor einem Überfall zu bewegen oder abends zu Hause zu bleiben — was vor allem ältere Frauen tun —, sollte durchbrochen werden. Die über alle Erwartungen steigenden Nutzungszahlen wiesen den Bedarf eindrucksvoll nach, sorgten aber auch dafür, daß das Modell Anfang 1989 vorläufig eingestellt wurde. Seit dem 1.6.1989 gibt es wieder ein vorläufig auf zwölf Monate befristetes Modell, das allerdings ungleich schlechtere Bedingungen als im Jahr zuvor aufweist. Die Gleichstellungsstelle ist auch an weiteren Projekten maßgeblich beteiligt: Zur Sicherheit für Frauen in der Öffentlichkeit wurden u.a. Frauenparkplätze geschaffen und eine Umfrage zur Gewalt gegen Frauen erstellt.

Seit die Angst vor AIDS grassiert, wird an der »Küste« das Geschäft zusehends ruhiger. Vorbei die Zeiten, als Frauen aus dem gesamten Bundesgebiet anläßlich der Kieler Woche hierher geschickt wurden, um den oft gutbetuchten und prominenten Gästen zur Verfügung zu stehen. Heute, da preisgünstige Wohnungen fehlen, vermittelt das Sozialamt Wohnungslose in die nicht ausgelasteten Bordellbetriebe — allerdings, wie betont wird, »ausschließlich ältere Männer«.

Erzieherin oder Lehrerin — einzig vor diese Wahl waren verarmte Bürgertöchter im 19. Jahrhundert gestellt, wollten sie einen

Holstenstraße 17
8

Johanna Broekel, 1819 in Tondern geboren

»respektablen« Beruf ergreifen. Die rapide Zunahme der sogenannten »höheren Töchterschulen« um die Mitte des 19. Jahrhunderts wurde nicht etwa mit dem steigenden Bedarf an Mädchenbildung erklärt, sondern mit der hohen Zahl an Lehrerinnen, die sich selbständig machten. Eine solche Privatschule, dessen Gebäude dort stand, wo sich heute ein Modehaus befindet, leitete *Johanna Broekel* (1819–1890), die gleichzeitig als Schriftstellerin unter dem Pseudonym *A. Brook* für weibliche Rechte eintrat und auf die eingeschränkten Berufschancen junger Mädchen und ihre Folgen hinwies. Bis 1869 gab es nicht einmal Vorschriften über den Kenntnisstand, der von Lehrerinnen verlangt wurde, geschweige denn eine geregelte pädagogische Ausbildung. Erst 1909 wurde ein städtisches Lehrerinnenseminar in Kiel eingerichtet.

9
Haßstraße 22

Im Veranstaltungszentrum »Pumpe« findet neben zahlreichen Veranstaltungen zu Frauenthemen auch zweimal im Monat eine »Frauen-Disco« statt, zu der Männer keinen Zutritt haben. Außerdem treffen sich hier die »Grauen Panther Kiel« (meist Pantherinnen), die unter ihrer Vorsitzenden *Doris Pott* gerade ihre Unabhängigkeit von der »Bundes-Pantherin« Trude Unruh gerichtlich erkämpft haben.

10
Fleethörn/ Rathausplatz

Im Rathaus führt nach *Ida Hinz* heute bereits die zweite Stadtpräsidentin der Kieler Geschichte die Amtsgeschäfte. Auch der Posten des 2. Stellvertreters des Oberbürgermeisters und gleichzeitig des Fraktionsvorsitzenden der Mehrheitsfraktion ist zur Zeit von einer Frau besetzt. Insgesamt gehören der Ratsversammlung neun Ratsfrauen an. Damit ist fast der bisherige Rekord von zehn Ratsfrauen im Jahre 1951 erreicht worden.

Stellvertretend für alle Frauen, die in Kiel politisch Bedeutendes geleistet haben, sollen hier *Ida Hinz* (1904–1986), von alten KielerInnen liebevoll »uns Ida« genannt, und *Toni (Thomasine) Jensen* (1891–1970) vorgestellt werden.

Ida Hinz arbeitete sich aus einfachen Verhältnissen zur populären Stadtpräsidentin hoch. Gleich nach dem Krieg im zerstörten Kiel setzte sie sich erfolgreich dafür ein, die Wohnungsnot zu mildern: »eine Aufgabe, an die sich kein Mann herantraute«. 1970 wurde »uns Ida« einstimmig zur Stadtpräsidentin gewählt; nach ihrem freiwilligen Abschied aus der Ratsversammlung erhielt sie 1974 als erste Frau den Ehrenbürgerbrief Kiels. Toni Jensen leistete Bedeutendes für den Wiederaufbau des Schulwesens in Kiel und Schleswig-Holstein. 1921 zog sie als sozialdemokratische Abgeordnete in den preußischen Landtag und blieb dort bis 1933. Sogar als erste Oberpräsidentin in Preußen (für Schleswig-Holstein) war sie im Gespräch – eine selbst nach heutigen Maßstäben in Deutschland beispiellose Karriere. Die Machtübernahme der Nazis vereitelte diese Karriere. Toni Jensen blieb in Kiel als Stadtschulrätin und Kulturdezernentin und vertrat auf beiden Gebieten noch heute modern anmutende Positionen. Nach ihr ist die einzige Ganztags-Grund- und Hauptschule Kiels benannt (siehe S. 236).

Thomasine Jensen

An derselben Stelle, wo heute Politik »geboren« wird, stand seit 1809 das städtische Gebärhaus mit der Hebammenschule. Es ist Zeugnis dafür, daß auch in früheren Jahrhunderten Frauen ihr Da-

»Weiberwirtschaft« in der Kieler Ratsversammlung 1958. Von hinten links: Irmgard Kremer (Schriftführerin), Ida Hinz (stellv. Stadtpräsidentin), Rosa Wallbaum (Schriftführerin). Am Rednerpult: Dorothea »Dolly« Franke (Ratsherrin) »Uns Ida« starb 1986

sein nicht auf »Hausfrau und Mutter« beschränkten, sondern eine ganze Reihe von Frauenberufen ausübten, angefangen vom Dienstmädchen, der Näherin und der Spinnerin bis hin zur Leichenbitterin oder Totenfrau.

Kiel hatte spätestens seit der zweiten Hälfte des 16. Jahrhunderts Stadthebammen, die — wie auch die Stadtärzte — städtische Angestellte waren und einen Diensteid leisteten. Es war ihnen gestattet, bei Neugeborenen in Lebensgefahr die Nottaufe vorzunehmen; allerdings durften sie keinen Segen erteilen. Stadthebammmen waren immer Bürgersfrauen. Da gegen Ende des 18. Jahrhunderts auch ›freie‹, aber von der Stadt anerkannte Hebammen, bald darauf auch männliche Geburtshelfer (in der Stadt praktizierende Ärzte) zugelassen wurden, überlebte sich die Einrichtung. 1856 versetzte man die letzte Stadthebamme Anna Dorothea Friderike Böttger *bei Zahlung einer Rente in den Ruhestand. Auch danach noch mußte jeder, der nur den Geburtshelfer kommen ließ, eine »Strafe« von bis zu einem Taler zahlen, die gleichmäßig unter allen anerkannten freien Hebammen aufgeteilt wurden.*

Kiel: Weiblich und autonom

Seit den 70er Jahren haben sich in Kiel zahlreiche autonome Frauengruppen gebildet und auch wieder aufgelöst. Eine der ältesten jedoch besteht noch: Das *Frauenwoche-Plenum* bereitet seit 1983 regelmäßig alle 1 1/2 bis 2 Jahre eine Frauenwoche vor. 1987 lag der Schwerpunkt auf kulturellen Angeboten.

Kultur bieten auch die *Nebelkrähen* in der Boninstraße/Ecke Schützenwall. Hier treffen sich Frauen mit »Lust am bildnerischen Ausdruck«, um »Erlebtes auf eine uns eigene (weibliche) Weise umzusetzen«. Das *Frauenmusikprojekt* in der Schaßstraße und die *Rockmusikerinnengruppe* im Knooper Weg bieten sich als Partnerinnen für musikbegeisterte Frauen an. Fernziel ist ein eigenes Frauenmusikzentrum.

»Fernab von patriarchalen Einteilungen in sportliche und unsportliche Frauen« betreibt der *Feministische Frauensportverein »Artemis«* unter anderem auch Furien- und Querbeetsport mit dem Ziel, »Frauenzusammenhänge zu stützen bzw. zu schaffen«.

Eine andere Bildung für Frauen und Mädchen streben mehrere Initiativen an. Die *städtischen Mädchentreffs,* der *Frauentreff Mettenhof,* der *Verein »Frauen lernen gemeinsam«* und die *Frauenlernwerkstatt* bemühen sich in ihren Angeboten vor allem um Frauen, die in der Schul- und Berufsausbildung gescheitert sind. Ihr Ziel ist (so die Frauenlernwerkstatt) »feministische, ganzheitliche... Bildungsarbeit, die .... Theorie und Praxis, Kopf und Hand verbindet.« Der Frauentreff Mettenhof bietet darüber hinaus ein vielfältiges Angebot an Freizeit-, Selbsthilfe- und Gesprächsgruppen für die Frauen des Kieler Stadtteils, der am offensichtlichsten mit sozialen Problemen wie Isolation von und Gewalt gegen Frauen zu kämpfen hat.

Am Gewaltproblem arbeiten seit mehr als zehn Jahren die *Notrufgruppe für vergewaltigte Frauen* und der *Verein des Frauenhauses,* der in der Lerchenstraße auch eine stark beanspruchte Beratungsstelle unterhält. Die Notrufgruppe hat ihre Aktivitäten auf Prozeßbeobachtung und -analyse und Erarbeitung von Unterrichtsmaterial ausgedehnt, seit sie in der Lage ist, Frauen (in ABM) zu beschäftigen. Da das Frauenhaus nur volljährige Frauen aufnehmen kann, aber zunehmend auch Mädchen über Gewalt (v.a. in der Familie) klagen, bemüht sich eine Initiative um die Gründung eines autonomen Mädchenhauses, das zugleich als Treffpunkt, Gruppenunterkunft und Zuflucht für akute Notfälle dienen soll.

Der *Verein »Lotta«* zur Förderung feministischer Jugendarbeit bietet psychosoziale Betreuung für junge Frauen in Wohngruppen, durch die sie zu einer selbständigen Lösung ihrer Probleme befähigt werden sollen.

Feministisch-psychosoziale Arbeit und Selbsthilfe für alle Frauen ist das Ziel des Vereins *»Donna Klara«.* Neben der Beratungspraxis werden die Abhängigkeiten zwischen psychischer Befindlichkeit und sozialer Stellung von Frauen erforscht und in Fortbildungen weitervermittelt.

Lesbische Frauen treffen sich u.a. im Frauenzentrum. Das *feministische Frauengesundheitszentrum,* bietet Gespräche und Unterricht zu verschiedenen Gesundheitsthemen an. Das *Mütterzentrum* und die *Initiative »Adebar«* wenden sich an Frauen mit Kindern.

Beruflichen Problemen von Frauen nimmt sich das Frauennetzwerk zur Arbeitssituation an, ebenfalls eine der ältesten Kieler Initiativen. Ihre Schwerpunkte sind Berufs- und Lebensplanung sowie Beratung zur Existenzgründungsberatung für Frauen.

Alle konnten hier nicht erwähnt werden; daneben gibt es außerdem noch zahlreiche nicht-autonome Angebote für Frauen. Sie lassen sich entweder im *Frauenstadtbuch Kiel* oder im 1989 erscheinenden *Wegweiser für Frauen* nachlesen, die beide unter anderem bei der Gleichstellungsstelle im Rathaus erhältlich sind.

Susanne Kalweit

Knooper Weg 32

⑪

Das Frauenzentrum Kiel (früher Bahnhof-, dann Gneisenaustraße) ist älter als die akademische Frauenbewegung. Es bildete die erste Kontaktstelle für Frauen, die sich der Neuen Frauenbewegung verpflichtet fühlten. Heute werden hier die Kieler Frauenwochen geplant, und es ist Platz für zahlreiche autonome Frauenprojekte und -gruppen. Für Männer ist der Zutritt zum neuen Haus im Hinterhof konsequent verboten — um so strenger, als die »Notrufgruppe für vergewaltigte Frauen« hier ihren Sitz hat.

⑫

Kleiner Kuhberg/ Europaplatz

Im Parkhaus unter der Ostseehalle wurden 1988, ebenfalls nach Bemühungen der Gleichstellungsstelle, 70 Frauen-Parkplätze eingerichtet. Die Idee ist inzwischen von mindestens einem privaten Unternehmen aufgegriffen worden, in dessen Parkhaus Überfälle und Belästigungen gemeldet wurden.

Parkplätze für Frauen

1980 fand in der Ostseehalle ein denkwürdiger CDU-Bundesparteitag statt, auf dem sich die Partei mit neuem Image modern und aufgeschlossen zeigen wollte: Für den geselligen Teil war unter anderem ein französisches »Oben-ohne«-Ballett engagiert worden — eine besonders griffige Demonstration des Einsatzes für Frau und Familie? Die Öffentlichkeit war jedenfalls nicht dieser Meinung, und sogar Delegierte sollen vereinzelt Proteste beim Parteichef erhoben haben.

Exerzierplatz 4

Wo heute ein Parkplatz die Ostseehalle »ziert«, stand früher das Geburtshaus von *Käte Frankenthal* (1889—1976). Früh schon empfand sie ihr Außenseitertum in der durch Adel und Militär bestimmten kleinstädtischen Atmosphäre: »Ich bin eine jüdische, intellektuelle Sozialistin — dreifacher Fluch!« Gegen den Widerstand der Familie setzte sie ein Medizinstudium durch und wirkte in Berlin als Stadtärztin und Stadtverordnete. 1933 zog Käte Frankenthal als SPD-Abgeordnete in den preußischen Landtag ein; als politisch mißliebige Person war sie unmittelbar bedroht und floh später auf Umwegen in die USA.

Käte Frankenthal: Jüdin, Intellektuelle, Sozialistin

Sie bedauerte nicht, »daß ich nichts Praktisches gelernt habe ... Wenn ich ganz auf dem Hund war, wurden mir Stellen angeboten als Kinderfräulein, Wirtschafterin oder ähnliches. Wenn die geringste Möglichkeit bestanden hätte, mir mit solchen Sachen einen Broterwerb zu verschaffen, wäre ich wahrscheinlich diesen Weg gegangen,... (so) mußte ich meine ganze Energie zusammennehmen und habe 1939 wieder eine ärztliche Praxis angefangen...«

⑬

Schaßstraße 8

Hier ist eine der vielen Stationen auf dem Lebensweg der ins Bürgertum aufgestiegenen Köchin *Elise Camps* (1848—1939), deren Nachkommen heute eine der größten Kieler Elektrounternehmen besitzen.

Als sie ihr zweites Kind erwartete, so berichtet sie, »mußte ich mir von meinem Manne eine sehr grobe und unfreundliche Behandlung gefallen lassen ... Einen Grund... erfuhr ich später: (Er) hatte vor, daß ich einen Privat-Mittagstisch anfangen sollte; da nun aber ein zweites Kind erwartet wurde ...« Die gelernte Köchin, die dann später den Haushalt mit drei Kindern und drei Gesellen leitete, Zimmer vermietete und ihrem Mann, einem Schneider, beim Nähen half, hatte in der Schaßstraße zeitweilig 76 Personen zum Mit-

tagstisch und noch einmal 20 zu Abend. Exemplarisch wird hier deutlich, welchen — meist unterschätzten — Anteil die Hausfrau am Wohlstand und Aufstieg in das Bürgertum hatte.

⓮ Schaßstraße 4

Das Frauenprojekthaus nutzen verschiedene autonome Frauengruppen gemeinsam: das Frauennetzwerk, das Frauenmusikprojekt, die AG Frauen und Schule, der feministische Sportverein Artemis und der Verein »Donna Klara«. Mitte 1989 soll im Erdgeschoß ein Frauencafé eröffnet werden. Die Stadt fördert dieses Projekt, das von vier ehemaligen Sozialhilfeempfängerinnen getragen wird, als Start in die Selbständigkeit.

Harmsstraße/ Hopfenstraße

Das MERHABA, Kiels einzige Frauenkneipe, ist ein Kind der 3. Frauenwoche und jeden Freitagabend ab 20 Uhr Treffpunkt zum Kochen, Kino, Doppelkopf oder zum »Offenen Frauenplenum«. Wie lange noch, läßt sich nicht vorhersagen, denn wie so viele alternative Projekte steht auch das MERHABA einer Straßenplanung im Weg.

⓯ Zum Brook

Im Oktober 1893 wurde von politisch interessierten Arbeiterfrauen der Kieler Frauen-Bildungsverein gegründet. Er zählte sofort 200 Mitglieder. *Wilhelmine Kähler* hielt einen Vortrag über »Die Rechtlosigkeit der Frau und ihre unwürdige Behandlung von seiten des Staates«. (Erst 1908 durften sich Frauen auch in politischen Parteien engagieren.) Eine Reihe von Treffen, darunter auch Vorträge über Clara Zetkins Zeitschrift »Gleichheit«, fanden im Lokal »Concordia« statt. Der Einsatz der Frauen ging jedoch, wie sich Beteiligte erinnern, in dem Maße zurück, in dem sie für eigene Kinder zu sorgen hatten.

Ida-Hinz-Platz

Der ehemalige Gildefestplatz wurde nach dem Tod der ersten Stadtpräsidentin als Ausdruck ihrer Verbundenheit zu diesem Stadtteil in Ida-Hinz-Platz umbenannt. Ida Hinz wurde zwar nicht in Gaarden geboren, ist dort aber aufgewachsen (siehe S. 189).

⓰ Preetzer Straße 35

Eine Berufstätigkeit der Frau war in den zumeist vielköpfigen Arbeiterfamilien oft nicht zu vermeiden. Reichte der Lohn des Mannes nicht aus, arbeitete die Frau zusätzlich in der Fischindustrie, der Räucherei, dem Fischverkauf und sogar auf den Werften. Das Klischee, Frauen verdienten »nur« dazu, hält sich bis in unsere Tage. Heute werden auf den (noch immer schlechter bezahlten) Frauenarbeitsplätzen u.a. Reinigungsmittel und Strümpfe hergestellt.

⓱ Kirchenweg 42

Neue Wege in der Jugendarbeit werden durch die Mädchentreffs beschritten. Mittlerweile hat sich die Erkenntnis durchgesetzt, daß die Probleme und Bedürfnisse von Mädchen in gemischten Einrichtungen nicht ausreichend berücksichtigt werden können. Der Mädchentreff Gaarden bietet den Besucherinnen einen Freiraum, in dem sie ihre Probleme wie Arbeitslosigkeit oder Gewalt in der Familie mit Unterstützung engagierter Mitarbeiterinnen bearbeiten können.

Im »Hökerladen ... der alten Genossin Rathje« soll sich vor der Aufhebung des Sozialistengesetzes eine illegale Frauengruppe getroffen haben. Leider ist über ihre Tätigkeit nichts Näheres bekannt. Es könnte das Haus Nr. 47 gewesen sein, in dem 1892 eine Schneiderin namens *Rathje* wohnte.

18 Kieler Straße 47

19 Pickertstraße 11

Kalte Platten, Frühstücksservice und ein Mittagstisch im eigenen Laden stehen seit fast zwei Jahren beim Frauenbetrieb VIOLETTA im Mittelpunkt. VIOLETTA war das erste Kieler Projekt, das aufgrund des Bundes-Sozialhilfe-Gesetzes gefördert wurde. Mittlerweile haben sich die sieben Mitarbeiterinnen von der Förderung nahezu »abgenabelt« und müssen aus eigener Kraft ihre Selbständigkeit behaupten, was nicht einfach sein wird. VIOLETTAS Beispiel hat in Kiel weitere Projekte wie das Frauencafé in der Schaßstraße ermöglicht.

Iltisstraße 6

Gerade in Gaarden leben viele türkische Familien; die Frauen und Mädchen isoliert oft ihr kultureller Hintergrund. Es kostete großen Einsatz, den TIO-Treff für türkische Frauen und Mädchen aufzubauen. Nicht zuletzt über die gern belächelten Handarbeitszirkel gelang es, das bei der Zielgruppe und ihren Ehemännern und Vätern erforderliche Vertrauen zu bilden, damit die Frauen überhaupt kommen durften.

20 Medusastraße 25

Der »Weiße Elefant« am Ende der Sackgasse wirft ein bezeichnendes Licht auf die Wohnungsnot in Kiel: Frauen, die von Obdachlosigkeit bedroht sind, finden selbst mit städtischer Unterstützung kaum eine erschwingliche Wohnung. Sie sind auf Häuser wie dieses angewiesen, das eher den Charakter eines Wohnheimes hat. Es hat in der Vergangenheit Klagen über Belästigungen durch Männer gegeben, denen die Bewohnerinnen hilflos gegenüberstanden.

Kaffee, Kuchen, Kunst

Medusastraße 16

Zum freundlichen Abschluß können wir uns im »Café im Hof«, das von der Journalistin *Imke Liegmann* geleitet wird, Kaffee, Kuchen und etwas Kunst genehmigen.

Städtisches Krankenhaus
Spielpl.
Weg
dammer
Metz-
Gellert-
Harms-
Bellmann-str.
Tennis-platz
Bonin-str.
H.-Weigmann-Str.
Stern-
K 11
Bundesanst. f. Milchforsch.
Jugend-verkehrs-schule
Stift-
Kirche Jesu Christi der Heiligen der Letzten Tage
Exerzier-pl.
Exerzier-
Exerzierplatz
Zastrow-
Achter de Kark
Vicelin-kirche
Kieler Stadtkloster
Spielpl.
Stadtteil-bücherei
Bunker
Neuapost. Kirche
P.-Fleming-Str.
Käthe-Kollwitz-Schule
Paul-Fleming-Heim
Schulen
Turnhalle
Schützenpark
Schützen-wall
Ring
Adelheid-
Schaß-
Prüner Gang
Sand-
Friedrich-
Herzog-
Spielpl.
Weber-
Um-spann-werk
allee
Amts-Finanz-Sozial-Landes-arbeits-u. Arbeits-gericht
Deliusstr.
Landgericht
Justizvollzugsanstalt
U-Haftanstalt
Faesch-str.
Kirchhof-allee
St. Elisabeth-Krkhs.
Bole-str.
Luther-
Bugenhagen-str.
Von-der-Tann-
Papenkamp
Hans-Söhnker-str.
Eck-Jarms-
Jarries-
Kastanien-
Jeß-
Lassel-
mann-str.
Spielpl.
Kirchhof-
Melanchthon-str.
Spiel-platz
Fock-
Michelsen-
Jüd. Friedhof
Kreienbarg
Spiel-platz
St. Jürgen-kirche
Königsweg
Sozialamt
Sachau-str.
Hummelwiese
Sophienblatt
Südfriedhof
Weg
Max-Planck-Str.
Max-Planck-Schule
Winterbeker Lauf
Berufliche Schulen am Königsweg
Jahnschule
Klaus-Groth-Schule
Moorteichwiese
Spielpl.
Sportplatz
Schule am Rondeel
Martha-str.

Außergewöhnliche Künstler — ungeliebter »Kieler Jung«

Rundgang 9

Südliche Innenstadt

von Horst Peters und Ute Kohrs-Heimann

Ausgangspunkt: *Ringstraße/Königsweg, Bus 3, 8, 13, 18, Haltestelle Kirchhofallee*
Endpunkt: *wie Ausgangspunkt*
Dauer: *ca. 3 Stunden*

Villen und Mietshäuser, Gewerbebetriebe und Grünanlagen, Autobahnzubringer und verkehrsberuhigte Zonen — es gibt kaum einen Stadtteil in Kiel, der eine so vielfältige Struktur aufweisen kann wie die südliche Innenstadt. Kurz vor der Jahrhundertwende als Randbebauung mit gemischter Wohn- und Gewerbestruktur und hohem Arbeiteranteil konzipiert und errichtet, wohnen heute auch viele Studenten und Ausländer in diesem Stadtteil, um dessen Sanierung es ein langes Tauziehen gab und die bis heute nicht abgeschlossen ist.

➊ Königsweg/Von-der-Tannstraße

Das traditionsreiche Bauunternehmen *Klein* bestand aus ausgedehnten landwirtschaftlichen und gartenbaulichen Anlagen, ehe der Großvater des heutigen Inhabers zahlreiche mit dem Aufbau des Stadtteils zusammenhängende Aufträge erhielt.

Abgesehen von Zeiten des Berufsverkehrs ist diese Stelle des Königsweges vor allem montags morgens sehr belebt, denn schräg gegenüber befindet sich auf dem ehemaligen Gelände einer Volksschule das derzeit gut frequentierte Sozialamt.

Königsweg/Ringstraße

Statt der Tankstelle stand hier bis 1945 das Oberlandesgericht, das dann ebenso nach Schleswig verlegt wurde wie die Exponate zur Landesgeschichte Schleswig-Holsteins — zur Entschädigung wurde Kiel Landeshauptstadt.

Ringstraße 38

Eine der letzten Kaffeeröstereien Kiels und villenartige Gebäude wie das Baugewerbehaus unterbrechen die gleichmäßige Mietshausbebauung.

Papenkamp

Der Papenkamp durchschneidet den Stadtteil. In den hochgeschossigen Mietshäusern der östlich gelegenen Querstraßen wohnten vor dem 2. Weltkrieg Arbeiter, die größtenteils auf den Werften beschäftigt waren. Die westlich gelegenen Straßenzüge bilden die eigentliche südliche Innenstadt.

Papenkamp 4

Die Tanzschule »Mäser«, die jetzt am Königsweg gegenüber dem Elisabeth-Krankenhaus ist, konkurrierte in den 60er Jahren mit der Tanzschule »Gmind« (s. Seite 53).

Während man sich bei Gemind traditionsbewußt elitär gab und ein entsprechendes Publikum anzog, gab es bei Mäser gelockerten

Eine der ersten Kaffeeröstereien. Viele kleine Gewerbebetriebe mußten aufgeben.

Krawattenzwang. Die Feten am Samstag abend waren nicht schon um 21.30 Uhr zu Ende und grundsätzlich überlaufen. Durch die Einrichtung weiterer Tanzschulen in den 70er Jahren ist dieser Gegensatz, wie er von einigen Jugendlichen empfunden wurde, längst entschärft.

❷

Papenkamp/Von-der-Tannstraße

Auf dem Gelände des Busunternehmens »Autokraft«, das sich inzwischen im Gewerbegebiet Wellsee niedergelassen hat, befindet sich in einer Halle das Kieler Keramikzentrum.

Von-der-Tannstraße

Das 3. Polizeirevier residiert seit 1988 in der v.-d.-Tann-Straße (vorher Ringstraße) auf dem Gelände eines ehemaligen großen Kohlenhofes. Relikte der vor 1945 zahlreichen Kohlenhandlungen, die ein Indiz für eine hohe Bevölkerungszahl darstellen, sind auf mehreren Hinterhöfen zu entdecken.

Kirchhofallee/Boninstraße

Das graue Eckhaus steht seit fünf Jahren wegen Streitigkeiten der Erbengemeinschaft leer. Die Eckkneipe »Schinkenkrug« zog mit ihrem preisgünstigen Mittagstisch früher nicht nur die Beschäftigten des Gerichts an. Nach Räumung der Häuser am Lehmberg (s. Seite 141) wurde dieses Haus von den Besetzern kurzzeitig bewohnt — genau einen halben Tag lang, seine Zukunft steht in den Sternen.

Ringstraße 66

Im Hinterhof wohnten zu Beginn der NS-Zeit *Heinrich Wegener* und *Katharine Ingwersen,* die mit Unterstützung anderer gefährdeten Kommunisten aus Hamburg zur Flucht nach Dänemark verhalfen. Auch der Kieler KPD-Funktionär *Mlotkowski* soll über diese Station emigriert sein. Nebenan wohnte in den 30er Jahren die Familie von *Anni Kreuzer,* später verheiratet mit *Hein Wadle,* die sich ebenfalls im Widerstand gegen die NS-Diktatur engagierte.

Hier wohnte der Sänger und Schauspieler Ernst Busch *(1900–1980). Nach einem kurzen Engagement am Stadttheater zog es ihn nach Berlin, wo er mit* Bertolt Brecht, Hanns Eisler, Erich Weinert *und anderen revolutionär orientierten Künstlern zusammentraf. Busch war Kommunist und ist ein bis heute ungeliebter »Kieler Jung«, der es nach 1945 vorzog, in der DDR zu leben. Weder eine Straße noch ein Platz erinnert an den »Troubadour des Proletariats«, der von Eisler komponierte und von Brecht und Weinert vertextete Arbeiterkampflieder wie das Solidaritäts- und das Einheitsfrontlied gesungen hat, u.a. ist er in dem berühmten Film »Kuhle Wampe« zu hören.*

Ringstraße 106

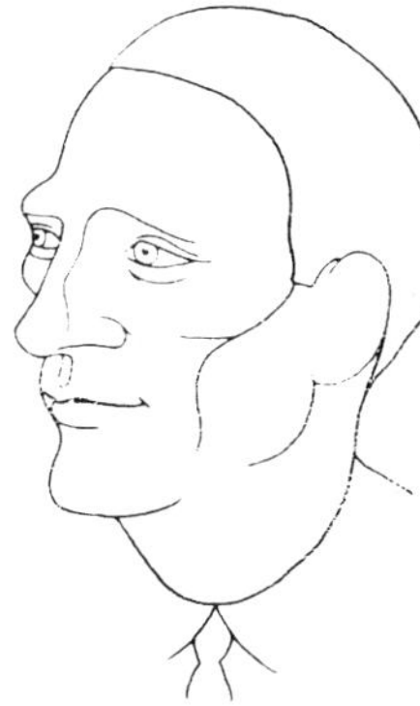

Der »Club 68« hat eine schillernde Vergangenheit und Gegenwart. Noch heute — zu sehr später Stunde — trifft man hier Alt-Achtundsechziger, bei denen die Zeit stehen geblieben zu sein scheint. Der »Club« war in den 60/70er Jahren Treffpunkt der linksradikalen Intelligenz im Milieu abgedrehter Kiffer und außergewöhnlicher Künstler, die in der angeschlossenen Galerie ausstellten. Hier begann die Karriere von *Raffael Rheinsberg,* dem Kulturpreisträger von 1988, hier wirkte *Rosa von Praunheim,* hier entstand — und diese Assoziation mag heutzutage vielen Leuten kommen — die Idee für »das Rennen«. Und dies kam nicht von ungefähr, denn Holgi *(Holger Hentze)* betreibt den »Club« und Werner (alias Brösel alias *Rötger Feldmann)* ist sein gern gesehener Gast. Das in einer Bierlaune erfundene Rennen zwischen Holgis Porsche und Brösels Motorrad sollte ursprünglich auf der Autobahnteilstrecke Kiel-Blumental im Jahre 1985 stattfinden. Da die Landesregierung die Strecke nicht freigab, fand es schließlich 1988 auf dem Flugplatz Hartenholm bei Segeberg statt. Holgis Porsche siegte, 100.000 Schaulustige sahen das Spektakel.

❸
Ringstraße 68

Ein Blick zur Kirchhofallee hinauf genügt, um festzustellen, daß die Sanierung des Stadtteils noch nicht beendet ist. Auf der linken Seite befindet sich das Jugendwerk der Arbeiterwohlfahrt, dessen Mitarbeitern es in kurzer Zeit gelang, viele Jugendliche aus dem Stadtteil für zahlreiche Aktivitäten zu interessieren.

❹
Boninstraße

Es ist wahrscheinlich, daß dieser Straßenabschnitt demnächst den Namen *Stephan Heinzels* (1841–1899) tragen wird, dem Begründer der Kieler Sozialdemokratie. Der Österreicher Stephan Heinzel war Schneider und blieb auf seiner Wanderschaft zu Beginn der 1870er Jahre in Kiel hängen. Unter den schwierigen Bedingungen der Sozialistengesetze baute Heinzel die Kieler Sozialdemokratie auf und blieb bis Mitte der 90er Jahre als Mitglid der Kieler Ratsversammlung der unbestrittene Führer der SPD — er war Delegierter auf den Parteitreffen und Kandidat in Reichstagswahlen, die er jedoch nicht für sich entscheiden konnte.

Der Begründer der Kieler Sozialdemokratie

Am nordöstlichen Rand des Schützenparks, dessen Name von einem Gelände stammt, das die Stadt Kiel mit dem früheren Besitzer, der »Großen Grünen Schützengilde« tauschte, treffen wir auf ein Relikt aus dem 2. Weltkrieg, einen Luftschutzbunker. Nach kurzer Nutzung als Arztpraxis wurde er in den 80er Jahren seinem Zweck entsprechend renoviert, ein Bundesprogramm machte es möglich.

Kindergarten, Kinderbücherei und Spielplatz mit Planschbecken und Tarzanschaukel weisen auf ein Zentrum für die anliegenden Wohnviertel hin; bei gutem Wetter ist ordentlich was los.

Im oberen Teil der Boninstraße befindet sich das Gebäude der Kieler Gesellschaft freiwilliger Armenfreunde, einem 1793 gegründeten Bürgerverein zur Unterstützung Bedürftiger, in dem bis weit in die 50er Jahre hinein Speisungen aus der Armenküche verabreicht wurden. Die noch heute bestehende Kieler Spar- und Leihkasse wurde 1796/99 von dieser Gesellschaft gegründet.

Hasseldieksdammer Weg 12a

»Eis-Meyer«, dieser Name ist für Alt- und Jungkieler ein Begriff. Das Speiseeis und der dazugehörige Laden haben lange Tradition und gute Qualität, das moderne »Outfit« läßt allerdings die frühere Hinterhofatmosphäre vermissen, als der Laden noch mit einem Holzlattenzaun von der Straße abgeschirmt wurde.

Chemnitzstraße

Während von der Tann, Delius und Zastrow die schleswig-holsteinische Armee gegen die Dänen (1848–50) befehligten, schrieben und komponierten Chemnitz und Bellmann das Lied dazu »Schleswig-Holstein meerumschlungen« — die Straßennamen sollen Heimatliebe signalisieren. Die Blockbebauung in diesem Abschnitt mit großen Innenhöfen läßt durchaus den Vergleich mit der Krupp-Siedlung (siehe S. 190) oder dem Stinkviertel (siehe S. 166) zu.

Zastrowstraße

Viele Anwohner zwischen Bonin- und Chemnitzstraße sind nicht sehr erfreut von der Nutzung der Sportplätze durch den traditionsreichen Kieler Turnverein von 1885, vor allem nicht, seitdem das nervige Geräusch der Tennisbälle hinzugekommen ist. Der »Schützenkrug« ist nicht nur Vereinslokal, sondern steht auch der Allgemeinheit für Versammlungen und Feierlichkeiten zur Verfügung.

An der Stelle des neuen Gerichtsgebäudes befanden sich vor

Viel Eis in kleinen Tüten. Die Krankenhauspatienten lassen es sich gerne mitbringen.

1945 die größten Industriebetriebe des Stadtteils: die Maschinenfabrik Daevel bzw. Bohn & Kähler, die nach dem 2. Weltkrieg vor dem endgültigen Ende noch auf das Gelände der ehemaligen Germania-Werft umzog und verkauft wurde.

Deliusstraße
❺

Die Firma Bohn & Kähler war abhängig von Marineaufträgen, da sie hauptsächlich Seeminen produzierte, manchmal findet man aber auch noch alte Straßensiele mit ihrer Firmenaufschrift. Während die Fabrik in Jugendstilbauweise abgerissen wurde, sollte eine Mauer unter Denkmalschutz gestellt und erhalten werden, drohte aber einzustürzen. Reste des Backsteinbaus wurden in die Mauerfront des Gerichtsgebäudes integriert (Sicht vom Parkplatz).

Maschinenfabrik Bohn. Die Firma war die größte im Stadtteil.

Weitere Relikte ehemaliger Firmen wie verwitterte Schriftzüge an Häuserfronten oder der Blick auf den alteingesessenen Betrieb Oskar Gerdsen (Kohlenhandel und Bestattungen, heute vor allem Transporte) verdeutlichen, daß sich in diesem Bereich das industrielle Zentrum der südlichen Innenstadt befand.

Kirchhofallee

Wo heute die Commerzbank steht, befand sich früher das Kino »Deli«; eine Attraktion für Kinder waren die Märchenvorstellungen am Sonntag nachmittag.

Kultureller Mittelpunkt ist das Kleinkunstforum in Räumen der evangelischen Gemeinde. Hier trifft sich nicht nur die kirchliche Jugend, die Räume werden auch von verschiedenen Initiativgruppen wie der Clowntruppe »Was das?«, Volkstanzgruppen, der schriftstellernden »Literaturpost Ostsee« und dem 3. Welt-Laden genutzt. Das Angebot umfaßt darüber hinaus Filmvorführungen und Diskussionsveranstaltungen.

Harmsstraße

Ein kurzer oder längerer Aufenthalt in den »Senatsstuben«, wo das Bier vorbildlich gezapft wird und das Essen schmeckt, bringt verbrauchte Energie sofort zurück.

Das Gerichtsgefängnis und das alte Gerichtsgebäude waren zu Zeiten der Studentenbewegung Zielpunkte zahlreicher Demonstrationen. Wenn es in den politischen Prozessen auch oft gelang, Machenschaften aufgeschreckter Professoren von internationalem und zweifelhaftem Ruf, Lügengeschichten von Burschenschaftern und christlich-reaktionären Intellektuellen zu entlarven — die Urteile fielen zumeist gegen angeklagte fortschrittliche Studenten aus.

Über die Grenzen der Stadt hinaus wurden insbesondere der »Grundgesetzprozeß« und die »Kaltefleiter-Prozesse« bekannt. Im Sommer 1973 sollte Altbürgermeister Weichmann *aus Hamburg auf Einladung konservativer Studenten über das Thema »Grundgesetz in Not« reden. Dies wurde von linksorientierten Studenten unter Leitung des von den »Roten Zellen« gestellten AStAs verhindert, was zu einem aufwendigen Prozeß führte. Dem damaligen Präsidiums- und CDU-Mitglied* Prof. Kaltefleiter *wurde Anfang 1977 ein Quarktopf über den Kopf gestülpt, nachdem er einen Streik von Studenten verboten und damit 31 Gerichtsverfahren eingeleitet hatte (siehe S. 162).*

Alles Quark

Die heutige Käthe-Kollwitz-Schule (vor 1945 Hindenburgschule) war bis Mitte der 70er Jahre das zweite Mädchengymnasium in Kiel. In Freistunden trafen sich manchmal die Gymnastiasten der Max-Planck-Schule mit den Schülerinnen in der Gerichtskantine, um Annäherungsversuche zu starten (bis man des Gebäudes verwiesen wurde).

Sonntags trifft man nicht nur neuapostolische, sondern auch Kirchgänger der evangelischen Gemeinde. Die Vicelin-Kirche wurde gleich nach dem 2. Weltkrieg in norwegischer Bauart errichtet und veranlaßt Kinder immer wieder dazu, die durchbrochenen Mauern zu erklettern.

Eine lange Tradition hat das Stadtkloster: ein Altersheim, das früher am Sophienblatt lag (siehe S. 37).

Paul-Flemming-Straße 3

Ein weiteres, von der Kieler Stadtmission verwaltetes Altersheim wurde erst kürzlich durch ein bundesweit gefördertes Modellprojekt zur Förderung der Gerontopsychiatrie ergänzt. Altersverwirrte Menschen werden nun fachmännisch betreut, eine Tagesklinik für Kurzaufenthalte ist angeschlossen.

Gellertstraße

Die nach dem 1. Weltkrieg errichteten Häuser sollten beispielgebend für die Gestaltung des Stadtbildes wirken. Zu den Wohnhäusern, die mit Kieler Kunstkeramik verziert sind, gehört jeweils ein Garten. Dahinter befindet sich das Berufsschulzentrum, das aufgrund unzureichender Kapazitäten auf dem Ostufer ausgebaut wurde — ganz im Gegensatz zur ehemaligen Ludwig-Richter-Schule, die vor wenigen Jahren wegen zu geringer Schülerzahlen geschlossen wurde und deren Räume nun von der Berufsschule mitgenutzt werden.

❻

Schützenpark

Laubengang im Schützenpark

Seit Beginn des Jahrhunderts bietet der Schützenpark Raum zur Naherholung, im Winter wird auf dem Teich gerne Schlittschuh gelaufen. Vom »alten Schützenpark« ist allerdings nur noch wenig geblieben, wie der seit über 60 Jahren im Stadtteil lebende *Karl Molkentin* berichtet: »Der Besuch am Sonntag wurde in den Schützenpark geführt, für größere Ausflüge war ja kein Geld da. Früher gab es zwei Teiche, die ordentlich umpflanzt waren. Die Wege waren kolonnadenartig angelegt und hatten überwachsene Liebesecken. Da sind wir als Kinder raufgeklettert und haben die Liebespaare mit Steinen beworfen. Heute gibt es nur noch einen Teich, der im Sommer stinkt.«

Eine unfallträchtige Kreuzung bindet Kiel seit 1972 per Autobahn an die weite Welt, nämlich Hamburg, an. Das Kleingartengelände und die »Große Grüne Schützengilde« sind über Schleichwege oder besser über den Hasseldieksdammer Weg zu erkunden.

Lutherstraße

❼

Im eigentlichen Kerngebiet des seit jeher sozialdemokratisch orientierten Stadtteils war die heute verkehrsberuhigte Lutherstraße Einkaufszentrum und Hauptverkehrsader. Kleine Fabrikgebäude, Stallungen und Garagen auf den Hinterhöfen geben noch heute einen Eindruck gewerblicher Geschäftigkeit, das Lebensmittelgeschäft Hintz, früher eine Milchverteilungsstelle, hat als einziger Laden die letzten 50 Jahre überlebt.

Im heutigen »Zauberlehrling« (nicht nur vegetarische Küche)

befand sich das Verkehrslokal des republikanischen Reichsbanners, die »Neue Welt«. Am 30. April 1933 provozierte die SA eine Auseinandersetzung, in deren Verlauf das SA-Mitglied *Raup* erschossen wurde. Als Racheakt wurde die Gaststätte am 3. Mai 1933 von den Nazis vollständig zerstört, erst danach sperrten Beamte der Schutzpolizei das Gebäude ab.

Am 3. Mai 1933 aufgenommen. In die gegenüberliegende Wohnung schlug ein abgefälschter Schuß.

Auf der gegenüberliegenden Seite stand ein Kaufhaus und beim jetzigen Café Meyer ein Geschäft des Konsumvereins. An dieser Stelle war auch der Ausgangs- und Endpunkt eines in den 50er Jahren populären Radrenn-Rundkurses, der einmal im Jahr über 70 Runden gefahren wurde und viele Zuschauer aus der ganzen Stadt anzog. Später wurde der Rundkurs an den Kleinen Kiel verlegt und fand alljährlich zur Kieler Woche statt.

Lüdemannstraße/ Calvinstraße

Im beliebten Lokal »Erbse« kann man einen Original-Werner von *Rötger Feldmann* betrachten und Billard oder Darts spielen. Als diese Gaststätte noch »Sonne« hieß, war das Wohnviertel durch einen Bretterzaun und eine Mauer von den ausgedehnten Ländereien der Gärtnerei Bauer und einem anschließenden Kleingartengelände abgegrenzt.

Von den Ländereien und Kleingärten ist durch die Blockbebauung der Lüdemannstraße und den vierspurigen Ausbau des Westrings kaum etwas übrig geblieben. Auf die alten Flurstücke weisen noch die Straßennamen Stadtfeldkamp, Brunsrade, Dubenhorst hin. Die Heilandskirche und der angeschlossene Altenheimkomplex wurden 1967 errichtet. Die opulent anmutende Fassadengestaltung der oberen Lutherstraße sollte darüber hinwegtäuschen, daß es sich hierbei um ganz normale 2-Zimmer-Wohnungen handelte, die sich von denen normaler Mietshäuser nicht unterschieden.

Eine Institution im Stadtteil ist der Kiosk von *Herrn Hoffmann*, der stets gut gelaunt zu einem Schnack aufgelegt ist; sein Vorgänger verkaufte hier Landschinken und Eier.

Auf der gegenüberliegenden Seite, wo heute die Studentenkneipe »Litfaß« ihre Räume hat, befand sich bis vor wenigen Jahren das traditionsreiche Lokal »Quickborn«, in dem sich die Geschäftsleute des Stadtteils trafen.

8

Saarbrückenstraße

Der Kapellenberg ist vom Zerfall bedroht

Im Jahre 1869 wurde der 13 Hektar große Südfriedhof nach einem Entwurf von *Wilhelm Benque* aus Bremen parkartig angelegt. Auf knapp der Hälfte der Fläche stehen Grabstätten. Der von einer Kyklopenmauer umgebene Friedhof bildete die Keimzelle des gesamten Stadtteils. Vorher gab es hier nichts als unbebautes Land. Erst die Zugangsstraße zum Friedhof zog die Bebauung nach sich. Mausoleen und gestaltete Grabdenkmäler weisen darauf hin, daß hier Kaufleute, Professoren und andere traditionsbewußte Einwohner der Stadt die letzte Ruhestätte finden. Eine Gedenkstätte für die Opfer von Arbeitsunfällen auf der Germania-Werft und die Doppeleiche zur Erinnerung an die Ereignisse von 1848 auf dem Gelände gibt es ebenso wie alte Grabsteine des ehemaligen St. Jürgen Friedhofs am Bahnhof, die teilweise wahllos im Unterholz liegen. Der Kapellenberg am Eingang ist vom Zerfall bedroht, die mächtigen Glocken gehörten zur alten Vicelinkirche. Im Herbst besuchen Kinder den Friedhof, um Eicheln und Kastanien zu sammeln.

Neben der Gärtnerei Teichert ist auch das 1852 gegründete Gärtnereiunternehmen Ilsemann für die Grabpflege zuständig. Aus dem obersten Stockwerk des Andreas-Gayk-Heims, in dem alte Menschen leben, hat man einen guten Überblick über die Stadt. Er reicht weiter als bis zum gegenüberliegenden Einkaufszentrum und zu den Einfamilienhäusern des Saar-Viertels. Nach der »Heimholung der Saar« im Jahre 1935 wurden die Straßen des Viertels nach Stadtteilen von Saarbrücken und nach umliegenden Orten benannt.

Lantziusstraße

Nach dem 1. Weltkrieg bemühte man sich hier um eine geschlossene Häuserfront bei gleichzeitig individueller Fassadengestaltung. Die breite Baumallee wurde 1989 kurzzeitig verkehrsberuhigt – der Verkehr ging dann durch die viel engere Melanchthonstraße und gefährdete zudem Kinder aus den nahegelegenen Schulen am Winterbeker Weg. Selten hat man derartig emotionsgeladene Leserbriefauseinandersetzungen in der Lokalpresse verfolgen können, nachdem sich die Anwohner der Hofholzallee (Hasseldieksdamm) dafür einsetzten, daß ihre Eigenheimidylle durch keine Durchgangsstraße gestört wird.

Zahlreiche sportliche Aktivitäten finden in der Mitte der 60er

Auf die Plätze, fertig, los!

Jahre errichteten Bresthalle statt, nach der französischen Partnerstadt benannt. Leider folgt der kommunale Sporthallenneubau nicht mehr dem Tempo der in letzter Zeit abgeschlossenen Städtepartnerschaften. Bisher trainierten hier unter anderem die Weltklasseläufer des 1. Kieler Rollschuhclubs. Demnächst erhalten sie eine eigene Anlage durch Vergabe des Bundesrollschuhzentrums an die Stadt hinter dem »Haus des Sports«.

Winterbeker Weg

9

Moorteichwiese

Man kann sich nun listenreich den Weg durch das übriggebliebene Kleingartengelände bahnen, um direkt unterhalb der Schulen weiterzugehen, oder den abschüssigen Weg zur Moorteichwiese wählen. Diese große Anlage mit mehreren Sportplätzen steht Schulen, mehreren Sportvereinen, Freizeitsportlern und Spaziergängern für Sport oder Entspannung zur Verfügung. Die Präsenz der »Freien Turnerschaft Vorwärts« mit Vereinsheim erinnert von ihrem Namen her noch an die Arbeitersportbewegung, die während der Weimarer Republik in Kiel den mitgliederstärksten Sportverband stellte. Nicht wenige der älteren Leute, die heute an Gymnastikkursen teilnehmen, waren bereits als Kinder bei der »Freien Turnerschaft«.

Rondeel

Folgt man dem kleinen Teerweg, der vom gemeinsamen Parkplatz der FT Vorwärts und des Fußballclubs Süd-Kiel zur Straße läuft, steht man am Rondeel - früher die Drehscheibe der Ausfallstraßen nach Lübeck und Hamburg. In unmittelbarer Nähe der Sonderschule linker Hand, in der früher das jetzige Max-Planck-Gymnasium am Winterbeker Weg war, befand sich eine Blindenanstalt. Das Gelände rechter Hand beherbergte zwischen 1890 und 1898 die kommunale Gasanstalt, bis sie in die Wik (siehe S. 82) verlegt wurde. Danach diente das Gelände als Depot für den öffentlichen Nahverkehr. Die weitläufigen Gebäude wurden später nicht in Stand gehalten, so daß sie schließlich abgebrochen wurden. Im Gespräch ist nun, das »Pik-As« — eine Einrichtung für Wohnungslose, die Erweiterungsbauten der Bundespost am Kronshagener Weg (siehe S. 149) weichen soll — in diesem Bereich zu errichten. Spaziergänger und Anwohner der Moorteichwiese zeigen sich darüber wenig begeistert.

Am Hang unterhalb der Max-Planck-Schule wird im Winter gern gerodelt, auch erste Versuche, auf Skiern zu stehen, werden von Schülern unternommen, die bei Klassenfahrten in ein stadteigenes Landschulheim im Harz eine gute Figur machen wollen.

Brave Bürger fühlten sich vor allem in den 60er Jahren von der »Moorteichwiesenbande« gestört. Die Jugendgang machte sich einen Spaß daraus, brave Bürger zu provozieren, half aber Gebrechlichen oder Müttern mit Kinderwagen den beschwerlich-steilen Teerweg hinauf. Später trat sie aber als berüchtigte Schlägertruppe auf, die sich durch kleinkriminelle Delikte einen Namen machte. Versuche von Neonazis 1986/87, an diese Tradition anzuknüpfen und Ausländer im Stadtteil zu terrorisieren, scheiterten an handfesten Gegenaktivitäten antifaschistischer Gruppen.

Treffpunkt für Kinder war lange Zeit die Ruine der alten Eiche-Brauerei, die im Krieg als Bunker benutzt wurde, inzwischen aber unzugänglich ist. Die Mitte des 19. Jahrhunderts entstandene Brauerei wechselte des öfteren den Besitzer. Eine angeschlossene Gastwirtschaft mit Aussichtsturm (die sogenannte Felsenhalle) war ein beliebtes Ausflugsziel. Der von Kriegszerstörungen verschont gebliebene Turm liegt auf Privatgelände.

Die St. Jürgen Kirche wurde 1954 neu eingeweiht, nachdem sie und der angeschlossene Friedhof der Bahnhofsneugestaltung und der Verbreiterung des Sophienblatts weichen mußte. Lediglich die Holztür stammt aus dem alten Kirchenbau.

⑩ Michelsenstraße

In Kiel gibt es keine jüdische Gemeinde mehr.

Die abschüssige Michelsenstraße trifft auf den Königsweg. Zwischen ihm und dem Sophienblatt liegt ein Gewerbegebiet, das in den letzten Jahren auch ein Initiativenzentrum beherbergt. Das ganze Gebiet bis hin zur Harmsstraße wird derzeit saniert, d.h. es muß Erweiterungsbauten der Provinzialversicherung weichen. Der jüdische Friedhof, der früher auch einen Zugang von der Harriesstraße besaß, existiert seit Mitte des letzten Jahrhunderts. Auf mehreren Grabsteinen befinden sich Inschriften, die auf das Schicksal der Juden unter dem NS-Regime hinweisen. Der Friedhof wird heute von Hamburg aus verwaltet, den Schlüssel für einen Besuch kann man beim Hausmeister des Nachbarhauses erbitten.

Kastanienstraße

Ein typisches Beispiel für »Sanierungen« in früherer Zeit zeigt uns ein Blick über den Hinterhof. Der Toilettentrakt wurde nachträglich angebaut, nachdem die Plumpsklos auf dem Hof ausgedient hatten.

Papenkamp/Fockstraße

Neubauten versperren den direkten Blick auf einen gelungenen Modellversuch der Arbeiterwohlfahrt, ein integriertes Wohnheim für alte Leute und Studenten. In diesem Gebiet lag im 2. Weltkrieg ein großes Lager, in dem eine Gruppe sowjetischer Zwangsarbeiter im Widerstand aktiv war.

Hans-Söhnker-Platz

Der Platz erinnert an den bekannten Film- und Bühnenschauspieler *Hans Söhnker,* der 1903 in der Harmstraße geboren wurde und im Stadtteil aufwuchs. Wie sein Vater *Edmund* war er Anfang der zwanziger Jahre mit der Volksbühne verbunden, spielte bevorzugt die Rolle des jugendlichen Helden, und setzte seine Karriere mit Operettenverfilmungen fort, bis er später ins Charakterfach wechselte.

Harmsstraße

Die Harmsstraße war ähnlich wie die Harriesstraße eine Miethausschlucht mit bis zu fünfgeschossigen Häusern. Nach Bombenschäden wurde die linke Straßenseite so bebaut, daß ein aufgelockertes Straßenbild entstehen konnte.

Königsweg

Nur für Rundgänger mit dickem Portemonnaie oder gedeckter Scheckkarte zu empfehlen: Claudio's Ristorante alla Scala. Es ist mehrfach als exquisites Speiselokal ausgezeichnet, die Preise in der Karte sind es nicht. Bei kleinem Geldbeutel geht man eben ins »Königs-Eck« gegenüber frei nach dem Motto: Frikadellen statt Hummer.

Kiel bei Nacht

Eine Kneipentour durch Kiel bei Nacht erfordert Kondition besonderer Art. Die nachfolgende Auswahl ist sicherlich willkürlich und erlaubt insbesondere keinen vorgegebenen Zeitrahmen. Quereinstiege nach einem guten Abendessen, einem Kino- oder Theaterbesuch, einer Bowlingrunde oder auch einem Fernsehfilm sind am späten Abend jederzeit möglich, aber: Wer früh beginnt, hat mehr davon.

Das sonst oft vernachlässigte Ostufer kann auch für Einheimische vom Westufer interessant sein. Liebhaber kulinarischer Besonderheiten oder Weinkenner kommen hier bei einem Zug durch traditionsreiche Kneipen allerdings nicht auf ihre Kosten.

Die geräumige ehemalige »Dorfschänke« in der Bahnhofstraße ist heute als »Road Café« ein Treffpunkt für Motorradfreaks. Daneben befindet sich eine kleine Bierstube, die als typisches Feierabendlokal nicht lange geöffnet hat.

Die »Biele 14« in der Bielenbergstraße hieß früher »Voßeck« und war berüchtigt für die häufigen handfesten Schlägereien zwischen alteingesessenen Gaardenern und Marineangehörigen. Zwischendurch wurden die Räumlichkeiten eine Zeitlang als erster Pornoladen Kiels zweckentfremdet. Heute sind hier hauptsächlich Anwohner der umliegenden Häuser anzutreffen, die zu fortgeschrittener Stunde die alte Musikbox anschmeißen und ein Tänzchen wagen.

»Kleinkes Eck«, Kirchenweg/Elisabethstraße, ist die bekannteste alte Kneipe in Gaarden. Sie verfügt über einen abgetrennten Versammlungsraum, in dem die traditionsreiche Gaardener Gilde ihre Schießübungen durchführt und Familienfeiern stattfinden. In den Siebzigern war hier auch das Versammlungslokal der Ortsgruppe Kiel der KPD/ML, auch heute noch werden Veranstaltungen von linken Gruppen und Initiativen durchgeführt. Ferner ist die Gaststätte Treffpunkt für Maurer und Zimmerleute auf Wanderschaft. Tagsüber treffen sich die Rentner aus der direkten Umgebung zu einem Klönschnack.

Vorbei an der billigsten Herberge der Stadt an der Ecke Helmholtz-/Kaiserstraße landen wir im »Friesenhof«. Aufgestellte Pokale und Teller zeugen vom erfolgreichen Abschneiden der Kneipenfußballmannschaft, die man zu später Stunde nicht nur wegen der gut schmeckenden Frikadellen am Tresen trifft.

Wer noch nicht genug Miljöh geschnuppert hat, sollte in Gaarden jetzt selbst weitersuchen. Bedauerlich ist, daß sich mehrere Kneipenbesitzer von ihren deutschen Gästen haben zwingen lassen, Ausländer und insbesondere Türken nicht zu bewirten — der latente Rassismus macht sich auch hier breit. Gerüchte, daß man sich in diesen Kneipen »schnell einen einfangen kann«, sind aus der Luft gegriffen — solange man den Gaardener Stammgästen nicht dumm kommt. Als Abschluß des Gaardener Zuges ist ein Besuch der »Bauernstube« in der Pickertstraße zu empfehlen, in der freitags und samstags nachts getanzt werden kann.

Wer lieber auf dem Westufer anfängt, sollte zunächst das »Palenque«, Wrangel-/Gerhardstraße, aufsuchen. Der frühere Pächter *Claus Pinn*, der in der Kieler Lokalszene bekannt wie ein bunter Hund und gleichermaßen beliebt war, ist leider 1988 verstorben.

»Heinrich VIII«, Holtenauer Straße/Düppelstraße, war früher das typische Studentenlokal in Kiel und hat heute seine herausragende Stellung eingebüßt, wird aber immer noch wegen der langen Öffnungszeiten und seiner Pizzas aufgesucht. Zeitweise wurde das Lokal von *Marianne Bachmeier* geführt, die, nach Lübeck umgezogen, im dortigen Landgerichtsgebäude den mutmaßlichen Mörder ihrer kleinen Tochter erschossen hat.

Das »Calva« in der Holtenauer Straße war schon zu Zeiten der »Ameise« und des »Liliom« der Anlaufpunkt für Gäste und Akteure des nebenan gelegenen Schauspielhauses, mit einem festen Stammpublikum, das sich an den langen Tresen stellt, während die Tische und Stühle den eher zufälligen Besuchern vorbehalten bleiben. Neuerdings hat die ruhige und individuelle Atmosphäre auch Leute aus der Schwulenszene angezogen.

Zwischen »Lammer's Eck«, »Ameise« und »Herrmannseck« spielte sich das Künstlerkneipenwesen für Schauspieler ab. In den eigentlich bürgerlichen Bierkneipen traf man sich am Schauspielertisch nach Vorstellungen und Proben. Dazu kamen immer Leute, die sich dem Theater verbunden fühlten und die die Nähe der Schauspieler suchten. Wenn der Schauspielertisch in einer Kneipe nicht mehr akzeptiert wurde oder man sich belästigt fühlte, wechselte man kurzerhand das Lokal. Wirte, die Nazi-Orden unter dem Tresen verkauften, wurden genauso boykottiert wie Kneipen, in denen die Gäste lärmten und die ruhige Biertrinkeratmosphäre untergruben. Meist handelt es sich um kleine Bierlokale mit zwei Tischen und einem langen Tresen. Erst in jüngster Zeit wurde der Versuch unternommen, eine richtige Theaterkneipe aufzubauen, die aber nicht von den Theaterleuten, sondern eher von Yuppies besucht wird.

Das »Zet«, Ohlshausenstr./Knooper Weg, ist tagsüber quasi die nicht vorhandene Kantine des Schauspielhauses und wird abends gerne von Anwohnern und Bekannten der beiden Pächterinnen *Anke* und *Hilke* benutzt.

Ein bißchen frische Luft hat noch keinem geschadet — der Fußweg ins »Stinkviertel« dauert maximal eine Viertelstunde. Die Gaststätte »Storchnest« — der Name rührt aus früheren Zeiten her, als sie noch das Stammlokal der als »Störche« bezeichneten Fußballer des KSV Holstein Kiel war — wird teils von Studenten, teils von Bewohnern des Viertels frequentiert und ist stets gut gefüllt.

Eine umfangreiche Speisekarte erwartet den Gast, der nach dem Verzehr die Sprüche von *Toni* und *Walter* hinter dem Tresen gelassener entgegennehmen kann. Das nebenan liegende »Knösel«, Gutenberg-/Christian-Kruse-Straße, ist für ein kleines Bier immer gut.

Der Geheimtyp im »Stinkviertel« ist allerdings das »Crocodile«, Maßmannstraße/Klotzstraße. Fachfraulich geführt von *Anke* und *Claudia*, gibt es hier stets nur wenige, dafür aber besonders sorgsam und gut zubereitete Speisen. Zentrum der Gaststätte ist der Tresen, an dem sich der außergewöhnlich große Kreis von Stammgästen versammelt. Für Fremde gibt es keine Hemmschwelle, bei entsprechender Einfügung ist der Kontakt schnell hergestellt.

Egal, ob auf dem West- oder Ostufer: Jetzt dürfte Mitternacht erreicht sein, und wir wechseln nach Kiel-Süd.

Tanzlokale wie früher die »Florida-Bar«, das »Bellavista«, das »Ballhaus Eichhof« oder der »Ball der Einsamen Herzen« leben nur noch in den wehmütigen Erinnerungen der Elterngeneration fort. Die mittlere Generation besucht jetzt gern den »Tanzpalast« in der Rendsburger Landstraße. Dessen Inhaber *Klaus Bunsen* hat nach langen Jahren Disc-Jockey-Tätigkeit eine Marktlücke zwischen Fernsehen und Teenie-Diskos entdeckt. Von einigen verächtlich »Schwanzpalast« getauft, kann der Erfolg nicht darüber hinwegtäuschen, daß hier ein dringendes Bedürfnis nach »geordnetem« Kontakt und Tanzvergnügen befriedigt wird.

Der »Club 68« ist urig und anheimelnd, und das nicht nur für die Alternativszene. Überörtlich bekannt als Kneipe, in der im Alkoholdunst die Cartoons für die Comic-Figur »Werner« entstanden sind, ist der »Club« in der Ringstraße der Kristallisationspunkt für Nachtschwärmer aus allen Teilen Kiels. Neben »*Holgi*« und »*Brösel*« verkehrt hier auch *Raphael Rheinsberg.* Ursprünglich als Galeriekneipe konzipiert, schließen sich noch heute an die Kneipenräume, die mit Autositzen und Waschmaschinentrommeln ausgestattet sind, Galerieräume an, in denen in den 70er Jahren Ausstellungen gezeigt wurden. Auch Filmvorführungen von Filmen wie »Die Bettwurst« von *Rosa von Praunheim* fanden hier statt. Noch heute trifft man sich nach großen Abendveranstaltungen, die vor allem den Bereich bildende Kunst betreffen, im Club, um den neuesten Klatsch auszutauschen.

In der »Erbse« findet sich über dem Tresen ein echtes Gemälde von *Feldmann*, dem Bröselzeichner. Hier gibt es, wie auch im »Wubbke«, einer Studentenkneipe auf der Holtenauer mit irischem Wirt, Guiness vom Faß, Dartspiele und Billiard. Ehemals eine Bürgerbierstube, ist es heute ein Kieztreff für Leute um die 40.

Wer seinen »Zug durch die Gemeinde« übrigens in Süd beginnen möchte, kann sich mit einem vegetarischen Essen im »Zauberlehrling« eine gute Grundlage schaffen oder italienisch in der »Troteria« draußen unter Bäumen speisen.

Wer jetzt in die Altstadt zur Kieler Küste, Wall und Flämische Straße strebt, sollte sich alle mit Seefahrerromantik verbundenen Klischees abschminken. Beherrscht werden die Straßen von jungen Leuten. Teils ist ihr Anlaufziel die Yuppie- und Teenie-Diskothek »Far Out«, teils wollen sie ins »American«. Im letzteren ist die Szene durchmischter und interessanter, auch die Musik ist besser. Insbesondere vorherige Besucher der »Pumpendisco« aus dem gleichnamigen Kommunikationszentrum in der Haßstraße verbringen hier den Rest der Nacht. Ansonsten sind die alteingesessenen Lokale zu bloßen Fernsehstationen schlechter Pornofilme verkommen. Ein Volksmund aus unserer Runde sagt: »Wer den »Seeteufel« von damals nicht kennt, kann heute nicht über Porno reden«. Dieses Lokal, oft von Razzien der Polizei und des Zolls heimgesucht, wurde bereits im Zuge der Sanierung in den Sechzigern abgerissen und war u.a. Tätigkeitsfeld der damals stadtbekannten Prostituierten Teddy, die rund um ihr Schamhaar die Tätowierung »Herzlich willkommen« trug. Seinerzeit konnte man in der »Crazy Alm« noch auf einer Rutschbahn in den Keller zum Tanzen gleiten und im »Las Vegas« zwischen den Strip-Shows gefahrlos eine kesse Sohle aufs Parkett legen. Heute beschränkt sich die Hochkonjunktur auf betrunkene Seeleute während der Kieler Woche und den von Hamburg aus gesteuerten Drogenhandel.

Eine Ausnahme hiervon bildet die in den frühen Morgenstunden zu empfehlende »Kascade«. Ein Kaffee oder noch ein Kurzer, dann eine Münze in die Musikbox und es kann gemütlich werden.

Das »Joy« hat geschlossen. Tanz für die reifere Jugend ist um diese Zeit nur noch im »Michelle« am Alten Markt möglich. Wer die coole Atmosphäre nicht scheut, kann sich noch austoben, bis man in eins der Frühstückslokale wechselt, je nach Geschmack ins »Flip« oder ins »Lucy«.

Das Finale des nächtlichen Streifzuges am Sonnabendmorgen sollte im »Angler Gasthof« am Exerzierplatz stattfinden. Hier tummeln sich in den frühen Morgenstunden ausgelaugte Taxifahrer, Verkäufer des im Aufbau befindlichen Wochenmarktes und die versprengten Reste der letzten Nacht wie wir. Ein selbst zusammengestelltes Frühstück im Magen kann den Heimweg nur erleichtern.

Volker Lassen/Horst Peters/Ute Kohrs-Heimann.

Holtenauer
Knooper Weg
Schrevenpark
Schreventeich
Goethe-Str.
Schiller-Str.
Th.-Storm-Str.
Herder-Str.
Eckernförder Straße
Westring
Straße
Prof.-Peters-Platz
Sportplatz
Sportheim
Haupt-feuerwache
Altersheim
Pflegeheim West
Luther-Kirche
Gutenberganlage
Spielpl.
Fernmeldeamt
Schwimmhalle
Lessingplatz
Stadtwerke Kiel AG
Humboldt-Str.
Humboldtschule
Klopstock-Str.
Dammstr.
Wilhelmplatz
Kronshagener Weg
Chemnitz-Str.
Städtisches Krankenhaus
Metzdammer
Hasseldieks
Gellert
Exerzierplatz
Ostseehalle
Rathaus
Opernhaus
Hiroshima-Park
Bismarck-Dkm.
St. Nikolaus-Kirche
Kultusministerium
Justizministerium
Polizeipräsidium
Blumenstr.
Legienstr.
Ortskrankenkasse
Staatl. Fachhochschule
Jugendverkehrsschule
Bundesanst. f. Milchforsch.
H.-Weigmann-Str.
Bonin-
Tennisplatz
Bellmann-
Harms-
Wörth-Str.
Geibelplatz
Uhland
Fernmeldebauamt
Polizei-Bezirksrevier
Kriminalpolizeiamt
Löschteich
Sedan-
Fernmeldeamt Kiel
Bodelschwinghhaus der Kieler Stadtmission
Friedrich-Junge-Schule
Virchow-
Koch-
Weißenburgstr.
Gravelotte-Str.
Spichernstr.
Griesinger-Str.
Schule f. med. techn. Assist.
Altenzentrum St. Nicolai
Kirchengem. St. Nikolai
Ev.-Freikirche Gemeinde Baptisten
Jakobi Kirchsaal
Jakobi-Kirche
Ev.-luth. Kirchengem.
Kirche Jesu Christi der Heiligen der Letzten Tage
Muhliusschule
Landesbauamt
Versorgungsamt
Polizeiinspektion
Westring B 76
B 503
L 194
K 12

Piepenbäume, Sehnsucht und die ersten Automobile

Rundgang 10

Schrevenpark

von Horst Peters

Ausgangspunkt: Dreiecksplatz, Bus 4, 14, 24, 44, 64, 71, Haltestelle Dreiecksplatz, Bus 2, 5, 12, 41, Haltestelle Lehmberg
Endpunkt: wie Ausgangspunkt
Dauer: ca. 3 Stunden

Wer hier wohnt, hat eine der besseren Adressen in Kiel. Die Straßenzüge um den Schrevenpark, nach den bekanntesten deutschen Dichtern benannt, gehören zu einer begehrten innerstädtischen Wohngegend. Großzügig geschnittene Wohnungen in herrschaftlichen Häusern, Grünflächen vor der Haustür, verkehrsberuhigte Straßen, Schwimmhalle und Kinderspielplatz bieten viel Lebensqualität — für gutverdienende Familien.

Parkidylle

Lehmberg
❶

In den etwas entfernteren Straßenzügen sind einfache Wohnquartiere entstanden, die andere typische Merkmale aufweisen, und in denen auch andere Bevölkerungsschichten wohnen. So in der inzwischen verbreiterten Verbindungsstraße zur Innenstadt, deren linke Straßenseite noch Reste der um die Jahrhundertwende erfolgten Mietshausbebauung des gesamten Gebietes aufweist, 4–5 geschossige Mietshäuser, z.T. mit Ladengeschäften im Erdgeschoß und Gewerbebetrieben auf den Hinterhöfen, mit der typischen Enge von Arbeiterwohnungen aus der »Kaiserzeit«. Die Häuser Nr. 20 und 20a mußten 1987 trotz kurzzeitiger Besetzung dem Straßenausbau weichen. Der Name Lehmberg stammt von der alten Flurbezeichnung der Gemeinde Brunswik »Lehmbargskoppel«, die an den Schreventeich grenzte und nach ihrer Eingemeindung 1869 rasch bebaut wurde.

Streit um den Wohnwert

Vor etwa 60 Jahren traf sich in der damals hier vorhandenen Gaststätte »Stender« die Männerabteilung V der Freien Turnerschaft (FT), die 1927 mit über 3500 Mitgliedern der größte Sportverein am Ort war, davon über ein Drittel Kinder.

Es gab nicht nur die Turnabteilungen für Männer, Frauen, Jungmannen und -mädchen, Schülerinnen und Schüler (die sogenannten »Zöglinge«), sondern auch zwei Fußballabteilungen und eine Musik- und Wassersportabteilung. Die Freie Turnerschaft war mit anderen Verbänden zu einem sozialistischen Sportkartell zusammengeschlossen. Dazu gehörten der mitgliederstarke Verein der Arbeiterradler »Solidarität«, verschiedene Fußballvereine, der Arbeitersportverein »Atlas-Freya«, der Arbeiterschachbund, der Mandolinenklub »Frei-Klang«, der Arbeiter-Samariterbund und die

Die Goethestraße 1911

Naturfreunde. 1933 wurde die Arbeitersportbewegung zerschlagen, ihre Sportgeräte und Vereinsgelder an NS-Organisationen übergeben. Am 30. April 1933 wurde in der Arbeitersport-Kneipe »Stender« Edwin Schnoor, *Mitglied der Freien Turnerschaft, von SA-Leuten ermordet. Es hätten keine politischen Gründe vorgelegen, heißt es in einer Pressenotiz. Heutiger Nachfolger der Organisation ist die FT Adler am Prof.-Peters-Platz.*

Schräg gegenüber von »Stender« befand sich das Stadtteilbüro West der KPD. Das Hauptbüro der KPD lag in der parallel verlaufenden Annenstraße. Bekanntester Unterbezirksleiter der KPD war *Christian Heuck*, der im Februar 1933 verhaftet und ein Jahr später im Gefängnis Neumünster ermordet wurde.

Annenstraße

Die Annenstraße entstand 1876, führte ursprünglich über die Holtenauer Straße hinweg und zeigt auf der nördlichen Straßenseite noch exemplarisch die ehemalige Bebauung des gesamten Viertels aus der Gründerzeit.

Von Februar bis September 1933 befand sich in der damaligen Polizeiwache der Stützpunkt der von Göring geschaffenen »Hilfspolizei«, ein aus SA-, SS- und Stahlhelmmitgliedern bestehender paramilitärischer Verband, der für willkürliche Verhaftungen politischer Gegner zuständig war. Nach der Verlegung des Verbandes in die Eichhofkaserne zog die Wehrmacht ein.

Der Grünzug zwischen Mittel- und Teichstraße ist mit einem »romantischen« Kolonnadengang ausgebaut worden. Die beiden Häuser am Knooper Weg stehen der Erweiterung der »Grüntangente Nord«, die Schrevenpark und Innenstadt verbindet, im Weg. Aufgrund von Protesten sind sie nicht abgerissen worden.

Die Gutenbergstraße ist inzwischen zu einer Geschäftsstraße

geworden, die mit einer Vielzahl exquisiter Läden lockt. Der Kunde kann sich hier viele Bedürfnisse erfüllen: Er erfreut sich an alter Architektur oder kauft Musikinstrumente, mag Blumen oder läßt sein Haar stylen, ist kleinen Fotogalerien ebenso wenig abhold wie gutem italienischen Essen.

Gutenbergstraße

Der erste Abenteuerspielplatz

Während sich hinter dem ehemaligen Gutenbergkreisel, der aus verkehrstechnischen Gründen inzwischen nur noch ampelgeregelte Einmündungen aufzuweisen hat, auf der rechten Seite die Bebauung fortsetzt, trifft man gegenüber auf Kiels ersten Abenteuerspielplatz: die Attraktion für Kinder in den 60er/70er Jahren mit einer in Bunkerreste gebauten Rollschuhbahn und sozialpädagogischer Betreuung. Man mag kaum glauben, daß vor zwanzig Jahren versucht wurde, Kinder von solcher Einrichtung fernzuhalten. Die Kinder von damals haben mittlerweile selbst welche und begleiten sie dorthin.

Freiligrathstraße

❷

Im Jahre 1956 wurde die Ferdinand-Tönnies-Gesellschaft gegründet, dessen Namen auch das kleine Studentenwohnheim trägt.

Tönnis spricht auf dem antifaschistischen Kongreß »Das freie Wort« 1933

Ferdinand Tönnies *(1855–1936) gilt als schleswig-holsteinischer Nestor der Sozialwissenschaften und trat im Alter von 75 Jahren der SPD als Partei der Republik bei. Die Quittung erhielt er drei Jahre später, als die Nationalsozialisten seine Entlassung von der Kieler Universität veranlaßten, ohne ihm Pension zu gewähren.*

Hohenzollernring hieß früher der Abschnitt des Westrings mit dem Altenheimkomplex zu Ehren der ehemaligen Monarchen und läßt in dem alten Namen noch die Zeit anklingen, in der der gesamte Komplex um den Schreventeich entstand.

Schrevenpark

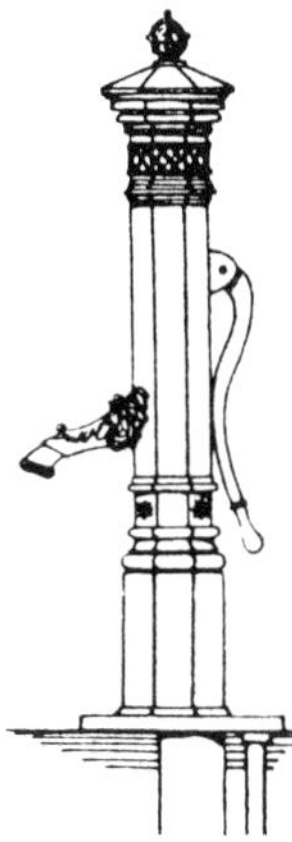

❸

Der Name Teichstraße weist noch daraufhin, daß der kleine Schreventeich ursprünglich viel größer war. Sein nordöstlicher Teil wurde zugeschüttet, um den Teich herum 1901/02 ein Park angelegt zur Muße und Kurzweil der Elite des preußischen Beamtentums, die in die gleichzeitig an dem Straßenring rund um den Park entstehenden Häuser zog. 5 Zimmer, Küche, Bad und Speisekammer, Pitchpine-Fußböden und ein Zimmer im Dachgeschoß für das Mädchen, das alle Hausarbeit und Wäsche alleine machen mußte — so sah ein Haushalt damals aus. Die Herrschaften, Adlige, Offiziere, und hohe Beamte, vergnügten sich bei Bootsfahrten und besuchten das inselartig angelegte Café im Hohenzollernpark, wie der Park damals noch zu Ehren des Kaisers hieß. Ältere Leute nennen ihn heute noch so. Seit 1945 heißt der Park »Naherholungsgebiet Schrevenpark« und von der monarchistischen Tradition ist außer der Erinnerung an den alten Namen nichts geblieben.

Der Park lädt heute alle zu einem Spaziergang ein, Sport- und Spielfeste werden auf den Rasenflächen organisiert, Kleinkunstamateure üben Clown-Nummern ein und Jongleure lassen Bälle, Keulen und Reifen fliegen.

Ein großer Anziehungspunkt ist der Teich mit seinem Wasservogel-Freigehege. Die vielen Wasservogelarten, Enten und Gänse, Möwen, Bleß- und Teichhühner, Schwäne und Störche, fesseln die Beobachtung von Kindern und Erwachsenen und viele verwöhnen ihre Lieblinge, obwohl das Futterstreuen verboten ist. Die vielen Vögel verschmutzen den Teich zu sehr und mußten in den letzten Jahren stark reduziert werden.

Dabei spielte die Wasserqualität des Schreventeichs einmal eine ganz besondere Rolle. Der Teich gehörte bis in die Mitte des vorigen Jahrhunderts als »grevensdiek« (des Grafen Teich) den Besitzern des Schlosses, die das Wasser in sogenannten »Piepenbäumen« in ihr Schloß leiteten. Die Kieler Stadtbevölkerung durfte nur Wasser aus den Galgenteichen (siehe S. 152), in die überschüssiges Wasser aus dem Schreventeich geleitet wurde, entnehmen und in offenen Piepenbäumen in die Stadt führen. Beaufsichtigt wurde die Wasserleitung vom Fleckenvogt, dem früheren Polizeiverwalter und Armenvorsteher. Als die Stadt 1889 endlich den Schreventeich in Besitz nahm, erweiterte und vertiefte sie ihn zur Wasserversorgung der schnell wachsenden Bevölkerung, bis bereits 1862 ein Wasserwerk die Probleme auf andere Weise löste.

Jahnstraße

Die im Hinterhof gelegene Sporthalle gehört dem Kieler Männerturnverein (KMTV), heute natürlich für beide Geschlechter, mit einer gut funktionierenden Fechtabteilung. 1844 gegründet, war er der erste Turnverein der Stadt und kann sich sogar direkt auf die Tradition des »Turnvaters Jahn« berufen. Bereits 1817 hat sein Mitstreiter *Eselen* in Kiel mit Studenten geturnt und gefochten — trotz des bis 1842 bestehenden Turnverbots in Preußen.

Als es aufgehoben wurde, regte Prof. Forchhammer *die Einrichtung eines Turnplatzes am Kleinen Kiel an, und bereits 1844 betrieb der Advokat* Friedrich Hedde *die Gründung des KMTV. Erster Turnwart war übrigens der Geheimrat* Dr. von Esmarch, *der in einer Rede über das Turnen vor dem*

Ganz schön anstrengend. Fußballturnier beim Arbeiterkulturtag, veranstaltet vom Stadt- und Schiffahrtsmuseum 1989

Kieler Gewerbeverein die Anwesenden auch fragte, ob sie gerüstet seien, »sich wie ein Mann zu erheben und den Landesfeind über die Grenze zu jagen.«

Und beim schleswig-holsteinischen Freiheitskampf starben Mitglieder des »Kieler Turner- und Studentenkorps« bei der Schlacht gegen die übermächtige dänische Armee (siehe S. 173). Seit diesem geschichtsträchtigen Datum, dem 9.4.1848, ist die damals mitgeführte Fahne Bestandteil des Vereinslebens. Die Sportstätten wechselten häufiger, bis der Verein an dieser Stelle seine eigene Turnhalle errichtete. Sie hat die Glanzzeiten des Vereins in den 20er und 30er Jahren miterlebt. 1930–1936 wurde das Vereinsgebäude durch eigene Sportanlagen am Alsenplatz ausgeweitet. Der KMTV wurde durch Titelgewinne und Olympiasiege über Kiel hinaus bekannt.

Die Turnhalle

Lessingplatz
❹

Das Lessingbad war Anfang der 20er Jahre vom Stadtrat *Hahn* viel prächtiger geplant worden, als es dann ausgeführt wurde, dennoch war es lange Zeit die einzige städtische Schwimmhalle, die allen Bürgern zur Verfügung stand — für viele Kieler, deren Wohnungen mit kleinem Bad ausgestattet waren und die Privatbäder nicht bezahlen konnten, ein ungeheurer Fortschritt.

Am Lessingplatz stehen lauter öffentliche Gebäude; das 1952 errichtete Postamt, die Schwimmhalle, die ihre Tore 1953 wieder öffnete, die Gebäude der Stadtwerke, die die Stadt seit 1901 mit Elektrizität versorgen.

Goethestraße

Die Humboldtschule ist ein städtisches Gymnasium in neugotischem Stil, das 1876 erbaut wurde. Ursprünglich war sie eine Bürgerschule, die von der Gelehrtenschule 1848 getrennt wurde. Aus ihr ging die erste Kieler Realschule und Oberrealschule hervor. Sie sollte den Kieler Schülern mit ihrer technischen Ausrichtung ermöglichen, mit dem Tempo der Industrialisierung Schritt zu halten.

Die private »Park-Klinik« wurde lange Zeit als einzig akzeptable Klinik in Kiel für Frauenheilkunde, besonders bei Geburten und Schwangerschaftsabbrüchen, angesehen. Das benachbarte Wichmann-Stift gehört zur Werk- und Betreuungsstätte Ottendorf und dient als Wohnheim für Behinderte.

Brandstiftung, Plünderung und Mord

»Die Kunde, daß Gesandtschaftsrat vom Rath der feigen Meucheltat des jüdischen Mordbuben in Paris erlegen ist, hat ... auch in Kiel spontane judenfeindliche Kundgebungen ausgelöst.« (Kieler Zeitung vom 10.11.1938) Spontan war überhaupt nichts; es handelte sich um ein geplantes reichsweites Pogrom, und von Kundgebung zu reden, wo Brandstiftung, Plünderung und Mordanschläge stattfanden, ist mehr als ein sprachlicher Fehltritt — ebenso wie die verniedlichende Begrifflichkeit »Reichskristallnacht«, die nach wie vor durch bundesdeutsche Geschichtsbücher geistert.

In Kiel zogen SA- und SS-Angehörige in Zivil los, um die Synagoge in Brand zu setzen, Läden und Wohnungen zu zerstören und Juden zu mißhandeln. Bei dem Sprengstoffanschlag auf die Synagoge achtete die Feuerwehr lediglich darauf, daß der Brand nicht auf die Gebäude der Stadtwerke übergriff. Gelöscht wurde erst, als die Flammen alles zerstört hatten.

Die noch in Kiel lebenden männlichen Juden wurden verhaftet und zwei Tage später ins KZ Sachsenhausen abtransportiert — die verbliebenen Gemeindemitglieder wurden am Kuhberg ghettoisiert und schließlich nach Riga gebracht. Die Synagoge wurde durch Bombentreffer im 2. Weltkrieg endgültig zerstört. An ihre Stelle wurde erst 1968 ein Wohnhaus mit einer unscheinbaren Tafel errichtet, an der seit einigen Jahren Vertreter antifaschistischer Organisationen und der Stadt Kiel am 9. November an das Ereignis durch Kranzniederlegung und Reden erinnern.

Die jüdische Gemeinde umfaßte vor 1933 gut 600 Mitglieder (also knapp 0,3% der Bevölkerung) und setzte sich je zur Hälfte aus »deutschen Juden«, die schon lange ansässig waren, und »Ostjuden« zusammen, die nach dem 1. Weltkrieg aus Polen kamen und durch die von ihrer Tradition geprägten Erscheinung auffielen. Die Synagoge war Mittelpunkt ihres Glaubens, daneben gab es in der Stadt mehrere Betstuben, einen Friedhof (siehe S. 136), eine Religionsschule mit rituellem Bad und ab 1938 eine eigens eingerichtete jüdische Elementarschule.

Nach dem Boykott von Geschäften, deren Inhaber jüdischen Glaubens waren, begann die systematische Verfolgung, die schon vor dem Pogrom viele Juden in die Emigration trieb.

Horst Peters

Eckernförder Straße

Zur besseren Wohngegend gehörte früher auch die Eckernförder Straße. 1901 wurde — geplant vom Stadtbaurat *Stübben* — die lokkere Bebauung mit Werkstätten und Lagerräumen zwischen Wilhelmplatz und Westring durch eine Allee mit mehrgeschossigen Häusern und Vorgärten ersetzt. Hier wohnten Kaufleute, leitende Angestellte, Lehrer und einige Angehörige der Marine. Heute hat dieser Teil der Eckernförder Straße wegen des starken Durchgangsverkehrs an Attraktivität verloren. Die aufwendige Fassadengestaltung der Häuser verleiht der Straße aber immer noch einen reizvollen Charkater.

Während des Zweiten Weltkriegs hieß die Eckernförder Straße im Volksmund »Straße der SA«, da das Tanzlokal »Flora« (später zog die evangelische Gemeinde Jakobi-West in die Räume) in der sogenannten »Kampfzeit« Treffpunkt der faschistischen Schlägertrupps war. Die heutige Kneipe »Flora« hat damit nur noch den Namen gemeinsam.

5
Wilhelmplatz

Der Grundbesitz ist geblieben, die traditionsreiche Firma H.C. Reimers aber existiert nicht mehr. Nur in Stein gemeißelte Automobile und Schriftzüge lassen erahnen, welche Bedeutung dieser Baukomplex und der dazugehörige Hinterhof früher hatten.

Fahren will gelernt sein. Ob es auch einen Schein gab?

Heinrich Christian Reimers *(1854–1918), der eine Schlosserei mit Maschinenbau in der Holstenstraße besaß, erkannte die Zeichen der Zeit und spezialisierte sich auf Nähmaschinen, Fahrräder, Automaten, Büromaschinen, Motorräder und Automobile. 1896 ließ er dann auf dem Gelände am Wilhelmplatz einen Übungsplatz zum Erlernen des Radfahrens anlegen — kunstvoll mit einem Springbrunnen in der Mitte. Und wer beim Fahrradfahren hungrig wurde, kehrte im Restaurant »Radfahrerheim« ein. 1910/11 wurde das Gelände ausgebaut — das Fahrrad wich dem Auto. Eine Fabrik, Werkstattanlagen, Tankstelle und Unterstellmöglichkeiten für Automobile bildeten die Autozentrale H.C. Reimers, die sogar vom Kaiser bei seinen Kielbesuchen beehrt wurde. Ab 1924 setzte von hier aus ein Omnibusbetrieb ins Umland ein. Die Firma beschäftigte über 100 Arbeiter und Angestellte und hatte Filialen in Flensburg, dem dänischen Hachsleben und dem schwedischen Malmö. Nach dem Zweiten Weltkrieg, als das Auto seinen Siegeszug antrat, konnte die Firma ihren Vorsprung nicht mehr halten und mußte schließlich aufgeben.*

Ein Hotel und Restaurant für Durchreisende war ein besonderer Anziehungspunkt der Autozentrale. Das weithin bekannte Tanzlokal »Klubhaus des Westens« war bereits im August 1945 wieder geöffnet und diente in der Anfangszeit der Niederdeutschen Bühne für Theateraufführungen. In den 50er/60er Jahren wurde aus dem

Lokal das Kino »Camera« — der Zugang befand sich in der Einfahrt — und Anfang der 70er Jahre die Szene-Kneipe »Pupille«, in der sich Gymnasiasten und Schüler trafen. Später wurde in der Saarbrückenstraße eine Kneipe gleichen Namens eröffnet, die aber inzwischen auch nicht mehr existiert.

Der Wilhelmplatz wurde 1893 als Marktplatz angelegt und ist im Laufe der Zeit für viele Gelegenheiten genutzt worden. Er war Aufmarschgelände für die preußische Staatsmacht und Kundgebungsort während der Novemberrevolution. 1933 verbrannten die Nationalsozialisten hier Bücher. Nach 1945 schlug der Zirkus seine Zelte auf, bietet der ADAC Lichttests an, und auch die Zeltmission nutzt den Platz. Die Bundeswehr veranstaltete 1985 die Ausstellung »Unser Heer«. Dreimal im Jahr gastiert der Jahrmarkt auf dem Wilhelmplatz. 1982 feierten die Schausteller gemeinsam mit der Bevölkerung 500 Jahre Jahrmarkt, auf dem Wilhelmplatz findet er allerdings erst seit 1903 statt. Vor der Einweihung des Nordmarksportfeldes 1907 trugen auch Fußballvereine ihre Spiele auf dem Platz aus.

Pläne zur Begrünung des Platzes haben Proteste von Anwohnern ausgelöst, die den Verlust bequemen Parkraums fürchten. Weißenburg, Metz, Spichern, Wörth, Gravelotte bezeichnen Schlachtorte aus dem Krieg 1870/71 gegen Frankreich — der letzte deutsche Sieg wird nicht nur mit Denkmälern, sondern auch mit Straßennamen wachgehalten. »Franzosenviertel« heißen die Mietshausblocks im Volksmund, für eine Umbenennung scheint es zu spät.

Eine gemischte Wohn- und Gewerbestruktur zeichnet das »Franzosenviertel« aus, wobei die auf den Hinterhöfen angesiedelten Betriebe immer weniger werden. Nur einige alteingesessene Traditionsunternehmen wie die Tischlerei Luhr (gegründet 1894) und Elektro-Camps, haben sich bis heute halten können. Eine »Baltische Korkfabrik«, ihr Schild ist noch am Eingang des Antikladens, Fuhrbetriebe und Baugeschäfte existieren nicht mehr.

6
Metzstraße

Die Hauptgeschäftsstraße hat ihr Gesicht in den letzten Jahren auffallend verändert: Die kleinen Einzelhandelsgeschäfte sind verschwunden. Aus der Stadtteilkneipe »Spichernhöh« wurde der Studententreff »Leierkasten«, aus der Druckerei Joost der türkische Imbiß »Ankara«, aus dem Kolonialwarenladen und nachfolgenden Edekamarkt »Sanny« wurde eine Galerie. Deutliche Hinweise dafür, daß in das ehemals von Arbeitern, kleinen Angestellten und Beamten bewohnte Viertel viele Studenten eingezogen sind.

Die Menschen hausten in Höhlen und Löchern. Nissenhütten

Der Hinterhofspielplatz (Zugang von der Wörthstraße), der Ende der 50er Jahre nach Abriß der für Flüchtlinge und Umsiedler aufgestellten Nissen-Hütten angelegt wurde, ist geblieben. Allerdings werden die Kinder heute kaum noch zum Spielplatz am Geibelplatz ziehen, um die Nachkommen besser gestellter Familien zu verhauen, wie früher.

Mit Sehnsucht, Neid und/oder Verachtung blickten die Bewohner des Franzosenviertels nämlich einst auf das Wohngebiet in der westlichen Nachbarschaft: die Geibelallee, die Uhland- und Eichendorffstraße sowie das Philosophenviertel (Kant-, Nietzsche- und Hegelstraße).

Geibelallee

Hier baute das Bürgertum, wie die Lebenserinnerungen *Ferdinand Hoffs* eindrucksvoll belegen:

»Mit dem Jahre 1900 hatte nicht nur ein neues Jahrhundert begonnen, ... Wir zogen aus dem Mietshaus (in Diedrichsdorf, H.P.) in ein schöneres Haus, das meinem Vater gehörte. Er hatte nicht nur dieses Haus gebaut, sondern eine Siedlung von etwa 30 anderen Häusern ins Leben gerufen ..., und es war ihm gelungen, etwa 30 Kollegen, junge Lehrer, für einen großen Bauplan zu gewinnen, der jedem ein eigenes Haus in freier Natur an der damaligen Stadtgrenze von Kiel schaffen sollte ... Als die Straßenzüge vermessen waren und die Häuser in die Höhe schossen, war der Name für die neuen Straßen und die Parkanlage zu wählen ... Die Entscheidung brachte ein Wunsch meiner Mutter. Sie liebte in ihrer Vaterstadt Lübeck besonders den malerisch-schönen Geibelplatz, benannt nach dem heimischen Dichter, der damals in bürgerlichen Kreisen sehr beliebt war.«

7
Langenbeckstraße

Die 1951 fertiggestellte Friedrich-Junge-Schule, in Pavillonbauweise mit eingestreuten Grünanlagen, ist ein gutes Beispiel für den Übergang vom repräsentativen zum funktionalen Baustil bei öffentlichen Gebäuden.

Hasseldieksdammer Weg

Den Weg durch das sich am Schulhof anschließende Kleingartengelände führt zu den Sportanlagen des Fußballclubs Kilia von 1902. Gemeinsam mit »Holstein Kiel« gehört er zu den ältesten Fußballvereinen in Kiel — 1903 folgten »Borussia«, 1910 »Eintracht«. Schmerzhaft für die Kieler, daß sich bei diesem populären Spiel bisher kein Verein in den beiden Profiligen etablieren konnte. Gute Spieler werden von den Bundesligaclubs abgeworben wie *Andreas Köpke* (von Holstein Kiel zum 1. FC Nürnberg) oder *Tobias Homp* (vom FC Kilia zum HSV).

Fragt man ältere Mitbürger nach dem Namen der Siedlung jenseits der Bahnschienen, wird man die Antwort »Afrika-Viertel« erhalten. Dabei handelt es sich keineswegs um die abschätzige Bezeichnung eines Ghettos für Asylbewohner, sondern um die seinerzeit vielbelächelte farbenfrohe Gestaltung der Siedlung.

Mühlenweg

Noch besteht die Möglichkeit, das Kleingartengelände entlang des Mühlenwegs (oder parallel laufender Gartenwege) zu durchwandern. In den kommenden Jahren wird diese Straße einer Stadtautobahn weichen müssen.

Kronshagener Weg
Nietzschestraße
Langenbeckstraße

An Bundespost und Obdachlosenasyl vorbei erreichen wir wieder die Blockbebauung an der Langenbeckstraße, deren Architektur das politische Gesicht der Sozialdemokratie und Arbeiterbewegung der 30er Jahre widerspiegelt.

Vorbild war der Gemeindebau in Wien, dessen Bauweise in Abkehr von traditioneller bürgerlicher Herrschaftsarchitektur und Repräsentationsbedürfnis, aber auch wegen der schwierigen Finanzierung, eine funktionale und schmucklose Architektur aufweist. Sozialpolitische Interessen prägen Baustil und Anlageformen. Gemeinschaftseinrichtungen wie Kindergärten, Waschküchen, Grünflächen zwischen den Häuserblöcken mit Wäschepfäh-

len und Spielplätzen und eine Ausstattung der Wohnungen mit Innentoilette und Narrak-Heizung sollen den Arbeitern und Arbeiterinnen das Leben erleichtern.

Die Häuser an dieser Straße wurden von einer Baugenossenschaft errichtet, die 1927 von Gewerkschaftern, u.a. dem Kieler ADGB-Vorsitzenden *Böttcher* gegründet worden war. Zahlreiche Gewerkschaftsfunktionäre zogen in die neue Siedlung, und in den Jahren 1932/33 mußte zeitweilig das Reichsbanner patrouilleren, um Übergriffe der SA abzuwehren.

Metzstraße

Das städtische Krankenhaus, das durch Erweiterungsbauten vor kurzem seine Kapazitäten erweitert hat, stand immer im Schatten der Universitätskliniken. Es wird jetzt allerdings im Rahmen des Krankenhausbedarfsplans bis 1995 als Schwerpunkt-Krankenhaus aufgewertet und erhält in den nächsten Jahren eine geriatrische Abteilung und weitere Betten in der gynäkologischen Abteilung (siehe S. 118).

Kronshagener Weg

Beim vierspurig ausgebauten Kronshagener Weg sind die ehemaligen prächtigen Vorgärten der Häuser längst dem Straßenausbau gewichen. An der Ecke befand sich nach Kriegsende die gewerkschaftseigene Büchergilde, ein Buchclub, geleitet von *Magda und Alfred Jung.*

Magda Jung. Viele haben sie so kennengelernt.

Begrenzt wird der Wilhelmplatz durch das von Stadtrat *Hahn* und Magistratsbaurat *Schöck* konzipierte, ehemalige Arbeitsamt. Es ist das eindrucksvollste Gebäude in Kiel, das vom Bauhaus-Stil beeinflußt worden ist. Das Bauhaus, die Hochschule für Bau und Gestaltung 1919–25 in Weimar und danach in Dessau, verlangte die optimale Vereinigung von Funktionalität und Ästhetik, Handwerkskunst und industrieller Fertigung. Architektonische Form des Hauses und seine Inneneinrichtung, von den Einbaumöbeln bis zu den Lampen, sollten eine Einheit bilden. Grundprinzip der Bauweise war, die äußere Erscheinung des Gebäudes dem inneren Zweck eines Behördenbaus anzupassen. Aus der Breite eines Arbeitsplatzes von 1,50 Metern ergab sich ein Stahlbeton-Stützensystem, nach dem sich die Raumaufteilung richten mußte. Die Fenster wurden als durchlaufende Bänder angeordnet.

Als 1927 mit dem Gesetz für Arbeitsvermittlung und Arbeitslosenversicherung eine zentrale Organisation der Arbeitsverwaltung geschaffen wurde, brauchte man dafür auch ein Gebäude. Von 1930 bis 1989 war das Arbeitsamt am Wilhelmplatz untergebracht. Vorher gab es nur den Arbeitsnachweis durch eine gemeinnützige Gesellschaft, so seit 1885 die »Gesellschaft freiwilliger Armenfreunde«, die dann 1918 in städtische Hand überging und ihren Sitz im Schloß, danach im Buchwaldtschen Hof hatte. Ein weiterer Platz, an dem sich die Arbeitssuchenden trafen, war z.B. der »Heiratsmarkt« am Kleinen Kiel. Hier wurden Stellenangebote an einer Tafel angeschlagen. Das Sozialamt tritt nun die Nachfolge des Arbeitsamtes an, das in einen Neubau auf dem alten Schlachthofgelände (siehe S. 186) gezogen ist.

1952. Arbeitslose in Kiel

Auch die alte Sternschule wird seit einigen Jahren von der kommunalen Verwaltung genutzt, während die Milchforschung gegenüber Bundessache ist.

Sternstraße

Die dem früheren Arbeitsamt gegenüberliegende, 1889 erbaute Sternschule — sie wurde 1986 aufgelöst — hat ihren Namen nach der sternförmigen Straßenkreuzung mit der früheren, sternförmigen Pflasterung erhalten. Danach zog vorübergehend das Kieler Amt für Volkszählung ein. Im Mai 1988 sorgte es für Schlagzeilen: Datenbögen waren spurlos verschwunden, BürgerInnen waren ohne jede Vorwarnung mit Bußgeld belegt worden oder landeten in der »Verweigerer-Kartei«, obwohl sie die Volkszählungsbögen treu und brav ausgefüllt hatten.

Kronshagener Weg

Die Bundesanstalt für Milchforschung wurde 1922 als »Preussische Versuchs- und Forschungsanstalt für Milchforschung« gegründet. Daß sie ausgerechnet nach Kiel kam, ist vor allem dem damaligen Leiter der Versuchsanstalt für Molkereiwesen an der schleswig-holsteinischen Landwirtschaftskammer, Professor *Dr. Weigmann*, zu verdanken. Nach ihm ist heute die Weigmannstraße benannt, die früher von der »Prüne« gekreuzt wurde; die imposanten Bauten des chemischen, bakteriologischen und physikalischen Instituts der Milchforschung an der »Prüne« wurden im Krieg zerstört.

Eckernförder Straße

Das einstige Versammlungslokal der NSDAP heißt immer noch »Deutsche Wacht«. Neben dem Lokal eröffnete 1951 das damals zweitgrößte Kino »Central«, das die Zuschauer mit Monumentalschinken wie »Ben Hur« und »Vom Winde verweht« in Scharen ins Kino lockte. Heute drehen hier Tanzschüler ihre Runden.

Das Gebiet um die Möllingstraße herum stand früher unter Wasser. Zwei Teiche bildeten sich, die sogenannten Galgenteiche.

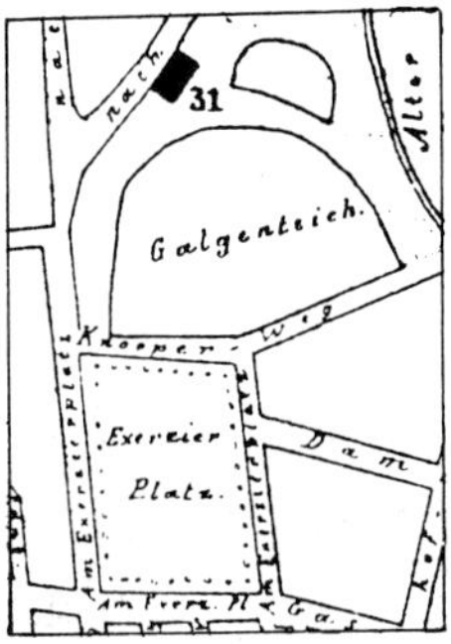

Sie waren nach dem Galgen benannt, der seit 1700 auf dem Galgenberg stand, und den alten Markt als Hinrichtungsstätte ablöste. Am zweiarmigen Galgen endete das Leben so manchen vermeintlichen oder tatsächlichen Schwerverbrechers. Die schaurige Stätte hielt nicht davon ab, ein Frauenbad anzugliedern.

Die zwei Galgenteiche verschwanden im 19. Jahrhundert: 1847/48 der kleinere, als der Knooper Weg durch die Damperhofländereien angelegt wurde. 1887 wurde der größere zugeschüttet, um das gesamte Gelände als Bauland zu nutzen.

Exerzierplatz

❽

Zur Jahrhundertwende mußte der alte Markt auch seine Funktion als Markt an den Exerzierplatz und an das Gelände am Kuhberg abgeben, wo nun die Ochsen- und Pferdemärkte stattfanden. Noch im 18. Jahrhundert war der Exerzierplatz ein unbebautes Feld mit Wassertümpeln. 1830 wurde er befestigt und umbaut.

Der Name stammt von der Funktion des Platzes, als dänische und deutsche Garnisonen in den Jahren 1744 bis 1846 den Militärschritt übten. Heute ist er ein stets überfüllter Parkplatz. Mittwochs und sonnabends findet ein Markt statt, auf dem auch Kleintiere zum Kauf angeboten werden und zahlreiche Fischstände die Besucher anlocken.

Wer läßt sich täuschen? Bemalte Fenster

An der Südseite des Platzes sind die Häuser aus der ersten Bebauung noch stehengeblieben. Das »Collosseum«, vormals das geräumige Lokal »Erheiterung«, war in der Weimarer Zeit beliebter Ort für viele politische Veranstaltungen. Nicht selten wurden die Argumente recht handgreiflich ausgetragen.

Jungfernstieg

Der Jungfernstieg wird von Studenten bevölkert, man sieht es der Szenerie an; das Szene-Café Lucy, der 1000-Körnerladen und der Sponti-Buchladen Zapata befinden sich hier.

Die schon seit vielen Jahren bestehende Eckkneipe »Oma Plüsch« mit Biergarten hat eine ausgezeichnete Kneipen-Fußballmannschaft.

Knooper Weg

Der Damperhof war ursprünglich 27 Hektar groß und dehnte sich westlich vom Kleinen Kiel bis zum Brunswiker Feld aus. Mitte des 19. Jahrhunderts wurde das Gelände parzelliert und bebaut, allerdings sind von dem ehemaligen stadtnahen Industriegebiet keine Gebäude erhalten geblieben. Nach den Zerstörungen im Zweiten Weltkrieg entstand ein reines Wohngebiet.

Früher war hier der alte Landweg nach Knoop (siehe S. 92), heute ist es eine Hauptverkehrsader Kiels. Die Funktion als Geschäftsstraße übt der Knooper Weg mehr schlecht als recht aus, die Besitzer der Läden wechseln häufig.

❾

Wilhelminenstraße

In intimer Atmosphäre finden die Vorstellungen des privaten Theaters »Die Komödianten« statt (siehe S. 153). Die Schauspieler haben lange nach einem Raum Ausschau gehalten und sind nun seit einigen Jahren auf einem Hinterhof über einen etwas umständlichen Weg zu erreichen, der aber gut ausgeschildert ist.

Im »Haus der Heimat« von 1955 haben verschiedene Verbände der Landsmannschaften aus Pommern und Ostpreußen ihren Sitz. Mögen auch manche nur schlicht ihre Erinnerungen wachhalten wollen, so erheben andere doch nach wie vor Anspruch auf DDR-Territorium und polnische Gebiete. Besondere Aufmerksamkeit erregte eine Veranstaltung des Landesverbandes aus der Muhliusstraße »40 Jahre Flucht und Vertreibung« am Marine-Ehrenmal Laboe (siehe S. 18), auf der auch die erste Strophe des Deutschlandliedes gesungen werden sollte.

Die benachbarte Ortskrankenkasse besteht seit 1901. Sie hat ihre Räumlichkeiten immer wieder ausgebaut und 1950 nach der Zerstörung der Gebäude im Krieg einen Neubau errichtet. 1975 veranstaltete die Krankenkasse die vielbeachtete Ausstellung »Gläserne Frau«, die die Funktionen des weiblichen Körpers anschaulich zeigte.

Vielleicht weil es verboten war: Die besten Fêten fanden Ende der 60er Jahre im Heim des Christlichen Vereins junger Männer statt. Die ältere Generation ging zum »Ball der einsamen Herzen«, bis die Räume abbrannten und als heutige »Bier-Akademie« wiedererrichtet wurden.

Jägersberg

Kulturelle Angebote

Die meisten kulturellen Einrichtungen befinden sich in der Innenstadt auf dem Westufer. Da sich Kiel um die Förde herumzieht, wird besonders häufig aus den Randgebieten auf dem Ostufer kritisiert, daß das Kulturangebot von den Bewohnern des Ostufers nicht richtig wahrgenommen werden kann. Das Opernhaus liegt gleich neben dem Rathaus und ist eines der beherrschenden Bauten am Kleinen Kiel. Früher auch als Aufführungsort für große Schauspiele bekannt, werden heute nur noch Opern, Ballette und Kinderkonzerte in der großen Bühne gezeigt. Im Orchesterprobenraum gelangen kleine moderne Kammeropern zur Aufführung; überhaupt pflegt man seit der Intendanz Klaibers die zeitgenössische Musik, insbesondere die moderne Oper, und hat bereits ein eingeschworenes Publikum gewonnen.

Das kommunale Theater Kiel hat seinen Platz in der Holtenauer Straße. Zunächst ein Gartenetablissement auf der grünen Wiese, wurde es schon im vorigen Jahrhundert zum Theater umgestaltet. Der kleine Orchestergraben, der heute nicht mehr genutzt wird, ermöglichte auch die Aufführung von Operetten. Heute werden auf der großen Bühne und im Studio, das im selben Haus untergebracht ist, zeitgemäße Schauspiele und — sehr zum Leidwesen vieler Abonnenten— auch Klassiker in moderner Inszenierung aufgeführt. Zu Beginn der Spielzeit 89/90 wird nun das erste Haus des Theaters auf dem Ostufer eröffnet werden. Das Kinder- und Jugendtheater, das als selbständige Einrichtung des Kieler Theaters seit 16 Jahren erfolgreich in Kindergärten, Schulen, Kommunikationszentren und Kneipen spielt, bekommt ein eigenes Haus im Werft-Park. Neben dem kommunalen Theater gibt es noch zwei von der Stadt unterstützte Privattheater, die »Kommödianten« und das polnische Theater. Die »Kommödianten« sorgten in der ersten Zeit unter der Leitung von *Markus Dentler* mit ihrem Hundetheater und einem Sklavenmarkt für Aufregung. Inzwischen ist es ruhig um ihn geworden und seine Frau *Tine Riese* hat die Leitung des Theaters übernommen. Das polnische Theater hat sich aus einer Gruppe polnischer Schauspieler entwickelt und widmet sich vor allem der Pflege ihrer nationalen Theaterliteratur.

Ein weiterer großer Teil der traditionellen Kulturszene besteht aus Museen und Galerien. In der Kunsthalle, der Stiftung Pommern und der Stadtgalerie werden die verschiedenen Aspekte der bildenden Kunst ausgestellt, wobei die Kunst des 19. Jahrhunderts besonders in der Kunsthalle und in der Stiftung Pommern Raum findet. In der Kunsthalle wird versucht, durch ständige Wechselausstellungen die verschiedenen Diskussionsansätze in der bildenden Kunst erfahrbar zu machen. Die Stadtgalerie legt ihren Schwerpunkt mehr auf den regionalen Aspekt, wobei auch die Kunst im Ostseeraum miteinbezogen wird. Mit der *Heinrich-Ehmsen*-Stiftung, die sich in den Räumen der Stadtgalerie befindet, ist es gelungen, einen Kieler, der als Maler besonders auch für die DDR eine starke Bedeutung hat, in der Heimatstadt wieder präsent zu machen. Der Brunswiker Pavillon und das Künstlerhaus Schwentine fördern durch ihre familiäre Atmosphäre die direkte Auseinandersetzung mit Ausstellungen hier ansässiger Künstler/innen. Die privaten Galerien blühen eher im verborgenen. Immer wieder wird der Versuch unternommen, Privatgalerien in Kiel zu etablieren, was sich aber meist nach kurzer Zeit nicht rentiert, und der Idealismus einzelner verfliegt. Geschafft haben es die Galerie Sfeir-Semler, die oft in Anlehnung an die Kunsthalle Ausstellungen zeigt, und die Galerie am Eichhof, die in eigener Regie überwiegend KünstlerInnen aus dem Ostblock mit dem Schwerpunkt DDR und Polen ausstellt. Die Galerie »Prima Kunst« ist auf eine Initiative von MuthesiusschülerInnen zurückzuführen, die sich so ein eigenes Forum geschaffen haben.

Das Stadt- und Schiffahrtsmuseum mit seinen zwei Häusern wird um ein weiteres Museum ausgebaut: das Museum für Industrie und Alltagskultur. An der Nahtstelle zwischen West- und Ostufer angesiedelt, sollen die Auswirkungen der Industrialisierung auf den Alltag, besonders den der Arbeiter, dokumentiert werden. Kiel als Schiffbaustadt mit einem mit amerikanischen Verhältnissen vergleichbaren Wachstum wird hier im Mittelpunkt stehen. Im Stadtmuseum, Warleberger Hof, dem letzten noch existierenden Adelshof, der etwas vom alten Kiel widerspiegelt, werden Wechselausstellungen zur Stadtgeschichte gezeigt und im Schiffahrtsmuseum wird Kiels Geschichte als Hafen-, Handels- und Marinestadt lebendig. Das beliebteste kulturhistorische Museum, das Freilichtmuseum, liegt vor den Toren Kiels in Molfsee. Das Zoologische Museum, in dem der Besucher durch Wechselausstellungen immer wieder etwas Neues erfährt, ist im gleichen Gebäude wie das Völkerkundemuseum untergebracht. Aus den unterschiedlichsten Regionen der Erde wurden hier Gegenstände zusammengetragen, die in ihrer Präsentation an die Kolonialzeit erinnern, als die Kulturobjekte der »Wilden« zum Bestaunen ausgestellt wurden. Das Aquarium schließlich zeigt Fische aus Nord- und Ostsee, aber auch aus den heimischen Binnenseen.

Zwei auf dem Westufer befindliche Kommunikationszentren und eins auf dem Ostufer ergänzen das traditionelle Kulturangebot. Die Pumpe, hervorgegangen aus der Druckerei, einer Initiative, die sich im Gebäude der ehemaligen Volkszeitungsdruckerei ansiedelte, ist gerade 10 Jahre alt geworden. Zahlreiche Initiativen führen hier ihre Projektarbeit und Veranstaltungen mit Vorträgen, Workshops und Diskussionen durch. Neben Konzerten und Theateraufführungen von freien Gruppen präsentiert auch das Kommunale Kino seine Filme in der ehemaligen Pumpstation für Abwässer. Das Gebäude verfügt zwar über einen besonderen Charme, die Industriearchitektur erweist sich jedoch nicht immer von Vorteil, wenn verschiedene Veranstaltungen gleichzeitig im Gebäude

Die Pumpe erkennt jeder.

stattfinden. Nur wenig älter als die Pumpe ist die Räucherei in Gaarden. Untergebracht in einer ehemaligen Fischräucherei, deren Öfen im Großraum noch zu sehen sind, ist sie sowohl Stadtteilzentrum als auch Kulturzentrum für die ganze Stadt, denn die dort angebotenen Konzerte, Frühschoppen, Theater- und Cabaretaufführungen locken auch Besucher vom Westufer an. Das dritte Kommunikationszentrum, ein mit Hilfe der Stadt umgestaltetes, ehemals besetztes Brauereigebäude, heißt Hansastraße 48 und befindet sich auch dort. Initiativen treffen sich dort regelmäßig, eine Fahrradwerkstatt steht für alle zur Verfügung und es finden hier im familiären Rahmen Theatergastspiele, Konzerte und Filmvorführungen statt. Die Hansastraße hat ihren eigenen Besucherstamm, der nicht nur aus der näheren Umgebung kommt, sondern über das ganze Stadtgebiet verstreut ist.

Kommerziell orientierte Anbieter wie die Traumfabrik und das Spizz ergänzen die Auftrittsmöglichkeiten für Musikgruppen und freie Theatergruppen. Die Traumfabrik trat zunächst mit einem kulturellen Konzept auf, das auch Theater und bildende Kunst umfaßte, reduzierte das Angebot allerdings inzwischen auf Konzerte, Filmvorführungen und eine Discothek.

Auch der Konzertsaal und die Ostseehalle werden als Auftrittsorte für große Pop- und Rockkonzerte, Veranstaltungen wie das Schleswig-Holstein-Festival oder für Theateraufführungen genutzt. Veranstaltungen des Schleswig-Holstein-Festivals finden außerdem in der Petruskirche in der Wik statt, einer früheren Garnisonskirche, die heute nur noch als Konzertsaal dient. Die Proteste der heimischen Musiker, die um ihre Zuhörer und ihre Förderung bangen, sind bis heute gegenüber dem Festival noch nicht verstummt. Die Einbeziehung von KirchenmusikerInnen und philharmonischem Orchester ist jedenfalls noch nicht gelungen.

Stadtteilkultur ist ein neuer Schwerpunkt der Kulturpolitik in der Stadt. Kulturläden in den zentrumsfernen Stadtteilen sollen den BürgerInnen vor Ort ein Angebot machen, das auch von ihnen selbst mitgestaltet und mitbestimmt werden kann. Erste Versuche einer derartigen Arbeit werden bereits in Dietrichsdorf, Mettenhof und Friedrichsort unternommen, wo von Trägern wie der Arbeiterwohlfahrt oder verschiedenen Vereinen Veranstaltungen und Kurse im kreativen Bereich angeboten werden.

Ute Kohrs-Heimann

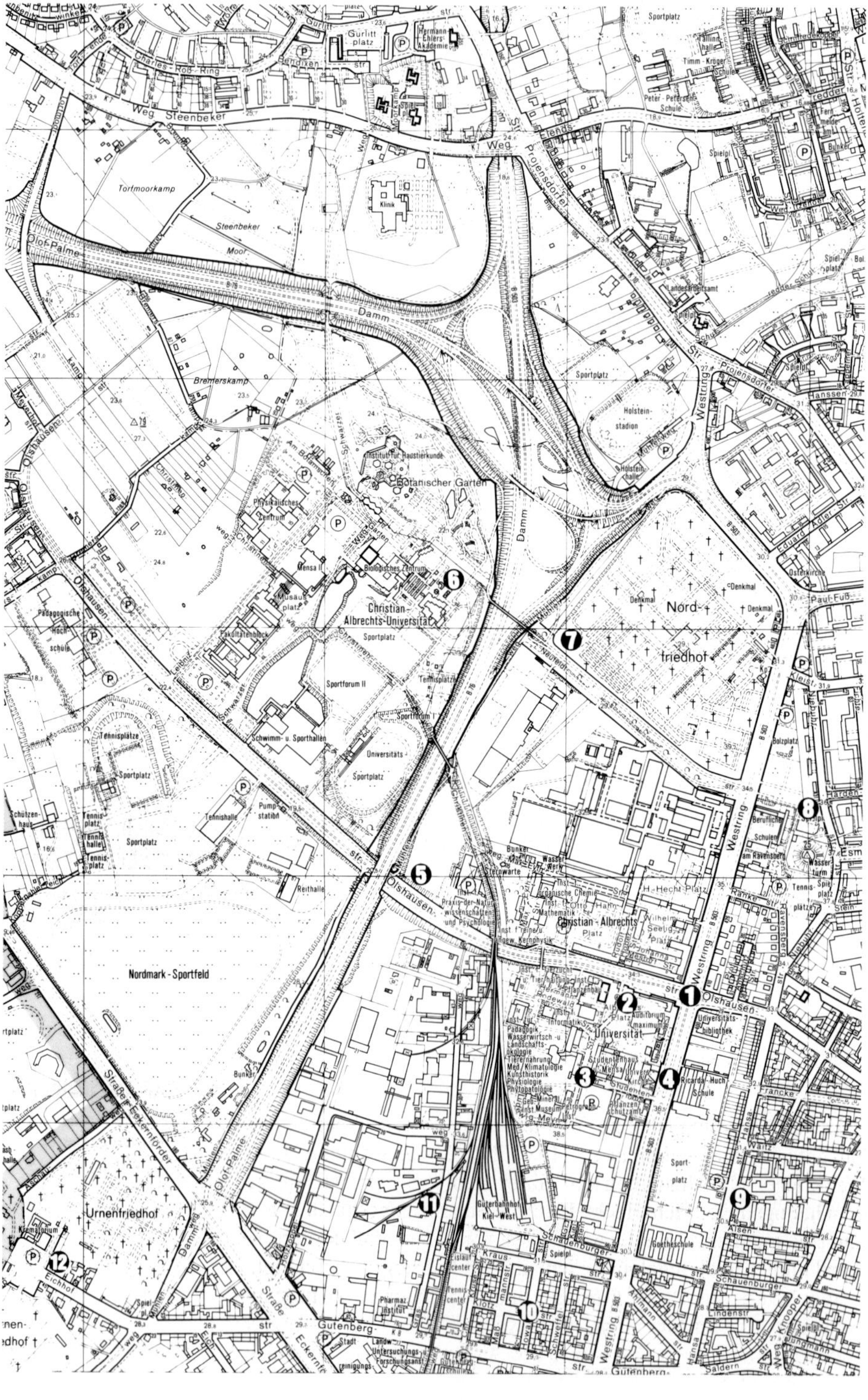
Gurlitt platz
Hermann-Ehlers-Akademie
Charles-Ross-Ring
Steenbeker Weg
Torfmoorkamp
Steenbeker Moor
Klinik
Olof-Palme-Damm
Bremerskamp
Olshausen-str.
Projensdorfer Str.
Westring
Sportplatz
Holstein-stadion
Holstein-halle
Landesarbeitsamt
Peter-Petersen-Schule
Timm-Kröger-Schule
Institut für Haustierkunde
Botanischer Garten
Physikalisches Zentrum
Mensa II
Biologisches Zentrum
Christian-Albrechts-Universität
Musäus platz
Fakultätenblock
Pädagogische Hochschule
Sportforum II
Sportforum I
Tennisplätze
Schwimm- u. Sporthallen
Universitäts Sportplatz
Tennishalle
Pumpstation
Reithalle
Schützenhaus
Nordmark-Sportfeld
Nord-friedhof
Denkmal
Berufliche Schulen am Ravensberg
Wasserturm
Sternwarte
Wasser Werk
Christian-Albrechts-Platz
Wilhelm-Seelig-Platz
Universität
Auditorium maximum
Universitätsbibliothek
Ricarda-Huch-Schule
Goetheschule
Güterbahnhof Kiel-West
Eislauf center
Tennis center
Pharmaz. Institut
Urnenfriedhof
Krematorium
Gutenberg-str.
Eckernförder Straße
Schauenburger str.
1
2
3
4
5
6
7
8
9
10
11
12

»Vonnie Unität: Nu leuchtet sie ihr Lich«

Universitäts- und Stinkviertel

von Manfred Lang

Ausgangspunkt: *Ohlshausenstraße/Westring, Bus 2, 10, 12, 41*
Endpunkt: *Friedhof Eichhof, Bus 3, Haltestelle Eichhof*
Dauer: *ca. 3 Stunden*

Nahe den Ufern der Förde am Schloßpark — dort lag früher die Universität, als Kristallisationspunkt des öffentlichen Lebens (siehe S. 45). Nach 1945 wurden die zerbombten Universitätsgebäude abgerissen und die Studierenden nach einem Zwischenaufenthalt auf drei Wohnschiffen in der Brunswik in den abseits gelegenen Stadtteil Ravensberg verbannt.

Olshausenstraße/ Westring

❶

»Werkstatt des Friedens« — so bezeichnet ein studentischer Film von 1946 die neue Kieler Universität. Acht ausgediente Gebäude des ehemaligen Rüstungsbetriebes ELAC bilden ihre Keimzelle. Wo »im Kriege die Schmiede den Takt schlugen« — so der Originalton des Films — zogen Musiker ein. Wo Torpedos und Ortungsgeräte produziert wurden, setzten Physiker nachrichtentechnische Erkenntnisse für einen »Kieler Fernseher« um, und wo Rüstungsarbeiter in der Kantine saßen, war in der Folgezeit eine Mensa. Mittags drängte sich dort alles zum Essen und abends ging es zum Tanz oder zum Auftritt des Kabaretts »Die Amnestierten«.

Die Kabarettisten, die sich innerhalb kurzer Zeit nach ihrem ersten Auftritt 1947 internationales Ansehen verschafften, gaben sich diesen Namen nach der politischen Amnestie, die die britische Militärregierung für alle nach dem 1.1.1919 geborenen Deutschen erließ. Ihre Themen waren die nationalsozialistische Vergangenheit und die Haltung der Jugend zur neuen Demokratie. Besonders der Sketch über eine Äußerung des damaligen Oberbürgermeisters Gayk, *»die Universität sei das trojanische Pferd in den Mauern der Demokratie«, löste eine heftige Diskussion aus.*

Zum Zeittheater der Kieler Studenten gehörte auch Ida Hinz.

ELAC, ursprünglich eine Tochterfirma der benachbarten zum Salzgitterkonzern gehörenden HAGENUK, war während des 2. Weltkrieges NS-Musterbetrieb. Hitler selbst soll am Atrium auf dem heutigen Heinrich-Hecht-Platz die Belegschaft gegrüßt haben, und Belegschaftsmitglieder wollen gesehen haben, daß dort am 20. April immer noch regelmäßig jemand mit Führergruß erscheint.

Wo heute der hohe Porticus mit dem Namen »Christian-Albrechts-Universität« steht, war ursprünglich der Haupteingang in das Firmengelände. Er wurde erst 1951, vermutlich in Anleh-

Ravensberg mit Wasserturm, bevor die Universität den Raum einnahm.

nung an die übrigen neoklassizistischen Säulenvorbauten, auf dem Gelände fertiggestellt. Als Stilelement für den Nachkriegsbau ist dieses eine skurrile Besonderheit, da derartige Vorbauten, selbst mit dem Detail der Muschelkalkstein-Verkleidung, dem Imponiergehabe des nationalsozialistischen Baustils entsprechen.

Olshausenstraße 40

Neben den Fabrikgebäuden gehören das Verwaltungshochhaus, Institutsgebäude, Bibliothek, Audimax, Studentenhaus mit Mensa, Studiobühne (»Nagelbunker« genannt wegen der Ziernägel an der Außenwand), Ladenzeile und Kirche (auch »Gebetsabschußrampe« genannt wegen ihrer schrägen Dachform) zum Kern der neuen Universität.

Bis 1969 glaubten die Planer, für einen genügenden Ausbau gesorgt zu haben, und setzten demonstrativ das Gebäude des Instituts für Reine und Angewandte Kernphysik als Block quer in die Fluchtlinie der Olshausenstraße. Dahinter gab es nichts als Felder und Kleingärten. Und wo heute die Ökotechnikhalle steht, weist ein Plan von 1920 noch die »Teufelsküche« aus, ein Sumpfloch im Steenbeker Moor, vor dem die Kleingärtner abergläubisch Abstand hielten. Das Kleingartengelände gehörte zu dem Grüngürtel, der sich wie ein Hufeisen um die Kieler Förde legt.

Seit 1970 brach man dann in dieses für akademische Höhenflüge so unwegsame Gelände ein. Der Kern der Universität erlaubte keine andere Expansion, da er zu drei Seiten von Industrieanlagen, dem Güterbahnhof West, dem Nordfriedhof, dem Friedhof Eichhof und Wohnhäusern umgeben war.

Die Raumnot ist von Anfang an beklagt und mit der ständig anwachsen-

den Zahl der Studierenden — mittlerweile sind es etwa 18000 — unerträglich geworden. Aus Protest gegen die Enge und zu wenig Lehrpersonal wurde im Wintersemester 1988/89 demonstrativ die »Bildung zu Grabe getragen«. Professoren hielten ihre Vorlesungen auf der Straße ab.

Bis 1991 sollen nun die übrigen Gebäude der ELAC für Hochschulzwecke umgebaut werden, weitere Neubauten sind geplant.

Wer diesen Kern der Universität noch genauer kennenlernen will, sollte einmal in einem etwas größeren Bogen vom Porticus durch die düsteren Gassen des ehemaligen Rüstungsbetriebes zum Otto-Hahn-Platz, von dort über die Fußgängerbrücke bis zur Universitätskirche gehen.

Kieler Physiker wie *Max Planck* (1858–1947), der mit seinem Entwurf des Quantenkonzepts eine neue Ära der technischen Physik einleitete, oder *Hans Geiger* haben die Universität weltweit bekannt gemacht. Aber als der eigentliche Physiker, der den Weg ins Atomzeitalter eröffnet hat, gilt *Otto Hahn* (1878–1968), der 1938 in Berlin die Atomkernspaltung entdeckte und damit als Folgeerscheinung mit radioaktiver Verseuchung und Atomrüstung ein Politikum ersten Ranges schuf. Viele Physiker wie *Max Born* wiesen eindringlich auf die Gefahren des Atomzeitalters hin. *Albert Einstein* trat für die Abschaffung der atomaren Waffen ein. Das benachbarte Institut, das sich an der Entwicklung des Atomfrachters »Otto Hahn« beteiligte, steht eher in der Tradition der Forschung, die die Atomenergie salonfähig gemacht hat.

❷ Otto-Hahn-Platz

Die 1937 von *Blumenthal* geschaffene Plastik »Stehender Jüngling« ist 1956 als »Ehrenmal« aufgestellt und bald vergessen worden.

Dies wäre wohl auch so geblieben, wäre da nicht Anfang der 80er Jahre die Auseinandersetzung zwischen Studentenschaft und Senat um die Aufar-

Not macht erfinderisch. Hier wurde gelehrt und gelernt, gelitten und geprüft.

beitung der NS-Vergangenheit an der Universität gewesen. Eine Studentengruppe wollte dem Senat 1984 ein Mahnmal schenken, und das Geschenk wurde ausgeschlagen mit dem Hinweis auf das bereits bestehende Blumenthal-Ehrenmal, das als Mahnmal uminterpretiert wurde. Bereits 1983 hatte die gleiche Gruppe eine Schücking-Stiftung zur wissenschaftlichen Aufarbeitung der nationalsozialistischen Vergangenheit an der Hochschule vorgeschlagen. Hier kam das Präsidium der Universität in der öffentlichen Presse in ein ungewolltes Kreuzfeuer, als es die Stiftung ablehnte und zum 50. Jahrestag der nationalsozialistischen Machtergreifung die Position im Senat rechtfertigte: man dürfe die Ereignisse damals auch nicht überbewerten. »Vielmehr sei die Freiheit der Wissenschaft und Forschung auch zur Zeit der Studentenunruhen in den 60er Jahren beeinträchtigt gewesen.« Jochen Steffen, *besser bekannt als der Rote Jochen oder Buchautor Kuddl Schnööf hat sich auf seine Art hierüber »achtersinnige Gedankens und Meinungens« gemacht:*

»Kieler Jung« Jochen Steffen erfand Kuddl Schnööf, und der sacht was zu Natalje

»Mein Natalje sacht: ›Kuddl‹, sacht sie, ›was ist das bloß für'n Hühn und Pedühn mit die Jahresfeier vonnie Unität in Kiel. Ich hab scha man knapp gewußt, daß wir eine ham. Unnu komp das dabei raus, dissie hier in Kiel schon dreihunndert Schahre rumgammeln tut.‹ Ich sach: ›Tschä‹, sach ich, ›nu leuchtet sie ihr Lich schon dreihunndert Schahren in unse Dunkelheit des Geisses und bei dir isses immer noch zappenduster.‹ Mein Natalje sacht: ›Vielleicht komp das davon‹, sacht sie, ›daß dieses Licht tausend Schahre in Braun leuchten tat.‹ Nu komms du!«

❸

An den Instituten für Mineralogie-Petrographie und Geologie-Paläontologie können gesteinskundlich Interessierte ihren Wissensdurst stillen. Vor den Instituten stehen eine Reihe von beschrifteten Gesteinsproben. An bestimmten Besuchstagen (mittwochs 14 bis 18 Uhr) kann auch eine Gesteinssammlung in den Gebäuden besucht werden. Dort ist sogar ein Meteorit zu bewundern, der in Kiel-Pries heruntergegangen sein soll.

Um die Mittagszeit bietet das naheliegende Studentenhaus ein Hauch von studentischem Leben. In der Neuen Mensa wird gegessen, diskutiert und nebenbei die Flut von Flugblättern gesichtet.

Erst Waffenschmiede, dann Lernfabrik

Die Kieler Universität vor und nach 1945

Eine Gewähr für einen Neuanfang auch an der Kieler Universität nach 1945 boten weder die Nürnberger Gerichtsverfahren noch die Entnazifizierungsmaßnahmen, die sehr schnell halbherzig gehandhabt wurden und durch Ausnahmeregelungen, Begnadigungen, Amnestie oder sogenannte Persilscheine versandeten.

Dabei hatten die Faschisten bei der von ihnen in der »Kieler Zeitung« vom 26.4.33 gefeierten »Gleichschaltung der Kieler Universität« genügend bereitwillige Helfer gefunden. Kiel war schon 1927 die erste, dann eine der Hochburgen des NS-Studentenbundes, der auch die örtliche Studentenschaft beherrschte. Ab 1930 inszenierten seine Mitglieder Kesseltreiben gegen ihnen nicht genehme Dozenten wie den Theologen *Otto Baumgarten,* den Soziologen *Ferdinand Tönnies* oder den Juristen *Walter Schücking.* Die Forderung der NS-Studenten vom Februar 1933 nach Entfernung von listenmäßig aufgeführten 28 Hochschullehrern wurde durch den preußischen NSDAP-Kultusminister *Dr. Rust* übererfüllt: Insgesamt 36 Dozentinnen und Dozenten wurden ausgewechselt.

Zwar wurde dem Regierungspräsidenten 1930 auch eine »Revolutionäre Studentengruppe« gemeldet. Diese hatte jedoch nur 10 Mitglieder, unter ihnen den Physiker *Klaus Fuchs,* der nach dem Kriege als sogenannter »Atomspion« verurteilt wurde. Diese sich zum Kommunismus bekennende Gruppe trat als Gegenbewegung kaum in Erscheinung und wurde im Zuge der Gleichschaltung verboten.

Die andere Seite hatte größere Gefolgschaft: Der von den Faschisten initiierte und geleitete »Kieler Kampfausschuß wider den undeutschen Geist« organisierte am 10.5.33 auf dem Wilhelmplatz die Bücherverbrennung. Die »Kieler Neuesten Nachrichten« vom 12.5.33 vermeldeten eine »machtvolle Schlußkundgebung am flammenden Scheiterhaufen«. Die vorbereitenden pathetischen Worte sprach Prof. *Weinhandl* noch in der alten Universitätsaula, ein gespenstischer Fackelzug durch die Stadt schloß sich an. Bereits vor den Reichstagswahlen 1933 erklärten 26 Kieler Dozenten öffentlich, daß die Machtübernahme durch Hitler der richtige Weg sei.

Die Kieler »Grenzlanduniversität« stand in hohem Kurs. Das preußische Kultusministerium legte den Studenten das Studium hier besonders ans Herz, gefolgt von Empfehlungen für das damalige Breslau und das damalige Königsberg. Insbesondere die juristische Fakultät in Kiel wurde so rigoros umgestaltet, daß sich 1935 bis auf den Dekan *Prof. Schoenborn* ausschließlich neu ernannte Hochschullehrer am Fachbereich befanden. Sie hieß nicht ohne Grund »Stoßtruppfakultät: Die Dozenten des Fachbereichs stellten bis 1941 den Universitätsrektor, wurden als Berater des Reichsjustizministeriums herangezogen, entwickelten die faschistische Rechtsideologie und lieferten die Rechtfertigung für Völkermord. Der auch heute noch bekannte und tatsächlich von vielen geachtete Zivilrechtler *Karl Larenz* empfahl 1935, den § 1 des Bürgerlichen Gesetzbuches, der die Rechtsfähigkeit jedes Menschen mit der Geburt eintreten läßt, zu ersetzen durch einen Grundsatz aus dem NSDAP-Programm von 1920: »Rechtsgenosse ist, wer Volksgenosse ist; Volksgenosse ist, wer deutschen Blutes ist«, und verwies so alle Nicht-Volksgenossen in den Zustand völliger Rechtlosigkeit.

Unter den Physikern stellte *Lenartz* die »deutsche Physik« der »jüdischen Physik« Einsteins entgegen. Unter den Wirtschaftswissenschaftlern entwickelte *Prof. Predöhl,* Leiter des Instituts für Weltwirtschaft und letzter faschistischer Rektor der Kieler Universität, die Grundzüge für die wirtschaftliche Großraumpolitik als Aufgabenbeschreibung für die Ziele des Zweiten Weltkrieges.

Nach 1945 wurde der Lehrbetrieb wieder aufgenommen, ohne jemanden ernsthaft über seine Vergangenheit zu befragen. So konnten der Pädagoge *Theodor Wilhelm* und der Jurist *Boris Meissner* trotz ihrer braunen Vergangenheit als Ordinarien in Kiel weitermachen. Auf den Historiker *Becker* gemünzt urteilte Oberbürgermeister *Gayk* 1946: »Ich weiß nur soviel, daß die Kieler Universität noch immer ein politischer Saustall ist, und daß dort tüchtige Dozenten sehr Not täten.«

Erinnerungen an die faschistische Vergangenheit werden an der Kieler Universität bis heute immer wieder verdrängt. Wenn das Totschweigen nicht gelingt, werden aber auch jegliche Schamgrenzen überschritten. 1983 lehnte die Professoren-Mehrheit im Senat der Universität es ab, eine Stiftung zum Gedenken an die Opfer des Nationalsozialismus einzurichten, die nach dem 1933 davongejagten Jura-Professor *Schücking* benannt werden sollte. Andererseits fließen aus einer testamentarischen Verfügung des Nazi-Großadmirals und Kriegsverbrechers *Raeder* seit 1960 jährlich Zuwendungen an das Historische Seminar der Universität. Bis heute hält es die Universitätsleitung wohl für geboten, Gelder aus dem Nachlaß eine solchen Mannes anzunehmen. Auch wurde 1984 versucht, eine Catel-Stiftung einzurichten, benannt nach dem Euthanasie-Chefgutachter, der nach 1945 wegen mangelnden »Unrechtsbewußtseins« seine Karriere fortsetzen konnte.

Namen wie Schücking, Tönnies oder Baumgarten finden sich zur Erinnerung nur außerhalb des Universitätsgeländes auf Straßenschildern des angrenzenden Wohngebietes Klausbrook.

Alles Geschichte? Das Universitätspräsidium ließ 1989 eine »Liste für demokratische Selbstbestimmung und Achtung Andersdenkender« in die Liste der zur Förderung registrierten studentischen Hochschulgruppen aufnehmen. Dieser Verein ist der Kieler studentische Ableger der Republikaner.

Manfred Lang/Volker Lassen

Früher gab es zur Information auch den Mensafunk, der bei gar zu überzogenen Parolen durch ein Klopfkonzert auf die Blechteller zum Schweigen gebracht wurde. Bei schönem Wetter wird auch der Innenhof und der Rasen zu einer Pause genutzt. Die Mensa war schon immer das Zentrum für politische Aktionen: Ausgangspunkt für Demos, Solidaritätsfeten, Büchertische, spontane Aktionen.

Eine Glanznummer während der studentischen Auseinandersetzungen in Kiel gab es im Januar 1977. Damals flog ein Mensa-Quarktopf zweckentfremdet gegen den Kopf eines damaligen Präsidiums-Mitgliedes und Leiters

Kein Platz an der Sonne. Universität auf der Straße

umstrittener sicherheitspolitischer Kurse mit Mitgliedern aus Diktaturen. Er hatte sich bereits in den Jahren zuvor mit der Verschärfung des Landeshochschulgesetzes, insbesondere des Ordnungsrechts, bei Studenten und Studentinnen unbeliebt gemacht. Die Ordnungsverfahren mit Einsatz von Polizei und sogar Spitzeln auf dem Campus eskalierten ins Unerträgliche: 1976 liefen bereits 31 Verfahren. Der Beschluß zur Schließung des Studienkollegs für ausländische Studierende brachte das Faß zum Überlaufen.

Wer traut sich? Kurs im Einradfahren bei Georg

Vom Studentenhaus fällt der Blick auf die Universitätskirche. Ihre gelungen schlichte Konstruktion verdankt sie einem vielseitigen Kieler Architekten, der auch das Eros-Center am Hafen entworfen hat. Sie kam zu einer gewissen Berühmtheit, als der Pastor zu einer Demonstrations-Versammlung der Studenten die Glocken läutete.

❹ Der Straßenbahnanhänger ist ein Relikt aus Auseinandersetzungen um Verkehrsplanung. Nachdem die letzte Straßenbahn eingestellt wurde, hat ein Verein diesen Wagen erworben und aufgestellt. Seit die 1988 eingeweihte Mühlenweg-Autobahn das Universitätsgelände zerschneidet, kann er auch als Mahnmal für Auswüchse des Autoverkehrs angesehen werden.

❺ **Olshausenstraße 62**

❻ Der jetzige Botanische Garten ist bereits der fünfte seit Gründung der Universität und wurde erst 1985 eröffnet. Seine Vorläufer waren die Botanischen Gärten am Düsternbrooker Weg, an der Prüne, am Kieler Kloster und im Schloßgarten (Öffnungszeiten: von April bis Oktober; Freiland: 9.00 bis 18.00 Uhr; Gewächshäuser: 9.30 bis 11.30, 14.00 bis 17.30 Uhr).

Auf 8 ha Freilandfläche und in 15 Gewächshäusern wird ein imponierender Einblick in die Vielfalt der Pflanzenwelt geboten. Wer allerdings alten Baumbestand erwartet, muß sich bis zum Nordfriedhof gedulden.

Durch eine schmale Pforte am Hintereingang des Botanischen Gartens kommt man über eine Autobahnbrücke direkt zum Nordfriedhof. 1878 wurde er als Garnisonsfriedhof auf einem ehemaligen Schießgelände angelegt. Heute finden sich hier insbesondere Kriegsgräber und Ehrenmale aus dem 1. und 2. Weltkrieg, aber auch viele Gedenksteine verunglückter Matrosen und hochrangiger Militärpersonen. Links vom Eingang steht ein Denkmal für die Opfer des Kapp-Putsches 1920, rechts in einer besonderen Einzäunung ist ein englischer Soldatenfriedhof.

❼

1969 hat die Stadt Kiel den Nordfriedhof in ihr Eigentum übernommen. Die Mehrzahl der Gräber und Ehrenmale dokumentieren zugleich die geschichtliche und politische Entwicklung Kiels als Marinestützpunkt und Kriegshafen. An Volkstrauertagen versammeln sich hier offizielle Vertreter, aber auch Friedensinitiativen und die Hilfsgemeinschaft der ehemaligen Waffen-SS (HIAG), die die Entwicklung unterschiedlich bewerten.

❽

Kieler identifizieren den Stadtteil Ravensberg mit dem weithin sichtbaren Ziegelrundbau des Wasserturms. Dieser architektonisch ansprechende Bau wurde 1897 auf den bereits vorhandenen Erdbehälter für die Wasserversorgung des nördlichen Stadtteils gesetzt.

Rankestraße 2

In räumlicher Nachbarschaft stehen die Schulgebäude der beruflichen Schulen. 1906 wurde das Gebäude als Doppel-Mittelschule errichtet und 1924 wegen der starken Expansion des Schulwesens zur reinen Mädchen-Schule für Töchter aus wohlhabenden Familien umgewandelt. Im 2. Weltkrieg mußten die Schülerinnen Zwangsarbeitern der benachbarten Betriebe HAGENUK und ELAC Platz machen und kamen nach einem kurzen Zwischenaufenthalt in den Neubau des Ricarda-Huch-Gymnasiums am Westring, das seinen Ruf als strenge Höhere-Töchter-Schule erst verlor, als die Koedukation 1971 durchgesetzt wurde.

Studentenkneipe

Rund um den Kern der Universität hat sich über Jahrzehnte eine studentische Wohn- und Kneipenkultur entwickelt. Wegen des billigen Wohnraums waren seit jeher die Altbauten der Hansastraße besonders beliebt.

Hansastraße 82

An der Ecke lädt die Studentenkneipe Oblomow, ursprünglich als Bierkneipe »Karl's Eck« bekannt und Anfang der 80er Jahre Anlaufstelle für Baghwan-Sympathisanten, zu einer Ruhepause ein.

❾

Hansastraße 48

Von einer Reihe von interessanten Projekten in besetzten Häusern ist als einziges das Kommunikationszentrum Hansastraße 48 übrig geblieben. Dort kann abends in der Kneipe »Sponti Hansa«, im Hansafilmpalast, bei öffentlichen Veranstaltungen oder Feten, im Bi-Laden oder in den Werkstätten die besondere Atmosphäre, die zu neuem Leben wiedererweckte Fabrikationshallen besitzen

Genietransporter, 1955 mit einer Milchflasche eingeweiht, 1968 verabschiedet

Straßenbahn: Orientexpreß der kleinen Leute

Die Straßenbahn ist ausgesprochen rückständig, ja geradezu monarchistisch, aus dieser Zeit stammt sie auch. Die erste Kieler Straßenbahn wurde 1881 als Pferdebahn mit drei verschiedenen Linien in der Innenstadt eröffnet. Bereits 1894 wurde sie in eine elektrische Straßenbahn umgebaut und die Streckenführung der bisherigen Linien (Haupt-, Ring- und Düsternbrooker Linie) verändert und 1901 durch zwei weitere Linien erweitert.

Die Straßenbahn war zunächst auch gar kein Transportmittel, mit dem man zur Arbeit fuhr, sie fuhr später als zum morgendlichen Arbeitsbeginn der Werften. Die Straßenbahn war ein Stück Feiertag im Alltag und am Wochenende der Orientexpreß der kleinen Leute. So sah die Bahn damals auch aus, die Kurbel und die Durchreiche für die Fahrscheine aus gediegenem Messing, innen alles aufs Feinste mit Holz getäfelt und die Plattform offen. Für dieses Fahrgefühl braucht man heute ein teures Cabrio.

»Lieber 2 Mark für die Bahn als fünfzig Pfennig für den Bus«, sagt ein 82jähriger.

Dennoch: Am 4. Mai 1985 wird den 18 Zügen der Strom abgedreht, und am nächsten Tag wird der städtische Luftraum für 32 zusätzliche Busse freigegeben. Die Busse sind reine Transportmittel von A nach B, und so sehen sie auch aus: ungemütlich wie Schnellimbisse, Neon und Plastik, international und anonym. Wenn man in einer schleswig-holsteinischen Stadt bisher eine Straßenbahn sah, wußte man, das muß Kiel sein. Woran, bitte schön, soll man das künftig erkennen?

Mins Minssen

erlebt werden. Die ehemaligen Gewerbebauten waren von einer Brauerei gepachtet und 1974 teilweise von einer Wohngemeinschaft belegt worden. Der drohende Abriß veranlaßte die Wohngemeinschaft 1981 zu einer Besetzung der zwischenzeitlich von der Brauerei geräumten Teile. Nach Gründung eines Vereins und Verhandlungen mit der Stadt wurde ein Zuschuß für das Kommunikationszentrum und eine Finanzierung zum Kauf des Gebäudes gesichert.

Kommunikationszentrum Hansastraße 48

⑩

Auch das »Stinkviertel« ist mittlerweile eine bevorzugte, studentische Wohngegend. In dem eng bebauten Wohnviertel muß es um 1900 teilweise bestialisch gestunken haben. Zu dieser Zeit begann man mit der Trocknung von Fäkalien zu Dünger. Täglich wurden in geschlossenen Wagen, so groß wie Möbelwagen, die Fäkalieneimer in der Stadt gesammelt und durch das Stinkviertel zu der Poudrettefabrik gebracht. Auch eine Müllverbrennungsanlage und eine Abdeckerei trugen zum Gestank bei. Erst mit der Fertigstellung der Vollkanalisation wurde die Poudrettefabrik abgerissen und heute steht auf dem Gelände die »Traumfabrik« mit Disco, Restaurant, Kneipe, Kino und Räumen für Kulturveranstaltungen.

⑪
Grasweg 19

Hein Blomberg erzählt: »Sünndags vörmiddag um Klock 10 wär Kinnervörstellung in de Palast-Lichtspiele am Dreieckplatz ...«

Besonders anschaulich beschreibt Hein Blomberg, *dessen Vater Müllkutscher war und der mit sechs Geschwistern in einer kleinen Zwei-Zimmer-Wohnung aufwuchs, das Leben im früheren Stinkviertel: »Unmittelbar vör de Christian Kruse Stroot, wo wi wohnten, wär de Müllverbrennung un Fäkalienopbereitung. Dor käm ook de Goldemmers von ganz Kiel hin.*

An de Dog, wo de Schiet verbrannt wür, hebb dree groote Schoosteen den mistigen Qualm rutpust un bi Westenwind över uns Viddel dreeben. Bi diesige Luft wär das besonders stinkig, denn dor schlög de Mief dol un wi müssen Fenster un Dörn dicht moken. Deshalb heet dat in Kiel nur ›Stinkviddel‹.«

Der städtische Urnenfriedhof und der kirchliche Friedhof am Eichhof stehen nicht in der militärischen Tradition wie der Nordfriedhof.

⑫

Der Friedhof Eichhof ist eine der größten und schönsten Anlagen in Schleswig-Holstein und seit 1988 ein ökologischer Musterfriedhof, seit durch eine Satzung Pestizide und Plastik verboten sind und Abfälle zu Kompost verarbeitet werden oder als Unterschlupf für Tiere liegen bleiben. Bei einem Spaziergang durch die geschwungenen Alleen mit vielseitigem alten Baumbestand, zwischen dem auch Wildkräuter als Teil eines Biotops gepflegt werden, begegnen wir Schmetterlingen, Insekten, Vögeln und selbst Fledermäusen.

In der Nähe der Friedhofskapelle liegt ein Ehrenfriedhof für die Gefallenen des 1. Weltkrieges. Am anderen Ende des Haupteingangs, um das Hochkreuz herum, befindet sich eine Grabanlage für die Revolutionsopfer aus den Jahren 1919/1920 und ein Ehrenfriedhof für Bomben- und Kriegsopfer des 2. Weltkrieges, für Zwangsarbeiter und in Konzentrationslagern Ermordete. Die Massengräber sind ein eindrucksvolles Zeugnis der Kriegsleiden und des Nazi-Terrors.

Feuerbestattung war erst nach 1911 möglich, nachdem das Verbot der preußischen Regierung hierzu aufgehoben worden war. Auf dem kirchlichen Friedhof spielt diese Art der Beisetzung nur eine untergeordnete Rolle, da die Kirche sich weigerte, die Genehmigung zum Bau eines Krematoriums zu erteilen. Daher beschloß die Stadt Kiel 1912, ein Krematorium mit einem gesonderten Urnenfriedhof am Eichhof einzurichten.

Die Form der Feuerbestattung wurde von den Nationalsozialisten später besonders gefördert, da sie sich eine »Wiedererweckung der nordischen Art« versprachen. Heute spielen bei der Verbrennung und Urnenbestattung eher funktionale Gründe der Kosten- und Platzersparnis als ideologische eine Rolle.

Ein kurzer Blick auf den Urnenfriedhof lohnt sich nur, um sich an einige bekannte Kieler Namen wie *Wilhelm Spiegel,* den 1933 von den Nazis ermordeten SPD-Bürgermeister, *Andreas Gayk,* den SPD-Oberbürgermeister oder *Karl Ratz,* den Landtagspräsidenten der SPD, zu erinnern.

Kapelle auf dem Friedhof Eichhof

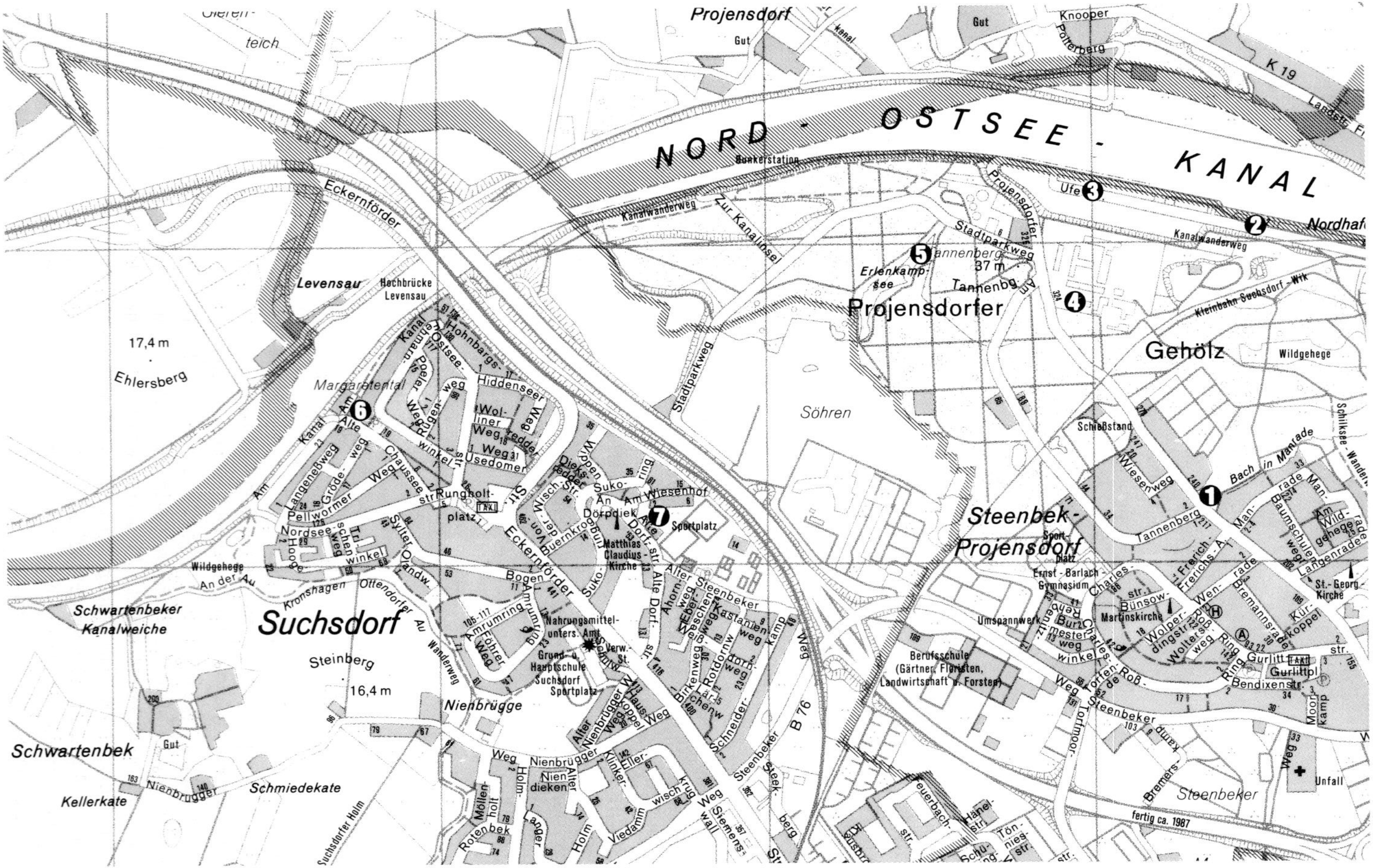

NORD - OSTSEE - KANAL
Projensdorf
Gut
Knooper
Potterberg
K 19
Bunkerstation
Ufer
Nordhafen
Kanalwanderweg
Zur Kanalinsel
Projensdorfer
Stadtparkweg
Tannenberg
37 m
Erlenkampsee
Tannenbg.
Am
Projensdorfer
Gehölz
Wildgehege
Kleinbahn Suchsdorf - Wik
Stadtparkweg
Söhren
Schießstand
Wiesenweg
Bach in Mannrade
Tannenberg
Steenbek-Projensdorf
Sportplatz
Ernst - Barlach - Gymnasium
Umspannwerk
Martinskirche
St.-Georg-Kirche
Berufsschule (Gärtner, Floristen, Landwirtschaft u. Forsten)
Gurlitt
Gurlittpl.
Bendixenstr.
Moorkamp
Unfall
Steenbeker
fertig ca. 1987
Torfmoor-
B 76
Eckernförder
Levensau
Hochbrücke Levensau
17,4 m
Ehlersberg
Margaretental
Kanal
Am
Hohnbargs-
Ostsee-
Hiddenseer
Poeler
Wolliner Weg
Usedomer
Rungholt-platz
Chaussee-str.
Pellwormer
Nordsee-
Hooge
Sylter
Eckernförder Str.
Dorfstr.
Alte Dorf-str.
Am Wiesenhof
Dörpdiek
Matthias-Claudius-Kirche
Sportplatz
Alter Steenbeker Weg
Kastanienweg
Birkenweg
Rotdornweg
Schneider-
Wildgehege
An der Au
Kronshagen
Ottendorfer Au Wanderweg
Schwartenbeker Kanalweiche
Suchsdorf
Steinberg
16,4 m
Amrumring
Föhrer Weg
Nahrungsmittel-unters. Amt
Grund- u. Hauptschule Suchsdorf
Sportplatz
Verw.-St.
Nienbrügge
Nienbrügger Weg
Alter Nienbrügger Weg
Klinker-
Viedamm
Siemenswall
Steenbeker Weg
Steekberg
Holm-
Langer
Möllenholt
Rotenbek
Schwartenbek
Gut
Nienbrügger
Schmiedekate
Kellerkate
Suchsdorfer Holm
Feuerbach-str.
Tönnies-str.

Gefährliche Käfer und eine untergegangene Trauminsel

Projensdorf

von Manfred Lang

Ausgangspunkt: *Waldschänke, Bus 6, Haltestelle Waldschänke*
Endpunkt: *Rundholtplatz, Bus 5, 15, 16, 73, Haltestelle Rungholtplatz*
Dauer: *ca. 3 Stunden*

Der Stadtpark Projensdorfer Gehölz bietet sich mit seinen langen Waldwegen durch die zerklüftete Landschaft, das Kanalufer entlang und durch das Wildgehege zu einem ausgedehnten Spaziergang an. Das Waldgelände ist teilweise sumpfig und wenig ausgeholzt. Auf der Westseite hat die Stadt Kiel sogar einen Teil als »Urwald« naturbelassen, in dem sich die Vegetation ohne menschliche Eingriffe entwickeln soll.

Um 1900 entstand das Waldgebiet durch Aufforstung der öden Mergelflächen, die auf dem Südufer beim Bau des Kanals durch Saugbagger aufgespült wurden. Ein erster massiver Eingriff war bereits der Bau des Eiderkanals 1777 entlang des kleinen Flüßchens Levensau. Es folgte der Ausbau zum Kaiser-Wilhelm-Kanal 1887 bis 1895. Spätere Erweiterungen 1907–1914 und 1966 brachten Verschiebungen von riesigen Erdmassen mit sich, die wie Eruptionen eines Vulkans die Landschaft umgestalteten.

Mühlenweg

Auf dem Weg zum Stadtpark passieren wir das Holstein-Stadion. Fußballbegeisterte mögen hier an einem Sonntagnachmittag beim Spiel der Kieler »Störche« — so genannt wegen der roten Stutzen zum blauweißen Trikot — von den anfeuernden Rufen der Fans angelockt werden. Heute wird hier nur noch Fußball vor meistens halbleeren Rängen gespielt. Das etwas überalterte Stadion direkt am Autobahnkreisel hat allerdings schon bessere Zeiten erlebt, als der THW Kiel sich mit *Hein Dahlinger* zum deutschen Feldhandballmeister emporgekämpft hatte.

In den vergangenen Jahrzehnten sind die Eichen an der Projensdorfer Straße zu stattlichen Bäumen herangewachsen, die als Naturdenkmale gepflegt werden. Sie führen direkt auf den Tannenberg zu, den 37 Meter hohen Mittelpunkt der durch die Kanalausbauten künstlich aufgeschütteten Hügellandschaft. Heute endet die Straße dort in einer Buswendeschleife. Vor dem Bau des Kaiser-Wilhelm-Kanals 1887 war sie noch als Knooper Landstraße die Verlängerung des Knooper Weges von der nördlichen Innenstadt zum Gut Knoop.

Welchen Namen hat das Pony?

Projensdorfer Straße 232

❶

Die Waldschänke am Eingangstor zum Stadtpark ist ein beliebtes Ausflugslokal. Es entstand als vornehmes Gartenrestaurant abseits von jeder städtischen Bebauung.

Projensdorfer Straße/Stadtparkweg

In den 20er Jahren wurde die Abgeschiedenheit um die Waldschänke von Kriegsversehrten entdeckt, die in Ruhe dort leben wollten. Sie bauten an der Straße Am Tannenberg ihre Siedlungshäuser und legten große Gärten an. Einige Jahre darauf wurde durch die Kinderreichen-Siedlung an der Projensdorfer Straße das Gebiet weiter belebt. Auch entstand ein zweites Lokal im Landhausstil, der Waldkrug Tannenberg am Ende dieser Straße.

Bei der Waldschänke schritt Noske 1918 die Front ab. Die Soldaten brauchten die Holtenauer Hochbrücke nicht mehr zu schützen.

Die damals angelegten Häuser mit großen Gärten sind teilweise auch heute noch in ihrer alten Form zu erkennen. Jedoch wird die Ruhe und dörfliche Lebensweise nördlich von der Waldschänke immer wieder durch Industrieansiedlungen am Kanal bedroht: 1959 zerstampften Bagger eines der schönsten Kieler Freibäder mit Badeinsel im Kanal; der nach 1945 in der Scheune wieder eröffnete Waldkrug Tannenberg wurde in den 70er Jahren geschlossen; Industriebetriebe und Parkplätze fressen sich kontinuierlich in das Waldgebiet, teilweise in Nacht- und Nebelaktionen, und die von Wald umgebene Projensdorfer Landstraße soll als breite Zufahrt für Papier- und Öllager, Produktions- und Handwerksbetriebe ausgebaut werden. Die Anwohner haben sich bisher erfolgreich dagegen gewehrt.

Von der Waldschänke gelangt man durch ein selbstschließendes Tor in das sorgsam eingezäunte Wildgehege. Mit etwas Geduld lassen sich frei herumlaufende Rot- und Damwildrudel entdecken. Weniger pirschgeübte Waldläufer können in einer gesonderten Einzäunung Wildschweine und Ponys bestaunen.

Durch das nördliche Tor des Wildparks gelangt man über die Industriebahn zum Getreidesilo, das seit einem Jahr der Raiffeisengenossenschaft gehört. Es hält den traurigen Rekord von drei großen Getreidestaubexplosionen. Bei der ersten 1971 wurden große Teile des Gebäudes zerstört, das dann nach neuesten Erkenntnissen wieder aufgebaut wurde. Die letzten Explosionen waren 1987 und 1988. Arbeiter im Silo berichteten dazu, daß sie die Gefahr nur durch ein Rauschen und den steigenden Druck wahrnehmen konnten.

Uferstraße 65

❷

Am Silo beginnt der Kanalwanderweg. Nach einer kurzen Steigung gibt der Wald den Blick frei auf den Kanal und die vorbeiziehenden Schiffe — etwa alle acht Minuten soll eines im Durchschnitt den Kanal entlangfahren. Weniger dieser romantische Anblick als die ungestörten Ecken haben hier als Anziehungspunkt für den Autostrich an der Uferstraße gewirkt. Durch das Treiben zu Nachtzeiten gestörte Bewohner haben sich 1972 bei den Behörden darüber beklagt.

Wo der Wanderweg beginnt, wurde der Kanal 1938 und 1963 zum Nordhafen für die Handelsschiffahrt erweitert.

❸

Uferstraße 100

Der Nordhafen ist eine etwa 2 km lange Kaianlage mit roll-on-roll-off Brücke, Kränen, Schienen und Lagerhäusern zu beiden Seiten südlich der Holtenauer Hochbrücke. Heute dominieren dort die großen Hallen der finnischen Papierfirma Warico. Die erste Halle wurde 1983 für einen Umschlag bis zu 200000 t Papier erbaut, 1987 eine zweite Halle für mehr als den doppelten Umschlag.

Für den Ausbau der Hallen mußten sieben Hektar des Erholungswaldes an der Kanalböschung gerodet werden. 350000 m^3 Böschung wurde mit Lastwagen durch den Wald abgefahren. Aneinandergereiht wäre das ein Kolonne von Kiel nach Frankfurt.

Die Narben des letzten Kahlschlages sind immer noch sichtbar: Das zusammenhängende Waldgebiet ist hier unterbrochen und gibt den Blick frei auf eine Industrieansiedlung vom Nordhafen bis zu den Lagerhallen des expandierenden Bayer-KVP-Werkes auf der Anhöhe der Böschung. Die Abholzungen waren in der Vergangenheit wie bei allen Interessengegensätzen von heftigen Auseinandersetzungen begleitet. Verschiedene Bürgerinitiativen fürchteten um Wohnqualität ihrer Gegend und den Bestand des Erholungswaldes.

Bombardierkäfer. Ausgestattet mit steuerbarem Gasausstoß nach dem Walter-Prinzip

Im Gewerbegebiet Tannenberg ist nach 1945 in den Gebäuden der früher kriegsbedeutsamen Walter-Werke eine Industrie für friedliche Zwecke angesiedelt worden. Ehemalige Beschäftigte erinnern sich daran, daß Bombentrichter, Stollen und von den Engländern gesprengte Prüfbunker teilweise mit Schutt verfüllt wurden. Ein Teil der ehemaligen Luftschutzbunker bietet noch Unterschlupf für Fledermäuse. Gleich nach dem Krieg wurde der frühere Speiseraum neben der Buswendeschleife als Tanzlokal genutzt, später als Lager der Universität. Selbst für die Vereinigung der Kieler Rockmusiker »Musico« diente ein alter Gebäudeteil auf dem Gelände als Übungsraum. Der Oberingenieur des Technikers *Hel-*

❹

Projensdorfer Straße 324

mut Walter, Kruska, der heute noch in Kiel lebt, gründete 1957 erneut die Walter GmbH, die sich allerdings mehr einen neuen Namen für die Herstellung von Maschinen für Waffeln statt Waffen gemacht hat.

Die Walter-Werke am Tannenberg sind 1939 zur Entwicklung neuer Geräte mit T-Stoff-Gasturbinen für Heer, Luftwaffe und Marine gebaut worden. Der sogenannte »Walter-Antrieb« für schnelle U-Boote fand auch besonderes Interesse bei Wernher von Braun *für die Entwicklung der V2-Rakete oder die Strahltriebwerke des Raketenflugzeuges ME 163. Am Tannenberg wurden vorwiegend Entwicklungen des Antriebs konstruiert und erprobt und in U-Booten in Schleimünde getestet.*

Ende des Krieges wurden die bereits gebauten U-Boote dieses Typs versenkt. H. Walter ging mit verschiedenen Mitarbeitern nach England und später in die USA, um seine Entwicklungen für U-Boote oder andere Verwendungen wie den Raketenrucksack für den »fliegenden Menschen« oder Raketen für die Raumfahrt weiterzuführen. Er entdeckte sein Raketenprinzip in der Natur beim Bombardierkäfer wieder.

❺

Uferstraße 150

»Trauminsel« während der Nazi-Herrschaft

Der Erlenkampsee ist ein verträumter Waldseee, umgeben von Buchen, Eichen, Erlen und Kirschen. Er wird gespeist von zwei Quellmooren, die am Rande der Kanalaufschüttungen gelegen sind. Ein Teil des Seeufers wird von Anglern genutzt. In kalten Wintern verlocken die zugefrorenen Eisflächen zum Schlittschuhlaufen.

Wer dem Straßenschild »Zur Kanalinsel« wörtlich vertraut, wird enttäuscht sein, wenn er das Ende der Straße erreicht. Dort ist nämlich nur eine Bunkerstation der Firma Defrol zur Treibstoffversorgung der Schiffe zu sehen.

Die Insel ist durch die Begradigung des Kaiser-Wilhelm-Kanals 1914 entstanden und dann 1959 einer Kanalerweiterung zum Opfer gefallen. Von den alt eingesessenen Tannenbergern wurde sie auch Trauminsel genannt. Sie erzählen heute noch, wie sie von dem damals südlich gelegenen Freibad hinüberschwimmen und in der 150 Meter langen und 15 Meter breiten Wildnis der Insel untertauchen konnten.

Vor 1945 waren auf dieser Insel Gebäude, die von den Walter-Werken angemietet waren. Die Firma hatte einen eigenen Zugang zum Kanalufer, an dem einige Baracken standen, in denen zeitweise auch Zwangsarbeiter untergebracht worden sein sollen.

❻

Alte Chaussee 40

»Willst Du nicht einen ausgeben, Du Schweinsgeige?

Unter der neuen und alten Levensauer Hochbrücke hindurch steuern wir direkt auf das Ausflugslokal »Margaretental« zu. Hier läßt sich in angenehmer Atmosphäre mit Blick auf den Kanal neu Energie tanken.

Wer allerdings eine Ruhepause in mehr rustikaler Umgebung benötigt, kann auf der anderen Seite der Hochbrücke in den etwa zwei Kilometer entfernte Gasthof Levensau einkehren. Dort erzählt der Wirt, daß sein Großvater Johann seine Gäste früher aufforderte: »Willst du nicht einen ausgeben, du Schweinsgeige?« Fortan hieß er Johann Schweinsgeige und bekam ein passendes Bild dazu geschenkt, das zusammen mit Fotografien des alten Kanals an der Wand hängt. Das nur bis 20.00 Uhr geöffnete Lokal ist heute noch in Kiel als »Schweinsgeige« bekannt.

Als das Ausflugslokal »Margaretental« eröffnet wurde, war gerade der Kaiser-Wilhelm-Kanal in Betrieb genommen und die Landstraße nach Eckernförde im großen Bogen über die Levensauer Hochbrücke geführt worden. Seither liegt Margaretental nicht

Mitglieder der provisorischen Regierung 1848

Die schleswig-holsteinische Erhebung von 1848

Im Vertrag von Ripen 1460 war festgelegt worden, daß Schleswig und Holstein für immer ungeteilt bleiben sollten (»dat se bliven tosamende ewich ungedelt«). Seit diesem Jahr war das Land in Personalunion mit Dänemark verbunden, der König von Dänemark war zugleich Herzog von Schleswig. Holstein war daneben seit 1474 auch deutsches Reichslehen.

Im 19. Jahrhundert geriet das Land in die allgemeinen politischen Auseinandersetzungen der Zeit. Das Bürgertum war nicht mehr bereit, den Druck eines halbfeudalen und bürokratischen Regimes passiv hinzunehmen, das ihre kommerziellen und industriellen Geschäfte einengte. Der Ruf nach der deutschen Einheit war der allgemeinste Ausdruck der Unzufriedenheit mit der bestehenden Ordnung. Zugleich gerieten die der Sprache und Nationalität nach überwiegend deutschen Länder in das Spannungsfeld nationaler Gegensätze.

Im dänischsprachigen Landesteil Nordschleswig entstand in den dreißiger Jahren eine nationaldänische Bewegung, die u.a. die Gründung von dänischsprachigen Wochenschriften zur Folge hatte. Die sogenannten »Eiderdänen« forderten Dänemark vom Øresund bis zur Eider.

Zu einem Zentrum nationaler Bewegung auf deutscher Seite wurde die Universität Kiel. Der Historiker *Friedrich Christoph Dahlmann* wurde zum Vorkämpfer einer freiheitlichen Verfassung, die das Eigenleben und die enge Gemeinschaft Schleswig-Holsteins gewährleisten soll. Durch die Kieler Blätter, an denen auch *Nikolaus Flack, Karl Theodor Welcker* und *Franz Hermann Hegewisch* mitarbeiteten, gelangten seine Ideen zu den Studenten und an eine breitere Öffentlichkeit. 1830 fordert *Uwe Jens Lornsen* in einer Schrift, die tausendfach im Lande verbreitet wird, die durchgreifende Reform der Verwaltung, die verwaltungsmäßige Trennung der Herzogtümer von Dänemark und die Umwandlung des dänischen Gesamtstaates in einen Doppelstaat.

Als 1848 die Nachricht von der Revolution in anderen deutschen Landesteilen nach Schleswig-Holstein drang, kam es auch hier zu Volkskundgebungen. In Kopenhagen forderten die »Eiderdänen« eine Verwirklichung ihres Programms. In Rendsburg verlangte eine Volksversammlung am 18. März die Vereinigung der Ständeversammlungen und Aufnahme Schleswigs in den Deutschen Bund. Daneben standen die »Märzforderungen« nach einer Repräsentativverfassung mit Aufhebung der Zensur, Pressefreiheit, Schwurgerichten, Volksvertretung und Volksbewaffnung.

Am 22. März berief *Friedrich II.* ein neues Ministerium, das die Forderungen der »Eiderdänen« unterstützte. Die Schleswig-Holsteiner griffen daraufhin zur Selbsthilfe: In Kiel bildete sich am 24. März 1848 eine »Provisorische Regierung« *(Graf Friedrich Reventlou, Wilhelm Hartwig Beseler, Theodor Olshausen u.a.).* Die »Provisorische Regierung« erreichte ihre Anerkennung in Berlin und Frankfurt, die schleswig-holsteinische Frage wurde zur bedeutendsten außenpolitischen Frage der deutschen Revolution. Entschieden wurde diese Frage schließlich auf dem Schlachtfeld. Die schleswig-holsteinischen Truppen, die fast geschlossen zur Provisorischen Regierung überliefen, schlugen gemeinsam mit den preußischen Truppen am 23. April die Dänen und besetzten am 3. Mai Fridericia. Am 26. August wurde in Malmö zwischen Dänemark und Preußen ein Vertrag abgeschlossen, der die Einsetzung einer »Gemeinsamen Regierung« anstelle der Provisorischen, die am 22. Oktober zurücktritt, vorsah. Die aus konservativen Schleswig-Holsteinern gebildete Regierung begegnete größten Widerständen seitens der radikalen Linken und der dänischen Nordschleswiger.

Nach dem Scheitern der gesamtdeutschen Freiheitsbewegung und der Kündigung des Waffenstillstandes durch Dänemark begann die zweite Phase des Krieges. Nach Anfangserfolgen der schleswig-holsteinischen Truppen folgte der militärische und politische Rückschlag: Am 2. Juli 1850 wurde der Berliner Friedensvertrag abgeschlossen, dem König von Dänemark wurde zugestanden, die Hilfe des Bundes anzurufen, um seine gesetzliche Autorität in Holstein wiederherzustellen. Da die Statthalterschaft noch nicht aufgeben wollte, jedoch von Preußen, das durch seinen Konflikt mit Österreich abgelenkt ist, keine Hilfe mehr erhielt, stand Schleswig-Holstein in der letzten Phase des Krieges den dänischen Truppen allein gegenüber. Die schleswig-holsteinische Armee erlag den Dänen in der Schlacht von Idstedt am 25. Juli 1850. Preußen und Österreich einigten sich in der Punktation von Olmütz: Von der Landesversammlung und Statthalterschaft in Kiel wurde die Unterwerfung gefordert, für ein Jahr wurde das Land von österreichisch-preußischen Truppen besetzt, ab 1852 erneut der Herrschaft des Dänenkönigs unterstellt. Die schleswig-holsteinische Erhebung war damit gescheitert, aber auch die Eiderdänen hatten ihr Ziel nicht erreicht.

Verena Hoeck

mehr an der Hauptstraße direkt über den Eiderkanal, sondern an einer Sackgasse, der heutigen Alten Chaussee.

Die bewegten Zeiten sind vorbei, in der Bauarbeiter des Kanals hier in der Kantine ihr Essen einnahmen, auf der Heerstraße der Verkehr vorbeirollte, die Landtage von Schleswig und Holstein an diesem Grenzpunkt der Levensau (Levoldesow = Grenzwaldau) im 15. und 16. Jahrhundert gemeinsam unter freiem Himmel tagten oder Preußen und Dänen aufeinander schossen.

Zu beiden Seiten der bedeutsamen Nord-Süd-Straße Richtung Eckernförde, der »Alten Heerstraße«, hat sich Suchsdorf entwikkelt. »Sukestorpe«, das Dorf des Suko, hat seinen Namen von dem Ratsmann *Suckestorpe*, der hier gewohnt haben soll. An diese Vergangenheit erinnert der vom Dorfteich wegführende Sukoring und die Fortführung der Tradition, daß sich hier wieder Politprominenz wie Oberbürgermeister oder Staatssekretäre niederlassen.

❼
Am Wiesenhof 2

Der noch heute bestehende Dorfteich ist von der Stadt Kiel ausgebaggert und als Biotop mit einer sich anschließenden Ökofläche angelegt worden. Er war einmal das Zentrum des Dorfes mit seinen alten Bauernhäusern und Katen, dem Suchsdorfer Hof und dem betagten Feuerwehrhaus. Bis auf zwei Katen ist nach der Eingemeindung 1958 alles einer Neubesiedlung gewichen. Den Begrüßungsabend zur Eingemeindung hat der Suchsdorfer Hof gerade noch miterlebt, bevor er abgerissen wurde.

Gut Schwartenbek

Der westliche Teil Suchsdorfs besteht immer noch zum größten Teil aus einer gepflegten Bauernlandschaft mit prachtvollen Feldern, von einem engen Netz von Wallhecken durchzogen. Beim Gut Schwartenbek stehen etwa 40 Eichen und Linden als Naturdenkmale.

Jedoch ist gerade diese kostbare Naturlandschaft immer wieder von Industrieanlagen bedroht worden. Bereits die Nationalsozialisten wollten bei Schwartenbek einen riesigen Kriegshafen mit ausgedehnten Kanälen weit ins Land hineintreiben. Aus diesem Projekt wurde nichts mehr. Dafür reservierte die Stadt Kiel diese Fläche zur gewerblichen Bebauung und genehmigte hier 1985 ein großes Umspannwerk mit Freilandtrassen.

❽

1984 demonstrierte der Autor J. Heimbrecht, *wie er durch die Scheinfirma »S/S&M« die Kieler Stadtväter und Vertreter der Landesregierung zu leichtfertigen Angeboten für Industrieansiedlungen in diesem Gebiet verführen konnte. »Die mit dem Milliardenprojekt«, wie S/S&M genannt wurde, wurde von dem damaligen Kieler Wirtschaftsdezernenten* Dr. Moll *und Staatssekretär* Keussen *empfangen, die der Scheinfirma versprachen, am Kanal oder auf dem Ostufer ein Gelände für die Gewerbeansiedlung zu günstigen Konditionen anzubieten. Als die Verantwortlichen in der Ratsversammlung in Kiel dafür zur Rechenschaft gezogen wurden, wollten natürlich alle Betroffenen sehr mißtrauisch gewesen sein.*

Suchsdorfer Dorfteich

Zum Glück ist die Landschaft mit ihren Teichen, Wiesen und Kornfeldern Naherholungsgebiet der Kieler Bevölkerung geblieben.

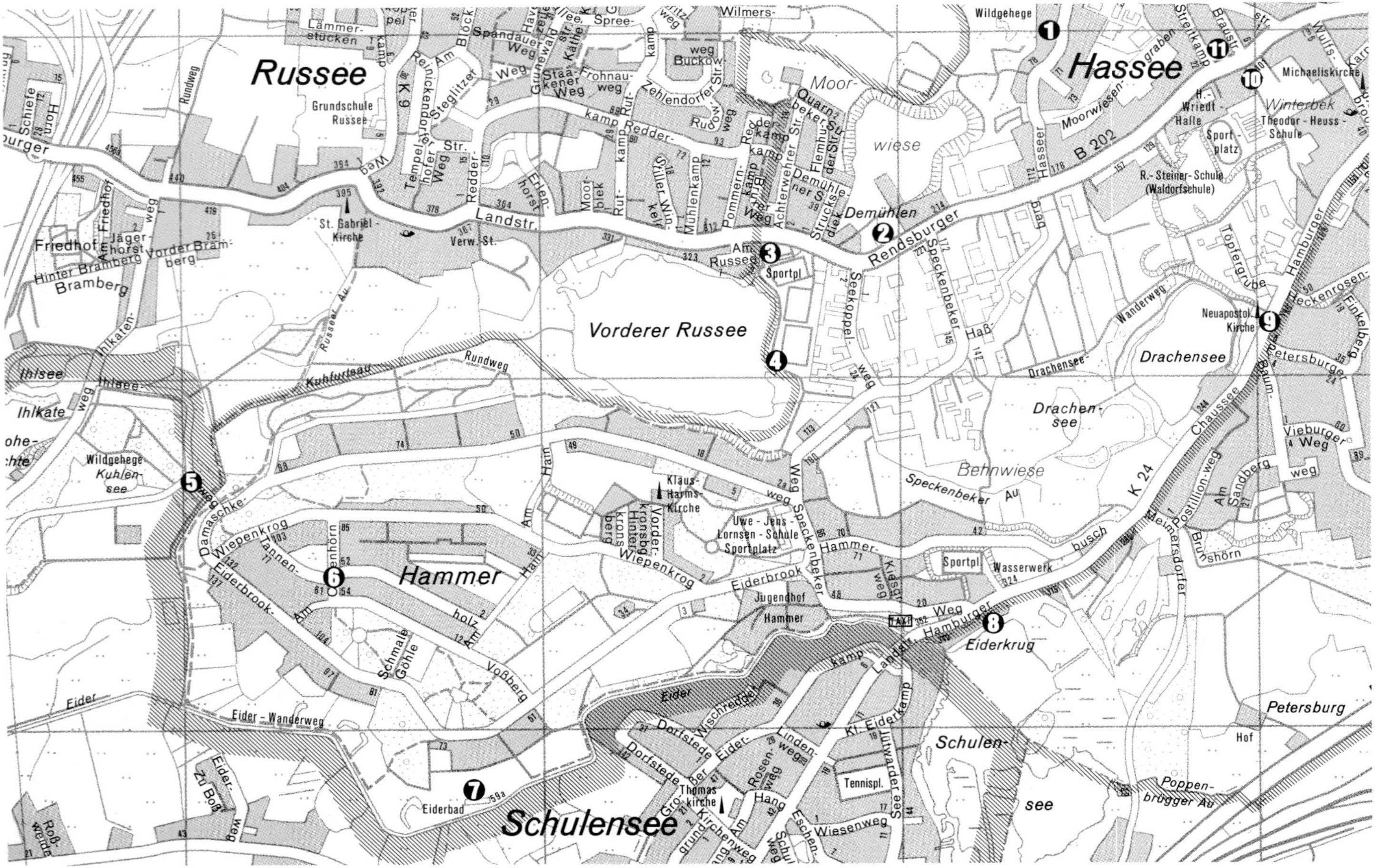

Russee
Hassee
Hammer
Schulensee
Vorderer Russee
Drachensee
Schulensee
Ihlsee
Ihlkate
Moorwiese
Demühlen
Behnwiese
Eiderkrug
Petersburg
Winterbek
Bramberg
Rendsburger Landstr.
B 202
K 24
K 9
Hamburger Chaussee
Hamburger Landstr.
Speckenbeker Weg
Speckenbeker Au
Wiepenkrog
Eiderbrook
Voßberg
Eider
Eider - Wanderweg
Kuhfurtsau
Russeer Au
Poppenbrügger Au
Rundweg
Grundschule Russee
St. Gabriel-Kirche
Klaus-Harms-Kirche
Uwe-Jens-Lornsen-Schule
Sportplatz
Neuapostol. Kirche
Michaeliskirche
Theodor-Heuss-Schule
R.-Steiner-Schule (Waldorfschule)
H.-Wriedt-Halle
Jugendhof Hammer
Wasserwerk
Thomas-kirche
Tennispl.
Eiderbad
Wildgehege
Wildgehege Kuhlensee
Friedhof
Hinter Bramberg
Vorder Bramberg
Jägerhorst
Töpfergrube
Drachensee
Vieburger Weg
Am Sandberg
Postillion-weg
Meimersdorfer
Brunshörn
Dorfstede
Lindenweg
Rosenweg
Kirchenweg
Wiesenweg
Lütwarder See
Kl. Eiderkamp
Seekoppelweg
Am Russee
Hasseer
Moorwiesengraben
Streitkamp
Braustr.
Hof
Zu Boß
Eiderweg
Roßweide

Durch wilde Beeren nach »Klein-Moskau«

Rundgang 13

Hassee, Russee, Hammer, Schulensee, Drachensee

von Horst Peters

Ausgangspunkt:	*Hasseerstraße/Uhlenkroog, Bus 3, 15, Haltestelle Uhlenkroog*
Endpunkt:	*wie Ausgangspunkt*
Dauer:	*ca. 3,5 Stunden*

Die Namen der Stadtteile legen eine Bootsfahrt nahe: Ein See folgt dem anderen. Wer nun ein Seengebiet im Süden Kiels vermutete, wird zwar nicht enttäuscht werden, aber vom Schmelzwasserreichtum des Gletschertunneltals, der sich durch die Kieler Förde bis Neumünster zieht, ist heute nur wenig übrig geblieben: Kleine, zum Teil »begradigte« Auen, die Eider als Quellflüßchen und weitgehend verlandete Seen laden zu einem beschaulichen Rundgang ein. Bei regnerischem Wetter empfehlen sich feste Schuhe.

Die ehemaligen Dörfer am Südrand Kiels mit ihren alten Bauern- und Siedlungshäusern, Gutshöfen und Villen wurden seit Beginn der 60er Jahre um ein Industriegebiet, Reihen- und Einzelhausneubauten erweitert; ihr Charakter eher abgeschiedener Einheiten mit Ausflugszielpunkten blieb dennoch weitgehend erhalten.

Hasseer Straße/ Uhlenkrog

Im Herzen des Stadtteils Hassee erinnert der Findling unter der Friedenseiche an den Krieg 1870/71; der Stein mit dem Datum der Eingemeindung (1909) befindet sich übrigens gegenüber dem Hasseer Bahnhof. Hassee wurde — wie auch Russee — im 13. Jahrhundert erstmals urkundlich erwähnt, gehörte zunächst rechtlich zum Kieler Heiligengeistkloster und wurde vom Rat der Stadt verwaltet. Im 16. Jahrhundert fand sich die Landbevölkerung unter landesherzoglicher Pacht wieder, die geforderten Dienstleistungen mußten am Meierhof Kronshagen verrichtet werden. Im Jahre 1768 wurde die Leibeigenschaft beseitigt.

In den noch erhaltenen Bauernhöfen wohnten Hufner, die als Vollbauern eine Hofstätte mit dazugehörigem Acker besaßen und Kätner, die als landwirtschaftliche Tagelöhner in einer Kate lebten.

Im 1988 fertiggestellten Backsteinbau befindet sich das ehrenamtlich geleitete Gehörlosenzentrum. Gemeinsame Straßenfeste mit den Anwohnern deuten auf eine geglückte Integration der hier betreuten Menschen hin.

❶ Betreut werden müssen auch die Bewohner im Alten-Pflegeheim-Komplex am Uhlenweg, die sich bei einem Spaziergang gern am Damwildbestand des benachbarten Geheges erfreuen.

Der Bunker Siegfried

Rendsburger Landstraße

Einen wenig erfreulichen Anblick bietet der Bunker »Siegfried«.

In den 60er Jahren war es üblich, Auen zu befestigen, damit sich ihr Lauf nicht mehr ändert. Bei diesem befestigten Rinnsal handelt es sich um die Struckdieksau, deren Renaturierung noch immer aussteht.

Westlich davon am Moorwiesengraben plant eine Gruppe von Bauinteressenten als »Kieler Scholle Siedlungsgenossenschaft« ein Baumodell, das ökologischen Erfordernissen entspricht.

Nach Bewältigung des Trampelpfades und des Unterholzes befinden wir uns in einem kleinen Industriegebiet, das in den letzten 20 Jahren expandierte. Die Villa »Marienlust«, die früher ein Tanzlokal und heute den Privatkindergarten »Kunterbunt« beherbergt, deutet die ehemalige Bebauung der Ausfallstraße nach Rendsburg an.

Ursprünglich wurde die Gemeinde Russee ausschließlich landwirtschaftlich genutzt, was die 1911 gebaute Räucherkate der Schlachterei Nagel eindrucksvoll bezeugt. Zu Beginn unseres Jahrhunderts begann der Villenbau für hinzuziehende begüterte Bürger, aber erst 1970 wurde die Eingemeindung in das Stadtgebiet vollzogen. Seit den 70er Jahren haben auch Angehörige der Mittelschicht Häuser in Russee. Es entstand die Reihenhaussiedlung »Berliner Viertel«, deren Straßen nach Berliner Stadtteilen benannt sind. Durch die Entwicklung hat sich die soziale Zusammensetzung der Bevölkerung verändert und gewachsene Strukturen wurden zerstört.

❷ Das anschließende Gelände wird noch heute Demühlen genannt. Früher befand sich hier, am Ende des ursprünglichen Mühlenwegs, eine Wassermühle. Auf diesem Weg zogen sämtliche Einwohner des Gutes Kronshagen mit ihrem Korn entlang, um es mahlen zu lassen. Der Müller behielt eine Matte, das heißt 1/18 des zum Mahlen gebrachten Korns für sich.

Bei Straßenverbreiterungsarbeiten Anfang der 60er Jahre machten Bauarbeiter einen grausigen Fund. Mehrere Leichen mit Einschußlöchern im Kopf erinnerten an die längst verdrängte Existenz
❸ des »Arbeitererziehungslagers Nordmark«, wie das Konzentrationslager der Kieler Gestapo offiziell hieß. Im Sommer 1944 wurde es am Ufer des Vorderen Russees vornehmlich für ausländische Zwangsarbeiter errichtet, um ihren wachsenden Widerstand gegen das faschistische Deutschland, dessen Niederlage sich abzeichnete, zu brechen. Mehr als 500 Menschen starben an Entkräftung, wurden zu Tode gequält oder erschossen. Frühmorgens wurden die Häftlinge in Betriebe der Innenstadt oder zur Bombenentschärfung und Trümmerbeseitigung abkommandiert.

»Sämtliche in dem Revier liegenden Kranken wurden in kurzen Abständen zur Leichenbaracke geführt und durch Genickschuß von allen Leiden erlöst. Am nächsten Morgen stand ich dabei, wie die völlig nackten Leichen auf eine Karre geladen wurden. Blut war wohl wenig geflossen. Die Ermordeten hatten eben wenig Blut«, so ein ehemaliger Häftling über die Ermor-

»Alt-Hassee«, Radierung von I. Fehling.
1 *altes Pastorat, Turm der Michaeliskirche*
2 *Hasseer Str. 47*
3 *Hasseer Str. 44 mit Friedenseiche*
4 *ehem. Wohnhaus Süverkrüp, Nr. 51, 2. Hufe*
5 *Wohnhaus und Mühle Demühlen*
6 *6. Hufe*
7 *Scheffscher Bauernhof, 5. Hufe*
8 *Gedenkstein am Hasseer Bahnhof*
9 *ehem. Instenkate Hasseer Str. 100*
10 *ehem. Instenkate Rendsburger Landstr. 140*
11 *»Hamburger Baum«*
12 *»Unter den Linden« Gaststätte*
13 *Stellmacherei Popp, Hamburger Chaussee*

dung schwerkranker Häftlinge, kurz bevor die Wachmannschaft vor der heranrückenden britischen Armee im Mai 1945 die Flucht ergriff.

Gegen den Lagerleiter und den Lagerarzt verhängte das britische Militärgericht 1946/47 Todesurteile, vor deutschen Gerichten kamen Verantwortliche und Wachmänner glimpflicher davon.

Ende der 50er Jahre wurden die inzwischen als Flüchtlingsunterkünfte genutzten Holzbaracken abgerissen. Das Gebäude wird heute als Sportplatz und Gewerbegebiet genutzt. Ein unscheinbarer Gedenkstein unter einer Eiche blieb das einzige Mahnmal, bis antifaschistische Aktivitäten des Kieler Arbeitskreises »Asche-Prozeß« Anfang der 80er Jahre das allzugern in Vergessenheit geratene Lager der Öffentlichkeit durch Kranzniederlegungen, Stadtrundfahren und der Grundmauerfreilegung des sog. SS-Gästehauses wieder ins Gedächtnis rief. Am 8. Mai 1985 war die Stadt Kiel endlich bereit, eine Gedenkplatte mit dem Plan des ehemaligen Lagers neben der Bushaltestelle »Strucksdiek« aufzustellen.

❹ Rundweg Russee

Der Vordere Russee ist durch Abwässer dermaßen verschmutzt, daß an Fischen und Baden nicht mehr zu denken ist; das erste große Fischsterben wurde bereits 1951 registriert. Heute ist der Verzehr von Fischen aus dem Russee von der Stadt Kiel untersagt worden; es wurden bis zu zehnmal höhere PCB-Werte als bei Elbfischen gemessen. 1982 wurde wegen Verschmutzung des Russees gegen

Der letzte Fischer

verschiedene Firmen ermittelt. Der Spaziergang um den Vorderen Russee und anschließend an der Kuhfurtsau entlang ist dennoch zu jeder Jahreszeit reizvoll. Der Baumbestand ist recht vielfältig und im Herbst locken wilde Beeren. Aber Vorsicht: Der Weg wird auch gerne von Radfahrern genutzt.

Über den Vorderen Russee und die anschließend langgestreckte Niederung hinweg (verlandeter Hinterer Russee) erlauben Baumlücken des öfteren den Blick auf den Ort.

Im Gehege rund um den Kuhlensee gibt es seltenes Rotwild. Es lohnt eine Einkehr in der 1770 gebauten Gaststätte »Ihlkate«. Ihren Namen hat die traditionsreiche Waldgaststätte mit Kaffeegarten von dem nahegelegenen See, in dem früher die Apotheker Blutegel (»Ihl«) fischten.

❺

Damaschkeweg/ Eiderbrook

Aus der Kritik an der aus der Gründerzeit stammenden engen Bebauung des Stadtkerns und der mehrgeschossigen Blockbebauung entstand in den 20er Jahren der Plan eines Systems von Trabantenstädten um Kiel. Die ursprüngliche Planung wich 1918 einer bescheideneren Ausführung. Nach einem Entwurf des damaligen Stadtbaurats *Hahn* sollten Ausfallstraßen ins Umland führen, an denen sich Trabanten oder kleine Waldkolonien ansiedeln sollten. Die Siedlung Hammer zählt dazu. Sie hat sich in den 20er Jahren aus einem 1918 von der Stadt Kiel erworbenen Gutshof entwickelt. Der Gartenarchitekt *Migge* teilte die Flächen auf für Vollsiedlungen, Nebensiedlungen und Kleingärten, die für eine vollständige oder teilweise Selbstversorgung gedacht waren. Selbst eine Düngeversorgung mit Kompost wurde erwogen. Für eine Bodenkultur ungeeignete Flächen wurden aufgeforstet.

Diese ursprüngliche städtebauliche Anlage ist bis heute erhalten geblieben, aber die gleichartig angelegten Häuser einer Arbeiter-Siedlungsgemeinschaft ähneln einander durch Um- und Anbauten nur noch teilweise. Zusammengehalten wird der Stadtteil durch den Siedlerbund und den Sportverein SV Hammer, die in der »Pudelhütte«, der einzigen Gaststätte in Hammer, tagen.

Siedlungshäuser

❻

Das Eiderbad ist derzeit geschlossen und Zankapfel kommunaler Politik, da die Renovierung erhebliche Kosten verursacht.

Das Schwimmbad war bis Anfang der 60er Jahre direkt mit der Eider verbunden, und beim Tauchen in der nicht sehr einladenden grünen Brühe konnte man die Bekanntschaft mit Fröschen schließen. Trotzdem war das Bad immer sehr beliebt und stand dem Schwimmunterricht von Schulen bis in den Stadtteil Süd zur Verfügung. Jugendliche aus Hammer und dem benachbarten Mielkendorf tauschten hier schlagkräftige Argumente aus. Inzwischen wird das Wasser gefiltert, das Becken ist rundherum befestigt und die benachbarten Mielkendorfer könnten das Bad nun statt querfeldein über eine Holzbrücke erreichen, falls der Badebetrieb — allerdings nicht vor 1990 — wieder aufgenommen wird.

Eiderwanderweg

❼

Die Eider ist an dieser Stelle ein begradigter Wasserlauf, dessen tote Arme in die Wiesen des Eidertals versickern und hat noch keine Ähnlichkeit mit dem breiten Mündungsfluß, den ein mächtiges Sperrwerk von der Nordsee trennt. Im Sommer eignet sie sich hervorragend zum Kanufahren — ein Kanuverleih existiert allerdings nicht.

Eine Kastanienallee weist in die Richtung des Ursprungs der Siedlung Hammer: ein noch erhaltener Gutshof mit angeschlossener Hammerschmiede als Exklave der Stadt. Nach Einstellung des landwirtschaftlichen Betriebs übernahm die Stadtverwaltung das Gelände und richtete ein Kinder- und Jugendheim, eine Unterkunft für geistig Behinderte und ein Jugendaufbauwerk ein.

Schon zuvor wird der Blick über die Eider immer wieder auf prachtvolle Villen und gepflegte Gärten des Ortsteils Schulensee gelenkt. Der Name leitet sich vom 1566 errichteten Schulenhof her, der nach der Säkularisation vom Kloster Bordesholm in landesherrschaftliches Eigentum überging. Seit 1938 befindet sich der Schulenhof im Besitz der Kieler Stadtmission, die dort ein Altersheim und ein Studentenwohnheim unterhält. Das dazugehörige Gelände wurde 1910 parzelliert und an begüterte Bürger verkauft, die bis heute keinerlei Interesse an einer Eingemeindung zeigen. Ihre Ruhe wurde nur vorübergehend nach dem Zweiten Weltkrieg gestört, als englische Besatzungstruppen Gefallen an den gut ausgestatteten Villen fanden und deren Besitzer als Butler oder Gärtner in das Kellergeschoß oder Anbauten verwiesen.

8

Hamburger Chaussee

Der ehemalige Eiderkrug, heute »Lobby«, liegt mit seinem Biergarten direkt am Schulensee. Schräg gegenüber befindet sich das Wasserwerk, das seit 1889 die Trinkwasserversorgung Kiels gewährleistet.

Die Einfahrt davor führt zum Sportplatz des Fußballvereins Minerva von 1921. Dieser Verein schloß sich während der Weimarer Republik dem sozialistischen Sportkartell an, gehörte aber nicht zur Freien Turnerschaft. Das Verhältnis der Arbeitersportbewegung zum Fußballsport war durch die Befürchtung geprägt, der bei den Arbeitern beliebte Fußball würde Kampf, Konkurrenz und ein bürgerliches Bewußtsein erzeugen. Die Kompromißlösung wurde gefunden, nachdem die Jugend sich scharenweise von der Gymnastik und dem Turnen abwandte. Der kleine Verein betreibt sein Heim noch heute in Selbstverwaltung und ohne Pächter — eine Ausnahme in der Kieler Sportlandschaft.

Vorbei am rechter Hand liegenden Wohnblock der Bundespost erreicht man die größte Behinderteneinrichtung in Kiel. 1975 wurde die Werkstatt am Drachensee aufgebaut und seitdem ständig erweitert; rund 400 geistig und mehrfach Behinderte arbeiten hier, ein großer Teil lebt auch in der angeschlossenen Wohnanlage.

9

Die Bushaltestelle »Hamburger Baum« deutet ebensowenig eine besondere Holzqualität an wie der Straßenname »Baumweg« eine Allee. Hier befand sich einer der 13 Schlagbäume, an denen in vorpreußischer Zeit Wegegeld für die Strecke nach Altona zu entrichten war. Baumpächter war der Wirt des angeschlossenen Gasthofes mit Ausspann, wie die Toreinfahrt erkennen läßt. Bei der Verbreiterung der Chaussee wurde das Gebäude 1938 abgerissen. Es ist heute kaum noch vorstellbar, daß es sich um die erste, unter dem Dänenkönig Friedrich VI. angelegte, befestigte Straße Schleswig-

Kieler Stadtindianer

Ein »Grünes Herz« und Kieler Indianer — Das Viehburger Gehölz

Wer gut zu Fuß ist oder mit dem Fahrrad unterwegs ist, kann beim Drachensee einen Abstecher in das Viehburger Gehölz machen und durchquert dabei zunächst die Siedlung Viehburg/Winterbek. Sie entstand durch einen Arbeiter-Siedlungsbund, der nach 1933 von den Nationalsozialisten übernommen und erheblich erweitert wurde. Die heutigen Straßennamen wie Hagebuttenstraße, Heckenrosenweg oder Holunderbusch klingen so friedlich und deuten nicht mehr an, warum die Siedlung bis 1945 »SA-Viertel« hieß. In den 30er Jahren sollte SA-Leuten ein Denkmal gesetzt werden — nicht in Stein, sondern in Straßenschildern aus Metall. Die Straßen waren nach in Straßenschlachten ums Leben gekommenen SA-Leuten benannt, »im Dienst der Bewegung des Führers ermordet«, hieß es damals. An diese Zeit erinnert nur noch ein bemalter Bunker.

Im stark frequentierten Naherholungswald »Viehburger Gehölz« streiten sich Jogger und freilaufende Hunde über die Vorherrschaft auf den Wegen, in Schneewintern kollidieren Skilangläufer mit Rodelschlitten. Einsiedler und »lichtscheues Gesindel«, die vor der Jahrhundertwende hier hausten, kann man heute ebensowenig ausfindig machen wie die »Idiotenanstalt« des Dr. Hornheim, die aufgrund der Bedenken braver Kieler Bürger 1899 geschlossen werden mußte. Auch vom landesherrschaftlichen Hof Viehburg steht kein Stein mehr auf dem anderen.

Im Steingebäude Hornheimer Weg/Petersburger Weg lebt der Stadtförster. Hier fanden nach dem 2. Weltkrieg Kinderspeisungen statt, eine naturkundlich ausgerichtete Schule folgte, bis das Gebiet dem Kieler Indianerclub zur Verfügung gestellt wurde — die Wigwams bezeugen ihr Reservat.

Im Norden befindet sich die Waldwiese, von deren Ursprünglichkeit nur noch die Sportplätze des traditionsreichen Stadtteilvereins VfB Kiel geblieben sind. Dieser Platz wurde vor 1933 von der Arbeiterbewegung für Kundgebungen und Festveranstaltungen genutzt. Statt der modernen Seniorenanlage dienten seinerzeit großzügige Festsäle der Abhaltung von Vereinsveranstaltungen und Tanzvergnügen. Die Eigenheimsiedlung zum Wald hin nennt sich überschwenglich »Grünes Herz«.

Dieses Stadtgebiet ist auch mit den Buslinien 1 und 13 zu erreichen.

Horst Peters

Holsteins handelt. Der Einweihungsstein von 1832 steht noch am Rondeel, ein Meilenstein an der Waldwiese. Angelegt wurde die Chaussee, der 1944 die Eisenbahnverbindung folgte, entlang des Alten Heerweges, der via regia, die ihren Namen Königsweg (siehe S. 127) im Innenstadtbereich bis heute erhalten hat.

In der etwas zurückliegenden Villa leben seit Jahren Wohngemeinschaften. Es war früher das Haus des Inhabers des Fuhrunternehmens Mordhorst, der vor dem Triumphzug des Kühlschranks am Rande des Drachensees eine Eisfabrik unterhielt.

Eisfabrik E. Mordhorst, Kunst- und Natur-Eiswerke

Der zweigeteilte Drachensee kann auch — anders als in unserer Route vorgesehen — vollständig umwandert werden.

Rundweg Drachensee

Auf dem Hügel laden nach dem anstrengendem Anstieg aufgestellte Bänke und Tische zu einer kurzen Rast ein. Das Großsteingrab soll an die früher im Stadtgebiet vorhandenen Megalithgräber erinnern. Die im Volksmund »Hünengräber« genannten Grabstätten germanischer Sippen wurden durch Steinblöcke überdeckt.

Auf dem Gelände der jetzt ansässigen Firma »Readymix« befand sich die größte Ziegelei Kiels. Bis 1831 waren Kirchen die einzigen Abnehmer, und die Ziegel wurden in unmittelbarer Stadtnähe produziert. Wer sich vor dressierten Vierbeinern in acht nehmen möchte: In unmittelbarer Nachbarschaft zur Ziegelei befindet sich ein Hundeabrichtungsplatz.

⑩ **Rendsburger Landstraße**

Wenn wir den Scheitelpunkt der Anhöhe überschreiten, erblikken wir eine Siedlung mit der nach wie vor gängigen Bezeichnung »Klein-Moskau«. So wurde sie genannt, weil in der 1943 errichteten Polizeibaracke — das Polizeigefängnis war überfüllt — hauptsächlich sowjetische Zwangsarbeiter und Zwangsarbeiterinnen inhaftiert waren. Im Jahre 1944 durchliefen 60199 Inhaftierte das Lager.

Die Häftlinge arbeiteten tagsüber größtenteils in der Firma »Land- und Seeleichtbau«, in der Flugzeugteile produziert wurden.

Neben der Rudolf-Steiner-Schule für geistig behinderte Kinder — die Anthroposophen sprechen da lieber von »seelenpflegebedürftigen« Kindern — liegt die Theodor-Heuß-Schule. Die angeschlossene Sporthalle (Wriedthalle) wird auch vom Turnverein Hassee-Winterbek Kiel benutzt, der in den Wintermonaten gut besuchte Spiel- und Sportnachmittage auch für die Nichtmitglieder anbietet.

Am Hasseer Bahnhof in die »Schranke« oder ins »Hasseer Bierlokal«

Braustraße

Die Zeiten, in denen vielfältige Handwerks- und Industriebetriebe in den Hinterhöfen von Hassee angesiedelt waren, sind vorbei, auch wenn Schilder diesen Eindruck nach wie vor suggerieren. Nur der Getränkevertrieb Dorn, an dessen frühere Brauerei der Straßenname erinnert, verharrt in traditioneller Umgebung.

⑪ **Gärtnerstraße**

Am ehemaligen Stadtteilstandort der Konsumgenossenschaft (siehe S. 188) vorbei, erreichen wir wieder unseren Ausgangspunkt. Am Hasseer Bahnhof halten die Nahverkehrszüge aus Flensburg nicht mehr. Nur der Schrankenwärter verrichtet unverdrossen seinen Dienst.

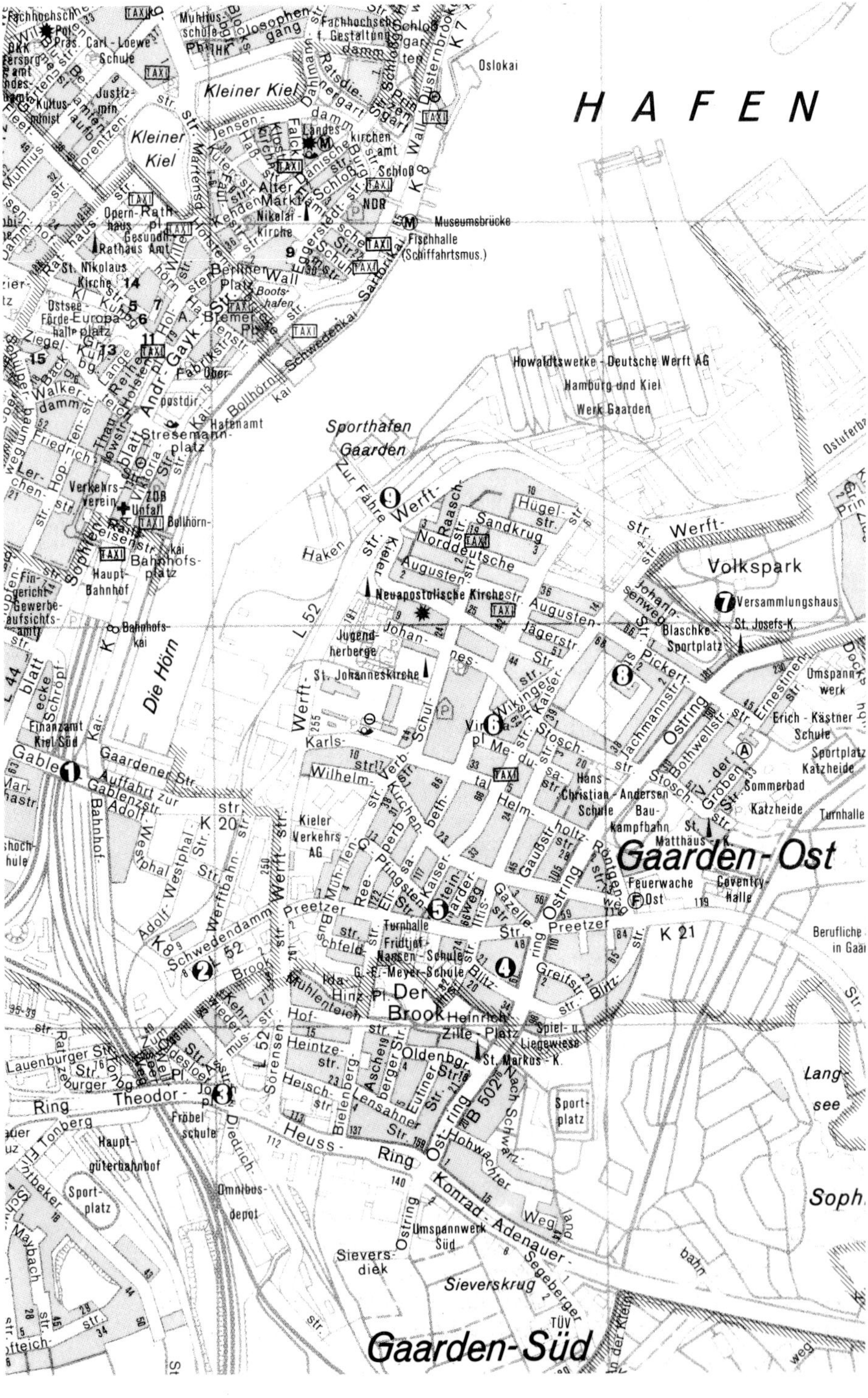
HAFEN
Oslokai
Kleiner Kiel
Kleiner Kiel
Landes-kirchen amt
Alter Markt
Nikolai-Kirche
NDR
Museumsbrücke
Fischhalle (Schiffahrtsmus.)
Berliner Platz
Boots-hafen
Schwedenkai
Bollhörnkai
Opern-haus
Rathaus
St. Nikolaus Kirche
Ostsee-halle
Europa-platz
Andr.-Gayk-Str.
Hafenamt
Stresemann-platz
ZOB
Bollhörn-kai
Bahnhofs-platz
Haupt-Bahnhof
Bahnhofs-kai
Die Hörn
Finanzamt Kiel-Süd
Gaardener Str.
Sporthafen Gaarden
Howaldtswerke - Deutsche Werft AG
Hamburg und Kiel
Werk Gaarden
Ostuferbahn
Zur Fähre
Werft-str.
Hügel-str.
Sandkrug
Norddeutsche
Augusten-str.
Neuapostolische Kirche
Jugend-herberge
Johannes-str.
St. Johanneskirche
Volkspark
Versammlungshaus
St. Josefs-K.
Blaschke-Sportplatz
Umspann-werk
Erich-Kästner Schule
Sportplatz Katzheide
Sommerbad Katzheide
Turnhalle
Karls-str.
Wilhelm-
Vinetapl.
Hans Christian-Andersen Schule
Baukampfbahn
St. Matthäus-K.
Ostring
Gaarden-Ost
Feuerwache Ost
Coventry-Halle
Kieler Verkehrs-AG
Preetzer Str.
K 21
Turnhalle
Fridtjof-Nansen-Schule
G.-F.-Meyer-Schule
Ida-Hinz-Pl.
Der Brook
Heinrich-Zille-Platz
Spiel- u. Liegewiese
St. Markus-K.
Sportplatz
Schwedendamm
Theodor-Heuss-Ring
Fröbel-schule
Haupt-güterbahnhof
Sportplatz
Omnibus-depot
Umspannwerk Süd
Sievers-diek
Sieverskrug
Konrad-Adenauer-Weg
Segeberger
TÜV
Langsee
Gaarden-Süd

Docks für Großkampfschiffe und südliche Feste

Gaarden

von Nico Sönnichsen

Ausgangspunkt: *Gablenzbrücke, Bus 4, 14, 24, 34, 54, 64, Haltestelle Gablenzbrücke*
Endpunkt: *Elisabethstraße, Bus 4, 24, 34, 64, Haltestelle Elisabethstraße*
Dauer: *ca. 3,5 Stunden*

Nur einen Katzensprung entfernt von der Kieler City liegt am Ostufer der Innenförde der 30.000 Einwohner zählende Stadtteil Gaarden. BewohnerInnen aus dem Westen Kiels zieht es nur selten nach Gaarden, denn fast alle öffentlichen Einrichtungen und Institutionen sind auf das Westufer konzentriert. Ausnahmen bilden das vor allem bei Jugendlichen beliebte Open-Air-Festival im Gaardener Volkspark und das Gaardener Sommerfest. So kommt es, daß viele Westufer-KielerInnen über Gaarden häufig nicht mehr wissen als das, was sie vom Westteil der Stadt her sehen können: Die riesigen Docks, Kräne und Montagehallen der Howaldtswerke, die sich beinahe über das ganze Gaardener Fördeufer erstrecken, lassen Gaarden als einen traditionellen Arbeiterbezirk erkennen. Bekannt ist auch, daß heute im Arbeiterstadtteil Gaarden neben vielen StudentInnen vor allem ausländische MitbürgerInnen wohnen, hauptsächlich aus der Türkei. »So sommerlich wie im Süden kann es überall in Kiel sein«, so stand es unlängst in einem Kieler Stadtjournal, »aber so südländisch wie in Gaarden ist es nirgends in Kiel«. Andere beklagen, daß sich Gaarden vom »St. Pauli von Kiel« zum »Kreuzberg Kiels« entwickelt hätte. Nur allzu leicht wird häufig vergessen, daß ohne die Entwicklung der Werftindustrien auf dem Ostufer, ohne die Entwicklung Gaardens zum Arbeiterbezirk und ohne die vielen ausländischen ArbeiterInnen auch der eher akademische Westen Kiels nicht zu dem geworden wäre, was er heute ist. Die relativ bessere Infrastruktur auf dem Westufer hat auch hier ihren Ursprung.

❶ Gablenzstraße

Zwischen der Gablenzbrücke, die Gaarden mit Kiels City verbindet, und der innersten Spitze des Kieler Hafens, der Hörn, soll in wenigen Jahren in der Gaardener Straße das neue »Kieler Museum für Industrie- und Alltagskultur« entstehen. Die Stillegung des traditionsreichen Werkteils der Howaldtswerke in Kiel-Dietrichsdorf und der damit verbundene Wunsch nach Sicherung von Kulturgut gaben 1984 das Signal zu diesem Projekt.

Nicht nur wegen der beträchtlichen Kosten ist das geplante Museum längst zum Zankapfel der Kommunalpolitiker geworden. Heftig umstritten ist vor allem die beabsichtigte Umsetzung der Metallgießerei der früheren Howaldtswerke in Dietrichsdorf. Die Dietrichsdorfer möchten die Gießerei — eines der ältesten Industriegebäude Kiels — in ihrem Stadtteil behalten. Zum Museumskonzept gehört auch die Erhaltung und Sanierung der Überreste des städtischen Kieler Schlachthofs. Am 11. Oktober 1887 nahm er als erste derartige Einrichtung in Schleswig-Holstein seinen Betrieb auf. Heute ist vom Seegrenz-Schlachthof nur noch das Verwaltungsgebäude in der Gaardener Straße erhalten geblieben.

Bahnhofstraße

Im Laufe der Jahrzehnte wurde der Schlachthof zu beiden Seiten der Gablenzbrücke ständig ausgebaut: 1895 eröffnete die Seequarantäne-Anstalt für Vieheinfuhren aus Dänemark und Schweden; 1897 folgte der Viehhof, der aus ganz Schleswig-Holstein beliefert wurde. 1929 wurde der Neubau des Seegrenz-Schlachthofs in Betrieb genommen, nachdem das Reichsministerium zur Vorbeugung gegen Seuchen neue hygienische und schlachttechnische Einrichtungen als Bedingung für weitere Vieheinfuhren über See gestellt hatte. Ab 1935 kamen drei neue Markthallen für Rinder, Kleinvieh und Schweine hinzu, ebenso ein Seuchenschlachthaus und ein neues Kühl- und Gefrierhaus. Nach der Zerstörung und dem Wiederaufbau nach 1945 wurde der Schlachthof 1974 für immer geschlossen, nachdem ein neuer Kieler Schlachthof als öffentlich kontrolliertes Privatunternehmen in Kiel-Wellsee gebaut worden war. Die Gebäude des alten Schlachthofs in Gaarden wurden alle bis auf das Verwaltungsgebäude abgerissen und das »alte Schlachthofgelände«, wie das Niemandsland zwischen Kiel-West und Kiel-Ost seither genannt wird, städtebaulich überplant: Im März 1989 nahm hier das neue Kieler Arbeitsamt seinen Betrieb auf. Die Stadtverwaltung möchte nun weitere behördliche Bauten auf diesem Ödland folgen lassen, um Gaarden zumindest baulich mit dem Westufer zu verbinden.

Noch bis Mitte des 19. Jahrhunderts ragte der innerste Teil der Förde bis weit in das alte Schlachthofgelände hinein, umgeben von »Soltwischen« (Salzwiesen) und sumpfigem Gelände. Vom Westufer her führte nur ein schmaler, hölzerner Steg, die »Kippe«, in Höhe der heutigen Gablenzbrücke hinüber nach Gaarden, das zu dieser Zeit noch aus zwei kleinen Bauerndörfern bestand: »Fürstlich Gaarden« im Süden und »Klösterlich Gaarden« im Nordosten. Erst beim Aufbau der Gaardener Werftindustrien wurde das Gelände an der Hörn aufgeschüttet und trockengelegt. Die Aufschüttung der Hörn und des alten Schlachthofgeländes war zugleich die Voraussetzung für die Anlage einer Werftbahn in den 80er Jahren des letzten Jahrhunderts, die die Werften direkt an das Eisenbahnnetz Kiel-Altona anschloß und nach der noch heute die Straße, die das alte Schlachthofgelände nach Osten hin abgrenzt, benannt ist.

Werftbahnstraße 8

Neben kleineren Gewerbebetrieben hat hier auch der »Semmel-Verlach« sein Domizil aufgeschlagen. Erst vor wenigen Jahren gegründet, ist der »Semmel-Verlach« mittlerweile zu einem der größten Verlage in Schleswig-Holstein aufgestiegen. Als Zugpferd

1952. Bürgermeister Dr. Fuchs begleitet das erste Schwein zur Schlachtbank.

dienten die »Brösel«-Comics (»Werner, oder was?«) und die dazugehörende Fangemeinde.

In der zweiten Hälfte des 19. Jahrhunderts entstanden zwei große Saalbauten: die Gaststätte »Alhambra« (später »Germania-Eck«) und das Vergnügungslokal »Orpheum«, das 1882 abbrannte. An seiner Stelle wurde der im 2. Weltkrieg zerstörte »Kaisersaal« gebaut.

Im Winter 1907 hielt Rosa Luxemburg *dort eine Rede, die so starken Zuspruch fand, daß die Polizei den Saal schon eine halbe Stunde vor Beginn sperren mußte. Doch auch das half nicht: »Die Menschen sind weiter über den Garten und die Kegelbahn durch die Fenster gestiegen«, erzählte eine Kieler Sozialdemokratin.*

Gablenzstraße/ Werftstraße

Seibels Fabrik wird zu einem der modernsten privaten Kino-Zentren ausgebaut.

Südlich des alten Schlachthofgeländes steht eines der wenigen Baudenkmale Kiels: der 1983 unter Denkmalschutz gestellte frühere Milchhof der Ersten Meiereigenossenschaft Kiel. Der 1927 erbaute Milchhof war die erste Etagenmeierei in Deutschland. Doch die als einzigartig angesehene Konzeption der Etagenmeierei bewährte sich nicht. Bereits zu Beginn der 30er Jahre richtete die Butter-Export-Firma J.W. Seibel in dem Gebäude des Milchhofs eine Margarine-Fabrik ein, die ihre Produktion bis Ende der 70er Jahre aufrechterhielt.

Schwedendamm 10
❷

Nach der Schließung setzten sich das Kulturamt der Stadt Kiel und ein von ihm initiierter »Förderverein Seibels Fabrik e.V.« für eine kulturelle Nutzung des alten Milchhofs ein. Seibels Fabrik sollte nach ihrem Konzept eine kunstspartenübergreifende Einrich-

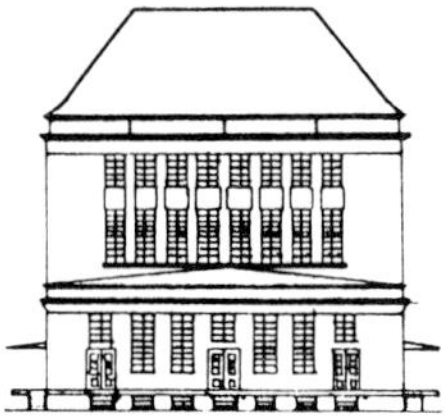

Zum Brook

KIELER KUNST-KERAMIK

Oldesloer Straße

tung werden, in der bildende und darstellende Kunst sowie literarische Aktivitäten Platz fänden. Auch eine ›dezentrale‹ Angliederung des Milchhof-Gebäudes an das geplante Industrie-Museum an der Hörn wurde erwogen.

Unmittelbar neben dem Milchhof wurde 1901 als Ersatz für das ehemalige Ausflugslokal »Ferdinand Bruhn« am früheren Mühlenteich der Saalbau »Concordia« eingeweiht. Anders als beim »Kaisersaal« und »Germania-Eck« sind einige Gebäudeteile des »Concordia« bis heute erhalten geblieben. Als 1905 bei einer sozialistischen Frauenversammlung im »Concordia« für die von *Klara Zetkin* herausgegebene Zeitschrift »Gleichheit« geworben wurde, meldeten sich auf Anhieb 180 Abonnentinnen.

Nicht weit entfernt von Seibels Fabrik nahm 1924 die »Kieler Kunstkeramik AG« (KKK) unter der Leitung ihres künstlerisches Direktors *Philipp Danner* (1893–1964) ihre Produktion auf.

Ihren international guten Ruf erwarb die KKK vor allem in der Baukeramik. Zu ihren bedeutendsten Arbeiten zählen die Baukeramiken der Künstler Fritz Theilmann *und* Alwin Blaue *an der 1925 bis 1930 erbauten Marine-Siedlung im Bereich Kleiststraße in Kiel-Nord. Von Theilmann modelliert wurden auch die sechs glasierten Pferdegestalten am berühmten Magdeburger Pferdetor und das Löwendenkmal für die 1914 bis 1918 gefallenen Soldaten der Torpedowaffe im Vorhof der Garnisonskirche in Kiel-Wik.*

Die KKK war auch bedacht auf die Pflege edler Töpfer-Handwerkskunst, von der ein Teil heute im »Warleberger Hof« in der Dänischen Straße (City) besichtigt werden kann. 1930 mußte die KKK wegen wirtschaftlicher Schwierigkeiten in Konkurs gehen; die Werkstätten wurden 1943 ausgebombt und bis auf die Grundmauern zerstört.

❸
Joachimplatz

Von 1908 bis 1911 absolvierte Andreas Gayk hier seine Kaufmannslehre.

Heischstraße 6-10

Mit Feuerwache, Kleinbahnhof, Rathaus, Schule und etlichen kleinen Läden war der Joachimplatz früher ein idyllisches Zentrum; nach dem Bau des Theodor-Heuss-Rings ist er zu einem der am meisten frequentierten Verkehrsknotenpunkte Kiels geworden und soll noch weiter ausgebaut werden. Die in den Joachimplatz mündende Bahnhofstraße zählt seither zu den häßlichsten und lautesten Wohnstraßen Kiels.

Für den Straßen- und Brückenausbau sollen die »Coop-Häuser« des früheren »Allgemeinen Konsumvereins für Kiel und Umgegend« abgerissen werden, obwohl sie nach Auffassung des Denkmalschutzamtes ein »Kulturdenkmal und Zeugnis der Wohnungsbauentwicklung der preußischen Großstadt Kiel« sind. Die »Coop-Häuser« wurden 1908 als Arbeitermietwohnungen vom Konsumverein gebaut, dessen Lager, Kontor und Bäckerei sich damals in der benachbarten Heischstraße befanden.

Schon 1899 war der Konsumverein von der organisierten Arbeiterschaft in Kiel ins Leben gerufen worden, um Konsumläden zu schaffen, die auf den Bedarf der Arbeiterhaushalte zugeschnitten waren. Durch eigene Produktion, gezielte Einkäufe, beschränkte Sortimente und geringe Gewinnspannen konnte die Kundschaft in den Konsumläden weit billiger einkaufen als bei den privaten Händlern. Die heutige »Coop Schleswig-Holstein« als

Laden der Konsumgenossenschaft in den 20er Jahren

Nachfolgerin des einstigen Konsumvereins gehört nicht zum von Skandalen geplagten Coop-Konzern auf Bundesebene (siehe S. 222).

Bielenbergstraße

Die Sörensenstraße wie auch die parallel zu ihr liegende Bielenbergstraße und die drei Querstraßen Heisch-, Heintze- und Hofstraße stammen aus der Phase der sogenannten »zweiten Verstädterung Gaardens«. Nach einem Plan des Kölner Städtebauers *Joseph Stübben* wurden sie zu Beginn unseres Jahrhunderts angelegt. »Fürstlich Gaarden« erhielt die Funktion, das Ost- und Westufer Kiels baulich und verkehrlich miteinander zu verklammern.

Mühlenteich 2

Am früheren Mühlenteich unterhält die Arbeiterwohlfahrt seit 1985 einen »Treffpunkt für Mädchen und Frauen«. Für die in Gaarden lebenden Ausländerinnen, vor allem Türkinnen, werden Beratungen, Näh- und Kochkurse sowie diverse Freizeitaktivitäten angeboten.

Gleich nebenan, in der Grünanlage Brook, liegt der Gaardener Gildefestplatz. Seit 1986 heißt er zu Ehren der im selben Jahr verstorbenen früheren Stadtpräsidentin Ida-Hinz-Platz.

Ida Hinz *war seit ihrem 2. Lebensjahr eine »Gaardener Deern« und seit ihrem 15. Lebensjahr als Sozialdemokratin aktiv. 1946 wurde »uns Ida«, wie sie in ganz Kiel genannt wurde, in die erste frei gewählte Ratsversammlung nach dem Kriege gewählt, 1951 wurde sie Wohnungsdezernentin. Nicht nur im Rathaus, auch in ihrer Gaardener Privatwohnung in der Bahnhofstraße 22 standen die Wohnungssuchenden zu jener Zeit Schlange (siehe S. 120).*

1988 konnte die Alte Gaardener Gilde ihr 250jähriges Jubiläum feiern. Sie war 1938 aus der »Brandgilde der Kielischen Unterthanen« entstanden, deren Mitglieder sich über die Zahlung von Schadensgeldern zerstritten hatten. Der »Clöstherliche Antheil« der Brandgilde trennte sich damals vom »Hochfürstlichen Antheil« und so kam es zur Gründung der »Schieß- und Brandgilde im Dorfe Garten, Fürstlichen Antheils«. Bis vor dem 1. Weltkrieg waren die Feste der Gilde, die sich mittlerweile zur reinen Schießgilde gewandelt hatte, ein Ereignis für die ganze Stadt.

Kruppsche Germania-Siedlung

Weil die Gaardener Gilde dem »NS-Reichsbund für Leibesübungen« angehört hatte, wurde sie von der britischen Militärregierung nach 1945 zunächst verboten. 1948 konnte die Gilde sich in der »Dorfschänke« (Zum Brook/Bahnhofstraße) zwar neu konstituieren, blieb aber bis 1963 ohne festen Gildeplatz. Schließlich stellte die Stadt Kiel der Gilde die Festwiese »Am Mühlenbach« zur Verfügung, also jenen Ort, wo früher die Bruhnsche Wirtschaft gestanden hatte.

Blitzstraße 25-31
❹
Ostring 61-85
Preetzer Str. 46/48

Als gegen Ende des 19. Jahrhunderts die Germania-Werft von der Firma Krupp übernommen wurde, lag es ganz im Sinne Kruppscher Tradition, daß nun auch in Kiel der Bau werkseigener Wohnungen begonnen wurde. »Es ist nicht der geringe Lohn, der den Arbeiter unzufrieden macht, sondern der geringe Genuß von der Menge von Geld, namentlich die hohen Mieten und das teure Kopfgeld... Niemand macht sich noch eine Vorstellung von der Not, die eintreten wird, und von den Vorteilen, die wir haben werden anderen gegenüber, wenn wir unseren Leuten ein sicheres Obdach geben«, hatte *Alfred Krupp* 1865 die Notwendigkeit des Kruppschen Werkswohnungsbaus begründet.

Ostring 100-112

Blitzstraße 33-39
Greifstraße 2-8/1-9

Fast überall in Gaarden kaufte die Firma Krupp Mietshäuser auf, um sie an die Beschäftigten der Germaniawerft zu vermieten. Doch das war nur der erste Schritt. Im Bereich Blitzstraße, Ostring, Preetzer Straße und Greifstraße ließ Krupp in den Jahren 1900 bis 1902 die »Germania-Siedlung« aus dem Boden stampfen (auch Kruppsche Siedlung oder Kolonie am Germaniaring genannt). Neben der »Kolonie Prieser Höhe« in Kiel-Friedrichsort blieb die »Germania-Siedlung« die einzige komplette Siedlung, die im Rahmen des Werkswohnungsbaus zwischen 1870 und 1914 in Kiel gebaut wurde. Sie entstand nach Plänen des Essener Krupp-Baurats *Robert Schmohl,* wurde 1917 erweitert und zählte schließlich 324 Werkswohnungen, eine »Konsum-Anstalt« und eine »Bierhalle«.

Zeitgenossen schwärmten, die neue Siedlung sei »eine Mischung aus Landhaus, Schloß und Burg«. Heute befinden sich die unter Denkmalschutz stehenden Bauten im Besitz der »Kieler Werkswohnungen GmbH« (KWW), die sie in den vergangenen Jahren nach und nach instandsetzen und modernisieren ließ.

Noch in den Jahren des ersten Weltkriegs faßte Krupp den »großzügigen Plan«, auf einem 70 Hektar großen Areal unweit der »Germania-Siedlung« eine Gartenstadt mit 1300 Werkswohnungen zu bauen. Doch »der Zusam-

menbruch des alten Reiches«, so Krupp, »machte diesen großartigen Plan zunichte«.

Erst nach der Machtübernahme durch die Nationalsozialisten erlebte der Werkswohnungsbau einen neuen Aufschwung. »Kruppscher Wohnungsbau dient letztlich keinem anderen Zweck, als dem Führer die Waffen zu schmieden,... « heißt es in einer von der »Nachrichtenstelle der Germaniawerft« herausgegebenen Propagandaschrift.

So entstanden ab 1938 drei neue Kruppsche Werkssiedlungen in Gaarden: Das »Bauvorhaben I« östlich des Ostrings im Bereich Schwarzlandwiesen mit 300 Wohnungen, das »Bauvorhaben II« westlich des Ostrings zwischen der Grünanlage Brook und dem Theodor-Heuss-Ring und das »Bauvorhaben III« östlich der alten »Germania-Siedlung« an der Preetzer Straße. Noch heute sind es vorwiegend Arbeiterfamilien, deutsche und türkische, die in den alten Werkssiedlungen wohnen.

Nördlich der Preetzer Straße, im eigentlichen Zentrum des heutigen Gaarden, bestimmen die zahlreichen türkischen Geschäfte, Lokale und Imbißbuden das Straßenbild. Der Iltisbunker soll noch in diesem Jahr von acht Kieler Künstlern bemalt werden nach einem gemeinsamen Plan vom städtischen Kulturamt und dem Gaardener Bürgerzentrum »Räucherei« mit Motiven aus der Novemberrevolution 1918 in Kiel und aus der Geschichte Gaardens.

Benannt ist die Iltisstraße nach dem Kanonenboot »Iltis«, das 1896 in ostasiatischen Gewässern bei einem Taifun unterging.

Iltisstraße 49

Die Kneipe »Bambule« (früher »Iltishalle«) gehört zu den wenigen Studentenkneipen auf dem Ostufer. Schräg gegenüber unterhält die Stadt Kiel den »Mädchentreff Gaarden«.

Kirchenweg 45

❺

Preetzer Straße 35

Der Steinmarderweg führt zum »Bürgerzentrum Räucherei« der Arbeiterwohlfahrt. Das einzige Kommunikationszentrum in Gaarden ist auch eines der beliebtesten in ganz Kiel. Ab 1913 betrieb hier die Firma Fritz Mahrt eine Fischräucherei. Nach ihrer Zerstörung im 2. Weltkrieg wurde die Räuchereihalle, das Kernstück der heutigen »Räucherei«, neu aufgebaut und 1961 um eine Marinieranstalt und ein Bürogebäude erweitert. Die Räucherei Mahrt entwickelte sich zu einer der größten ihrer Art in Schleswig-Holstein, mußte aber 1973/74 aus wirtschaftlichen Gründen geschlossen werden.

1978 kaufte die Stadt Grundstück und Gebäude

Auf gleicher Höhe der »Räucherei« liegt das »Deutsch-Türkische Volkshaus«.

Kaiserstraße 92

Kirchenweg 20

Unweit davon entfernt fielen 1983 aus einem Haus im Kirchenweg Schüsse auf einige junge Türken, als sie während des Bundestagswahlkampfes ein NPD-Plakat entfernen wollten. Eine Wohnung war damals als einschlägiger Neonazi-Treff in Gaarden bekannt. Bundesweit sorgte 1982 die »Kieler Liste für Ausländerbegrenzung« (KLA), ein Sammelsurium alter und neuer Nazis, für Schlagzeilen, als sie bei der Kommunalwahl in einigen Gaardener Stimmbezirken bis zu zehn Prozent der Stimmen erhielt.

Das Lokal »Kleinkes Eck« gehört zu den traditionsreichsten Gaststätten in Gaarden. Nach dem 2. Weltkrieg trainierten bei Kleinkes

In den 70er Jahren trafen sich hier auch diverse K-Gruppen.

nicht nur die Sportschützen der Gaardener Gilde, hier traf sich auch die SPD-Frauengruppe Gaarden-Ost. Ebenfalls bei Kleinkes wurde nach 1945 die 1933 von den Nazis zerschlagene Gaardener MA I (Männerabteilung I) der Vereinigung der freien Arbeiterturnerschaften in Kiel neu gegründet: als FT Eiche von 1901 e.V. Kleinkes ist bis in die 80er Jahre immer ein beliebtes politisches Versammlungslokal geblieben.

Verbindungsstraße

Vom unteren Ende des Kirchenwegs blickt man links auf das alte Straßenbahn-Depot (heute Bus-Depot) der Kieler Verkehrs-AG, geradeaus in Richtung des 1989/90 stillgelegten HDW-Werks Gaarden-Süd (früher Kruppsche Germania—Werft), und rechts auf den ehemaligen »Vorhof« der Germania-Werft, wo heute die Gaardener Post steht.

Das HDW-Werk Gaarden-Süd, das U-Boote produzierte, wurde stillgelegt, nachdem der Konzern-Vorstand sich für den Bau einer moderneren U-Boot-Produktionshalle im Hauptwerk Gaarden entschlossen hatte.

Was künftig mit dem stillgelegten HDW-Werksgelände Gaarden-Süd geschehen soll, ist ebenso offen wie umstritten. Die Vorschläge reichen von ›Hafenerweiterung‹ über ›Wohnen und Gewerbe an der Hörn‹ bis hin zu ›Begrünung der Uferzone‹. Welche Lösung sich auch durchsetzen wird, eine Sanierung des früheren Werftgeländes werden die Verantwortlichen kaum vermeiden können. Das Gelände ist aufgrund der jahrzehntelangen werftindustriellen Nutzung mit Giftstoffen jeder Art verseucht.

Karlstal

Im Zuge der 1978 bis 1986 erfolgten Stadtsanierung des Gebiets zwischen Schulstraße, Karlstal, Elisabethstraße und Vinetaplatz verschwanden der frühere Ebertplatz (am Karlstal) und die 1872 unmittelbar daneben erbaute Mädchenvolksschule (nach dem Krieg als Verwaltungsstelle genutzt) ebenso wie die zahlreichen baufällig gewordenen Gründerzeithäuser entlang der Elisabethstraße. Die meisten Wohnungen hatten kein Bad und keine Innentoiletten; nach andauernden Regenfällen standen die Keller trotz eingebauter Pumpen noch wochenlang unter Wasser. In vier Bauabschnitten entstand hier ein neues Häuserviertel mit 235 Wohnungen und — natürlich — ein Parkhaus mit fast 500 Stellplätzen. Die Wohnungen sind zu fast zwei Dritteln an Familien und Alleinstehende mit Kindern, ausländische Arbeitnehmer, Schwerbehinderte und alte Menschen vermietet.

Die »Kieler Socke«

❻ Vinetaplatz

Die Geschäfts- und Mietshausbebauung am Vinetaplatz erfolgte 1902 bis 1910. 1903 wurde der Vinetaplatz, auf dem seit 1907 die regelmäßigen Wochenmärkte in Gaarden stattfinden, nach der 1860 in Dienst gestellten preußischen Dampfkorvette »Vineta« benannt. Der Name »Vineta« stammt, einer pommerschen Sage zufolge, von einer versunkenen Stadt. Bis heute ist der Vinetaplatz nicht nur der belebteste Platz in Gaarden, sondern auch der traditionelle Platz für politische Kundgebungen, Feste und Demonstrationen aller Art, insbesondere für Werftarbeiter-Demonstrationen.

An seiner Westseite standen bis Anfang der 80er Jahre die sogenannten »schiefen Häuser«, die im Zuge der Stadtsanierung abgebrochen werden mußten. Ohne ausreichende Befestigung auf moorigem Boden gebaut, sanken sie im Laufe der Jahrzehnte und drohten zu kippen. Die Mieter der »schiefen Häuser« konnten zu den Mahlzeiten keine Suppe auftischen, weil sie bei den schrägen Fußböden über den Tellerrand gelaufen wäre.

Elisabethstraße 60-68

Unweit des Vinetaplatzes steht das unter Denkmalschutz gestellte Gebäude des alten Gaardener Volksbads.

Wikinger Straße 6

Nach einem preußischen Kriegsschiff benannt ist auch die vom Vinetaplatz wegführende Medusastraße. Hier befindet sich seit wenigen Jahren ein kleines ›alternatives Zentrum‹ mit Wohnungen, Werkstätten und einem »Café im Hof«, das sich mit gut besuchten Lesungen und politischen Veranstaltungen mittlerweile einen Namen in ganz Kiel gemacht hat (siehe S. 125).

Medusastraße 16

Am Ende der Medusastraße liegt das erste Kieler Wohn-Hochhaus, das die Kieler Wohnungsbaugesellschaft (KWG) nach dem Kriege errichtete. 84 Wohnungen wurden für alleinstehende und berufstätige Frauen reserviert (siehe S. 125).

Gleich um die Ecke ist der »Treff- und Informationsort« (TIO) für türkische Frauen und Mädchen, der zu Beginn der 80er Jahre als erste derartige Einrichtung in Kiel auf Initiative einiger Türkinnen ins Leben gerufen wurde. Mittlerweile wird die Initiative auch von der Stadt Kiel anerkannt und unterstützt (siehe S. 125).

Iltisstraße 6

In der Iltisstraße wohnte in den 30er Jahren der Kieler Sozialdemokrat *Kurt Salau,* späteres Mitglied des Holzarbeiterverbandes, der mit anderen Mitgliedern einer Widerstandsgruppe im Januar 1937 von den Nationalsozialisten verhaftet und später wegen »versuchten Hochverrats« zu acht Monaten Gefängnis verurteilt worden ist.

Iltisstraße 46

Auf dem Gelände der Hans-Christian-Andersen-Schule befand sich in den 20er und 30er Jahren der Gaußplatz. Nach der Machtergreifung der Nationalsozialisten fand dort noch einmal ein großes Sporttreffen der von den Nazis verbotenen Arbeitersportvereine statt:

Stoschstraße

»Als die Sportler sich im besten Spiel befanden, erschien die SA, bewaffnet mit Gummiknüppeln und anderen Schlaginstrumenten. Es entspann sich ein heftiger Kampf. Da der größte Teil der Zuschauer sich auf die Seite der Sportler stellte, gelang es schließlich, die SA zu zwingen, das Spielfeld zu räumen. Ein zweiter kühner Versuch einer Fortführung der Sportorganisation in dieser Form konnte allerdings nicht wiederholt werden. Nicht nur die Sportler, auch die Gestapo hatte aus den Vorgängen Lehren gezogen.« (Dokumente des Widerstands, Hamburger Volkszeitung, 1947).

Nicht weit davon wohnte in den 20er Jahren *Emil Bustorff,* seinerzeit Leiter der KPD-Stadtteilgruppe, dessen Büro sich in der Kieler Straße 22 befand. Natürlich blieb auch dieses Büro nach der Machtergreifung der Nationalsozialisten vor Gestapo-Übergriffen nicht verschont. Schon am 2. Februar 1933 stellten die Nazis im

Jachmannstraße 71

Rahmen einer großangelegten Razzia bei »Funktionären und verdächtigen Mitgliedern der KPD« auch das Gaardener KPD-Büro auf den Kopf.

Die von den Gaardener Sportvereinen geplante »Baukampfbahn« auf dem »alten Schietberg« zwischen Stoschstraße, Röntgenstraße und Ostring wurde im September 1933 eröffnet — für die neuen, faschistischen Machthaber damals Anlaß zu einem riesigen propagandistischen Festumzug durch Gaarden. »Der Umzug war imposant, und der mit Kerzen aus allen Fenstern der umgebenden Häuser feierlich erhellte Vinetaplatz sah eine Veranstaltung, die den Teilnehmern unvergessen ist«, so ein Zeitzeuge. Im Krieg wurde die »Baukampfbahn« zerstört und nach dem Wiederaufbau 1948 erneut in Betrieb genommen. Heute ist sie der Vereinsplatz des TUS Gaarden.

Wenige hundert Meter entfernt liegt das idyllische Gaardener Freibad Katzheide, wo die »Deutschen Werke« (Nachfolgewerft der Kaiserlichen Werft, heute HDW) während des 2. Weltkriegs eines ihrer zahlreichen Zwangsarbeiterlager in Gaarden unterhielten. Das größte Zwangsarbeiterlager der »Deutschen Werke« lag unweit entfernt im Poppenrader Weg; bis zu 800 Verschleppte, vor allem Dänen und Polen, wurden hier festgehalten.

Der Werftpark (Gaardener Volkspark) zwischen Ostring und Werftstraße entstand ab 1891 als Wohlfahrtseinrichtung der Kaiserlichen Werft. Er beherbergt heute das städtische »Jugendheim im Werftpark«, das ab 1989 auch dem »Jugendtheater Kiel« als feste Spielstätte zur Verfügung steht. Jahrelang hatten sich die Ensemble-Mitglieder des Jugendtheaters mit kaum zumutbaren Provisorien zufriedengeben müssen, bis sie 1988 mit der Auflösung des Ensembles drohten. Mit dem Jugendheim Werftpark versuchte das städtische Kulturamt zwar, die Unzufriedenheit der Gaardener mit der auf das Westufer konzentrierten Kulturpolitik der Stadt einzu-

❼

1913 auf dem Kasernenhof. Es spielten: Pokazius, Reinke, Grewe, Minsel, Rautius, Nelles und Helbig, Hermann Tomas.

dämmen, schuf dabei jedoch ein neues Problem: Der Saalbau des Jugendheims wurde bislang auch für die zahlreichen türkischen Hochzeits- und Beschneidungsfeste genutzt, für die jetzt nach einem anderen Veranstaltungsort gesucht werden muß.

Pickertkaserne. Der Verein der Kieler Rockmusik-Amateuere »Musico« möchte sie nutzen.

Auf der Anhöhe des Werftparks wurde 1898/99 ein monumentales »Erholungshaus« für die Werftarbeiter gebaut. Reichlich Gebrauch von dem burgähnlichen Prachtbau machten vor allem auch die Angehörigen der in Gaarden stationierten Kriegsmarine. Neben einem alten Ellerbeker Fischerhaus, das als eine Art Freilichtmuseum genutzt wurde, zählten Bären- und Wildschweinzwinger damals zu den Attraktionen im Werftpark. Weder Zwinger noch Fischerhaus sind heute mehr vorhanden.

Auf Initiative des Kieler Jugendamtsleiters Dr. Ernst Kantorowicz *entstand Anfang der 20er Jahre ein neues städtisches Jugendheim im Werftpark, dessen Leitung den Kieler Sozialdemokraten* Gertrud und Hans Völcker *übertragen wurde. Hier traf sich die Sozialistische Arbeiterjugend, und die »Kinderwohlfahrt« der »Arbeitsgemeinschaft sozialistischer Kinderfürsorge« konnte einen Hort für Kinder berufstätiger Mütter im Jugendheim unterhalten.*

Der frühere Werftsportplatz (heute »Blaschke-Platz«) wurde von der »Gaarden-Ellerbeker Turnerschaft von 1875« mitbenutzt; ihre Turnhalle ist aber ebensowenig erhalten geblieben wie das Werfterholungsheim.

Norddeutsche Straße

8

Zu den aufwendigsten Repräsentationsbauten in Kiel aus der Zeit des Kaiserreichs zählt die Pickertkaserne. Ihren Namen hat die Pickertkaserne von dem 1897 bis 1901 beschäftigten kommissarischen Gemeindevorsteher in Gaarden erhalten. In den Jahren 1877/78 entstand das Gebäude an der Nordseite, um 1885 das östliche und westliche Seitengebäude. Bis 1904 war hier die 1. Werftdivision der Kaiserlichen Marine stationiert, die dann nach Kiel-Wik verlegt wurde. Von Oktober 1904 bis 1918 beheimatete die Pickertkaserne das Kaiserliche Seebataillon. Seit Jahrzehnten befindet die Pickertkaserne sich nun schon im Besitz des Bundesvermögensam-

Gartenturnfest auf dem Blaschke-Platz, Juli 1928

tes, steht weitgehend leer oder wird vereinzelt von Gewerbebetrieben und Vereinen als Lagermöglichkeit genutzt. In den feuchten Räumen der Pickertkaserne unterhielten die Grünen noch zu Beginn der 80er Jahre ihre erste Landesgeschäftsstelle. Sanierungspläne scheiterten am Geld.

Augustenstraße

Während des 2. Weltkriegs wurden in Gaarden ganze Straßenzüge bei Bombenangriffen zerstört, so auch große Teile der Pickert- und der Augustenstraße. Als sie nach dem Kriege für Flüchtlinge wieder aufgebaut wurden, durfte endlich auch das »flache Dach« in Kiel seinen Einzug feiern. Die typische Kieler Nachkriegsbauweise löste noch Ende der 20er Jahre einen der heftigsten Streits in der Baugeschichte der Stadt aus: »Oberbürgermeister Dr. Lüeken, unbeschränkter Diktator im Kieler Rathaus, vor dessen Blick alle Stadträte zittern wie Sülze, erlebt in diesen Tagen ernsten Kummer an seinem Dezernenten für das Bauwesen, Dr. Ing. Hahn«, berichtete die kommunistische »Norddeutsche Zeitung« am 10. Juni 1929. Denn Stadtbaurat Willy Hahn *hatte vorgeschlagen, nach dem Vorbild der Frankfurter Römerstadt nun auch in Kiel eine neue Arbeiterwohnsiedlung mit Flachdächern zu bauen. Dr. Lüeken brachte den Plan trotz nachweisbarer Mietminderungen zu Fall. »80 Arbeiterfamilien können jetzt weiter in ihren elenden Löchern hausen, nur weil der Oberbürgerrmeister keine flachen Dächer leiden kann«, schimpfte die NZ. 1933 konnte sich die Flachbauweise zunächst nicht durchsetzen: Den nationalsozialistischen Machthabern galt sie als »artfremd« und »kulturbolschewistisch«.*

Norddeutsche Straße 9

Willi Grünert, nach 1935 von Kiel nach Kopenhagen geflüchteter KPD-Funktionär und aktiver Arbeitersportler, war Kranführer auf der Germania-Werft und organisierte zu Beginn der NS-Zeit mit Hilfe des »Arbeiter-Seglerklubs« den Seetransport illegaler Druckschriften der KPD von Dänemark nach Hamburg und Schleswig-Holstein.

Auf der Germania-Werft suchte die Gestapo vergeblich. »Sie ahnte nicht, daß sich die illegale Druckerei auf einem Laufkran einer der Hellinge befand.«

Norddeutsche Straße 46

In derselben Straße wohnte *»Hein» Wad!e,* seit Mitte der 20er Jahre Leiter des Kommunistischen Jugendverbandes Deutschland (KJVD) der KPD in Gaarden. Als Mitglied der Parteizelle »Fähre« und aktiver Betriebsgenosse der KPD auf der Germania-Werft, wo er zeitweilig auch die Betriebszeitung »Knochenmühle« organisierte, wurde Wadle von der Gestapo mehrfach verhaftet. Am 6. Mai 1944 wurde Wadle wegen »Hochverrats« vor dem Volksgerichtshof angeklagt und zu fünf Jahren Zuchthaus im KZ Brandenburg verurteilt.

Erst im Juli 1949 fand der gelernte Kupferschmied Wadle wieder Arbeit bei den Howaldtswerken. »Was ist auf Howaldt los, jeder Dritte ein Kommunist!« meldeten die ›Kieler Nachrichten‹ im April 1959, als »Hein« Wadle bei den Betriebsratswahlen fast die Hälfte aller 9208 Stimmen erhielt und damit als erfolgreichster aller Kandidaten in den Betriebsrat gewählt wurde. Bald darauf wurde Wadle fristlos entlassen.

Östlich der Anhöhe Augustenstraße/Norddeutsche Straße haben die Gaardener ihren einzigen freien Zugang zum Fördeufer:

die Straße »Zur Fähre«. Doch der Name täuscht. Fähren, die früher einmal zwischen Gaarden und Kiel hin- und herpendelten, legen hier schon lange nicht mehr an, nur noch die weißen Fördedampfer der Kieler Verkehrs-AG (KVAG) auf ihrem Weg von Kiel nach Laboe oder zurück. 1974 stellte die KVAG die Fähre Gaarden-Kiel ein. Fußgänger und Radfahrer müssen seitdem den weiten Weg um die Hörn in die Innenstadt zurücklegen.

9
Zur Fähre

Während die Vereinigung der »Kieler Bootsleute« vor mehr als 100 Jahren das Fährrecht von Kiel nach Gaarden besaß, hielt der Besitzer der alten Gaardener »Wilhelminenhöhe«, Friedrich Heuer, *damals das Privileg für die Gegenrichtung. Teilweise pendelten die Fähren im 5-Minuten-Takt von Kiel nach Gaarden und zurück. Alternativ zu einem Brückenbau über die Förde bewilligten die »Städtischen Kollegien« 1904 die Gelder für drei neue Fährschiffe, die 1907 von den Howaldtswerken abgeliefert wurden. Die »Primus«, »Secundus« und »Tertius« benannten Schiffe nahmen 1908 den Fährbetrieb auf. Während jeweils zwei Fähren in Fahrt waren, wurde das dritte überholt oder bebunkert. Jedes Schiff konnte bis zu 600 Personen aufnehmen und verfügte über symmetrische Schiffsenden, die das Wenden beim An- und Ablegen überflüssig machten.*

Heuers am Fördeufer gelegene »Wilhelmshöhe« war bis zur Jahrhundertwende ein beliebtes Ausflugslokal für viele Kieler: »Nach Tische um 2 Uhr wanderten Professoren, Offiziere, Geistliche, Stadtbeamte und was von gebildeten Studenten sich ihnen anschloß, so zur Winter- als Sommerzeit, nach dem niedrigen Häuschen, wo trefflicher Kaffee geschenkt wurde. Es ward politisiert, Schach gespielt und wacker geraucht«. Um 1900 mußte die »Wilhelminenhöhe« dem Bau neuer großer Trockendocks der Kaiserlichen Werft weichen.

Heute erinnert nur noch der Straßenname Sandkrug in Gaarden an das alte Lokal, das bis 1838, als *Prinzessin Wilhelmine* die Gaardener Idylle besuchte, »Sandkrug« hieß. Auf der Anhöhe steht heute das Hochhaus des Rentnerwohnheims, von dessen Dachgeschoß man auf ganz Gaarden und das HDW-Werk hinunterblicken kann.

Sandkrug 34

Wo heute die stählernen Schiffsgiganten vom Stapel laufen, entfachten die Dichter *Friedrich Gottlieb Klopstock* und *Friedrich Stolberg* im Jahre 1776 einen handfesten Skandal. Ein erfrischendes Bad an einem heißen Sommertag, das sich Klopstock und Stolberg bei dem alten Sandkrug in der Förde gönnten, war damals nicht gerne gesehen. In einem Brief vom 8. August 1776 berichtete Klopstock, daß die »braven Leute» am Kieler Ufer sie »mit einem Teleskop begukt« haben und daß ihr Bad in der Förde »von Professoren bemäkelt« wurde: »Da sind denn nun diese Herren hergekommen, um ihre geistigen Aufwallungen in der Ostsee abzukühlen.« 150 Jahre später empfahl der Kieler Verkehrsverein: »Wer im Hafen baden will, wähle die Luvseite, d.h. die Seite, von der der Wind kommt, um vor Belästigung durch Ruß, Öl und Quallen verschont zu bleiben.« Zur Nachahmung nicht empfohlen!

Schiffbaublüte und Werftenkrise

»Der Schiffbau sollte bei der außerordentlich günstigen Lage und Beschaffenheit unseres Hafens, dem dadurch herbeigeführten bedeutenden Seeverkehr, der ausgezeichneten schönen Qualität des holsteinischen Eichenholzes und der Tüchtigkeit unserer Schiffbaumeister auf einer hohen Blüte stehen«, prognostizierte der Kieler Handels- und Industrieverein 1855. In einem Punkt hatte der Verein sich getäuscht: Die seit der zweiten Hälfte des 19. Jahrhunderts einsetzende Schiffbaublüte sollte mit dem holsteinischen Eichenholz nichts mehr zu tun haben. Das letzte Holzschiff lief 1876 vom Stapel.

Der sich beschleunigende Industrialisierungsprozeß und vor allem die Marine beflügelten statt dessen den Eisenschiffbau und mit ihm den Aufbau riesiger Schiffswerften in einer bis dahin ruhigen Fördelandschaft. Die im 19. Jahrhundert noch auf dem Kieler Westufer zwischen Seegarten und Eisenbahndamm liegenden Holzschiffswerften und Zimmerplätze Reuter & Ihms, Conradi, Lagoni, Hilbert, Theede und Diederichsen (seit 1825 die Werft des wohlhabenden Kieler Kaufmanns *Johann Schweffel*) wurden abgelöst von den drei großen Ostufer-Werften *Norddeutsche Werft* in Gaarden, *Kaiserliche Werft* bei Gaarden und Ellerbek und der *Werft Georg Howaldts* in Dietrichsdorf.

Den Grundstein für diese Entwicklung hatte bereits 1849 die Schleswig-Holsteinische Marinekommission gelegt, als sie auf dem »Marineplatz« in Ellerbek die erste Kriegsschiffswerft errichten ließ, um hier Ruderkanonenboote für den Krieg gegen Dänemark (1848—1851) zu bauen. Für diesen Zweck ersann die Marine auch den »submarinen Apparat« namens »Brandtaucher«, der 1851 bei Howaldt & Schweffel am Eisenbahndamm vom Stapel lief. Das mit Haftsprengladungen für feindliche Schiffe ausgerüstete »Taucherschraubenschiff« versank in der Förde und wurde erst beim Bau der Kaiserlichen Werft vor Ellerbek wiedergefunden.

Die Geschichte der Noddeutschen Werft, später Germania-Werft, begann 1867 mit dem Ankauf der erst 1865 eröffneten Werft des Schiffbauers *Theodor Christian Bruhn* in Gaarden. Anteilseigner der Norddeutschen Werft (eigentlich hieß sie »Norddeutsche Schiffbau-Aktiengesellschaft«) waren ein englisches Eisenwerk, Fabrikbesitzer des Kieler Bankhauses Ahlmann und die Firma Schweffel & Howaldt. Dem Verwaltungsrat gehörte auch ein Vertreter der Reichsmarine an, die schon bald zu einem der wichtigsten Auftraggeber der Werft werden sollte. Von 1867 bis 1875 leitete *Georg Howaldt* die Norddeutsche Werft, die 1879 nach einem Konkurs von der »Märkisch-Schlesischen Maschinenbau- und Hütten-AG Berlin« übernommen wurde. 1886 wurde die Werft an die Essener Firma *Friedrich Krupp* übertragen, die 1902 das Gesamtkapital der Werft übernahm. Sie hieß fortan »Friedrich Krupp Germania-Werft AG« und wurde in beiden Weltkriegen zu einem der wichtigsten Stützpunkte des deutschen U-Boot-Baus. Zwar wurden nach 1945 die Hellinge und Krananlagen gesprengt, doch schon bald entstand aus den Trümmern der Germania-Werft das Werk Gaarden-Süd der heutigen Howaldtswerke HDW-AG, in dem auch die U-Boot-Produktion wieder auf Touren kam. Anfangs nur für die Bundesmarine, wurde später auch für ausländische Marinen produziert; selbst vor Geschäften mit dem chilenischen Diktator Pinochet und dem Apartheid-Regime Südafrikas schreckte die Werftleitung nicht zurück.

Im Januar 1868 fiel »auf höchster Ebene« die Entscheidung zum Bau der Kaiserlichen Werft bei Ellerbek und Gaarden, um die Marine mit großen Panzerschriffen auszurüsten.

Infolge der Tirpitzschen Flottenpläne wurde die Werft bis an die Schwentine erweitert; es entstand die »Nordwerft«, die das Fischerdorf Alt-Ellerbek unter sich begrub. Nach dem ersten Weltkrieg hieß die Kaiserliche Werft »Reichswerft« und ab 1920 »Deutsche Werke AG Berlin«; die Nordwerft wurde zum Marine-Arsenal. Nach der Machtergreifung der Nationalsozialisten entstand 1939 aus beiden Anlagen die »Kriegsmarinewerft«. Die Entmilitarisierung und Demontage nach Kriegsende hielt auch hier nicht lange vor: Die wiederaufgebauten Deutschen Werke fusionierten 1955 mit den Howaldtswerken und wurden zum Hauptwerk des neuen Konzerns ausgebaut. Neben Container- und Passagierschiffen, Öltankern und Fischfabrikschiffen, Frachtern, Schwimmkränen und Arbeits- und Transportpontons gehören seither auch wieder Fregatten und andere Kriegsschiffe zur Produktpalette der Werft. Im Februar 1968 lief hier das erste und bislang einzige deutsche Nuklearschiff vom Stapel: die Otto Hahn.

Hoch im Norden gründete Georg Howaldt 1876 die Howaldtswerke in Kiel-Dietrichsdorf. Die Werft erhielt 1882 den Namen »Gebrüder Howaldt«, nachdem die Maschinenfabrik Schweffel & Howaldt ihren Betrieb vom Kieler Westufer ebenfalls nach Dietrichsdorf verlegt hatte. Baute man bis 1899 nur Eisbrecher, Dampfer, Bagger und Schuten, wurden von nun an auch Marineaufträge angenommen. 1926 wurde die Dietrichsdorfer Werft von dem Reeder und Exportkaufmann *Heinrich Diederichsen* gekauft, unter dessen Federführung 1931 die »Howaldtswerke AG Kiel und Hamburg« entstanden (in Hamburg besaß Diederichsen die frühere Vulcan-Werft). 1937 verkaufte Diederichsen die Kieler Howaldt-Werft an die dem nationalsozialistischen Regime gehörenden Deutschen Werke. Der nach 1945 gesprengte U-Boot-Bunker »Kilian« an der Schwentinemündung erinnert noch heute daran, daß die Nationalsozialisten auch die Dietrichsdorfer Howaldt-Werft für ihre U-Boot-Produktion eingespannt hatten. Insgesamt wurden in Kiel bis Kriegsende ein Drittel aller Großkampfschiffe, aber vor allem U-Boote, für die deutsche Marine gebaut. Der große Bedarf an Arbeitskräften in der Rüstungsindustrie auf den Werften wurde über ZwangsarbeiterInnen gedeckt.

Nach Kriegsende ließ die britische Royal Navy ihre Schiffe auf den Howaldtswerken reparieren. Sie wurde als einzige Kieler Werft nicht demontiert. Mit der Koreakrise 1952 erlebte der internationale Schiffbau einen enormen Aufschwung; seit ihrer Fusion mit den Deutschen Werken Kiel AG im Jahre 1955 beschäftigten die Howaldtswerke 13000 Mitarbeiter und standen damit an der Spitze der westeuropäischen Werften.

Obwohl nach beiden Weltkriegen versucht wurde, eine zivile Produktion auf den Werften aufzubauen, fand seit Beginn der 60er Jahre keine Anpassung an einen veränderten Handelsschiffbau statt, sondern eine eher einseitige Ausrichtung auf die Rüstungsproduktion. Der Werftenkrise wurde durch Rationalisierung, Fusionierungen und Verstaatlichungen begegnet; mit dem Ergebnis, daß Tausende von WerftarbeiterInnen ihren Arbeitsplatz verloren. Die größte deutsche Werftenfusion wurde 1967 perfekt gemacht, als die frühere Hamburger Vulcan-Werft (Howaldtswerke Hamburg) und die Werften Finkenwerder und Reiherstieg der Hamburger »Deutsche Werft AG« in die »Howaldtswerke Deutsche Werft AG, Hamburg und Kiel« aufgingen. Die Geburtsstunde dieses Werften-Verbunds war zugleich der Anfang einer der einschneidendsten Rationalisierungsprozesse auf den Werften, dessen vorläufige Endpunkte die Stillegungen der HDW-Werke in Hamburg, Kiel-Dietrichsdorf und Gaarden-Süd während der 70er und 80er Jahre gewesen sind.

Nico Sönnichsen

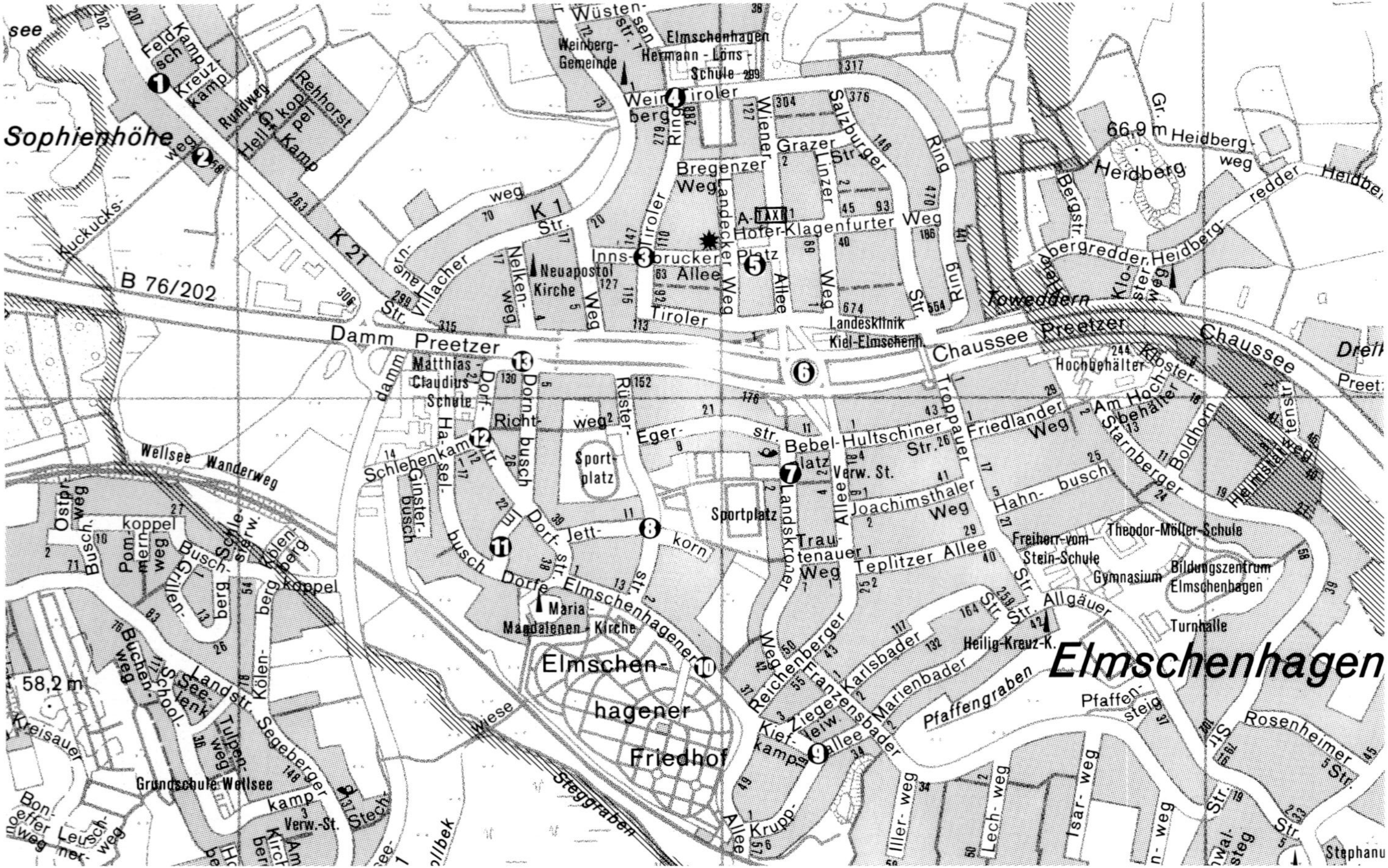

Elmschenhagen
Sophienhöhe
Heidberg
66,9 m
58,2 m
B 76/202
K 21
K 1
Preetzer Chaussee
Preetzer Damm
Toweddern
Elmschenhagener Friedhof
Elmschenhagen Hermann-Löns-Schule
Weinberg-Gemeinde
Neuapostol. Kirche
Landesklinik Kiel-Elmschenh.
Matthias-Claudius-Schule
Maria-Magdalenen-Kirche
Sportplatz
Sport-platz
Freiherr-vom-Stein-Schule
Theodor-Möller-Schule
Gymnasium
Bildungszentrum Elmschenhagen
Turnhalle
Heilig-Kreuz-K.
Grundschule Wellsee
Hochbehälter
Wellsee Wanderweg
Steggraben
Pfaffengraben
Tiroler Ring
Salzburger Ring
Innsbrucker Allee
Landecker Weg
Klagenfurter Weg
Bregenzer Weg
Grazer Str.
Linzer Str.
Wiener Allee
Villacher Str.
Nelkenweg
Troppauer Str.
Friedlander Weg
Starnberger Str.
Hahnbusch
Hultschiner Str.
Bebel-Platz
Joachimsthaler Weg
Teplitzer Allee
Trautenauer Weg
Landskroner Weg
Allgäuer Str.
Karlsbader Str.
Marienbader Str.
Franzensbader Allee
Reichenberger Weg
Elmschenhagener Str.
Dorfstr.
Jettkorn
Rüsterweg
Egerstr.
Dornbusch
Richtweg
Haselbusch
Schlehenkamp
Ginsterbusch
Segeberger Landstr.
Kölenberg
Kölenkoppel
Buchenweg
Grillenberg
Tulpenweg
Rosenheimer Str.
Iller-weg
Lech-weg
Isar-weg
Krupp-Allee
Kielkamp
Heidbergredder
Bergstr.
Klosterweg
Rehhorst
Kreuzkamp
Feldkamp
Rundweg
Kuckucksweg
Pfaffensteig
TAXI

»Mit Gesang in das Gehölz...«

Elmschenhagen

von Regine Bigga und Irene Dittrich

Ausgangspunkt: *Feldscheide, Bus 7, 9, 14, 19, Haltestelle Kreuzkamp*
Endpunkt: *Preetzer Chaussee/Dornbusch, Bus 7, 9, 14, 19, 72, Haltestelle Dornbusch*
Dauer: *ca. 2 Stunden, ohne Wellsee und Rönner Gehölz*

»Vör söbenhundert Jahren so fing dat an«, dichtete *Kurt Schönbeck* über »oolt Elmschenhagen«. Trotz dieses beeindruckenden Alters hatte Elmschenhagen allerdings bis in die Mitte des vorigen Jahrhunderts außer einigen Höfen, ein paar Handwerksbetrieben und Geschäften nicht viel zu bieten. Erst die Entwicklung Kiels zur Werft- und Marinestadt, die die Erschließung neuer Wohngebiete notwendig machte, verwandelte das Dorf in einen großstädtischen Vorort Kiels. Städtische Beamte und vor allem die Arbeiter und Ingenieure der Kruppschen Werft mit ihren Familien zogen hierher. Als nach 1933 die Rüstungsproduktion forciert wurde und die Beschäftigten der Werften immer schwerer eine Wohnung fanden, wurde Elmschenhagen wegen seiner verkehrstechnischen Lage und der leichten Anschlußmöglichkeiten an Wasser-, Gas- und Stromversorgung für die Errichtung einer Gartenstadt ausgewählt.

Heute ist Elmschenhagen mit seinen 18.000 EinwohnerInnen und seiner eigenständigen Infrastruktur einer der wenigen Stadtteile Kiels mit steigender Bevölkerungszahl.

Die ehemalige Preetzer Chaussee (heute Preetzer Straße) wurde 1844 fertiggestellt und bis zur Jahrhundertwende mit immer mehr Häusern bebaut. Sie bildete bis zur Eingemeindung 1939 die Stadtgrenze.

➊ Preetzer Straße

Direkt an der Stadtgrenze wurde eine Gaststätte mit dem Namen »Schützenhof Sophienhöhe« errichtet, die für ihren schönen Kaffeegarten bekannt war. Nach ihr wurde die ganze Häusergruppe »Sophienhöhe« benannt.

Das Gebäude (alte Hausnummer 1) steht heute noch, der verwitterte Schriftzug an der Seite des Gebäudes »Schützenhof C. Busch« deutet darauf hin, daß dies der alte »Schützenhof Sophienhöhe« ist.

Als Eduard Laasch *das Lokal in der Zeit der Weimarer Republik führte, war es u.a. das Verkehrslokal der KPD Elmschenhagen und anderer von der KPD gegründeten und unterstützten Organisationen. Hier wurden z.B. 1931 ein »Antifaschistisches Kampfkartell« und der Erwerbslosenausschuß gegründet.*

1931 überfiel die Polizei eine Versammlung stadtbekannter KPD-Funktionäre.

Die KPD hatte in Elmschenhagen neben Gaarden-Ost eine Hochburg und erzielte z.B. mit 12% bei den Gemeindewahlen im Oktober 1946 ihre höchsten Stimmergebnisse für einen Wahlbezirk in Kiel. In den 30er Jahren waren allein der Polizei über 60 KPD-Mitglieder der Ortsgruppe bekannt. Viele lebten in der Preetzer Chaussee. So der Werftarbeiter und Arbeitersportler *Willi Grünert,* der zusammen mit *H. Mlotkowski* die KPD nach ihrem Verbot 1933 leitete und den Transport der illegal gedruckten »Hamburger Volkszeitung« und anderer wichtiger Schriften auf dem Wasserwege von und nach Dänemark organisierte.

❷

Preetzer Straße/ Kuckucksweg

Anfang der 60er Jahre wurde das Sintilager trotz massenhafter Proteste der Sinti und des Kieler Kommunalvereins von der Preetzer Chaussee 119 (heute Coventryhalle) nach Elmschenhagen an den Kuckucksweg verlegt. 1964 stellte die Stadt ausgemusterte Eisenbahnwaggons für die Familien auf. Neben dem Platzmangel war besonders die Isolierung der Waggons für die kinderreichen Familien ein Problem: im Sommer kamen sie vor Hitze und im Winter vor Kälte fast um. Später wurden für die Waggons Holzbaracken aufgestellt. Darin und in den Wohnwagen leben heute noch zwei Familien (zehn bis 15 Personen) im Lager am Kuckucksweg. Die anderen Familien sind weggezogen oder leben verstreut in den Kieler Stadtteilen. Einer der hier wohnenden Familienväter handelt auf dem Gelände mit Schrott. Die Wohn- und sanitären Verhältnisse im Lager waren katastrophal.

In den vergangenen acht Jahren wurden im Lager, das eigentlich schon aufgelöst sein sollte, geringfügige Verbesserungen durchgeführt, so das Verlegen von Wasserleitungen. Zur Zeit möchten die Familien nicht aus dem Lager wegziehen; zumindest so lange nicht, bis die Stadt bereit ist, ihnen Wohnräume zur Verfügung zu stellen, die ihren Lebensverhältnissen und Gewohnheiten entsprechen und ihnen die Sicherung ihres Lebensunterhaltes ermöglichen.

»Der Hitler hat uns aufgefressen«: Sinti und Roma in Kiel

Zur Zeit leben in Kiel 200 bis 250 Sinti und Roma. Zwei Familien leben im Lager am Kukkucksweg, die anderen verstreut in den einzelnen Stadtteilen. Ihre Kultur, wie das Leben in der Großfamilie, Überlandfahrten mit Treffen und gemeinsames Leben mit anderen Familien haben sie, die in der Regel schon seit langer Zeit seßhaft sind, überwiegend aufgegeben bzw. aufgeben müssen. Heute werden längere Fahrten nur noch während der Schulferien durchgeführt, und nur selten über die Dauer der Ferien hinaus. Sie leben in Wohnblocks in Kleinfamilien aufgeteilt. Doch trotz dieser »Anpassung« stoßen Sinti und Roma immer wieder auf alt überkommene Vorurteile und Ressentiments: »Zigeuner« will niemand im Ort haben, sie erhalten gar keine oder nur schlecht ausgestattete Campingplätze. Diskriminierungen begleiten sie im Alltag auf Schritt und Tritt (Schild: Landfahrer/Hausierer/Bettler unerwünscht). Eine menschenwürdige, ihren Lebensgewohnheiten entsprechende Wohnung erhalten sie nicht, weil sie »zu viele Kinder« haben. Eine Arbeit finden sie (häufig) nicht, weil sie Sinti und Roma sind, und viele von ihnen, insbesondere die Älteren keine abgeschlossene Schul- und Berufsausbildung haben und teilweise Analphabeten sind. Spezielle Bildungsangebote für Sinti und Roma bestehen von staatlicher oder kommunaler Seite nicht. Kein Wunder, daß ein großer Teil von Sozialhilfe leben muß bzw. seine Familie mit Schrott- und Kurzwarenhandel oder als Scherenschleifer durchzubringen versucht. Obwohl sie die deutsche Staatsbürgerschaft besitzen und z.T. seit Jahrhunderten hier leben, haben auch sie unter der zunehmenden Ausländerfeindlichkeit zu leiden, nur weil sie »fremd und wie Ausländerinnen« aussehen.

Unterdrückung und Diskriminierung ziehen sich durch die Geschichte der Sinti und Roma. Vor allem die Nazis versuchten, basierend auf ihrer Rassenideologie, die Volksgruppe der Sinti und Roma zu vernichten. Aus Kiel wurde der größte Teil der Sinti und Roma am 16.5.1940 nach Hamburg abtransportiert. Von hier brachten die Nazis sie zusammen mit Sinti und Roma aus ganz Schleswig-Holstein am 22.5.1940 in die verschiedenen KZs: Belzec, Bardowicz, Ravensbrück... Familien wurden auseinandergerissen, Kinder und ältere Menschen gleich in die Gaskammern der Vernichtungslager geschickt. Aus ganzen Sippen und Familien überlebten nur einzelne.

Die meisten der heute noch in Kiel lebenden älteren Sinti und Roma haben ihre Kindheit in KZs verbracht. Nach ihrer Befreiung kehrten sie zu ihren Wohnsitzen zurück, so auch z.B. in die Preetzer Chaussee 119. Spätfolgen der oft jahrelangen KZ-Haft sind z.T. erst Jahrzehnte später in Erscheinung getreten. Eine Entschädigung haben sie bisher noch nicht erhalten. Da eine bundeseinheitliche Regelung für die sogenannten »vergessenen Opfer« bis heute nicht durchgesetzt werden konnte, sollen ab 1989 u.a. auch die Sinti und Roma jetzt aus einem schleswig-holsteinischen Härtefonds Gelder als Entschädigung erhalten. Die Höhe wird jedoch nur die schlimmste Notlage, in der sich viele Betroffene befinden, lindern können. Um ihre Interessen in allen Lebensfragen durchsetzen zu können, haben die Kieler Sinti und Roma erneut 1987 den Verband Deutscher Sinti und Roma e.V. gegründet. Als Hauptaufgaben sieht der Verein:

- Entgegentreten gegen jede Form rassistisch bedingter Diskriminierung.
- Aufklärung der Öffentlichkeit über die Belange der Sinti und Roma.
- Einflußnahme und vermittelnde Tätigkeit auf öffentliche und private Institutionen, Gesellschaften, Körperschaften etc., deren Tätigkeit sich auf die ethnische Minderheit der Sinti und Roma auswirkt.
- Förderung und Erhaltung des kulturellen Erbes der ethnischen Minderheit der Sinti und Roma.
- Beratende Tätigkeit in allen sozialen Bereichen.

Emil Weiss/Emil Weiss/Irene Dittrich/Regine Bigga

Ellerbeker Weg

Über den Ellerbeker Weg — an seinem Ende stand vor 80 Jahren noch das alkoholfreie Café & Restaurant von *Franz Koch* — erreichen wir die »Gartenstadt Elmschenhagen«. Sie begründet Elmschenhagens Image als »Kieler Vorstadt mit Villencharakter für jedermann«.

❸ Innsbrucker Allee/ Tiroler Ring

Die roten Backsteinhäuser wurden mit Hilfe des Oberkommandos der Kriegsmarine, der Marineintendatur, des Reichsarbeitsministeriums sowie der Stadt Kiel gebaut. Bauträger war die 1937 als Tochter der Deutschen Werke AG gegründete Kieler Werkswohnungen GmbH (KWW). Durch Aufrüstung und Ausbau der deutschen Kriegsmarine stiegen die Aufträge für die Deutschen Werke Kiel Aktiengesellschaft. Dies zog die Einstellung von Tausenden von ArbeiterInnen und Angestellten nach sich. Für diese Menschen fehlte es in Kiel an Wohnraum.

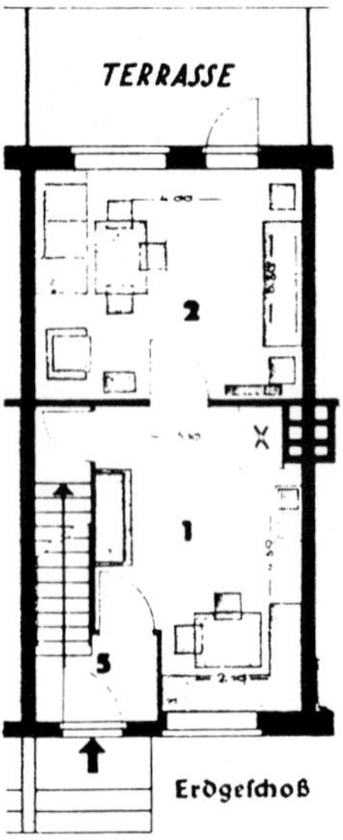

Am 4. April 1939 — vier Tage nach der Eingemeindung — legte Admiral Mootz *im Norden des Stadtteils den Grundstein für 1800 Wohnungen im Reihenhausstil. Für die Bebauung wurden Moorlöcher geschlossen, 100.000 m³ Boden bewegt und 4 Millionen Ziegelsteine verbraucht. Es gab mehrere Haus- und Wohntypen.*

In Elmschenhagen-Süd wurden 1500 Wohnungen für die Angehörigen der Deutschen Werke und 500 Wohnungen für Angehörige der Kriegsmarinewerft erbaut. Für den Bau wurden u.a. französische Kriegsgefangene eingesetzt. Der dritte Neubauabschnitt in Elmschenhagen-Ost mit rund 1400 Wohnungen, von der KWW geplant, wurde wegen des Krieges nicht ausgeführt. Insgesamt sollten rund 6000 Wohnungen errichtet werden. Das Gesamtprojekt hatte Modellcharakter für das Deutsche Reich.

Mitten im Krieg im Wettlauf gegen Fliegerangriffe und Bomben wurde die Gartenstadt in Kiel-Elmschenhagen von den Brüdern Frank aus Hamburg errichtet. Ihre in Hamburg erbaute »Gartenstadt Klein-Borstel« mit ihren schönen Gärten, versetzter Bauweise, sorgfältiger Bepflanzung und reizvollen, ruhigen Wohnstraßen galt als vorbildlich, so daß die Marineverwaltung den Brüdern den Auftrag zum Aufbau der Gartenstadt Elmschenhagen gab.

Weil Paul A.R. Frank *(1878–1951) ein Patent zur Veredelung von Konzertgeigen verkaufen konnte, hatte er das nötige Geld, um mit seinem Bruder*

Hermann Frank *ein Wohnungsunternehmen nach eigenen Ideen verwirklichen zu können. Und Ideen für helle und freundliche Wohnungen mit besseren hygienischen Verhältnissen und höherem Wohnwert waren gefragt in den 20er Jahren. Beim Studium alter Hamburger und Lübecker Bauten aus dem 18. Jahrhundert holten sich die Brüder Anregungen für die völlig neue Wohnform des »Laubenganghauses«. Ein weiteres Patent von Paul A.R. Frank, die moderne Betondeckenkonstruktion, trug entscheidend zu großzügigen architektonischen und dennoch preisgünstigen Gesamtlösungen bei.*

Viele Bauten der Brüder Frank stehen heute unter Denkmalschutz. Bestrebungen, auch die Gartenstadt Elmschenhagen unter Denkmalschutz zu stellen, hatten bisher keinen Erfolg. Mittlerweile hat sie durch An- und Umbauten einen Teil ihres Charakters verloren.

Straßen und Plätze in Elmschenhagen Nord und Süd tragen heute überwiegend noch die Namen, die sie während der Zeit des Faschismus erhielten. Umbenannt wurden z.B. nur der Egerländer Platz in Bebelplatz und der Braunauer Ring in Tiroler Ring.

Ein weitläufig mit Schrebergärten umgebener Wohn- und Lebensort

Nach dem Krieg wurden für Gartenstadtbewohner in den angrenzenden Landschaftsgebieten leicht erreichbare Gärten angelegt. Rund um Elmschenhagen Nord liegen alle Anlagen des Kleingärtnervereins Elmschenhagen von 1946 e.V., einer von mehr als 30 Vereinen und Verbänden. Er wurde am 20. Mai 1946 gegründet und hatte 1986 680 Mitglieder und einen Bestand von 629 Pachtgärten. 1968 wurden die Anlagen für die Bevölkerung Elmschenhagens geöffnet und laden seitdem mit Spielplätzen, Ruhebänken und 16 km Wanderwegen zum Verweilen ein. Jedes Jahr geht es hoch her, wenn zum Erntedankfest der »Gartenkönig« ermittelt wird.

Weinberg

Bei der erst 1985 feierlich eingeweihten ev.-luth. Weinbergkirche sind die von der in Kiel geborenen und jetzt in Jerusalem lebenden Künstlerin *Anna Andersch-Marcus* gestalteten Glasfenster mit aus der Bibel stammenden Weinbergmotiven sehenswert. Der Name »Weinberg« stammt von dem Grundstück, auf dem das Gemeindehaus des Seelsorgebezirks Nord errichtet wurde.

4

Tiroler Ring 283

Der Jugendtreff Elmschenhagen am Tiroler Ring 283 ist eine Einrichtung der Stadt. Die Arbeit in einem Stadtteil mit relativ hoher Jugendarbeitslosigkeit dürfte allerdings nicht die leichteste sein. Seit Anfang März 1989 besitzt der Jugendtreff als einziger in Kiel ein Digitalstudio. Jugendtreffs oder Angebote für Kinder und Jugendliche gibt es kaum in diesem großen Stadtteil. Es fehlen auch Kindergarten- und Hortplätze.

Die neben dem Jugendtreff liegende Hermann-Löns-Schule wurde 1940 errichtet, 1944 zerstört und Anfang der 50er Jahre wieder aufgebaut. In dieser Schule übt einer der Elmschenhagener Chöre, der Chorverein von 1916 Elmschenhagen e.V., der alles zwischen Shanties und Klassik singt. Aber nur »interessierte Herren sind willkommen«.

In Elmschenhagen gab es während des 2. Weltkrieges eine Reihe von ZwangsarbeiterInnen- und Kriegsgefangenenlagern. Die Men-

Wiener Allee

schen mußten auf den Werften, in verschiedenen anderen Betrieben wie der Ziegelei und auf dem Bauprojekt »Gartenstadt« arbeiten. Eines dieser Lager, das Lager Elmschenhagen Nord I mit rund 800 Personen, soll in der Verlängerung der Wiener Allee in der Nähe der Hermann-Löns-Schule gewesen sein. Außerdem befand sich in dieser Straße noch ein bis zu 800 Personen starkes Kriegsgefangenenkommando.

❺
Andreas-Hofer-Platz

Dieser Platz ist das Zentrum von Elmschenhagen-Nord mit einer Reihe kleiner Geschäfte. Dienstags und samstags findet auf dem Platz der Wochenmarkt statt.

❻
Salzburger Str./B 76

Kilometerweite Umwege, um von einer auf die andere Seite zu gelangen

In der Verlängerung der Salzburger Straße ist einer der beiden Fußgängerüberwege über die ausgebaute Preetzer Chaussee, die als B 76 Elmschenhagen-Nord und Elmschenhagen-Süd so brutal auseinanderreißt, daß faktisch zwei beinahe völlig getrennte Stadtteile entstanden sind. Wer zu Fuß unterwegs ist, muß lange Umwege in Kauf nehmen, weil es nur noch wenige Verbindungen zwischen den Ortsteilen gibt. Obwohl die neu ausgebaute B 76 bereits im August 1972 eröffnet wurde, wurden Lärmschutzmaßnahmen wie der Bau eines Lärmschutzwalles, der Einbau von Doppelfenstern etc. erst Mitte der 80er Jahre durchgeführt.

Hultschiner Straße

Über die Hultschiner Straße — der Straßenname bezieht sich auf das 1919 durch den Versailler Vertrag an die CSSR abgetretene schlesische Gebiet — erreichen wir das Zwillingsprojekt der nördlichen Gartenstadt, die »Gartenstadt Elmschenhagen-Süd«.

Vorherrschend sind zwei Bauweisen: Zum einen zweigeschossige Häuser mit vier Wohnungen an einem Treppenhaus und zum anderen zweigeschossige Einfamilienhäuser. Gleichzeitig wurden für die Infrastruktur Geschäfte, Schulen, Einrichtungen der öffentlichen Verwaltung mit Gemeinschaftshäusern, HJ-Heim sowie Garten- und Grünanlagen geplant. Die Häuser für Geschäfte, Ärzte, Apotheker wurden rund um den Reichenberger Platz, den Egerländer Platz und den Andreas-Hofer-Platz gebaut. Die Plätze lockern die streng einheitliche Bebauung auf. Die Hauseingänge, Haustüren, Giebel und Treppenhäuser wurden besonders gestaltet, um die Monotonie der Bauweise zu durchbrechen.

Durch die großangelegte Aktion der Kieler Werkswohnungen wurden die Wohnungen und Häuser Anfang der 1970er Jahre saniert, da es immer schwerer wurde, die Wohnungen zu vermieten. Die Häuser wurden z.T. als Eigenheime verkauft.

❼
Bebelplatz

Im Gesamtbauprojekt »Gartenstadt Elmschenhagen« sollte im Bauvorhaben Süd und vor allem mit diesem Platz das Zentrum des Stadtteils errichtet werden. Auch heute stellt der Bebelplatz mit seinen Geschäften, der Stadtbücherei u.a. das Zentrum von Elmschenhagen Süd dar.

Egerstraße

Früher befand sich hier die Schlagballkoppel des 1909 von *Johannes Schlotfeld* gegründeten Elmschenhagener Turnvereins. Wenige Jahre später wurde der Verein Deutscher Meister im Schlagballspiel. Mit dem zur gleichen Zeit von *Wilhelm Löffler* gegründeten Verein »Freie Turnerschaft Elmschenhagen«, der zur 1. Spielklasse der Arbeiter-Sport- und Turnvereine zählte und auch mal ins Ausland eingeladen wurde, gab es häufig Auseinandersetzungen. Als die Freie Turnerschaft 1933 verboten wurde, traten viele Mitglieder in den Elmschenhagener Turnverein ein.

❽
Rüsterstraße/ Jettkorn

Das St. Antonius-Heim — ein Heim für Kinder und Mütter und Heim zur Pflege behinderter Kinder — wurde vom Ortsverband Kiel des Sozialdienstes Katholischer Frauen 1916 eingerichtet und befindet sich seit 1977 in diesem Stadtteil.

Jettkorn 3-5

1922 erhielt Elmschenhagen ein Rathaus im Jettkorn, zuvor ein Waschhaus der ehemaligen Kaiserlichen Werft, in dem auch eine Bibliothek untergebracht war. Weil es billiger war als neu zu bauen, wurde das Haus gekauft, abgetragen und im Jettkorn wieder aufgebaut. Heute ist darin ein Kindertagesheim der Stadt Kiel untergebracht.

Nach 1945 setzte der Falkenhelferkreis, der sich zuvor im Luftschutzkeller Trauenauer Weg traf, in Selbsthilfe im Jettkorn Räume in Stand. Ganz elementare Probleme für die Gruppenarbeit waren die Heimfrage, Schuhzeug und Verpflegung für Wanderungen. Wahrscheinlich gab es auch im Jettkorn eine Nähstube der Arbeiterwohlfahrt, in der gebrauchte Kleidung wieder aufgearbeitet sowie Nähkurse angeboten wurden.

Jettkorn 16

Das Lisa-Hansen-Haus ist ein 1971 gegründetes Alten- und Pflegeheim des Kieler Stadtklosters. Es ist benannt nach der Sozialdemokratin *Lisa Hansen,* die als *Lisa Meitmann* am 10.4.1902 in Ellerbek geboren wurde.

1916 trat sie in die Sozialistische Arbeiterjugend (SAJ) und 1920 in die SPD ein. 1928, fünf Jahre nach ihrer Hochzeit mit Richard Hansen, *dem Führer des Reichsbanners in der Provinz Schleswig-Holstein, wurde sie Vorsitzende der Frauengruppe im Distrikt Süd und blieb es bis zu ihrer Emigration im Jahre 1933. Nachdem sie nach Beendigung des Krieges mit ihrem Mann aus dem Exil zurückgekehrt war, wurde sie 1951 Ratsherrin und arbeitete in den Ausschüssen für Gesundheit und Soziales mit. Darüber hinaus war sie im Vorstand der Stiftung Kieler Stadtkloster. Sie starb am 5. März 1976.*

1928 im Ziegelwerk vor dem Brennofen

Der TuS Schwarz-Weiß Elmschenhagen ist die gemeinsame Nachfolgeorganistion der beiden früheren Turnvereine nach dem Kriege. Das Sport- und Vereinsheim entstand 1950. Die Sportanlage des TuS Schwarz-Weiß Elmschenhagen dienen dem Spiel und der Erholung. In der Anlage finden sich auch ein Abenteuerspielplatz und ein Minigolfplatz. Während des zweiten Weltkrieges war auf diesem Gelände ein großes ZwangsarbeiterInnenlager, in dem auch Kinder untergebracht waren. Später wurde es noch viele Jahre als »Wohnlager genutzt«

Franzensbaderstraße/Ziegeleiweg

Südlich lag früher ein Ziegelei-Abbaugebiet. Die einzigen größeren Betriebe im Ort waren drei um 1900 errichtete Ziegeleien. Da die eigene Ziegelherstellung allerdings für das enorme Bauprojekt Anfang der 40er Jahre nicht ausreichte, mußten Ziegel aus dem Hamburger Gebiet herangeschafft werden.

❾
Kruppallee

Die Kruppallee ist nach der Eigentümerfamilie der früheren Germaniawerft in Kiel benannt. Hier ist das alte Villenviertel Elmschenhagens. Vor 1933 wohnten hier vor allem Ingenieure und leitende Angestellte der Werften sowie Fabrikbesitzer.

Vom Elmschenhagener Bahnhof, der 1890 eröffnet und um 1920 erweitert wurde, ist nichts übrig geblieben. Von hier aus bestehen Möglichkeiten zum erweiterten Spaziergang am und rund um den Wellsee und ins Rönner Gehölz.

Rönner Weg

Im Rönner Gehölz wurden nach dem 2. Weltkrieg von der Arbeiterwohlfahrt Jugendfreizeiten durchgeführt, da es für die Kinder wegen ihres schlechten Schuhwerks nicht möglich war, bis zum Bahnhof zu laufen und von dort mit dem Dampfer nach Falckenstein zu fahren. Hermann Köster *war die treibende Kraft für die Durchführung der Freizeit.* Elisabeth Braun *war eine der Helferinnen: »Morgens um 8.00 Uhr kamen die Kinder aus Elmschenhagen, die Krooger haben sich bei mir gesammelt, und dann marschierten wir mit Gesang in das Gehölz. Das Essen hat Frau Kanau im Stall des Bauern Paustian gekocht. Besorgt hat das die AWO. Und die Partei hat das gesammelt — in Kroog haben die ja alle Gärten gehabt...«*

Weitere Helferinnen waren Hilde Wurbs, Erna Hopp *und* Frau Köster. *Ab 1948 haben sich dann auch die Elmschenhagener und Krooger an den Jugendfreizeiten nach Falkenstein beteiligt.*

Der Angestellte Hermann Köster, *Jg. 1911, war seit 1921 bei den Kinderfreunden und seit 1929 Mitglied der SPD. Er emigrierte nach 1933 und baute nach seiner Rückkehr aus der Kriegsgefangenschaft die SPD in Elmschenhagen mit auf, für die er zusammen mit* Ernst Finn *und* Carl Graber *bei den Gemeindewahlen 1946 in die Ratsversammlung gewählt wurde. Nach einer Tätigkeit im Magistrat und als ehrenamtlicher Stadtrat war er von 1959–1969 Stadtpräsident.*

Rönner Weg 45

1930 hieß der Waldhof »Waldfrieden« und war Sitz eines Heiratsvermittlungsbüros.

Der »Waldhof« dient zur Aufnahme von Frauen, Mädchen und Kindern in Notsituationen. In den Werkstätten der neun Häuer wird gewebt und getöpfert. Die gewebten Kleider, Schürzen, Röcke oder Blusen werden im November auf dem alljährlichen Basar verkauft.

⑩ Friedhof Elmschenhagen

Der Friedhof Elmschenhagen, den wir nach dem oder ohne den Abstecher erreichen, wird am Wochenende von vielen Spaziergängern und Spaziergängerinnen aufgesucht. Hier finden sich Gräber von Familien aus Gaarden, Wellingdorf und Klausdorf. Die Verstorbenen dieser Stadtteile wurden in Elmschenhagen so lange bestattet, bis die Friedhöfe in Neumühlen-Dietrichsdorf (1907) und Ellerbek (1909) entstanden. Das älteste Grabmal ist das der Familie Dries von 1878. Insgesamt sind auf dem 15 ha großen Gelände etwa 48.000 Personen bestattet. Heute sind ca. 70% aller Bestattungen auf dem Friedhof Urnenbeisetzungen. In dieser Häufigkeit finden Urnenbeisetzungen nur in sehr wenigen Städten der BRD statt.

Unter den Toten befinden sich auch Tote aus beiden Weltkriegen. Das Ehrenmal in der Nähe des Haupteinganges wurde ursprünglich 1926 errichtet und dann für die Toten des 2. Weltkrieges erweitert. Bei den Gräberfeldern der »zivilen Opfer« des Krieges sind auch ZwangsarbeiterInnen bestattet. Die genaue Anzahl ist bisher unbekannt. Auffällig ist die Ausstattung der Gräber von Sinti und Roma mit viel frischem Blumenschmuck und Lebenslichtern.

Auf dem Elmschenhagener Friedhof sind u.a. bestattet:
— der Sozialdemokrat Otto Engel, *der vor 1933 Werbeleiter der Schleswig-Holsteinischen Volkszeitung war. Nach 1933 betrieb er zusammen mit seinem Bruder einen Zeitungskiosk am Schloßgarten. Dort vertrieben sie die von* Andreas Gayk *redigierte die Zeitung »Blick in die Zeit«, die durch ihre Zusammenstellung der Meldungen das NS-Regime entlarvte. Nach 1945 war er Ratsherr und bis 1970 hauptamtlicher Parteisekretär der Kieler SPD.*
— der frühere Stadtpräsident Max Schmid *(1885—1955). Nach dem 1. Weltkrieg war er Ortsvorsitzender der SPD in Elmschenhagen und Kreistagsabgeordneter. Später wurde er Gausekretär des Reichsbanners Schwarz-Rot-Gold und war bis 1933 Bezirkssekretär in Wandsbek. 1946 und 1948 wurde er in die Kieler Ratsversammlung gewählt. Präsident der Stadt Kiel war er von 1951 bis zu seinem Tode im Jahre 1955.*

Unter der äußeren Spitze des Friedhofs Elmschenhagen in Richtung Wellsee und Kruppallee befindet sich ein Bunker, der heute zum Atombunker ausgebaut ist.

Am Friedhof steht die Maria-Magdalenen-Kirche. Sie ist die älteste Kirche Elmschenhagens. Bereits 1327 erbaut, wurde sie im Mai 1865 wegen Baufälligkeit abgebrochen und bis 1866 neu erbaut. Daneben hat Elmschenhagen zwei weitere evangelische Kichengemeinden (Weinberg und Stephanus-Kirchengemeinde Kroog), die Neuapostolische Kirchengemeinde im Nelkenweg, die Evangelische Freikirche in der Dorfstraße 26 und die Selbständige Evangelisch-Lutherische Kirche (SELK) in der Felsenstraße. Bis 1939 gab es nur wenige Katholiken in Elmschenhagen. Erst aufgrund des Krieges (Dienstverpflichtete, Flüchtlinge u.a.) stieg ihre Zahl auf 2000 an. Eine eigene Kirche — die Heilig-Kreuz-Kirche — besitzt die Gemeinde erst seit 1955.

11 Im Dorfe

12 Dorfstraße

Die Dorfstraße und Im Dorfe, die früher den alten Dorfteich umrahmten, bilden den alten Dorfkern Elmschenhagens. Darauf weisen noch heute Bauernhäuser hin, die an der gepflasterten Straßen liegen. Erst hier wird deutlich, daß der Ort eine mehr als 700jährige Geschichte hat.

Das große Schadenfeuer 1903 kam gleich auf die Postkarte.

Elmschenhagen — ursprünglich Elvershagen — ist eines der Walddörfer, die der Graf von Orlamünde *vom Kloster Preetz aus im 13. Jahrhundert gründen ließ. Das Kloster Preetz hatte der Graf 1211 nach einer Waldrodung rings um eine mächtige Eiche auf »heiligem Boden« errichten lassen. Der Legende nach brachte er es nicht über das Herz, einen Hirsch an dieser Stelle zu töten,als in dessen Geweih ein glänzendes, goldenes Kreuz erschien. Die Bauern von Elvershagen waren Erbpächter und entrichteten einen Grundzins an das Kloster Preetz.*

Seit 1705 trägt das Dorf den Namen Elmschenhagen, der wahrscheinlich auf die in diesem sumpfigen Gebiet wachsenden Erlen und die riesigen Ulmen, die den Dorfteich umstanden, zurückgeht. Hagen nannte man ein von Wald umsäumtes Gebiet.

Die meisten der alten, mit Stroh gedeckten Höfe verbrannten während des großen Schadenfeuers am 20. April 1903 — so der Dorfkrug gegenüber der Kirche, einst Mittelpunkt dörflicher Feste. Auch das an gleicher Stelle errichtete Anwesen der *Familie Arp* stand nur vier Jahre, und ein Jahr später brannte der Hof des Bürgermeisters und Dorfschmiedes *Jürgen Schmidt,* den er erst 1900 erstanden hatte.

Nachtwächter »Vatter Kamp« war auch Bademeister und konnte Warzen besprechen.

Um 1980 war der Ausbau der Dorfstraße vorgesehen, aber massive Proteste der Anwohner konnten dies verhindern. Ein Teil der Dorfstraße bis hin zur Preetzer Chaussee hieß früher Schulstraße, als noch links von der Kirche das 1841 erbaute Schulhaus stand. Auch heute liegt hier noch die Matthias-Claudius-Schule, deren Gebäude 1902 eingeweiht wurde.

An der Ecke Schul- und Dorfstraße begann um 22.30 Uhr und endete um 5.30 Uhr die Dienstzeit des Nachtwächters, zugleich Laternenanzünder und Ausrufer der Gemeinde.

Neben der Schule steht das 1907 gebaute und heute noch genutzte Gerätehaus der Freiwilligen Feuerwehr, die 1903 in der Gaststätte Schurbohm, heute »Zur Erholung« gegründet wurde.

1947 hatte der Landesverband Schleswig-Holstein der Falken sein erstes Büro in der Dorfstraße 13, Vorsitzender war *Paul Segert.*

Schlehenkamp 12

An die leidvolle Geschichte der deutschen Arbeiterbewegung mit ihren Höhen und Tiefen erinnert uns das Leben des Maschinenbauers *Otto Preßler* (1895—1981), der nach 1945 in diesem Haus wohnte.

»Wer zur Quelle will, muß gegen den Strom schwimmen«, dieses Sprichwort kann auch für ihn gelten. 1914 wurde er Mitglied der SPD, bis ihn die Antikriegsbewegung zum Mitbegründer des Spartakusbundes machte, einer der wesentlichen Keimzellen der KPD. Ab 1920 war er Vorsitzender der Kieler KPD, aus der er ausgeschlossen wurde. Er beteiligte sich an dem Aufbau der Kieler Kommunistischen Partei Opposition (KPO). Ab 1946, bereits wieder KPD- und Landtagsmitglied, wurde er Vorsitzender der Landesleitung Schleswig-Holstein der KPD und nach dem Verbot der Partei 1968 Mitglied der DKP.

In der früheren Schulstraße 6 wohnte der Arbeiter *Friedrich Ruther,* der Vorsitzender des Reichsbanners in Elmschenhagen war. Insgesamt gab es 1932 ca. 100—120 Reichsbanner-Leute in Elmschenhagen.

Die Dorfstraße 1916. Links der Domkrug, in der Mitte die Gärtnerei Gert

Kurz nach der Jahrhundertwende war Elmschenhagen schon sehr groß geworden und erreichte 1903 bereits 1000 Einwohner. In der Schul-, heutigen Dorfstraße, ließen sich viele Geschäfte, Bankfilialen, Arztpraxen, Restaurants und Cafés nieder. An der Ecke Schlehenkamp z.B. die Colonial- und Fettwarenhandlung von *Heinrich Ketzner* und die Elmschenhagener Bank, in deren Räume später der Zahnarzt *Rose* einzog.

Viele Lokale sind mittlerweile wieder verschwunden wie das Café Scholten, ehemals Schulstraße 1, das 1924 Schauplatz handgreiflicher Auseinandersetzungen wurde, als 70 sozialdemokratische Arbeiter, überwiegend Angehörige des Gesangvereins »Freiheit«, Mitglieder der Bismarckjugend aus dem Stadtteil vertreiben wollten und diese sich in das Café flüchteten. Die Jugendlichen waren durch Elmschenhagen gezogen und hatten das »Ehrhardt-Lied« gesungen (»Hakenkreuz am Stahlhelm, Schwarzweißrot das Band — Sturmbrigade Ehrhardt werden wir genannt«). Ehrhardt war vor allem verhaßt, weil er führend an der Inszenierung des Kapp-Putsches beteiligt war. Am Morgen des 13.3.1920 war »seine« Brigade mit schwarz-weiß-roten Fahnen und dem Hakenkreuz am Stahlhelm in Berlin einmarschiert. Die Arbeiter wurden später unter Anklage gestellt.

Ein Vorläufer des Café Scholten war die Bäckerei und Conditorei Artur Voss, deren Fuhrwerke Brot und Backwaren in die umliegenden Dörfer brachten.

⓭ Dorfstraße

Im benachbarten, alteingesessenen Hotel Reimers (früher Schulstraße 2) gründeten 1949 Bürger die Elmschenhagener Bürgergilde (Schützengilde), auf deren Gildefahne steht: »Holt faßt an ju Heimat- und Modersprack.«

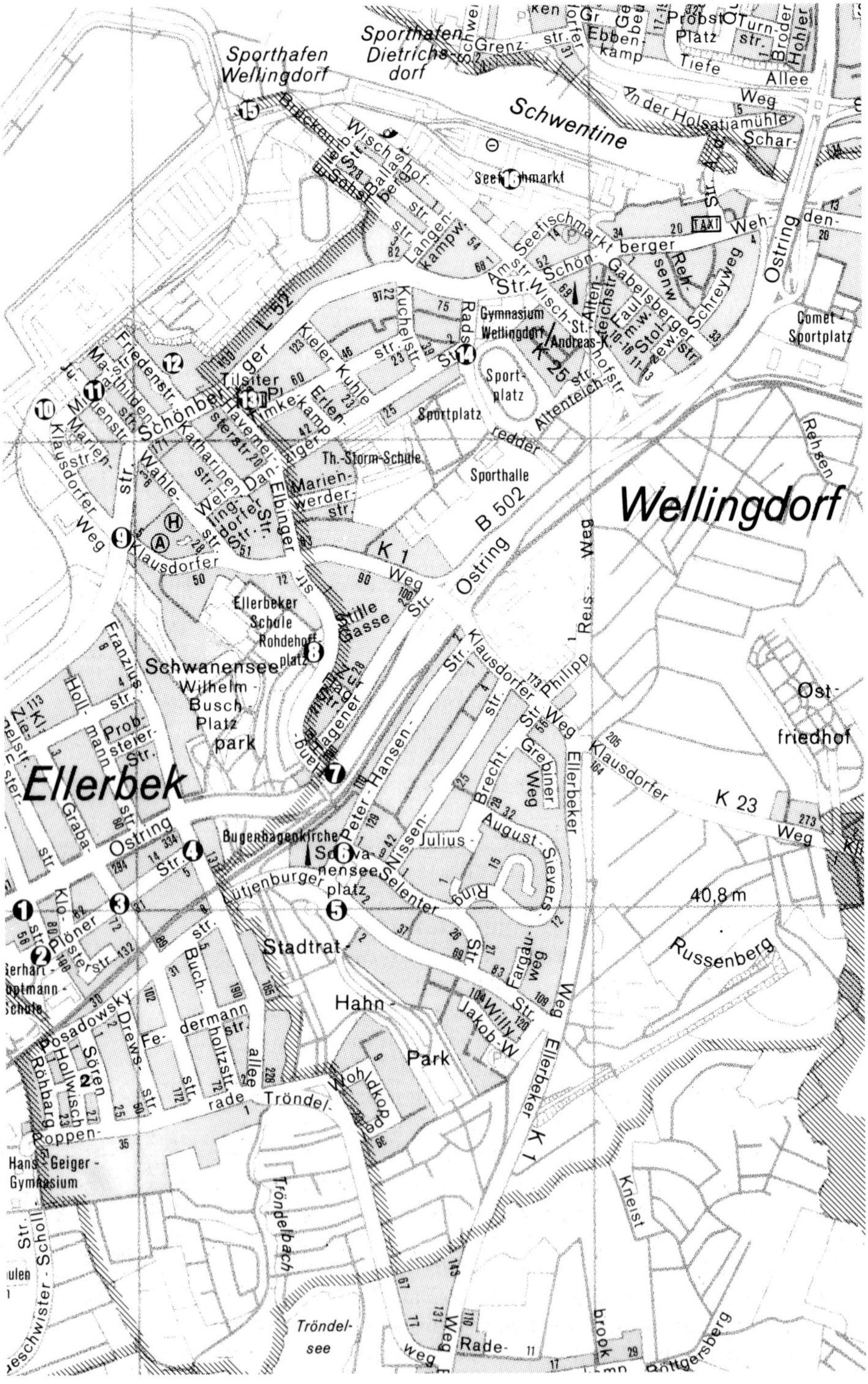
Wellingdorf
Ellerbek
Schwentine
Sporthafen Wellingdorf
Sporthafen Dietrichsdorf
Seefischmarkt
Gymnasium Wellingdorf
Andreas-K.
Sportplatz
Th.-Storm-Schule
Sporthalle
Ellerbeker Schule
Schwanensee park
Wilhelm-Busch-Platz
Rohdehoffplatz
Bugenhagenkirche
Schwanenseeplatz
Lütjenburger platz
Stadtrat-Hahn-Park
Hans-Geiger-Gymnasium
Tröndelbach
Tröndelsee
Comet-Sportplatz
Ostfriedhof
Russenberg
40,8 m
Ostring
B 502
K 1
K 23
K 25
L 52
Klausdorfer Weg
Schönberger Str.
Wellingdorfer Str.
Elbinger Str.
Stille Gasse
Peter-Hansen-Str.
Ellerbeker Weg
Philipp-Reis-Weg
Julius-Nissen-Str.
Selenter Ring
August-Sievers-Ring
Willy-Jakob-Weg
Tröndelweg
Wehdenweg
Schreyweg
Gabelsbergerstr.
Am Seefischmarkt
Tiefe Allee
An der Holsatiamühle
Probst-Platz
Grenzstr.
Ebbenkamp
Kuchelstr.
Kieler Kuhle
Ploener Str.
Posadowskystr.
Drewsstr.
Roppenrade
Tröndelrade
Rehsen
Kneist
Röttgersberg
Rade-

Wo Gildeschwestern Fische werfen

Ellerbek und Wellingdorf

von Regine Bigga und Irene Dittrich

Ausgangspunkt: *Ostring, Bus 8, 18, 38, 72, Haltestelle Ziegelstraße*
Endpunkt: *Seefischmarkt, Bus 4, 24, 28, 34, 54, 64, 72, Haltestelle Wischhofstraße; Bus 4, 28, 34, 64, 72; Haltestelle Wellingdorf; Schiff Schwentinelinie, Anleger Neumühlen*
Dauer: *ca. 3,5 Stunden*

»Dann brach der traurigste Tag für die Alt-Ellerbeker an, es war Ostersonntag 1904. Etwa 800 Menschen zogen mit ihrer auf den Wagen geladenen Habe durch die Straßen nach Wellingdorf. Nur schweren Herzens trennten sich die alten Fischer von ihrer Heimat... Sehr schnell verschwanden die alten Fischerhäuser in Ellerbek.«

So berichtet *Christa Rathmann* über die Umsiedlung der Ellerbeker Fischer in das mehr bäuerlich strukturierte Wellingdorf.

Ellerbek war einst ein Fähr- und Fischerdorf. Der Fährbetrieb erlosch allerdings, als 1860 Dampfschiffe eingesetzt wurden. Ein Jahrzehnt später stand das Dorf der Anlage und dem Ausbau der Kaiserlichen Werft (später Deutsche Werke) am Ellerbeker Strand im Wege. Die Fischer und ihre Familien mußten den Ort verlassen, die letzten taten das 1904. Seither leben hier vor allem Arbeiter und kleine Angestellte.

Von dem ehemaligen Fischerdorf Ellerbek mit seinen Fischerbooten, Netztrockenplätzen und Räuchereien ist (bis auf vier Traditionsbetriebe) nichts übriggeblieben.

Kiel, in dem während des nationalsozialistischen Regimes ein Drittel aller Großkampfschiffe — vor allem U-Boote — gebaut wurden, war nach Kriegsende durch zahllose Bombenangriffe stark zerstört, in Ellerbek waren es 80%, in Wellingdorf 50% der Gebäude. Beide Stadtteile wurden wieder aufgebaut.

Hier hat die Ellerbeker Turnvereinigung von 1886 e.V., ein Zusammenschluß des Ellerbeker Turnvereins und der Freien Turnerschaft Ellerbek von 1905, ihr Vereinsheim. Die Mädchen- und Frauenabteilung des Ellerbeker Turnvereins, eines ehemals reinen Männerturnvereins, der auch Sportarten wie Handball und, im Agnethabad, Schwimmen anbot, wurde 1899 gegründet. Nach dem Beitritt des FT Ellerbek zur »Freien Turnerschaft an der Kieler Förde« entwickelte sich ein reges Vereinsleben, das die Nationalsozialisten durch die erzwungene Auflösung am 13.3.1933 abrupt unterbrachen. Ein Teil der früheren sozialdemokratisch orientierten Mitglieder schloß sich zum Sparclub »Jungs holt fast« zusam-

1872 noch Fischerstrang. An den »Stickstaken« wurden die Boote auf See festgelegt.

men und betrieb in diesem Rahmen auch weiterhin Sport, wie etwa Tischtennis. Nachdem der Verein 1946 neu gegründet wurde, schloß er sich 1970 mit dem Ellerbeker Turnverein zusammen.

Über die Grenzen von Kiel hinaus bekannt sind die Handballerinnen aus Ellerbek. Nachdem bereits die »Jungmädchen« 1931 Gaumeister geworden waren, nahm der Kieler Frauenhandball in den darauffolgenden Jahren eine hervorragende Rolle ein. 1958 wurden die Jungmädchen Landesmeister im Hallenhandball und verteidigen heute, nach einer Dauerkrise in den 60er Jahren, ihren Platz im ersten Drittel der Tabelle.

❶ Große Ziegelstraße 54

Die seit ihrem Wiederaufbau im März 1956 »Gerhard-Hauptmann-Schule« genannte Grund- und Hauptschule nahm 1913 ihren Betrieb auf. Im Volksmund auch als »Ellerbeker Schloß« bezeichnet, hatte sie getrennte Eingänge für Jungen und Mädchen, die noch heute zu sehen sind. Im Juni 1942 wurde die Schule einschließlich der Turnhalle mit etwa 800 Zwangsarbeitern und Zwangsarbeiterinnen für die Kriegsmarinewerft belegt. Gegen Ende des Krieges brannte der Dachstuhl ab und der Ostteil der Schule wurde durch Bomben zerstört.

❷ Große Ziegelstraße 62

Peter Christian Hansen studierte 1877 Baugenossenschaften und Gewerbeschulen in Schweden und Dänemark

Die meisten Häuser und Wohnungen dieses Viertels wurden vom Ellerbeker Arbeiterbauverein errichtet. Bereits in den 60er Jahren des vorigen Jahrhunderts entstanden im Deutschen Reich die ersten Baugenossenschaften. Die Idee der Bauvereine »Hilfe durch Selbsthilfe« wurde besonders von bürgerlichen Sozialreformern vorangetrieben. Wohnungsnot, Bevölkerungszunahme, unzumutbare Wohnbedingungen und überhöhte Mieten führten 1889 zur Gründung des »Arbeiterbauvereins für Gaarden, Kiel und Umgegend« auf Anregung von Peter-Christian-Hansen *(1853–1935). Nach der*

Rüstung, Werften und Marine haben die Fischer verdrängt.

Eingemeindung Ellerbeks im Jahre 1910 wurde er in »Arbeiterbauverein Ellerbek GmbH« umbenannt. Die Haus- und Grundbesitzer sowie deren Vereinigungen traten immer wieder gegen die Genossenschaft auf. Dem Vorstand des Ellerbeker Arbeiterbauvereins gehörten überwiegend Facharbeiter an, dem Aufsichtsrat hauptsächlich Unternehmer und höhere Beamte. An Vorstands- und Aufsichtsratsmitglieder erinnern vielfach Straßennamen dieses Viertels, so die Buchholtzstraße (nach dem Marineobermeister und Mitbegründer des Bauvereins Buchholtz), *Posadowskystraße (nach dem preußischen Minister und Förderer des Bauvereins* Posadowsky*) und Federmannstraße (nach dem Schiffbauer und Mitbegründer der Baugenossenschaft* Federmann*).*

Der Anschluß der Häuser an die öffentliche Kanalisation erfolgte 1894. Zur Verschönerung wurden Lindenbäume am Straßenrand gepflanzt und Geschäfte — eine Bäckerei und eine Schlachterei — verbesserten die Infrastruktur des Stadtteils.

1909 hatten 4562 Personen in der Kolonie des Bauvereins Wohnungen gemietet bzw. sie als Eigentum erworben. Die Vergabe der Wohnungen und Häuser geschah mittels Los an die Mitglieder. In der Zeit der Weimarer Republik — der Sitz des Vereins befand sich in der Prinzenstr. 26a — wohnten hier vor allem Facharbeiter und kleine, häufig bei der Werft beschäftigte Angestellte. 1932 war ein großer Teil der Mieter arbeitslos.

Der Arbeiterbauverein wurde am 15. Juni 1933 gleichgeschaltet. Im Krieg wurde ein Teil der Häuser zerstört, bei genauerer Betrachtung sind auch heute noch Schäden zu entdecken. Anfang der 50er Jahre schloß der Aufsichtsrat der KWG zum Wiederaufbau Betreuungsverträge mit privaten Eigentümern ab. Im März 1952 wurde damit bei den ersten 20 Eigenheimen (10 Doppelhäuser mit 40 Wohnungen) zwischen der Werftstraße und der Eisenbahnlinie Kiel-Schönberg begonnen.

Plöner Straße/ Grabastraße

❸

Poppenrader Weg

Wo heute Hochhäuser den Blick auf den Tröndelsee versperren, einem Naherholungsgebiet, zu dem sich ein Abstecher durchaus lohnt, befanden sich während des 2. Weltkrieges zwischen Ellerbek und Gaarden große Barackenlager für Zwangsarbeiter und Zwangsarbeiterinnen, die in den Deutschen Werken eingesetzt wurden.

❹ Franziusallee

Erst 1910 erhielt die Franziusallee — früher hieß sie nach der *Prinzessin Irene* Irenenallee — ihren heutigen Namen nach dem Geheimen Admiralitätsrat und Marinehafenbaudirektor *Franzius,* der auch als Unterstützer des Ellerbeker Arbeiterbauvereins hervortrat. Im oberen Straßenteil ist noch die originale, geschlossene Bebauung erkennbar.

In die Hausentwürfe nach 1910 gingen die Ideen der Heimatschutzbewegung ein. Typisch für diesen Stil sind rote Backsteinbauten mit roten Ziegeldächern. Diese Architektur geht in Schleswig-Holstein auf die Backsteinbauten des 18. Jahrhunderts zurück und war in Kiel eine Antwort auf den Massenwohnungsbau der Jahrhundertwende.

Die typische Bauweise des Ellerbeker Bauvereins zeigt das eingeschossige Doppelhaus: Im Erdgeschoß des Hauses liegen ein bis zwei Zimmer sowie Küche und Flur; im 1. Stock ebenfalls ein bis zwei Kammern. Waschküche, Abort und ein kleiner Stall für Kleintierhaltung befindet sich im Anbau. Die Aufteilung dieser Häuser entspricht auch den Siedlungshäusern mit ihrem kleinbürgerlichen Streben nach einem Eigenheim mit Garten.

Der ursprüngliche Charakter der Kolonie wurde durch Krieg, Straßenerweiterungen und Haussanierungen zerstört. Bei der eine Rekonstruktion vernachlässigenden Sanierung und Renovierung der Häuser sind teilweise »zwei Gesichter« in einem Doppelhaus entstanden.

Franziusallee 131

Hier befand sich das Lokal »Lucienlust«, in dem am 11. Juli 1933 Mitglieder des Vereins »Jungs holt fast« von einem 100 bis 120

An der Eisenbahnlinie

Mann starken SA-Sturm überfallen wurden. Die SA-Leute führten sieben Männer in die Lütjenburger Straße und mißhandelten sie dort. Danach wurden sie ins Polizeipräsidium gebracht, wo sie ein bis zwei Wochen in Haft blieben. Bei den Mitgliedern wurden Hausdurchsuchungen vorgenommen und Turngeräte beschlagnahmt. Doch die Vereinskasse konnte gerettet und mit diesem Geld Treffen im Dobersdorfer Gehölz organisiert werden. 1949 wurden einzelne ehemalige SA-Leute wegen Verbrechens gegen die Menschlichkeit zu geringfügigen Strafen verurteilt.

❺ Stadtrat-Hahn-Park

Durch die Teiche des Stadtrat-Hahn-Parks und des Schwanenseeparks fließt der Erlenbach, der Abfluß des Tröndelsees. Vom Namen dieses Baches soll der Name Ellerbek stammen. Der Name des oberen Parks erinnert an *Willy Hahn* (1887–1930), den Leiter des Hochbau- und Siedlungsamtes der Stadt Kiel. Hahn lieferte in den 20er Jahren wichtige Impulse für die städtebauliche Konzeption und Grünflächengestaltung in Kiel. Der sozialdemokratisch orientierte Stadtrat wurde für seine Ideen vielfach angegriffen, besonders als er sich für den Baustil der »Neuen Sachlichkeit« engagierte. Während der Zeit des Faschismus wurden solche, dem Bauhaus nahestehende Ideen, als »artfremd« und »kulturbolschewistisch« bezeichnet. So auch in Kiel.

Von 1921–1930 Stadtbaurat in Kiel: Willy Hahn

Lütjenburger Straße/ Franziusallee

Die Eisenbahnstrecke zwischen Kiel und dem Schönberger Strand wird seit 1982 nur noch für Güterverkehr und im Sommer zwischen Schönberg und Schönberger-Strand als Museumsbahn genutzt. Noch 1965 fuhren rund 600000 Menschen mit dieser Bahn, die im Volksmund noch immer »Hein Schönberg« heißt, um zu ihren Arbeitsplätzen oder im Sommer an den Ostseestrand zu gelangen. Heute erwarten Verkehrspolitiker vom Reisenden nach Schönberg oder dort Arbeitenden den Besitz eines Autos.

❻ Schwanenseeplatz

Während der Herrschaft des Faschismus war der Platz als Ausdruck der Verehrung für den angeblichen »Märtyrer« *Leo Schlageter*, der am 26.5.1923 wegen Sabotageakten und Anschlägen auf Verkehrswegen bei der Besetzung des Ruhrgebietes durch französische Truppen standrechtlich erschossen wurde, in »Schlageterplatz« umbenannt worden. Den Nationalsozialisten galt der Leutnant und Freikorpsangehörige als leuchtendes Vorbild für eine organisierte Bewegung gegen Frankreich.

Östlich des Platzes, der heute den idyllischen Namen »Schwanensee« trägt, erstreckt sich bis zum Klausdorfer Weg ein vom Ellerbeker Arbeiterbauverein errichtetes Wohngebiet.

Nissenstraße

In diesem Viertel sollten neben Einfamilienhäusern 2,500 preiswerte 2–2 1/2- und 3-Zimmerwohnungen für Arbeiter und Arbeiterinnen gebaut werden. Die Baupläne, die in Zusammenarbeit von Stadtrat Hahn, *dem städtischen Angestellten* Suhr *und dem Bauverein entstanden, sahen zweigeschossige Flachbauten mit Küche, Zentralheizung und Wasserklosett vor. Das Bauvorhaben orientierte sich an der »Neuen Sachlichkeit«. Doch die städtischen Körperschaften versagten dem Bauverein die Genehmigung für dieses Flachdachprojekt. Staatliche Zuschüsse wurden nur für Siedlungen mit steilem Dach erteilt. So erhielten die Gebäude in der Peter-Hansen-Straße und der Nissenstraße (benannt nach dem Marineoberingenieur und Vorstandsmitglied des Ellerbeker Arbeiterbauvereins* Nissen*) die Fassade, die sich auch heute — trotz Wiederaufbau — dem Betrachter bietet. Ende der 20er Jahre begann der Aufbau, der sich durch die Weltwirtschaftskrise verzögerte, so daß die Wohnungen erst ab 1935 bezugsfertig waren. Die ersten Bomben fielen bereits im Juni 1940 auf die Peter-Hansen-Straße, bis zum Ende des Zweiten Weltkrieges wurden weite Teile des Wohngebietes zerstört. Noch heute steht zwischen der Nissenstraße und der Peter-Hansen-Straße an einem kleinen Durchgangsweg mitten in den Gärten ein Hochbunker aus dem Zweiten Weltkrieg.*

Peter-Hansen-Straße

Peter-Hansen-Straße 136

Nach dem Krieg entstand hier ein mittlerweile geschlossenes Jugendheim, über dessen Aufbau berichtet wurde:

»In Ellerbek, dem zerstörtesten Gebiet des Kieler Bezirks, bildeten Angehörige der dortigen SPD ehrenamtliche Arbeitsgruppen. Monatelang wurde an der Ruine Peter-Hansen-Straße 136 gearbeitet. Es schien fast unmöglich, aus diesem Trümmerhaufen mit Behelfsmitteln etwas Brauchbares zu schaffen.«

❼ Ostring

Der jetzige Ostring, der durch Ellerbek, Wellingdorf und den Schwanensee-Park verläuft, geht auf einen Plan des früheren Stadtbaurates *Stübben* Anfang dieses Jahrhunderts zurück. 1940/41 wurden Gaarden, Ellerbek, Wellingdorf und Neumühlen-Dietrichsdorf mit einer durchgehenden Hauptverkehrsstraße verbunden und ab 1963 der weitere Ausbau des Ostrings massiv vorangetrieben. Der Stadtteil Wellingdorf als Lebens- und Wohngebiet wurde durch den Ausbau des Ostrings geradezu geteilt. Gegen die Begradigung im Bereich Schwanenseepark und den Abbruch von Wohngebäuden erhoben Anfang der 70er Jahre betroffene Anwohner und Anwohnerinnen Klage beim schleswig-holsteinischen Verwaltungsgericht. Sie bezweifelten außerdem den verkehrsrechtlichen Nutzen des Ostrings, doch ihre Klage wurde 1977 abgewiesen.

❽ Rohdehoffplatz

Dieser Platz, benannt nach dem Wellingdorfer Schulrektor und Stadtrat *Rohdehoff,* wurde nach dem Zweiten Weltkrieg durch Sportvereine — auch der FT Ellerbek nutzte den Platz in den 20er und 30er Jahren — und Kieler BürgerInnen wieder instand gesetzt.

Seit 1985 findet hier erneut das Gildefest der Ellerbeker Buttgill von 1666 e. V. statt. Die Buttgilde — eine der ältesten Schützenbrüderschaften Schleswig-Holsteins — wurde am 8. Juli 1666 als Schützen- und Brandgilde von 18 Mitgliedern gegründet und leistete vor allem Hilfe bei Feuerschäden an den strohgedeckten Häusern.

»Diese Bezeichnung stammt aus der Zeit, als die Bürger aus der Stadt mit den Dampfern der Reederei Scheel in wenigen Minuten zur Gilde nach Ellerbek kommen konnten und am alten Ellerbeker Strand kostenlos mit gebratenem Butt oder mit geräuchertem Aal, aber auch mit in sauer gelegtem Butt oder Aal bewirtet wurden.«

So schrieb Willy Stange *zum 300-jährigen Jubiläum der Ellerbeker Buttgilde. Neben ihr existierten weitere Zusammenschlüsse der Fischer, wie die Fischergilde und Beistandskassen. 1935 wurde die 1769 gegründete Pfingst- oder »Jungkerlsgilde« und damit Junggesellen bis zum 30. Lebensjahr in*

Immer wieder lockt das Gildefest.

der Buttgilde aufgenommen. Das jährlich stattfindende Gildefest dauert in der Regel drei Tage und hat heute teilweise Jahrmarktscharakter. Verschiedene Spielmannszüge und Kapellen von örtlichen Vereinen beteiligen sich an einem Umzug, der durch beide Stadtteile führt. Auf dem Festplatz finden die Wettkämpfe und das Vogelschießen für die Gildebrüder statt, während die Gildeschwestern ihr Fischwerfen veranstalten.

Mimi Lensch und Klaus Horstmann, das Königspaar 1976

Am Rohdehoffplatz befindet sich auch die heutige Ellerbeker Grundschule, auf deren erste Nennung 1706 ein Stein am Klausdorfer Weg hinweist. Während des Krieges war auch diese Schule mit Zwangsarbeitern und Zwangsarbeiterinnen der Kriegsmarinewerft belegt. Ein Bürgertreff der Arbeiterwohlfahrt und eine Altentagesstätte befinden sich heute in der Nachbarschaft.

Klausdorfer Weg

Hangstraße

In dem heutigen Altersheim war früher die einzige Klinik am Ostufer untergebracht, die nicht unbedingt im besten Ruf stand. Seit vielen Jahren — besonders seit der Pflegenotstand wächst und die Bettenzahl in den Krankenhäusern des Westufers nicht mehr ausreicht — ist der Bau eines neuen Krankenhauses am Ostufer zum Streitpunkt zwischen Bewohnern des West- und Ostufers geworden.

9

Klausdorfer Weg/ Werftstraße

Von den zahlreichen Fischräuchereien sind in Ellerbek nach dem Zweiten Weltkrieg noch vier übriggeblieben. Eines davon ist das der alteingesessenen Familie *Wiese* mit dazugehörigem Fischgeschäft in der Werftstraße 5. Hier gibt es auch noch heute die berühmten Kieler Sprotten, die ursprünglich aus Ellerbek kamen (siehe S. 224).

Dort, wo heute ein Hochhaus steht, wohnte Anfang der 30er Jahre der SPD-Vorsitzende und Stadtrat in Kiel, *Wilhelm Schweit-*

zer (1890–1958). Vor 1933 war Schweitzer auch Mitglied im Reichsbanner und Abgeordneter des Provinziallandtages. Zweimal, zwischen 1933 und 1934 sowie von 1939 bis 1941, wurde Schweitzer ins Konzentrationslager gebracht. Im gleichen Haus befand sich auch eine Niederlassung des Allgemeinen Konsumvereins.

⑩ Klausdorfer Weg/ Marinearsenal

Vom Klausdorfer Weg aus fällt der Blick auf das Marinearsenal und z.T. auf die HDW. Während der Weimarer Republik befanden sich hier das Ausrüstungs- und das Baubassin der Deutschen Werke Kiel (DWK), in denen Schiffsrümpfe mit Aufbauten und Inneneinbauten versehen wurden, und die nach Kriegsende mit Trümmerschutt zugeschüttet wurden.

Während der nationalsozialistischen Herrschaft gab es auch hier Werftarbeiter, die Widerstand leisteten. Im Mai 1933 existierte auf der DWK noch eine Betriebszelle der KPD.

Am 23.3.33 wurde im Kesselraum des Tenders »Nordsee«, der sich zur Reparatur auf der DWK befand, ein Flugblatt der Roten Einheitsliste gefunden. Das Flugblatt, das an die Kollegen der DWK gerichtet war, ging auf die Betriebsratswahlen und den Mord an Rechtsanwalt Spiegel *(siehe S. 66) ein. Außerdem wurde darin aufgerufen, den inhaftierten KPD-Funktionär und früheren KPD-Stadtverordneten* Walter Krüger *aus der Haft zu befreien (siehe S. 74).*

Auf dem Marinearsenal verteilten Mitglieder der KPD Ende März 1933 die KPD-Broschüre »Die Wahrheit über den Reichstagsbrand«. Außer dem Mechaniker Walter Gehlsen, *der die Broschüre verteilt hatte, wurden insgesamt 22 Personen festgenommen und dem Richter vorgeführt, weil sie die Broschüre weitergegeben und gelesen haben sollen. Darunter befand sich auch* Emil Willumeit, *der nach 1945 der 1. Bevollmächtigte der IG Metall in Kiel wurde.*

1870 räucherte man die Heringe noch am Strand. Die blaue Mütze mit enganliegendem Rand wurde »Wußketel« (Wurstkessel) genannt.

Vor der Jahrhundertwende zog sich auf dem heutigen Gebiet des Arsenals der Strand von Ellerbek und Wellingdorf entlang. Hier lag das Fischerdorf Alt-Ellerbek mit seinen Fischerhäusern und Räuchereien.

⑪
Minnastraße/ Julienstraße

1286 lebten in Ellerbek neben Bauern bereits Fischer. Im südlichsten Teil Alt-Ellerbeks, »Opp'n Knick«, war die einzige Bäckerei und die Fähre nach Kiel für Personen und Warentransporte von Erzeugnissen aus der Propstei. Zu ihr führte eine verkehrsreiche Landstraße, an deren Ende eine Schenke lag. Die Fischerhäuser und die Fährschenke fielen dem Aufbau der Werft zum Opfer.

Der Ortsteil »De Wiesch« mit dem Netztrockenplatz und dem einzigen Krämer des Ortes wurde wohl am spätesten erbaut.

Im typischen Fischerhaus lebten zwei, manchmal vier Familien, die ihren Lebensunterhalt mit gemeinsamen Fischfang verdienten. Ein solches Fischerhaus für vier Familien war 1699 auf dem angrenzenden Theedenbarg am Ellerbeker Strand errichtet worden. Zuletzt, 1903, wohnten dort die beiden Fischerfamilien Schütt *und* Kloock. *Auf Bestreben des Geheimen Admiralitätsrates* Franzius *wurde das Haus sorgsam abgetragen und im Werftpark in Gaarden als Freilichtmuseum wieder aufgebaut (siehe S. 195).*

Katharina Enoch, von 1865–1939 Ellerbeker Fischerfrau

Die Ellerbeker Fischerfrauen waren seit alters her für den Verkauf zuständig. Dazu setzten sie morgens mit ihren Kähnen, die wie Einbäume aussahen, nach Kiel über, um am Seegarten (siehe S. 43) ihre frische Ware feilzubieten. *C.H. Pfaff* schreibt über einen Besuch in Kiel 1799:

»Gewöhnlich am Sonnabend jeder Woche liess ich mich von Kiel nach dem nächsten Fischerdorf Ellerbek auf einem gebrechlichen Fischerkahn, gerudert von einer alten Fischerfrau, übersetzen, und wandelte den herrlichen Fußpfad über die Höhe in das Tal der Schwentine hinab, neben welcher ich den Fußpfad verfolgte, wo das Tal an einzelnen Punkten wohl an ein Schweizer Tal erinnern kann ...«

Zwischen 1876 und 1902 wurde südlich der Schwentinemündung, am Strand zwischen Wellingdorf und Ellerbek, einer der größten vorgeschichtlichen Funde aus dem ausklingenden Mesolithikum in Schleswig-Holstein gemacht. Ausgegraben wurden Steingeräte, Knochenwerkzeuge, Tongefäße und andere Geräte, die darauf schließen lassen, daß Alt-Ellerbek auf dem Boden einer der ältesten Siedlungen des Landes entstanden ist.

Vor dem Räuchern wurden die Fische »opstekt«, auf Stäben aneinandergereiht.

Bombenschäden aus dem Zweiten Weltkrieg sind hier nach wie vor sichtbar in Form nicht vollständig wiederhergestellter Häuser und unbebauter Grundstücke. In der Julienstraße liegt das empfehlenswerte Restaurant »Alte Räucherei«, dessen Name auf die ehemalige Fischräucherei der Gebrüder *Theede* hinweist.

Zwei weitere alteingesesse Fischräuchereien werden hier noch betrieben: die Räucherei Gebrüder Hüllmann und die Räucherei Alt-Ellerbek.

Friedenstraße
⑫

Neben einer Doppeleiche steht ein Stein mit der Aufschrift »up ewig ungedeelt 1848–1898«. Diese Inschrift erinnert an die schleswig-holsteinische Erhebung am 23./24. März 1848 als Reaktion auf den Anschluß des Herzogtums Schleswig an Dänemark (siehe S. 173).

Schönberger Straße

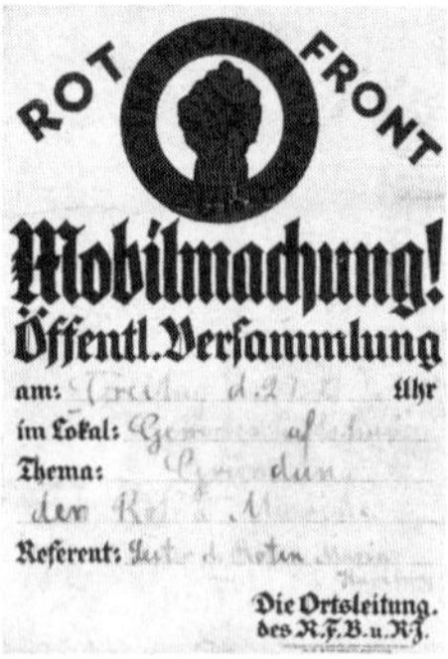

Im früheren Ecklokal »Zu den drei Kronen« fand am 12.12.1932 eine Versammlung des — zu diesem Zeitpunkt verbotenen — Roten Frontkämpferbundes (RFB) unter der Leitung von *Helmut Mlotkowski* statt. Gegen ihn und 26 weitere Mitglieder des Bundes wurden Strafverfahren eingeleitet. Mlotkowski wurde am 28.2.33 in »Schutzhaft« genommen, als von der Gestapo insgesamt rund 250 Häuser durchsucht wurden, und kam anschließend in das KZ Lichtenberg. Nach seiner Freilassung leitete er die illegale KPD in Kiel, bis ihm Anfang Januar 1935 mit seiner Familie die Flucht nach Dänemark gelang. 1941, bei der Besetzung Dänemarks, wurde er erneut verhaftet.

Die 1936 gegründete Kieler Wohnungsbaugesellschaft (KWG), ein kommunales gemeinnütziges Wohnungsunternehmen, baute hier eine Reihe von Häusern. Die Stadt erhielt mit ihr eine Organisation, die sich um Belange des sozialen Wohungsbaus kümmerte.

1935 gab es in Kiel 5800 wohnungssuchende Familien, so daß sich die KWG das Ziel setzte, den Wohnungsbedarf durch den Erwerb bereits erschlossener Baugrundstücke und durch Neubauten zu decken. Bereits kurz nach ihrer Gründung entfaltete die KWG eine rege Bautätigkeit; von den 1613 Wohnungen, 15 Läden, zwei Lagern, zwei Wäschereien, dem Büro und dem Kindergarten wurden im Zweiten Weltkrieg allerdings ein gutes Drittel der Wohnungen, fünf Läden, ein Lager, der Kindergarten und eine Wäscherei total zerstört, der Rest wurde beschädigt. Nach dem Krieg entstanden bis zum April 1961 über 4000 Wohnungen, davon über die Hälfte auf dem Ostufer.

Katharinenstraße 13

Jubiläum im Konzertgarten

Die Konsumgenossenschaft eröffnete hier nach dem Zweiten Weltkrieg die erste Verteilungsstelle. Der »Allgemeine Konsumverein für Kiel und Umgegend« wurde 1899 von einer kleinen Gruppe unter der Leitung von *Hermann Adam* gegründet, ein Jahr später öffnete die erste Verteilungsstelle. Ein steter Aufschwung — außer in den Jahren des Ersten Weltkrieges — war bis 1933 zu verzeichnen, als 700 Arbeiter und Angestellte die 36000 Mitglieder in über 98 Verteilungsstellen, 32 Spezialläden für Fleischwaren und 18 für Backwaren versorgten. Während des Faschismus mußte 1935 die Liquidation beschlossen werden, die Zentrale mit den Betrieben wurde an das Reich »verkauft«, die Läden privatisiert.

Nach Kriegsende beauftragten die neu gegründeten Gewerkschaften *Karl Graber* und *Ernst Heidemann* mit den Vorbereitungen zur Neugründung, die am 30.10.46 unter Teilnahme von Vertretern der britischen Militärregierung in der Aula der Humboldtschule stattfand.

Ende 1947 waren wieder fünf Angestellte und zwei Lehrlinge beschäftigt, im Jahr darauf wieder 753 Personen Mitglied der Genossenschaft. Als besonders schwierig erwies sich die Errichtung von Verteilerstellen, da weder Räume noch Einrichtungsgegenstände vorhanden waren.

Nachdem die Konsumgenossenschaft die Zentrale in Kiel-Gaarden zurückerwerben konnte, unterhielt sie 1962 bereits wieder 54 Verkaufsstellen, davon drei in Ellerbek und Wellingdorf (Peter-Hansen-Str. 134, De Twiel, Tilsiter Platz 5), einen Backwaren-Spezialladen (Wellingdorfer Str. 2), vier Fleischwarenläden sowie ein Möbel- und ein Textilhaus.

Im gleichen Haus wohnte Anfang der 30er Jahre *Walter Dobratz*, Mitglied der KPD und ab Juli 1933 zusammen mit *Agnes Nielsen* und *Karl Gerlach* Leiter der verbotenen KPD in Kiel. Er wurde Anfang September 1933 verhaftet und im darauffolgenden Prozeß zu drei Jahren Zuchthaus verurteilt, weil er zusammen mit anderen Mitgliedern der KPD die »Arbeiterwelt« herausgegeben hatte.

⑬ **Tilsiter Platz**

Auf den traditionsreichen Ellerbeker Markt weist nur noch der Name einer Bushaltestelle hin. Im Zusammenhang mit der Flucht von Millionen Deutschen u.a. aus Ostpreußen — so auch aus Tilsit — ist der Name des nach dem Zweiten Weltkrieg errichteten Platzes entstanden. Am Brunnen auf dem Platz steht die Bronzefigur »Ellerbeker Buttjer« von *Menzel-Krüger* (1963).

⑭ **Danzigerstraße/ Radsredder**

An der Ecke befinden sich weitläufige Sportanlagen und die Vereinsheime des SV Ellerbek von 1922 und des Wellingdorfer Turnvereins von 1892. Der Name der Gdynia-Halle weist auf die Städtepartnerschaft mit dieser polnischen Stadt hin.

Lang ist es her. Die Schönberger Straße

An der Schönberger Straße liegt das Gymnasium Wellingdorf, das älteste Gymnasium auf dem Ostufer. Es wurde am 1.4.1914 als »Königliche Realschule« eingerichtet und bezog 1917 die Räume einer ehemaligen Mittelschule in Wellingdorf. Die Schule wurde 1944/45 bis auf das Kellergeschoß zerstört.

Langenkampweg/ Brückenstraße

Die Ellerbeker Fischer, die 1904 umziehen mußten, siedelten sich vor allem in diesem Gebiet am früheren Fischerhafen in Wellingdorf an.

In der Brückenstraße vor dem Fischerhafen war lange Zeit das nach dem Bauunternehmer *Steffen Sohst* (1845–1908) benannte Sohstheim untergebracht. Sohst hatte mit einem kleinen Zimmereibetrieb begonnen. Mit dem Ausbau Kiels zum Reichskriegshafen stiegen die Aufträge rapide an und Sohst konnte aus den erwirtschafteten Gewinnen ein großes Tiefbauunternehmen aufbauen. Das Sohstheim war zuletzt ein Kindertagesheim des Marinearsenals.

Steffen Sohst lebte von 1845–1908

⑮ **Sportboothafen Wellingdorf**

Wo sich früher die Strände von Ellerbek und Wellingdorf berührten, lag der dritte Ortsteil Alt-Ellerbeks. Auf beiden Seiten gab es um die Jahrhundertwende Badeanstalten, das Gebiet dazwischen am Wellingdorfer Strand wurde, wohl weil es so abgelegen war, »Rußland« genannt und seine Bewohner dementsprechend die »Russen«.

»Wo Rußland zu Ende war, da war auch eigentlich die Welt zu Ende. Es folgten noch die Ballastberge, deren Rest noch heute hinter der Mauer des Arsenals in Wellingdorf bei der Straße »Ballastberg« sichtbar sind. Sie waren große Erdhügel, deren Sand von den mit Leergut auslaufenden Schiffen als

Fische an der Förde — Handel, »Sprott« und Dosenfisch

Bis in die 60er Jahre spielte der Fischhandel im Wirtschaftsleben Kiels und der umliegenden Orte wie Ellerbek eine wesentliche Rolle. Bereits 1242 wurde der Fischfang in der Förde gesetzlich geregelt, so daß beispielsweise nur innerhalb festgelegter Grenzen gefischt werden durfte. Kieler Sprotten, Kieler Bücklinge und Kieler Fischkonserven begründeten den Ruf des Kieler Fischhandels. Während die Nennung Kieler Bücklinge auf das Jahr 1400 zurückgeht, war der Hering seit dem 15. Jahrhundert als Ausfuhrgut der Stadt Kiel bekannt. Erst seit dem 18. Jahrhundert werden die Kieler Sprotten erwähnt. In den Schleswig-Holsteinischen Provinzialberichten von 1790 heißt es zum Stichwort »Sprott«:

»Er wird bekanntlich an den ostseeischen schleswig-holsteinischen Küsten, besonders in der Nachbarschaft von Kiel in großer Menge gefangen und sowohl frisch und eingesalzen als geräuchert vorzüglich von den Ellerbeker Fischern reichlich und zu sehr wohlfeilen Preisen feil getragen. Geräuchert wird er in großen Quantitäten nach Hamburg und weiter verschickt und auswärts unter dem Namen Kieler Sprotten berühmt, unter welchem man ihn in Kiel selbst nicht kennt. Der Ellerbeker ruft hier: Frisch Brethling, drög Brethling«! (Hoffmann, S. 53/54)

Der Brethling, wie die Sprotte im ungeräucherten Zustand heißt, ist 9 bis 12 cm lang und dem jungen Hering ähnlich. Hauptsächlich in den Dörfern an der Fördeseite wurden die Sprotten auf Buchenholz geräuchert. Das Räuchern war früher neben dem Einsalzen, dem Marinieren in Essig und dem Trocknen eine beliebte Möglichkeit der Konservierung von Lebensmitteln. Im Mittelalter noch wurden die kleinen Fische auf Stangen aufgespießt und über dem offenen Feuer geräuchert. Bekannt wurden der Bückling und die Sprotte als Kieler Produkt durch die Fischräuchereien in Ellerbek, die mit dem Ausbau der Eisenbahn und der Verbesserung der Postverbindungen einen erheblichen Aufschwung erlebten. Konnte man im 19. Jahrhundert mit dem Erlöschen der städtischen Fischerwirtschaft die Berufsfischer an einer Hand abzählen — 1803 gab es keinen einzigen, 1882 immerhin zwei —, fuhren um die Jahrhundertwende die Fischer vom Ostufer nach Kiel ein. Das bekannteste Fischerdorf auf der Ostseite der Förde, Ellerbek, belieferte den Kieler Markt und später die Anfang des Jahrhunderts gebaute Fischhalle (heute Schiffahrtsmuseum) mittels Booten, die wie Einbäume aussahen und von den Frauen der Fischer gerudert wurden.

Bis zum Ende des 19. Jahrhunderts fuhren die Fischerboote zumeist nur an der Küste bis höchstens Fehmarn hoch. Mit der Motorisierung der Fischkutter veränderten sich die Fanggebiete und damit auch der Lebens- und Arbeitsrhythmus der Fischerfamilien. Nach dem Zweiten Weltkrieg entstand auf der ehemaligen Werft von Stocks und Kolbe, die zur Kriegsmarinewerft gehört hatte, in Wellingdorf der Kieler Seefischmarkt. Die Herrichtung der Anlagen und Gebäude für den Fischumschlag und schließlich die Gründung des Seefischmarktes 1948 sollten einen Beitrag zur Friedensproduktion in Kiel leisten. Nach und nach siedelten sich dort Fischkonservenfabriken sowie Zuliefererbetriebe wie eine Eisfabrik zur Kühlung der Fische an.

Heute werden mindestens 50 verschiedene Fischarten auf dem Seefischmarkt umgeschlagen und 12000 Tonnen importierter Fisch sowie 40 Tonnen von siebzig Kuttern angelandeten Fisches vermarktet. Trotz beeindruckender Zahlen ist die Fischindustrie zu einem relativ unbedeutenden Wirtschaftsfaktor in Kiel geworden: Nur noch 18 Betriebe bieten insgesamt 200 Menschen Arbeitsplätze rund um den Fisch, während um 1960 noch etwa 3 650 Personen in der Fischwirtschaft beschäftigt waren.

Und die Sprotten? Sie werden in Kiel nur noch in ganz wenigen Räuchereien geräuchert, da der Arbeitsaufwand — sprich die Lohnkosten — zu hoch sind. Ein großer Teil der Sprotten auf den in- und ausländischen Märkten kommt nicht aus Kiel, sondern aus Eckernförde.

Regine Bigga/Irene Dittrich

künstlicher Ballast mitgenommen wurde. Drei »Ballastbrücken« gestatteten für diese Zwecke den Schiffen das Anlegen.«

So berichtete *Andreas Blaas* in den 30er Jahren. Als sich noch das Agnethabad am Wellingdorfer Fischereihafen befand, gründete sich auf Vorschlag des Kieler Fischergenossenschaftsvorsitzenden *Karl Blaas* im Lokal des Agnethabades am 10.7.1926 der Ellerbek-Wellingdorfer Segelclub. Der Verein hat sich laut seiner Satzung das Ziel gesetzt, den Wassersport zu fördern und die Erinnerung an den früheren Ellerbeker Strand zu pflegen.

Vom Sporthafen Wellingdorf bietet sich eine schöne Aussicht auf den Ostuferhafen mit dem Bunker »Kilian« und der alten Gießerei, auf das Marinearsenal und das Institut für Weltwirtschaft auf dem Westufer.

Salzhering salonfähig. Im Klarsichtbeutel

16

Seefischmarkt/ Wischhofstraße

Der Seefischmarkt liegt auf dem Gelände der ehemaligen Werft von Stocks und Kolbe, die während der Zeit des Faschismus zur Kriegsmarinewerft gehörte. Nach dem 2. Weltkrieg sollte an dieser Stelle ein Hochseefischereimarkt entstehen. Die Herrichtung der Anlagen und Gebäude für den Fischumschlag und die Gründung des Seefischmarktes 1948 als Beitrag zum Aufbau einer Friedensindustrie bewahrten dieses Gelände vor Sprengungen und Demontagen. Allmächlich konnte eine Fangflotte aufgebaut werden und fischverarbeitende Industrie- sowie Zulieferindustrien wie z.B. eine Eisfabrik siedelten sich an.

Heute bietet der Seefischmarkt ein vielfältiges Bild: Einige Fischkonservenfabriken mußten schließen und neue Industriezweige kamen hinzu. Am Anleger des Hafens liegen Wohnschiffe, die jedoch durch eine geplante anderweitige Nutzung des Geländes verdrängt werden sollen. Verschiedene Institute und Ämter wie das Institut für Meereskunde, Geomar, das Landesfischereiamt sowie Arbeitsstätten des Berufsfortbildungswerkes des DGB (BFW) haben sich hier angesiedelt. An den Wochenenden zwischen Mitte März und September findet nach dem Vorbild des Hamburger Fischmarktes ein Markt statt, auf dem Blumen, Fisch und Trödel verkauft werden.

Gaststätte »Stadt Kiel«/Schönbergerstraße

Am Schwentineübergang bei der Gaststätte »Stadt Kiel« befand sich die erste, vom Kätner *Porath* eingerichtete und später von der Familie *Röhlk* übernommene Gastwirtschaft Wellingdorfs. Vor der Gastwirtschaft hielten die Wagen der Straßenbahnlinie 4, die hier ihre Endstation und Wendeschleife hatte.

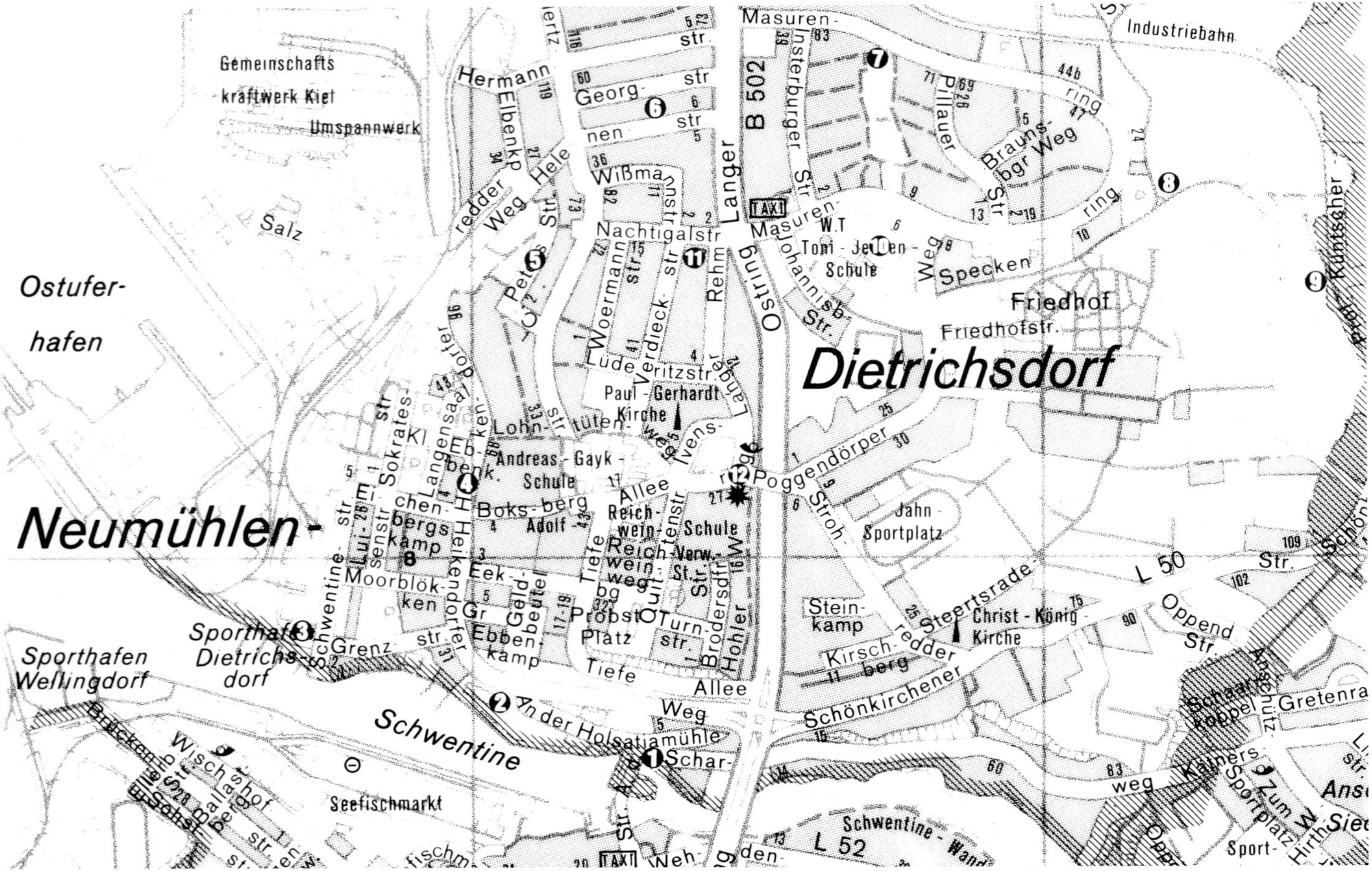

Neumühlen-
Dietrichsdorf
Ostufer-
hafen
Gemeinschafts
kraftwerk Kiel
Umspannwerk
Salz
Industriebahn
Masuren-
Insterburger Str
B 502
Langer
Pillauer
Brauns-
bgr Weg
ring
Hermann
Georg-
str
nen
Wißma
Nachtigalstr
Elbenkp
Hele
Weg
redder
Woermann
str
Verdieck-
str
Rehm
Ostring
Masuren-
Johannisb.
Str.
Toni-Jensen-
Schule
Weg
Specken
Friedhof
Friedhofstr.
Lüde
Ritzstr
Paul-Gerhardt
Kirche
Lohn-
tüten-
weg
Ivens-
Andreas-Gayk-
Schule
Allee
Poggendörper
Stroh-
Jahn-
Sportplatz
Boks-berg
Adolf-
Reich-
wein-
Schule
Verw.-
Reichwein-
weg
Probst-
Platz
Turn-
str.
Brodersdfr.
Hohler
Tiefe
Allee
Sokrates-
str
Langensaal
Heikendorfer
Eek-
Geld-
beutel
Ebben-
kamp
Moorblök-
ken
Schwentine-
Grenz-
str.
Sporthafen
Dietrichs-
dorf
Sporthafen
Wellingdorf
Schwentine
An der Holsatiamühle
Weg
Schar-
Seefischmarkt
Wischhof
Brücken
Schönkirchener
Stein-
kamp
Kirsch-
berg
redder
Steertsrade
Christ-König-
Kirche
L 50
Oppend
Str.
Schaar-
koppel
Gretenra
Anschütz-
Kaiers-
weg
Sportplatz
Zum
Sport-
Schwentine-Wand
L 52
Künsticher
TAXI

Albert Einstein und der Mann mit blutigen Händen

Jenseits der Schwentine: Neumühlen-Dietrichsdorf

von Sönke Petersen

Ausgangspunkt: *Schönberger Straße, Bus 4, 24, 28, 34, 54, 64, 72; Haltestelle Wellingdorf; Schiff Schwentinelinie, Anleger Neumühlen*
Endpunkt: *wie Ausgangspunkt*
Dauer: *ca. 3 Stunden*

»In geringer Entfernung von den flachen Uferrändern steigt das Gelände fast überall ziemlich steil an und bildet eine größere Hochebene, welche nach Mönkeberg wellenförmig verläuft, während sie nach Schönkirchen auch wieder steil abfällt.« So beschrieb der Dietrichsdorfer Gemeindevorsteher *Hermann Schoepe* 1905 die Landschaft. Zu ergänzen ist, daß der Doppelstadtteil im Westen von der Kieler Förde und im Süden von der Schwentine, dem einstigen Grenzfluß, eingefaßt wird.

Ab 1872 übernahm die »Blaue Dampferlinie« von A.C. Hansen den regelmäßigen Fährverkehr nach Kiel.

Kurz nachdem *Georg Howaldt* seine Werft 1876 am Schwentineufer ansiedelte, begann fast explosionsartig die Veränderung vor Ort. Innerhalb eines Vierteljahrhunderts wurde aus dem Bauerndorf Dietrichsdorf und dem Handwerker- und Händlerort Neumühlen eine industriell geprägte Stadtrandgemeinde. Gab es 1875 erst 1135 Einwohner, waren es 1900 bereits 5260. 1970 wurde mit 16.900 Einwohnern der Höchststand erreicht; 1989 lebten noch 11.500 Menschen im Stadtteil. Wohl kein anderer Stadtteil Kiels ist so einseitig und ausschließlich auf einen einzigen Großbetrieb ausgerichtet gewesen. 1982 schloß Howaldt nach über 100 Jahren für immer die Werfttore in Dietrichsdorf. Die Auswirkungen sind noch heute unmittelbar zu spüren.

Schönberger Straße 2

Die »Herrschaftliche Korn-Wassermühle« wurde 1799 gebaut. 1864 ging sie vom landesherrlichen in Privatbesitz über. Statt des Mühlrades ist heute eine »Fischtreppe« vorhanden, über die die Fische, aus der Ostsee kommend, flußaufwärts zu ihren Laichplätzen gelangen können. Gegenüber lagen die Vorgänger der Mühle, die erstmals 1250 urkundlich erwähnt wurden.

Mühlen waren in der Regel im Besitz des Landesherren, der an einen Pächter die »Mühlengerechtsame« vergab. In ihr wurde festgelegt, welche Güter und Dörfer dem Mühlenzwang unterworfen waren und daß sie ihr Getreide nur in der ihnen zugewiesenen Mühle mahlen lassen durften. Die benachbarten Dörfer hatten auch Hand- und Spanndienste zu leisten und waren zur Lieferung von Bau- und Brennmaterial verpflichtet. Die Zwangspflicht für die Neumühlener Mühlen betraf die unmittelbar benachbarten

Am Anleger Neumühlen mit Blick auf die Holsatia-Mühle

Dörfer und reichte sogar bis nach Kiel und Moorsee. Um 1500 war die Mühle so verfallen, daß sie neu errichtet werden mußte. Diese neue Mühle — »De nigen Mölen« — war so bedeutend, daß sich die Bezeichnung »Neumühlen« auf die am nördlichen Schwentineufer gelegene Ortschaft »Zwentinemunde« übertrug.

Schönberger Straße 1

Im Sommer ist der Biergarten im Gasthof »Stadt Kiel« geöffnet. Vorläufer des Kruges reichen bis vor 1420 zurück. Zur Südseite hin liegt die Anlegestelle Neumühlen. Seit 1872 gibt es hier die Fährverbindung zum Seegarten. Auf der Nordseite führt der Damm über die Schwentineinsel. Hier befindet sich die Anlegestelle der »Schwentinetalfahrt«. Es lohnt sich, eine Ausflugsfahrt bis zur Oppendorfer Mühle zu unternehmen (siehe S. 249). Bis zur Zerstörung im Zweiten Weltkrieg lag an dieser Stelle der sog. »Holzhof«, der Anfang des 19. Jahrhunderts als Seifensiederei und danach als Walkmühle genutzt wurde.

Der Händler- und Handwerkerort Neumühlen wurde 1907, nach jahrzehntelangem Streit mit Dietrichsdorf, zur Landgemeinde »Neumühlen-Dietrichsdorf« vereinigt. Von der Mehrzahl der Neumühlener wurde diese Vereinigung nur grollend hingenommen, denn sie teilten nicht die Ansicht, Neumühlen sei unfähig, sich eigenständig zu versorgen, weil Straßenbau, Kanalisation, Feuerlöschwesen und Trinkwasserversorgung im Vergleich zur Nachbargemeinde Dietrichsdorf unterentwickelt wären.

❶
An der Holsatiamühle 20

Die Schönberger Straße, seit der Eingemeindung nach Kiel 1924 in Schönkirchener Straße umbenannt, war einst die Hauptverbindung in die Probstei. Heute heißt sie »An der Holsatiamühle« und endet als Sackgasse. Schon vor 1845 gab es hier einen Ausspann. Im »Gasthof Neumühlen« turnte der Neumühlener Turnverein, übte

Die Schönberger Straße unter dem Hakenkreuz

die Neumühlener Liedertafel und feierte die Arbeiterbewegung ihre 1.-Mai-Bälle. Ab 1911 versammelte sich hier die örtliche SPD, die Mühlenarbeitergewerkschaft und verschiedene andere Fachgewerkschaften; 1918 kam die USPD hinzu.

An der Holsatiamühle 2

Nachdem 1945 das Maschinengebäude zerstört war, wurde in den ersten Nachkriegsjahren das ehemalige alte Silogebäude zur Mühle ausgebaut. Verschiedene Vorgänger der zerstörten Mühle standen ab 1690 als Bork-, Loh- und Ölmühlen am Nordufer der Schwentine. 1866 errichteten die Gebrüder *Lange* einen der größten Mühlenbetriebe Deutschlands.

Eine mühleneigene Reederei besorgte mit zwölf Schiffen die nötigen Transporte, in der Hauptsache nach England. Nach einem Großbrand 1874 wurde der Antrieb auf Dampfmaschinen umgestellt. Mit dem 1881 erfolgten Verkauf an die Baltische Mühlengesellschaft AG veränderten sich die harten Arbeitsbedingungen nicht: Die Arbeitszeit eines Heizers z.B. betrug 1910 zwölf Stunden bei einem Stundenlohn von 35 Pfennigen. Es wurde in Wechselschichten, einschließlich Sonntags, gearbeitet. Die Wochenarbeitszeit betrug 84 Stunden. Die Mühle bezahlte unter Tarif und weder Überstunden- noch Sonntagszuschläge. 1931 übernahm die Holsatia GmbH die Mühle. Wie bei allen Großbetrieben, so wurden auch hier Zwangsarbeiter eingesetzt, die in einer werkseigenen Baracke untergebracht waren. Die Mühle ist heute als Kulturdenkmal in die Denkmalsliste eingetragen.

❷

Heikendorfer Weg 9-27

Wo heute nur noch Ruinen stehen, produzierte bis 1945 ein in See- und Luftfahrt weltweit bekannter Betrieb, die Anschützwerke, seine Kreiselkompasse. Die Produktion seines »Einkreiselkompasses« begann *Prof. Hermann Anschütz* 1909 mit 45 Mitarbeitern. 1925 folgte der »Kugelkompaß« als optimales und noch heute gül-

tiges Gerät zur Feststellung der Himmelsrichtung, die Anschütz gemeinsam mit seinem Freund *Prof. Albert Einstein* entwickelte. Mehrere Jahre hatte Einstein eine eigene Wohnung im Werk und verbrachte hier Teile seiner Ferien beim Segeln.

Die Nationalsozialisten erkannten die Bedeutung des Betriebes für die Kriegsrüstung. Als der Krieg begann, waren 2000 Mitarbeiter hier beschäftigt. Die Hochrüstung und der Abzug von Fachkräften führten dazu, daß 1942 zusätzlich Kriegs- und Zivilgefangene eingestellt waren, »die sich in jeder Beziehung als anstellig, willig und fleißig« erwiesen. 1943 kamen Flamen und Holländer hinzu. Zulieferprobleme und Luftangriffe erschwerten die Produktion, darunter auch den Bau der Zentrifugen für die Erzeugung von »schwerem Wasser« (Atombombe!). Nach 1945 demontierten die Alliierten die Werkstatteinrichtungen. Das Gebäude verfällt seitdem.

Grenzstraße 1-5

»Ich habe mich nun seit 30 Jahren immer mit einem kleinen Lichtpunkt beschäftigt, der irgendwas, irgendwo, irgendwie abtastet«, so Dr. Ing. *Rudolf Hell* im Juni 1957. Seine Erfindungen in den Bereichen Nachrichtenübermittlung (Hell-Schreiber), elektronische Graviermaschinen (Klischograph), Lichtsatz-Systeme und Bildübermittlungsgeräte haben die moderne Nachrichten- und Drucktechnik weltweit beeinflußt.

Nach der Enteignung in Berlin-Teltow begann Hell 1947 in Räumen der Howaldt-Werke. Rationalisierung und Neuorientierung veranlaßten das Tochterunternehmen von Siemens, sich allmählich

Als Mahnmal 1989 unter Denkmalschutz gestellt. Angeregt durch den Schriftsteller Nolte und den Maler Harald Duwe

aus dem Stadtteil zurückzuziehen. Ende 1988 zog das Umweltministerium in Teile des Komplexes ein.

An der Grenzstraße, die bis zur Eingemeindung nach Kiel noch Werftstraße hieß, wurde im März 1898, genau an der Stelle, an der sich heute der Innenhof des Hell-Komplexes befindet, eine Gastwirtschaft mit einigen Sitzungszimmern errichtet. Das Lokal »Zu den 4 Linden« wurde zum Treffpunkt der örtlichen Arbeiterbewegung. Hier fand im November 1918 die Gründungsversammlung der örtlichen USPD statt, und in den 20er Jahren tagte der Vorstand des SPD-Ortsvereins. Im März 1933 löste sich hier die »Freie Turnerschaft M 3« mit 424 Mitgliedern auf Anordnung der Nazis auf.

HELL

Schwentinestraße

Bereits ab 1879 wurden von der »Blauen Dampferlinie« tagtäglich Hunderte von Werftarbeitern, die vom Westufer kamen, an der heute noch bestehenden Anlegestelle abgesetzt. Als im Frühjahr 1888 ein Werftarbeiterstreik bei Howaldt wegen ungerechter Lohnabrechnungen und einer gekürzten Mittagspause stattfand, verhängte die Polizei ein Verkehrsverbot gegen die Streikenden. Es galt für diese Brücke und die anliegenden Straßen. Damit sollte die Behinderung von Streikbrechern, die aus Stettin herbeigeschafft worden waren, unterbunden werden. Nach 7 Wochen gaben die Streikenden erfolglos auf. Neben zahlreichen Entlassungen, unter anderem auch des Vorsitzenden des Dietrichsdorfer Schiffbauervereins *Ernst Cappel*, wurden auch etliche Geld- und Gefängnisstrafen verhängt. Trotz des seit 1878 geltenden »Sozialistengesetzes« entwickelten sich in Dietrichsdorf bei der mittlerweile auf über 1000 Beschäftigte angewachsenen Howaldtwerft Schwerpunkte der Arbeiterbewegung. Von hier aus wurde, wie die Verwaltung des in der Nähe liegenden Gutes Schrevenborn bereits 1883 an die Polizeibehörde meldete, sogar Landagitation betrieben.

❸ **Ostuferhafen**

Aufsteig und Niedergang der Howaldtswerft in Dietrichsdorf können exemplarisch an drei Epochen aus der Werksgeschichte verdeutlicht werden: der expansiven Gründungsphase, der Zeit der U-Boot-Produktion im Zweiten Weltkrieg und der Nachkriegsentwicklung.

Nachdem *Georg Howaldt* (sen.) 1876 seinen Werftbetrieb mit 80 Arbeitern an das Nordufer der Schwentine verlegt hatte, begann schon bald der Konflikt zwischen Arbeitern und der Unternehmensleitung. Da half dann auch keine neue Werksfahne, durch die »... ein Band zwischen unserem hochverehrten Herrn Howaldt und seinen Arbeitern geknüpft wurde, das nie zerrissen werden kann«, so der Obermeister 1882 bei der Übergabe der Fahne. Bereits 1888 stellt *Bernhard Howaldt* fest, daß sich das Verhältnis durch »fremde Agitation« verschlechtert habe und »Erfüllung von gestellten Forderungen den Ruin bedeutet hätte«. Die Jahre der Familie Howaldt als Werftbesitzer sind geprägt von Auseinandersetzungen mit der Gemeindeverwaltung. Die Werftleitung vertrat die Ansicht, daß sie als größter und nahezu einziger Arbeitgeber auch über Wohl und Wehe des Dorfes zu bestimmen hätte. Das Ver-

Georg Howaldt sen.

hältnis änderte sich auch 1910 kaum, nachdem Konsul Georg Howaldt von der Bühne abgetreten war. Damals hatte die Werft ca. 3000 Beschäftigte.

Zu Beginn des Zweiten Weltkrieges bereiteten die fast 1800 zum U-Boot-Bau dienstverpflichteten Arbeiter »aus nahezu allen Deutschen Gauen« nicht nur Unterbringungsprobleme. Viele von ihnen konnten nur unter Androhung von Repressionen, z.B. dem Fortfall der Arbeitslosenunterstützung, von ihren Familien getrennt und nach hierher verschlagen werden. Die Arbeit auf der Werft war ungewohnt und als »Quitscher« wurden sie von den Einheimischen nicht gerade mit offenen Armen aufgenommen, was ihre Arbeitsmotivation drückte. Die Kriegsmarinewerft, wie sie mittlerweile hieß, lehnte 1940 den vom Rüstungskommando Kiel geforderten Einsatz der »Gestapo« gegen die »Bummelanten« ab. Fast 1500 Facharbeiter mußten durch Kriegsgefangene und verpflichtete Arbeiter aus Italien ersetzt werden. In späteren Jahren erfolgte verstärkt der Einsatz von Zwangsarbeitern und Deportierten aus den besetzten Ländern. Da die Luftangriffe die Kriegsproduktion erschwerten, wurde 1942 mit dem Bau des U-Boot-Bunkers »Kilian« begonnen. Zerstörungen der Werksanlagen, Materialmangel und Arbeitsunterbrechungen durch Fliegeralarm ließen den Werftbetrieb ab Ende 1944 praktisch zum Erliegen kommen. Mehrere Großangriffe im März und April 1945 zerstörten die Werft fast völlig. Als Kiel kapitulierte, waren 80% der Gebäude und 60% der Maschinen zerstört.

Am 1. Juni 1946 verkündete Oberbürgermeister Koch, *daß die Werftanlage doch nicht gesprengt werden solle. Damit endeten die monatelangen Verhandlungen des späteren Direktors* Adolf Westphal *mit den englischen Besatzern erfolgreich. Es gelang, die Engländer davon zu überzeugen, daß die Howaldtwerft, anders als die anderen Kieler Werften, nicht demontiert und gesprengt, sondern als Reparaturwerft an einer Weltschiffahrtsstraße (Kiel-Kanal) erhalten blieb. Nach einer günstigen Geschäftsentwicklung in den Kriegsjahren brachte später die zunehmende Konkurrenz auf dem Weltmarkt, hauptsächlich Südostasien, Auftragseinbußen. Um konkurrenzfähig zu bleiben, wurde beschlossen, den Betrieb im Werk Gaarden zu zentralisieren. 1983 wurde nach 107 Jahren das Werk Dietrichsdorf stillgelegt. Nach jahrelangen Verhandlungen kaufte die Stadt Kiel das Gelände zum (überhöhten) Preis von fast 25 Millionen DM und baut es nun zum Ostuferhafen aus.*

Bereits kurz nach dem Kauf des ehemaligen Werftgeländes wurde ein sogenanntes »Filetstück« am Schwentineufer an die Getreide AG weiterveräußert, die unter Ausnutzung vorhandener Gebäude eine Getreide-Lagerhalle errichtete. Der Verkauf und die damit verbundenen Verhandlungen gaben Anlaß zu öffentlicher Kritik, denn ursprünglich sollte die privatwirtschaftliche Hafennutzung nur in Erbpacht vergeben werden. Ein von Bürgermeister *Wolfgang Hochheim* (CDU) in Aussicht gestellter »beachtlicher Hafenumschlag« trat nie ein.

Nachdem mit der Firma Cellpap, die in erster Linie Forstprodukte aus Finnland exportiert, entsprechende Verträge abgeschlossen waren, ging es zwischen 1986 und 1988 rasant voran: Über 40 Gebäude wurden abgerissen, Gleise, Kai-,Lager- und Straßenflächen angelegt und errichtet. 1989 nahmen die Reedereien Bore und Krogius den Frachtlinienverkehr mit drei Fahrten pro Woche zwischen Kiel und Finnland auf. In erster Linie werden Trailer transportiert, aber auch Container und Forstindustrieprodukte befördert. Die Geschäftsentwicklung ist so positiv, daß 1989 noch mit Erweiterungen begonnen wurde.

»... und dann die mustergültige Arbeiterkolonie des Etablissements. Dieselbe umfaßt 120 einzelne Wohnhäuser, in denen je einer Familie ein gesundes ansprechendes Heim geboten wird.« Gemeint sind die Arbeiterhäuser in »Neu«-Dietrichsdorf; das Etablissement war die Werft, für deren dringend benötigte Arbeiter Georg Howaldt (sen.) ab 1880 Land erwarb, um Wohnraum zu schaffen. Den Straßen gab er Namen seiner Familienangehörigen wie Louise, Auguste oder Katharina sowie Namen von Kriegsschiffsneubauten wie Diogenes, Sokrates oder Nanthin. Einige Namen wurden später durch Flurbezeichnungen ersetzt. Die Mustergültigkeit der Kolonie hatte aber ihre Grenzen, denn 1907 »waten die Anwohner weiterhin in Howaldts Privatstraßen durch den Dreck«.

Die frühere Direktorenvilla

Groß Ebbenkamp 5

1908 ließ Georg Howaldt (jun.) die sog. »Direktorenvilla« errichten. Sie diente als Wohnhaus für Meister, Ingenieure und auch einige der Direktoren. Das gründerzeitliche Gebäude wurde 1988 in die Liste für Kulturdenkmale aufgenommen.

❹

Heikendorfer Weg 54

Im 1892 errichteten »Dietrichsdorfer Hof« traf sich die Arbeiterbewegung zu geselligen Stunden, übte der Arbeiter-Gesangverein, tagte der Frauen-Bildungsverein und gründete sich 1898 der Arbeiter-Bauverein. Auf Volksversammlungen sprachen bekannte Sozialdemokraten wie *Wilhelm Brecour*, *Carl Legien* und *Eduard*

Wohnhäuser in der Arbeitercolonie mit Stallungen und Gemüsegärten

Adler. Zwischen 1926 und 1944 war im Saal das Kino »Universum« untergebracht.

Vom HDW-Verwaltungsgebäude aus wurden bis 1989 die Geschicke der Werft gelenkt. 1987 erwarb das Land Schleswig-Holstein das Gebäude. Jetzt ist dort der Fachbereich Technik der Fachhochschule Kiel angesiedelt. Anfang 1989 wurde mit dem Bau des CIMTTZ (Computer Integrated Manufacturing Technology Transfer Zentrum) begonnen.

Lohntütenweg

Neben dem Heikendorfer Weg Nr. 68a beginnt der Lohntütenweg. Diese uralte Fußwegverbindung führte bis zum Dorfteich hinauf. Hier warteten die Frauen der Werftarbeiter, um den Wochenlohn vor den Gefahren des Heimwegs zu retten.

❺ Carl-Peters-Straße

Diese Straße gehört zum sog. »Afrikaviertel« (siehe S. 239). Die Bebauung wurde im Krieg begonnen, aber erst nach 1945 vollendet. *Carl Peters*, der »Mann mit den blutigen Händen« gehörte zu den skrupellosen Gründern der ehemaligen Kolonie Deutsch-Ostafrika. Auf Druck der Öffentlichkeit wurde er amtsenthoben und verurteilt. Adolf Hitler ließ ihn 1937 — fast zwanzig Jahre nach seinem Tod — rehabilitieren.

Von der Carl-Peters-Straße kann man auf das Gemeinschaftskraftwerk (GKK) sehen, das seit 1970 in Betrieb ist. Links neben dem Schornstein steht die neuerbaute Rauchgasentschwefelungsanlage, rechts am Kesselgebäude die Entstickungsanlage. Ab 1992/1993 soll aus dem dann umgebauten Kraftwerk Wärme ausgekoppelt werden und das Kieler Ostufer sowie Teile des Westufers mit Fernwärme versorgt werden.

Die Grafik von Joachim Zabe zeigt das Gemeinschaftskraftwerk Kiel.

Bevor in einer Trümmer- und Bombentrichterlandschaft das Gemeinschaftskraftwerk errichtet wurde, befand sich hier das Marine-Artilleriedepot. Mit dem Bau der »Pulverschuppen« begann 1871 die Aussperrung der Bevölkerung von der Küstenlinie. Als besonders diskriminierend empfanden Arbeiter seinerzeit den »Kasernenhofton« und die herabwürdigende Behandlung durch ihre Vorgesetzten, die zumeist ehemalige Militärs waren.

Zwei Tage vor Kriegsende für Kiel, am 3. Mai 1945, wird hier auf dem Gelände das Verpflegungsamt freigegeben. Unter den Augen der passiven Wachmannschaften ergießen sich wahre Menschenströme in das Depot. Es kommt zu unbeschreiblichen Szenen während der Plünderung: Menschen wanken unter der Last, die sie abtransportieren. Sie waten teilweise durch Mehl, das aus aufgeschlitzten Säcken quillt. Im Alkohollager sind alle Flaschen zerschlagen, die Flüssigkeit steht knöchelhoch. Menschen knien davor und trinken. Einer Frau mit Säugling wird der Kinderwagen für den Transport entrissen. Bauern aus der Umgebung und der Kaufmann Steffen aus Dietrichsdorf transportieren mit Pferdefuhrwerken alles ab, was zu brauchen ist. 2 Tage später ist der Spuk vorbei. Schiffe aus dem Kurlandkessel landen. Kolonnenweise marschieren von hier deutsche Soldaten in die Gefangenschaft.

»Auf'm Bauverein« — so bezeichneten früher die Anwohner der Hermann-, Georg-, Helenen- und Bernhardstraße sowie des Elbenkamps ihre Siedlung. Die Straßennamen erinnern an den Familienclan der Howaldts. Die Bernhardstraße heißt heute Hertzstraße — von den Nationalsozialisten war sie in »Lettow-Vorbeck-Straße« umbenannt worden. ❻

Ehemaliges Marine-Verpflegungsamt

Arbeiter-Bauverein
für Dietrichsdorf u. Umgegend
E. G. m. b. H.
Am Sonnabend, den 28. Oktbr.,
abends 8 Uhr:
Ordentl. Generalversammlung
im Logierhause der Howaldtswerke,
Neumühlen-Dietrichsdorf.

Der »Arbeiter-Bauverein für Dietrichsdorf und Umgebung« wurde 1898 auf Betreiben der Gebrüder Howaldt gegründet. Anders als beim etwa zeitgleich entstandenen Ellerbeker Bauverein wurden hier schon bald Sozialdemokraten in Vorstand und Aufsichtsrat gewählt. Die VZ vom 25.10.1910 schrieb: »Die Herren Howaldt wollen durch intensive Agitation verhindern, daß die ›bösen Sozis‹ nicht in den Aufsichtsrat eindringen«. Als im Juli 1944 der Bauverein nach einem Bombenangriff in Flammen aufging, konnten nur 20% der Bebauung — allerdings beschädigt — gerettet werden.

Hermannstraße/ Langer Rehm

Bis hierher sollte einmal die Straßenbahn geführt werden. Der freie Platz hinter der Bushaltestelle war für die Wendeschleife vorgesehen.

Zwischen 1969 und 1972 wurde die B 502 bis zur Helenenstraße ausgebaut. Landschaftsökologische Gesichtspunkte und eine geänderte Verkehrsplanung verhinderten den Weiterbau durch das Mönkeberger Moor. Einige hundert Meter weiter nördlich beginnt der Fördewanderweg nach Laboe.

Zeilenbauten und Hochhäuser, zumeist aus rotem Ziegelmauerwerk prägten diesen, Anfang der 60er Jahre errichteten, durchgrünten Stadtteil. Bauherr waren zum größten Teil die Kieler Werkswohnungen (KWW), ein Tochterunternehmen der HDW.

Pillauer Straße/ Masurenring (Nördl. Teil)

Hier standen vier Baracken des Arbeitslagers »Hohenrade« für ca. 200 zwangsverschleppte Russen.

❼ Masurenring 86

Vor dem Hochhaus steht *Max Schegullas* Werk »Gezeiten«. Es ist Teil des sich nach und nach entwickelnden sogenannten »Dietrichsdorfer Skulpturenparkes«. Gegenüber finden wir die neueste Errungenschaft: *Manfred Sihle-Wissels* zweiteilige Skulptur aus hellgrauem Hallandia-Gneis »Landschaft mit Figur«. Im Hintergrund erkennt man die »Strandfigur« von *Hans Kock* aus Beton mit Granitsockel. Sie wurde als erste Plastik bereits 1978 aufgestellt. Alle drei Werke sind Auftragsarbeiten der KWW. Die »Künstlerachse« endet vor der Toni-Jensen-Schule (siehe S. 120).

Braunsberger Weg

Eines der höchsten Gebäude Kiels ist hier zu finden. Das 15-geschossige Haus stellt, von der anderen Seite der Förde betrachtet, die »Blickbeziehung« nach Dietrichsdorf her, wie es in der städtebaulichen Rahmenplanung heißt.

Masurenring 40–44b

Hier standen im Zweiten Weltkrieg einige Wohnbaracken des Arbeitslagers »Dietrichsdorf II«. Das Feuchtbiotop vor den Häusern ist aus einem der Löschteiche des Lagers entstanden. Über den Trampelpfad und links nach dem Feldweg gelangt man zur Howaldtbahn.

1898 wurde die Bahn von *Bernhard Howaldt* konzipiert. Baubeginn war Frühjahr 1909. Der große Höhenunterschied — auch heute noch läßt die Steigung nur kleine Zugeinheiten zu — und mooriges Gelände erschwerten den Bau. Betriebsführer der »Kieler Hafenbahn AG«, zu der dieses Gleis gehört, war bis 1938 der howaldtsche Prokurist *Joh. Rix.* Zwischen 1924 und 1933 war er zudem Stadtverordneter des Dietrichsdorfer Bürgerblocks im Kieler Rathaus.

Das Lager Solomit. Die Baracken stehen zum Teil noch, die letzten Bewohner wollen bleiben.

Im Kleingartengelände »Neue Koppel« liegen die Reste des im Juli 1945 gesprengten Bunkers. Dort finden sich auch weitere Spuren vom Lager »Dietrichsdorf II« am Speckenweg, das aus mehr als 20 Baracken bestand.

❽

Die zwangsverpflichteten Italiener, Franzosen, Polen und Russen, die hier wohnten, arbeiteten auf der Kriegsmarinewerft (vormals Howaldt) in der Rüstung. Separat und extra eingezäunt gab es ein Lager für russische Kriegsgefangene, die bei Luftangriffen nicht in den Bunker durften. Bei einem Nachtangriff im Herbst 1944 kamen durch diese Anordnung 97 Russen ums Leben. Ein Feldstein mit der Lagerbezeichnung »Dietrichsdorf II« liegt mit der Schrift nach unten im Eingangsbereich.

Feldweg Specken

Der Feldweg, eine uralte Verbindung zwischen den Dörfern Mönkeberg und Dietrichsdorf, soll bei langanhaltender feuchter Witterung teilweise kaum passierbar gewesen sein. Der Name Speck (niederdeutsch) bedeutet Speiche, Stück Holz, Brücke aus Buschwerk, Knüppeldamm. Wenn auch mit Schlaglöchern übersät, ist der Weg heute für Fußgänger durchaus passierbar.

❾

Der verfallene Betonweg durchzog das »Lager Howaldtbahn«. Über 25 Wohnbaracken standen im ersten und zugleich größten Barackenlager in Dietrichsdorf. Das »Lager Howaldtbahn« entstand zu Beginn des Zweiten Weltkrieges und bot für Hunderte von Arbeitskräften aus dem gesamten Reich Unterkunft. Im Laufe des Krieges veränderte sich die Zusammensetzung der Lagerinsassen: Über 700 Zwangsarbeiter aus den Niederlanden, zahlreiche Belgier, Franzosen, Polen, später auch Russen, wurden hier untergebracht. In der Nachkriegszeit wohnten hier ausgebombte Dietrichsdorfer und Flüchtlingsfamilien, bis das Lager Anfang der 50er Jahre aufgelöst wurde. Hier soll die neue B 502 als Teil einer Umgehungsstraße um Dietrichsdorf, Mönkeberg, Heikendorf und Brodersdorf gebaut werden — noch relativ intakte Landschaftsgebiete drohen zerstört zu werden.

Nur die Eingangspfeiler weisen noch auf das Lager-Dietrichsdorf II.

Der Fußweg rechts hinter der Tiefbaufirma ist Teil des schon in alten Landkarten verzeichneten Kirchsteiges von Dietrichsdorf nach Schönkirchen. Bevor der Weg hinter der Gärtnerei nach links abknickt, führt rechts der Trampelpfad zum Bunker.

Poggendörper Weg 36

Der Bunker gehörte zum Lager Solomit, das u.a. aus 18 Wohnbaracken bestand. Der Name »Solomit« kommt von den beim Bau verwandten Zement-Strohplatten. Nach dem Krieg fanden hier, wie im Lager Howaldtbahn, Flüchtlinge und Ausgebombte Unterkunft. Später wurde es als Obdachlosenlager genutzt. Bis 1989 soll das letzte Kieler Wohnlager aufgelöst werden und einem geplanten Wohngebiet mit Kleingärten weichen.

⑩ Masurenring 6

Im August 1970 begann ein Schulversuch in der Grund- und Hauptschule: ein neues Schul- und Unterrichtskonzept mit Ganztagsschulbetrieb, gemeinsamem Mittagessen und zusätzlicher pädagogischer Betreuung im Freizeitbereich. Bewußt organisatorisch und inhaltlich getrennt wurde später benachbart eine Realschule errichtet. Ab 1980 setzte sich eine Bürgerinitiative für die Umwandlung des Schulkomplexes »Toni-Jensen-Schule« (zu Toni Jensen siehe S. 120) in eine Gesamtschule ein — mit Erfolg: 1989 konnte der Unterricht in der zweiten Gesamtschule Kiels beginnen. *Harald Worreschk* gestaltete den Vorplatz aus Pflastersteinen mit der dreiteiligen Plastik aus grünem Naturstein.

Fritz Ivens erwarb die Moorbergparzelle für 8.140,- DM käuflich. Demnächst tönen im Wasserturm die Röhren.

Johannisburger Straße

1904 hatte die Berliner Firma David Grove (»Röhrengrove«) nicht nur den Turm auf dem Moorberg, sondern auch die gesamte Wasserversorgung einschließlich des Wasserwerks in Oppendorf für 400000 Mark errichtet. Dagegen nahmen sich die 22475 Mark, die »der ganze Wasserthurm mit Regenrinne, sowie dem Hochreservoir fix und fertig herzustellen« kosten sollte, als sehr gering aus. Am Fuße des Moorberges befand sich zu der Zeit noch eine langgestreckte moorige Niederung. 1945 versuchte man hier wieder, Torf abzubauen. Seit 1989 steht der Wasserturm unter Baudenkmalschutz.

Für die deutsche Kolonialpolitik in Afrika stehen die Namen der Männer, nach denen die Straßen im sog. »Afrikaviertel« benannt wurden. Ende 1947 wurde die Ritter-von-Epp-Straße in Verdieckstraße und die Lettow-Vorbeck-Straße in Hertzstraße umbenannt. Die anderen Straßen wurden bei der Umbenennung vergessen. Adolf Woermann *von der Woermann-Linie Hamburg spielte bei der blutigen Unterwerfung der Hereros in Deutsch-Südwestafrika 1904 mit seinen zum Truppentransport eingesetzten Schiffen eine unrühmliche Rolle.* Hermann Wißmann, *kurzzeitig auch Gouverneur von Deutsch-Ostafrika, schlug 1889 einen Aufstand mit Hilfe von afrikanischen Söldnern und deutschen Marinesoldaten nieder; den Anführer ließ er ohne Prozeß zur Abschreckung kurzerhand aufknüpfen.*

Das »kleine Glück«, von Vögeln mißachtet

Die KWW plante 1935 dieses Wohngebiet für Arbeiter der Kriegsmarinewerft und deren Familien. Da ein Großteil der Neubürger aus Schlesien kam, nannten die Einheimischen das neue Wohngebiet auch »Klein Breslau«. Die Hälfte der zwischen 1938 und 1945 neu errichteten Wohngebäude wurde noch während des Krieges zerstört oder stark beschädigt.

Für das »Afrikaviertel« erließ die Stadt Kiel eine »Erhaltungssatzung«, weil die Siedlung beispielhaft den späten Typ des Werkswohnungsbaus zwischen den Weltkriegen verkörpert.

1979 stellte die KWW die Bronzeplastik »Das kleine Glück« von *Max Schegulla* hier auf.

Nachtigalstraße/ Verdieckstraße

Sehenswerte Innenhofgestaltung in der Verdieckstraße

⑪

Verdieckstraße 62-68

Hervorzuheben sind die Loggien der Vorderfront, die diesem Gebäude eine besondere Prägung verleihen. Der Straßenname soll an *Willi Verdieck* erinnern. Der 1883 geborene SPD-Politiker, langjähriges Mitglied der Kieler Ratsversammlung und Stadtrat, avancierte schließlich zum Bezirksvorsitzenden von Schleswig-Holstein. 1944 wurde Verdieck in das KZ Neuengamme deportiert, nachdem er bereits 1933 neun Monate im Konzentrationslager verbringen mußte. 5 Tage vor der Kapitulation ging er mit dem KZ-Schiff »Kap Arkona« in der Lübecker Bucht unter.

Verdieckstraße 55

Die Innenhofgestaltung dieses Häuserblocks ist sehenswert. Sie vermittelt mit ihren Ruhezonen, Spielbereichen und der gartenbaulichen Komponente den Eindruck von Lebensqualität.

Lüderitzstraße 14-20

Der von *E. Prinz* entworfene Gebäudekomplex, zwischen 1939 und 1942 erbaut, ist als Kulturdenkmal in die Denkmalliste eingetragen, um der Nachwelt ein typisches Gebäude aus dem Arbeiterwohnungsbau der nationalsozialistischen Vergangenheit zu erhalten.

Lüderitzstraße/ Verdieckstraße

In dem Lager »Ivensring« auf dem Gelände des heutigen Sportplatzes, der zur benachbarten Andreas-Gayk-Schule gehört, waren mehrere hundert Zwangsarbeiter, hauptsächlich Russen, Tschechen und Belgier, untergebracht. Sie wurden vorwiegend als Bauhilfskräfte für den Aufbau des »Afrikaviertels« eingesetzt.

»Poggendörp« heißt heute noch bei den Alteingesessenen der Stadtteil. Pogg/Poch (niederdeutsch) bedeutet Frosch. In Tümpeln, Teichen und Mooren des Ortes kam diese Spezies so zahlreich vor, daß die Luft im Sommer vom Froschkonzert erfüllt war. »Poggenbrunnen« heißt auch der Wasserspeier im Dorfteich, der von *Ursula Hensel-Krüger* gefertigt wurde. Der offizielle Name »Diderikestorp« wurde 1420 erstmalig urkundlich beim Verkauf an das Heiligengeist-Kloster in Kiel erwähnt. Bis 1864 gehörte es zum landesherrlichen Besitz der Gottorper und hatte ca. 280 Einwohner.

Über'n Bauernhof

Wer vom »Afrikaviertel« zum Dorfteich wollte, ging zumeist »übern Bauernhof« vom Hufner Jacob Ivens. *Bis zur Jahrhundertwende gab die einflußreiche und weitverzweigte Sippe Ivens im Dorf den Ton an —* Johann Gabriel Ivens *war bis 1899 ehrenamtlicher Bürgermeister als sogenannter »Bauernvogt«. Mit den Jahren verließen die Ivens, denen die vier größten Höfe und die meisten Ländereien gehörten, den Ort und siedelten in verschiedenen Teilen Schleswig-Holsteins. Auf der Hofstelle Jacob Ivens (jun.) fand 1934 ein »gleichgeschalteter« Erntedankgottesdienst statt.*

Das letzte im Ort verbliebene Gebäude der Familie Ivens, ein reetgedecktes Bauernhaus, ging im Zweiten Weltkrieg in Flammen auf.

⑫

Ivensring 7-11

1959 übergaben *Bischof Halfmann* und *Propst Sonntag* in einem Festgottesdienst der Gemeinde endlich die eigene Kirche. Unter den Gästen war u.a. der 94-jährige *Ferdinand Schulz*, der als Ortsgeistlicher 40 Jahre lang für den Kirchenbau gestritten hatte. Lohnenswert ist die Besichtigung des Triumphkreuzes von *Jan Koblasa*, das Kreuzigung und Wiederauferstehung zugleich symbolisiert.

Der Kirchenbau und die angrenzenden Gebäude stehen zum Teil über den Grundmauern der Hofstelle von Jacob Ivens (sen.).

Ivensring 13

Der Zimmermeister *Stoltenberg*, auch »Hein Meister« genannt, baute sich 1908 diese Villa. Heute wohnt hier sein Enkel *»Hein Dahlinger«*. Das Sportidol der fünfziger Jahre ist als früherer Handballer in der Nationalmannschaft auch heute noch über die Grenzen des Ortes hinaus bekannt.

Ivensring 15

Bis zu seiner vollständigen Zerstörung im Jahre 1944 stand an dieser Stelle das Gemeindehaus. Handwerksmeister und Kaufleute, Direktoren, Prokuristen und Ingenieure der Werft — sogar Familienmitglieder von Howaldt selbst bestimmten bis nach dem Ersten Weltkrieg die Geschicke von Neumühlen-Dietrichsdorf als Gemeindeverordnete im Gemeinderat. Ab 1907 drangen dann auch einzelne Sozialdemokraten ins Gemeindeparlament, bis 1920 der Gemeindevorsteher *Roelcke* feststellte: »Die Verwaltung ist eine rein sozialistische«, nachdem den drei Bürgerlichen neun Sozialdemokraten gegenüberstanden. Der Eingemeindung nach Kiel am 1.5.1924 ging ein mehrjähriger Streit voraus. Bürgerliche, Kommunisten und Werftvertreter lehnten im Gegensatz zur SPD eine Eingemeindung ab — Howaldt bot sogar 3 Millionen Mark für den Wohnungsbau an, wenn man 20 Jahre lang auf eine Eingemeindung verzichten würde.

Langer Rehm 12

An das Lokal »Zum Grünen Kranz« erinnert heute lediglich noch der Grundriß des Getränkemarktes. 1859 errichtet, spiegelt das Lokal Kulturleben und Politik des Ortes wider. Alle »großen« Veranstaltungen fanden hier statt. Hier im Wahllokal wurde 1907 mit *Johannes Voderberg* erstmalig ein Sozialdemokrat ins Gemeindeparlament gewählt. Im August 1925 fand eine Funktionärssitzung des RFB (Rotfrontkämpferbundes) mit *Ernst Thälmann* statt. Zahlreiche Veranstaltungen kultureller und politischer Art kennzeichnen den Neuanfang nach 1945. Im Januar 1966 brannte das alte, inzwischen zum Kino »Filmbühne« umgewandelte, Gaststättengebäude bei einem Großfeuer ab.

Den hauptamtlichen Gemeindevorsteher bis 1911, Hermann Schoepe, *kennzeichneten Willensstärke, Ideenreichtum und Konfliktfreudigkeit. So stellte er 1905 fest, daß der Ort bis auf den idyllischen Ortskern schon »städtischen Charakter« trage und »für Bebauung noch ein weites Gelände offen« sei. Er plante ein städtisches Zentrum mit Marktplatz, Kirche, Rathaus und »Höherer Lehranstalt«, dessen Durchführung aus finanziellen Gründen scheiterte.*

Tiefe Allee 32

Der älteste Teil der heutigen Adolf-Reichwein-Grundschule und ehemaligen Mädchenschule am Boksberg stammt von 1915. Bemerkenswert sind die dekorativ geschweiften Giebel. Das Gebäude ist als Kulturdenkmal in die Denkmalliste eingetragen. Im Zweiten Weltkrieg war die Schule Lager für mehrere hundert polnische Zwangsarbeiter, die im Luftschutzbau arbeiten mußten.

Quittenstraße

1911 zogen der Neumühlener Turnverein von 1887 und die Freie Turnerschaft (Arbeiter-Turnverein), deren Mitglieder davor in verschiedenen Tanzsälen turnen mußten, in ihre neue Übungsstätte. Schon 3 Jahre später wurde die Halle während des Ersten Weltkrieges als Lebensmittellager benötigt, und 1933 mußte die verbotene FT ihre eigenen Turngeräte entfernen. Die im Krieg beschädigte Halle wurde 1945 von beiden Turnvereinen wieder instandgesetzt.

Turnstraße 7

Seit 1988 betreibt die Arbeiterwohlfahrt hier ihren Bürgerladen »Altes Volksbad«. Bis 1933 hielt beim Bademeisterehepaar *Luther* die »Sozialistische Arbeiterjugend« ihre politischen Vorlesungs- und Diskussionsabende ab. Kurz nach Kriegsende wurde hier eine Nähstube der Arbeiterwohlfahrt eingerichtet; später einer der ersten Altenclubs in Kiel. Der hier wohnende Bademeister *Max Nentwig* war von 1962 bis 1970 Ratsherr für die SPD-Fraktion. Die veraltete Badeanstalt wurde Mitte der 60er Jahre stillgelegt. Beachtenswert ist das halbkreisförmige Zwerchhaus im steilen Walmdach; der gesamte Gebäudekomplex wurde zum Baudenkmal erklärt.

Probsteier Platz

1911 waren die Straßen um die Feuerwache und die Turnhalle in der geplanten Ortsmitte angelegt. Statt des von Hermann Schoepe beabsichtigten Marktplatzes gab es eine Grünanlage und ansonsten nur in späteren Jahren erbaute Wohnhäuser. Beachtenswert sind die Eingangsbereiche der Häuser, die durch Kieler Architekturkeramik verziert sind.

Schönkirchener Straße 63

Die Katholische Christ-König-Kirche wurde 1953 durch Weihbischof *Johannes von Rudloff* der Öffentlichkeit übergeben. Der Neubau ersetzte die 1944 zerstörte Marienkapelle am Langen Rehm. Beachtenswert ist an der Altarrückwand die von *Erika Vonhoff* (Aachen) geschaffene figürliche Plastik »Wiederkehrender Christus«.

Schönkirchener Straße 72-80

Hier befanden sich die Feinmechanischen Werke Neumühlen, ein Tochterunternehmen der Anschütz-Werke.

Zur Inbetriebnahme 1941 reiste Rüstungsminister Albert Speer *an; Delegationen aus Italien, Irland und Japan wurden durch den »Musterbetrieb« geschleust. Neben Kreiselgeräten wurden u.a. auch Steuerungsanlagen für Fernraketen gebaut. Ab 1942 wurden bis zu 700 Zwangsarbeiter aus Frankreich, Italien, Polen und Rußland, darunter auch Frauen, eingesetzt. Die Arbeiter waren in einem werkseigenen Lager auf dem Gelände untergebracht, dessen Roste noch heute hinter dem Supermarkt zu finden sind.*

Am 30.8.1944 brach die Produktion nach erheblichen Zerstörungen durch einen Bombenangriff vollständig zusammen. Man versuchte, die Fertigung nach Howaldt auszulagern und setzte ab Dezember 1944 auch KZ-Häftlinge aus Neuengamme ein.

Schönkirchener Straße 64

Geht man die sogenannten »Tannentreppen«, allgemein wegen der früher hier vorwiegend vorhandenen Nadelbäume so genannt, abwärts und dann rechts herum, gelangt man zum Ausgangspunkt zurück.

Ausflugsziele

Mettenhof: »Wilder Westen« und »eenmolig schön«

Ein Ausflug nach Mettenhof, dieser Trabantenstadt? Eigentlich unmöglich! Dennoch interessant als städtebauliches Experiment aus den 60er und 70er Jahren. Mit betontem Großstadtcharakter wurde es von der Neuen Heimat gebaut, um der Kieler Wohnungsnot abzuhelfen.

Obwohl im Volksmund vor Jahren als »Wilder Westen« getauft, ließen sich Bürger und Bürgerinnen, wie der Milieu-Schriftsteller *Hein Blomberg* oder die jetzige Stadtpräsidentin *Silke Reyer* nicht abschrecken, ihr Wohnen dort dauerhaft einzurichten. Kiels plattdeutscher Milieu-Schriftsteller bekennt: »Ick wohn nun schon een poor Johr in Mettenhof un will hier ook nich weder weg, weil dat för mi een eenmolig schöne Kieler Stadtdeel is, wo de Hüser ringsrüm im Grönen liegt. Vör de Hüser Bööm un Roosen. Also een Stadtdeel, wo dat keene Hinterhöfe giff un Kinner sick richtig wohlföhln künnt.«

Mettenhofs neue Brücke über die Hofholzallee wirkt wie eine Miniaturausgabe von San Franciscos »Golden Gate Bridge«. Nach Süden hin sieht man den ersten Bauabschnitt, nach dem Planungsprinzip der Nachbarschaftszellen (»Mixed Neighbourhood«) gebaut. Einige Hochhäuser, etliche viergeschossige Häuserzeilen, am Rand eine Siedlereinheit sowie Reihenhäuser und verkettete Bungalows und vorne links fünf sogenannte Punkthäuser mit neun Stockwerken. Das Areal wird durch eine Ringstraße, den Jütlandring, und einige Stichstraßen erschlossen. Autogerecht sollte Mettenhof sein, aber auch fußgängerfreundlich, so daß einige Fußwege für diesen Bereich charakteristisch sind — z.B. der Drammenweg, der um Mettenhof herumführt, und der Thorwaldsenpfad, der das Innere des Jütlandringes durchquert. Die Häuser selbst sind zum großen Teil nach Süden ausgerichtet, und da das Gelände in diese Richtung hin leicht abfällt und zunächst in ein kleines Naherholungsgebiet um den sog. Rotherteich und dann in die offene schleswig-holsteinische Knicklandschaft übergeht, bieten viele der Wohnungen ein wunderschönes Panorama.

Schülerinnen und Schüler der Max-Tau-Schule konnten 1988 singen: »Hurra, hurra, die Schule brennt«. Beim Wiederaufbau wurde dem Gebäude als Kontrast zur sonstigen Rechteckstruktur des Stadtteils ein spitzgiebeliges Dach verpaßt. Ursprünglich, in der Gründerphase Mettenhofs, diente hier der einzige Großraum stürmischen Protestversammlungen mit vielen hundert Teilnehmern gegen die fehlenden Versorgungseinrichtungen, die im Fachjargon so verräterisch »Folgeeinrichtungen« genannt werden; aber auch rauschenden Bürgerfeten, in denen die Neubürger ihr Zusammengehörigkeitsgefühl probten.

Nur noch einige wenige alte Bäume zeugen von der bäuerlich-ländlichen Vergangenheit, als noch der Meierhof Mettenhof auf dem Gelände stand, von dem aus die Trabantenstadt Mettenhof nach der Eingemeindung 1963 ihren Ausgang nahm.

Im Evangelischen Gemeindezentrum, Jütlandring 143, befinden sich die Kindertagesstätte, wo Behinderte und Nicht-Behinderte zusammen spielen und das »Jugendbüro«, der eine der beiden Stützpunkte der Mettenhofer »street worker« für Jugendliche und junge Erwachsene. Der »Mettenhofer Gesprächskreis« und der Mieterbeirat der Neuen Heimat trafen sich auch in den Räumen des Gemeindezentrums. Von hier aus wurden zahlreiche Bürgerinitiativen organisiert, z.B. für ein selbstverwaltetes Jugendzentrum.

In der Tiefgarage am Holberg-Pfad war zwischen 1970 und 1972 ein Lebensmittelgeschäft untergebracht. *Gertraud Eckstein,* langjährige Redakteurin der »Zeitung für Mettenhof«, hat das anschaulich geschildert: »Ein Ladenschild fehlte, nur ein paar Fähnchen und die Einkaufswagen in der Einfahrt wiesen auf den Supermarkt hin. Volle Regale bedeckten die Betonwände.«; denn inzwischen mußten etwa 10000 Mettenhofer versorgt werden.

Heute gewährleistet das sich mitten in Mettenhof befindende Einkaufszentrum die Versorgung. Es stellt mit seinen drei Supermärkten, Banken, Versicherungen, einer Post, Arztpraxen, einer Apotheke sowie mittleren und kleineren Geschäften und zwei Kneipen in seiner Zentrierung die Abkehr vom ursprünglichen Planungskonzept der Nachbarschaftszellen dar. Auch der »Frauentreff Mettenhof« befindet sich hier.

Der »Weiße Riese«, Kiels höchster Wohnturm und Mettenhofs Wahrzeichen, wirkt anziehend. Vom 22. Stockwerk aus genießen wir die Aussicht auf die nördlichen, teilweise stark verdichteten Bereiche Mettenhofs. Wir entdecken z.B. einige Grasdächer auf den bis zu 14stöckigen Häusern des Bergenringes und blicken über das Landschaftsschutzgebiet des Domänentals nach Kronshagen und auf die nördlichen Kieler Stadtteile.

Die Wohnungen am Bergenring, am Göteborgring und am Skandinaviendamm, um nur die wichtigsten Straßen zu nennen, gehören nicht mehr zum Bereich der »Neuen Heimat« (heute: BGI) sondern der »Kieler Wohnungsbaugesellschaft« (KWG); entsprechend der sozialen Verpflichtung dieser städtischen Wohnungsbaugesellschaft handelt es sich hier durchweg um Sozialwohnungen. Die Wohnungen selbst haben einen guten Standard. Anfang und Mitte der Achtziger Jahre haben hier, aber auch bei der Neuen Heimat, zusammen einige hundert Wohnungen leer gestanden. Seit der neuen Wohnungsnot gibt es aber wieder lange Wartelisten.

Immerhin, die KWG hat sich seinerzeit einiges einfallen lassen: bis heute erhebliche Mietnachlässe, zum Teil Umgestaltung der Eingangsbereiche der Häuser als positive Visitenkarte und Einrichtung von durchdachten Bolz- und Spielplätzen. Vor allem aber ist die Geschäftsstelle selbst in den Bergenring gezogen und hat so die Distanz zu ihren Mietern spürbar verringert; außerdem hat sie einige andere wichtige Einrichtungen nachgezogen: die Stadt Kiel mit ihrem »Kleinen Rathaus« und dem Sozialzentrum als Zusammenfassung der sozialen Dienste; eine Zweigstelle des »Hauses der Familie«; eine Filiale des schon erwähnten »Jugendbüros« und seit 1988 den »Verein für Arbeit und Soziales e.V.«, der mit ABM-Kräften u.a. »Hilfen zur praktischen Lebensbewältigung« zu geben versucht. Vor allem aber hat die KWG mit der »Palette 6«, einer umfunktionierten Tiefgarage im Bergenring gegenüber der Nummer 32, seit 1987 einen Bürgertreff für alle KWG-Mieter, vor allem auch für Kinder und Jugendliche zu bieten. Die vielfältigen Räumlichkeiten können übrigens am Wochenende für Feste angemietet werden.

Der Kinder- und Jugendbauernhof lockt bei freundlichem Wetter zahlreiche Kinder und Jugendliche an. Reiten ist angesagt, dafür stehen 18 Pferde zur Verfügung, und die Kleinen freuen sich auf Streicheltiere. Besonders die jungen Lämmer werden im Frühjahr bewundert. »Wir kommen ganz regelmäßig, jeden Tag, wir sind doch für unsere Pferde zuständig: striegeln, füttern, Stall ausmisten, dafür dürfen wir dann auch reiten,« berichten einige Kinder am Rand der Reitbahn und erzählen von der »Treckergruppe«.

Der Hof Akkerboom, ein stattlicher niederdeutscher Bauernhof aus dem späten 18. Jahrhundert, den die Stadt abreißen wollte, steht jetzt unter Denkmalschutz, und in der Scheune hat der Maler *Tamer Serbay* eine in Kiel anerkannte Galerie aufgebaut. Ermöglicht wurde die Kultur- und Begegnungsstätte Hof Akkerboom durch den unermüdlichen Einsatz einiger Initiativmitglieder, die heute noch für den gemeinnützigen Verein ehrenamtlich arbeiten.

Was Initiativen, Vereine, soziales Engagement angeht, darin sind die Mettenhofer überhaupt sehr rührig. So ist der 1977 von *W. Rohde* gegründete Verein »Der Plattdütsche Krink Mettenhoff«, der im Kaminzimmer des »Ökumenischen Gemeindezentrums« tagt, mit immerhin 100 Mitgliedern der größte solcher Vereine in Kiel. Neben dem plattdeutschen Schreiber *Heinz Martin* und dem Ehrenmitglied *Hein Blomberg* gehört *Robert Burmeister* dem Krink an, Kiels bekanntester Briefträger. Ob im Krink, im »Theaterkreis«, Kultur im Kirchenvorstand und auf Hof Akkerboom: Irgendwie ließ sich sein Dienst mit dem Organisieren kultureller Aktivitäten immer verbinden; hier eine Theaterkarte vorbeibringen, dort eine längere Viertelstunde mit dem Pastor die neuesten Ereignisse durchsprechen. Auch als Vorsitzender des Ortsbeirates blieb Kultur sein Steckenpferd.

Ehrenamtlich entsteht auch die nichtkommerzielle Stadtteilzeitung »Zeitung für Mettenhof«; jeden Monat hilft ein großer Kreis von Mettenhofern bei der Verteilung. Daß Mettenhof ein weitgehend behindertengerechter Stadtteil ist, verdanken die Bewohner *Günter Kaufmann* und dem Mettenhofer Behindertenkreis der Ev.-Luth. Thomasgemeinde. Der TUS Hasseldieksdamm/Mettenhof ist mit 2300 Mitgliedern Kiels mitgliederstärkster Verein und organisiert einen jährlichen Volkswandertag. Nördlich vom Hof Akkerboom liegt das Neubaugebiet Heidenberg mit seinen Einfamilienhäusern für kinderreiche Familien. Viele Mettenhofer haben ihre Mietwohnung mit einem Eigenheim vertauscht.

Über den fußgängerfreundlichen Wikingerbummel kommen wir ins Mettenhofer Bildungszentrum »BZM«, das vier Schulen beherbergt (neben den Schulen des dreigliedrigen Schulsystems auch eine Körper- und Mehrfach-Behindertenschule) und eigentlich Kiels erste Gesamtschule werden sollte. Wir begutachten *Peter Nagels* riesiges Dekkengemälde im Stil der neuen Sachlichkeit in der Eingangshalle sowie zwei sozialkritische Bilder seines Kollegen *Harald Duwe* und werfen einen Blick in die ins BZM integrierte Stadtteilbücherei. Die Größe des BZM-Gebäudekomplexes erinnert uns noch einmal an den einseitigen Altersaufbau von Mettenhof.

Das »Ökumenische Zentrum« (Brigitta-Thomashaus) stellt im nordelbischen Raum eine Besonderheit dar: Die evangelisch-lutherische und die katholische Gemeinde leben hier unter *einem* Dach; auch den sakralen Kirchenraum teilen sich beide Konfessionen. In ökumenischen Gesprächskreisen und gelegentlichen gemeinsamen Gottesdiensten wird der Wille zur überkonfessionellen christlichen Gemeinschaft deutlich.

An das Gebiet Heidenberg schließen sich zur Naherholung der Heidenberger Wanderweg und das Domänental an. In einer Senke breitet sich ein See aus, der durch Stauung der Ottendorfer Au entstanden ist. Die schwierigen Arbeiten auf einer Moorschicht sind hier bereits 1974 begonnen worden. 1983 wurden 1000 Karpfen und andere Süßwasserfische in den See gesetzt und durch Bepflanzungen ein artenreiches Biotop geschaffen.

Wer vom Hof Akkerboom Richtung Innenstadt geht, stößt auf das 1823 als Kate entstandene Forsthaus Wittland. Die große Nachfrage der Spaziergänger um 1902 veranlaßte *G.B. Jöhnk*, eine alkoholfreie Wirtschaft einzurichten. In den siebziger Jahren stand der Abriß zur Diskussion, aber über 300 Mettenhofer und Kieler Bürger sorgten mit ihrer Unterschrift für den Erhalt des städtischen Gebäudes. 1978 war das Forsthaus wiederhergestellt. Im Sommer hat es täglich von 11 bis 24.00 Uhr geöffnet. In den Wintermonaten ist nur Montag nachmittags ab 15.00 Uhr geschlossen. Sonst kann man sich hier mit selbstgebackenem Kuchen, Saisonspezialitäten und anderen Leckereien verwöhnen lassen. Hier fällt es nicht schwer, die Füße auszuruhen und Mettenhof jetzt nur noch in Gedanken zu begehen.

Dieter Schunck

Das Freilichtmuseum Molfsee

Im Südwesten außerhalb der Stadtgrenzen Kiels liegt das großzügig angelegte Freilichtmuseum in dem hügeligen Moränengelände am Rande des Eidertales. Hier wird auf einer Fläche von 60 ha das bäuerliche und handwerkliche Leben in Schleswig-Holstein aus einer vergangenen Zeit wiedererweckt: Vom Verfall bedrohte Bauernhäuser, Katen, Scheunen, Mühlen und Stätten ländlichen Handwerks wurden seit 1960 vorsichtig abgetragen und am neuen Standort wiederaufgebaut. Restauriert warten mittlerweile insgesamt 65 Objekte in 18 Hofkomplexen mit sehenswerten Einrichtungen auf die Besucher.

Bäcker, Korbflechter, Töpfer, Schmiede und andere Handwerker zeigen ihre Kunstfertigkeit und bieten das gebackene Brot oder den gereiften Käse zum Kauf an. Der Geschmack übertrifft alle Erwartungen und das Zuschauen hat Erlebniswert.

Zu besonderen Gelegenheiten wird ein altes Karussel aufgebaut, eine betagte Dreschmaschine in Gang gesetzt oder liebevoll gepflegte Oldtimer zu einer Rallye gestartet. Jedes Jahr findet in der Winkelscheune ein Herbstmarkt statt, auf dem Kunsthandwerk angeboten wird.

Außerhalb der Einzäunung befindet sich noch ein Brandschutzmuseum der Provinzial-Versicherung (Tel.: 0431-6031286) mit alten Feuerlöschgeräten und der Drathenhof mit einer vorzüglichen Speisekarte.

In der Vielfalt der Bauernhäuser sind drei Grundtypen wiederzuerkennen: das Fachhallenhaus mit der dämmerigen Mittellängsdeel, das quergeteilte Langhaus und der quadratische Haubarg mit einem Erntestapel in der Mitte. Besonders hervorzuheben sind die beiden Ersterwerbungen, das Barghaus Egge und der Heydenreichsche Hof, der Hof Schmielau, der beinahe einem Feuerteufel zum Opfer gefallen wäre, das Haus des Walfängers *Petersen de Haan* mit üppiger Wohneinrichtung und das über 400 Jahre alte Pfarrhaus Grube.

Das mächtige Fachhallenhaus der historischen Gaststätte Drathenhof vom Lühnhüser Deich, 1794 erbaut, beeindruckt von außen mit verziertem Fachwerk, kunstvollen Fenstern und Fensterläden und hochragendem Dach. In seiner Nachbarschaft links die Räucherkate mit Selbstbedienungsrestaurant, vorne die Walscheune aus Gut Seekamp (siehe S. 112). Der Gastraum in der großen Diele mit den gewaltigen Deckenbalken strahlt Gemütlichkeit und Geborgenheit aus. Auch wenn die ursprüngliche Einrichtung der Räume mit Fliesenwänden und Paneelen fehlt und aus anderen alten Häusern ersetzt wurde, wer würde hier nicht gerne in gediegener Umgebung an festlich gedecktem Tisch hausgemachten Graved Lachs mit Honig-, Senf-, Dillsauce, Truthahnschnitzel mit Champignons oder frische Nordseeschollen in Schinkenspeck essen?

Das Freilichtmuseum Molfsee ist mit dem Bus der Linie Autokraft, die vom Hauptbahnhof Kiel nach Flintbek fährt, zu erreichen. Telefon: 0431-65889. *Öffnungszeiten*: Vom 1. April – 15. Nov. Di–Sa. 9.00 bis 17.00 Uhr. So 10.00 bis 18.00 Uhr. Juli/August auch Mo. geöffnet. Vom 16. Nov. – 31. März So. 10.00 Uhr bis Dämmerung

Manfred Lang

Die alte Chaussee über Flintbek, Rotenhahn bis Bordesholm

Die älteste befestigte Straße Schleswig-Holsteins, die alte Kiel-Altonaer Chaussee und heutige B 4 führt durch eine Reihe sehenswerter Ortschaften.

Auf ihre Entstehung weist wenige Kilometer hinter der Kieler Stadtgrenze, in Höhe des Ortsteils Flintbek-Voorde, rechts noch ein alter Meilenstein des dänischen Königs mit der Aufschrift FR 1832 (Fredericus Rex, 1832) hin. In diesem Jahr wurde nämlich die »Alte Heerstraße« mit Pflastersteinen befestigt.

Flintbek liegt zu beiden Seiten des malerischen Eidertals, das von hier aus zu ausgedehnten Spaziergängen einlädt. Der Ortsname deutet klar auf Flintsteine in einem Bach (= Bek) hin. Früher gab es eine sehr berühmte alte Eider-Wassermühle an einer Stelle, die für eine Furt (= Voord) recht geeignet war. Sehenswert ist eine sehr alte Kirche mit hölzernem Glockenturm aus der Gründungszeit des Ortes im 13. Jahrhundert auf einer Anhöhe, und eine noch ältere riesige Eibe am Pastorat.

Danach berührt die B 4 Rotenhahn. Hier gab es zeitweise 4 Krüge, von denen die beiden schönsten heute noch geöffnet sind. Sie besitzen noch die »Durchfahrt«, wo die Gespanne parkten, während die Herrschaften sich drinnen labten. »Schweffels Eck« war früher zugleich eine Schmiede, so daß die Pferde bei dieser Gelegenheit neu beschlagen werden konnten. *Otti Bracker* führte diesen Krug über viele Jahrzehnte und lebt jetzt als Pensionär in

"Zum Rothen Hahn", gegr. 1727

Rotenhahn. Auch heute noch gilt sein Wahlspruch: »Wer Otti nicht kennt, hat die Welt verpennt«. Der Name der Gaststätte rührt vom Kieler Reeder Schweffel her, der zusammen mit Howaldt die Werft »Howaldt und Schweffel« gründete. Er verkehrte damals häufig in Rotenhahn.

Gegenüber die Speisegaststätte »Zum Rotenhahn«, gegründet 1627 als erstes Gebäude Rotenhahns. Sie wurde kürzlich völlig renoviert und zieht viele Gäste an.

Die Dorfstraße in Rotenhahn zweigt in einem Halbkreis von der B4 ab. Dieser Halbkreis von wenigen hundert Metern bildet das einzige noch erhaltene ursprünglich gepflasterte Stück der damaligen Kiel-Altonaer Chaussee. Unmittelbar vor Schweffels Eck (von Kiel kommend) erblickt man eine Senke, die viele hundert Meter bis zum Streitberg reicht. Hier handelt es sich um den alten Sprenger Teich, der im 13. oder 14. Jahrhundert wahrscheinlich von den Mönchen des Klosters Bordesholm aufgestaut wurde. Über das Stauwerk führte die Straße. Erst im 18. Jahrhundert wurde der riesige Teich endgültig abgelassen, wahrscheinlich, weil der Landesherr aus dem Verkauf des entstandenen Landes einen guten Gewinn erzielte.

Bei der Chaussierung der Straße entstand dann eine Brücke über den Scheidegraben, der jetzt verrohrt und nicht mehr sichtbar ist.

Rotenhahn hatte vor 1945 wie auch andere rund um Kiel liegende Gemeinden kriegsbedingte Einrichtungen mitzutragen. Nördlich von Rotenhahn stand eine Flakabwehr am Batterieweg, wo auch heute noch Bunkerreste zu finden sind. In Rotenhahn selbst war eine Funkstation und ein riesiges Barackenlager für Zwangsarbeiter am Grasdieksweg, das heute einer Wohnbebauung gewichen ist.

Die meisten Orte des früheren Dänischen Amtes Bordesholm entstanden in der zweiten Hälfte des 13. Jahrhunderts im Zuge der sächsischen Kolonisierung Holsteins. Der Hauptort Bordesholm wuchs um das Kloster Bordesholm herum, das zwar 1127 in Neumünster (Novum Monosterium) gegründet, aber 200 Jahre später auf eine Insel im Bordesholmer See verlegt wurde. Der Name wird von Barsholm (= Kleine Insel mit Barschen) hergeleitet. Und Mönche waren im Mittelalter mit ihren Fastentagen nun mal eifrige Fischer.

Dieses Kloster wurde wirtschaftlich sehr stark und erwarb bis zur Reformation alle Ortschaften des späteren Amtes, bis es nach der Reformation in herzögliche Verwaltung überging. Auch ist es Ursprung einer Gelehrtenschule, aus der 1665 die Kieler Universität erwuchs. Für den Altar der Klosterkirche ließ der Herzog eines der berühmtesten sakralen Holzschnitzwerke Europas von Brüggemann anfertigen und in Bordesholm aufstellen. Leider wurde es später in den Schleswiger Dom überführt, wo man es noch heute bewundern kann.

Sehenswert ist in Bordesholm ebenfalls die über 500 Jahre alte Bordesholmer Linde, das Wahrzeichen des Ortes unweit des Klosters. Unter dieser Linde wurde für alle Bürger des Amtes vom Amtmann Gericht abgehalten.

Während dieser alte Kern Bordesholms von Kiel kommend rechts der B 4 liegt, hat sich die spätere Entwicklung des Ortes auf der linken Seite vollzogen. Das begann schon mit dem Bau der Eisenbahn Kiel-Altona, die 1841 ihren Betrieb aufnahm und den Bahnhof Bordesholm weit vom alten Ortskern errichtete. Er bildete die Keimzelle der neuen Ortsentwicklung. Allerdings schwindet seine Bedeutung gegenwärtig immens. Es halten dort nur noch wenige Züge von Kiel nach Altona.

Jürgen Lehmann

Das Dorf Westensee im Zentrum des Naturparks

Beliebt für ausgedehnte Wanderungen vor den Toren Kiels ist der Naturpark Westensee. Auf einem ausgedehnten Netz von über 30 Wanderwegen überraschen immer neue Ausblicke auf bewaldete Hügel oder glitzernde Seen und bieten sich eine Vielzahl von Gaststätten zur Einkehr an. Vormittags setzen die Autokraft-Busse auf dem Westensee-Ring Wanderer ab und nehmen sie später an anderer Stelle wieder auf.

Zentraler Ausgangspunkt für Wege links oder rechts um den Westensee oder durch die gewundene kleine Allee nach Bredenbek ist der Ort Westensee. Hier scheint im Dorfkern die Zeit stehen geblieben zu sein. Das Kopfsteinpflaster aus alten Zeiten schreckt viele Autofahrer, die lieber die Umgehungsstraße durch das früher idyllische Moorgelände nehmen. Rund um die alte Dorfeiche stehen noch in ursprünglicher Form die Feldsteinkirche St. Catharinen aus dem 13. Jahrhundert und die Gebäude des ehemaligen Pastorats und der früheren Gaststätte Beckmann.

An das Hauptschiff der Kirche aus behauenen Findlingen wurden Chor, Turm und seitlich die Gruftbauten der einstigen Besitzer des Gutes Emkendorf angebaut. Im Inneren befindet sich ein figurenreicher Schnitzaltar und das Grabdenkmal des 1569 gefallenen dänischen Feldherren *Daniel Rantzau*, dessen in Stein gehauenes Abbild noch erhalten ist. In einer Gruft unter den ersten Kirchenbänken fand man seinen Bleisarg und einen Kupfersarg der *Anne Rantzau*.

Gegenüber der Kanzel auf der Empore haben die alteingesessenen und heute noch einflußreichen Familien v. Reventlow vom Gut Emkendorf und Hedemann-Heespen/Töpfer vom Gut Deutsch-Neinhof ihre angestammten Plätze.

Die Grabsteine an den Kirchenwänden sind teilweise zugewachsen. Weiter ab liegende Gräber auf dem umschließenden Friedhof sind größtenteils neueren Datums. Ehrentafeln mit Namen der Gefallenen des Ersten und Zweiten Weltkrieges, aber auch der Kriege 1848 und 1870/71 befinden sich nicht auf dem Friedhof, sondern in einem Vorraum des Kircheneingangs.

Das eigentliche Leben spielt sich tagsüber weniger im Dorfkern ab, sondern etwa 100 Meter weiter am Grill- und Badeplatz. Hier herrscht an heißen Sommertagen ein dichtes Gedränge an dem Strandstück, auf dem Badesteg und im Wasser des von vier Privatbesitzern aufgeteilten Westensees. Segler und Surfer sind hier selten, da sie von den Besitzern des Sees *Lubinus, Töpfer, Reventlow* und *Jörs* über Segelverein und Wasserbenutzungsgeld in der Zahl klein gehalten werden.

Die 1984 gebaute Jugendherberge mit 130 Betten ist am Ortsausgang Richtung Wrohe an den Hügeln gebaut worden. Seit den 70er Jahren sorgte die Planung für heftige Auseinandersetzungen im Gemeinderat, da die Anlieger und Dorfbewohner um die Ruhe und Idylle ihres Wohnbezirks fürchteten und das Dorf über keine ausreichenden Freizeitangebote verfügte. Zum Ausgleich wurden von der Jugendherberge selbst Gemeinschaftsräume, Freizeit- und Sportanlagen und ein Grillplatz angelegt. Für ausgiebige Wanderungen oder Radtouren ist die neue Wanderkarte des Fremdenverkehrsvereins »Naturpark Westensee« im Nortorfer Rathaus zu empfehlen.

Zur Kaffeezeit und auch abends ist das Café »Zeit«, das großzügig proportionierte Stücke selbstgemachter Torten anbietet, geöffnet. Aus den hellen Räumen des Cafés oder draußen von der Terrasse überblickt man den benachbarten Wiesengrund. Den im Westenseegebiet bekannten Aal in Gelee mit Bratkartoffeln, Wildgerichte und andere herzhafte Gaumengenüsse bieten viele der Gaststätten in den umliegenden Orten wie Felde, Schierensee, Osselberg, Wrohe, Groß Vollstedt oder Rotenhahn an. Auf der Straße »Am See« gelangt man zu dem idyllisch gelegenen Gut Westensee und der benachbarten alten Wassermühle mit Stauteichen. Quer dazu verläuft ein steiler Weg hinauf zu dem mit knorrigen Eichen bestandenen Tütenberg. Der Anstieg bis auf 88 m wird mit herrlichen Ausblicken auf den Westensee und die hügelige Landschaft belohnt. Der Tüteberg, auf dem früher ein Galgen gestanden haben soll, scheint auch eine Kult- und Thingstätte gewesen zu sein, worauf der Ursprung des Namens »Thiodute« (Volk zu Hauf) und die Hünengräber auf dem oberen Teil des Hügels hinweisen.

Manfred Lang

Praktische Tips

Wir beschränken uns hier auf wenige zentrale Angaben. Wer detaillierte Informationen und Programme benötigt, sollte in die monatlichen Veranstaltungskalender Ultimo, station to station, Stadtmagazin Kiel oder in die Tageszeitung schauen.

Auskünfte

Tourist-Information, Sophienhof, Tel. 62230.
Fundbüro, Fabrikstraße 8, Tel. 901-2184, Mo-Fr 8.30-13 Uhr, Di 14-16 Uhr.
Umwelttelefon der Landeshauptstadt Kiel, 901-2182.
Verbraucherberatung, Bergstraße 24, Tel. 51533.
Bürgerbüro, Rathaus, Tel. 901-2929 oder -2930, Mo, Di, Do, Fr 8.30-13 Uhr, Di 14-16 Uhr.
Kieler-Woche-Büro, Rathaus, 3. Woche im Juni, Tel. 901-2401.

Verkehrsmittel

Öffentliche Verkehrsmittel in Kiel sind Busse der Gesellschaft KVAG (Tel. 701-0), Autokraft (Tel. 666-1), VKP (Tel. 7058-0), Bahnen der DB (Tel. 19419), Fördelinien der KVAG (Tel. 701-263) und die Kanal-Fähre Kiel/Wik-Holtenau.
Umsteigemöglichkeiten auf Verkehrsmittel anderer Gesellschaften sind begrenzt. Die Anerkennung der Fahrtausweise im Verkehrsverbund gilt nur für Monats- und Schülerkarten. Für Kieler-Woche (20,– DM), 24-Stunden-Netzkarte (10,– DM), Gruppenfahrten und Ferienmarken für Jugendliche (40,– DM) gelten besondere Tarife. Fahrräder können auf den Fährschiffen mittransportiert werden, soweit Plätze vorhanden sind.

Frauennachttaxi: 21-05 Uhr innerhalb Kiels, 1/2 Stunde Wartezeit für Sammelfahrten, Funk-Taxi-Zentrale (Tel. 680101); Preis maximal 9,– DM bis 10 km, gestaffelt nach Entfernung und Anzahl der Personen.

Stadtrundfahrten

Antifaschistische Stadtrundfahrt nach Vereinbarung, Detlef Korte, Tel. 728414, Eckhard Colmorgen Tel. 711128.
Touristische Stadtrundfahrt mit Besichtigung des Rathauses und Rathausturms: Tourist Information e.V., Tel. 62230, Preis: 34,20 DM; Rathausführung mit Besichtigung des Turms, täglich 14 Uhr, 1,– DM für Erwachsene, 0,50 DM für Kinder. 20 geschulte, sprachkundige Kräfte stehen mit Wissen und Schlagfertigkeit den Besuchern zur Verfügung.
Funk-Taxi-Zentrale in Zusammenarbeit mit der Tourist Information, Preis für 2 Stunden: 55,– DM; jede weitere Stunde: 20,– DM, Tel. 680101 oder 62230.
Museumsbahn Schönberger Strand — Schönberg: Betrieb nur an Sonnabenden und Sonntagen, drei- bis viermal am Tag. Fahrt in Personenzügen mit historischen Dampf- und Diesellokomotiven mit Endbühnenwagen sowie Triebwagen. Am Ausgangsbahnhof Schönberg sind auch eine Reihe restaurierter Züge und Straßenbahnen des Vereins zu besichtigen, Museumsbahnhof Schönberg, Tel. 04344/2323.

Schiffsfahrten

Fahrten durch den *Nord-Ostsee-Kanal* mit der KVAG: An Sonntagen im Juli und August. Abfahrt mit dem Schiff 10.00 Uhr vom Bahnhofskai nach Rendsburg. Ankunft in Rendsburg 13 Uhr. Rückfahrt nach Kiel mit Bussen. Ankunft in Kiel: 15 Uhr; oder Abfahrt mit Bussen ab Hauptbahnhof nach Rendsburg 13 Uhr. Abfahrt mit dem Schiff ab Rendsburg 14 Uhr, Ankunft in Kiel 15 Uhr. Fahrpreis 19,– DM.
Fährverbindungen: Kiel-Göteborg, Stena-Line, Schwedenkai 1, Tel. 909-0, ab Kiel: 19 Uhr, 160,– bis 230,– DM pro Person (hin und zurück).
Kiel-Oslo, Jahre-Line, Oslokai, Tel. 91281, ab Kiel: 13.30 Uhr, 380,– bis 450,– DM pro Person (hin und zurück).
Kiel Bagenkop, Langeland-Kiel-Linien, Oslokai, Tel. 91652
ab Kiel: 11, 16.45 Uhr (22.15 Uhr nur an Wochenenden vom 16.6. bis 12.8.) 10,– DM (ab August 2,– DM hin und zurück).
Große Hafenrundfahrt der KVAG jeden Tag außer Fr, ab Brücke Hauptbahnhof, 14-15.30 Uhr, Tel. 701-263.
Schwentinetalfahrt 1. Mai bis 30. September, Abfahrt: wochentags 13.45 und 15 Uhr, So 10, 11 ab 13.30 Uhr halbstündlich, in den Sommerferien täglich ab 11 Uhr, Auskunft: Kühl, Tel. 0431-722428, letzte Rückfahrt: wochentags 17.30 Uhr, So 18 Uhr.

Wochenmärkte

Auskünfte: Ordnungsamt der Stadt Kiel, Tel. 901-2175;
Exerzierplatz, Timm-Kröger-Straße, Masurenring: Mi u. Sa, *Blücherplatz:* Mo u. Do, *Vinetaplatz, Andreas-Hofer-Platz:* Di u. Sa, *Kurt-Schumacher-Platz, Achterkamp:* Di u. Fr. *Alter Markt* (Obst- u. Gemüsestände): im Sommer Mo, Mi u. Fr.

Flohmärkte

Rathausplatz: jeden 1. Sonntag von April bis September.
Ostseehalle: jeden 1. Sonntag im Winter.

Mitfahr- und Mitwohngelegenheiten

Mitfahrzentrale, Sophienblatt 54, Tel. 675001 (für Mitfahrer), 671808 (für Fahrer).
Mitfahr-Initiative des ASTA, Knooper Weg 19, Tel. 51436.
Mitwohnzentrale, Knooper Weg 90, Tel. 51436.

Musik und Theater

Bühnen der Landeshauptstadt Kiel, Rathausplatz 4, Tel. 92100.
Opernhaus, Rathausplatz 4, Tel. 92100 (Vorverkauf: Di-Fr 11-13 Uhr u. 16-19 Uhr, Sa u. So 11-13 Uhr).
Stadttheater und Studiobühne, Holtenauer Straße 103, Tel. 92100.
Jugendtheater, Ostring 187 a
Komödianten, Wilhelminenstraße 43, Tel. 553401.
Konzertsaal im Schloß, Eggerstedtstr., Tel. 9 0670.
Uni-Sechseckbau, Westring.
Polnisches Theater, Düppelstraße 61, Tel. 804099.
Ostseehalle, Europaplatz, Tel. 92900.

Museen und Ausstellungen

Aquarium des Instituts für Meereskunde, Düsternbrooker Weg 20, Tel. 597-3857 (1.4.-30.9. tägl. 9-19 Uhr, 1.10.-31.3. tägl. 9-17 Uhr).
Computer-Museum, Datenzentrale Schleswig-Holstein, Altenholzer Straße 10-14, Altenholz-Kiel, Tel. 3018-1-220, nach tel. Vereinbarung.
Freilichtmuseum, Alte Hamburger Landstraße, Molfsee, Tel. 65555 (1.4. bis 15.11.: Di-Sa 9-17 Uhr, So 10-18 Uhr; Juli/August auch Mo; 16.11. bis 31.3.: nur So u. Feiertag, 10 Uhr bis Dämmerung).
Gesteinskundliche Ausstellung des Mineralogisch-Petrographischen und Geologisch-Paläontologischen Museums, Universität, Olshausenstraße 40-60, Tel. 880-2851 (Mi 14-18 Uhr).
Kieler Stadtmuseum Werleberger Hof, Dänische Straße 19, Tel. 901-3425, Di-So 10-17 Uhr.
Kunsthalle, Düsternbrooker Weg 1/3, Tel. 597-3751 (10-18 Uhr).
Marine Ehrenmal und technisches Museum, Laboe Tel. 04343/8755 (Juni bis September 9-18 Uhr, Oktober bis Februar 9-16 Uhr, März 9-16.30 Uhr, *Mai 9-17.30 Uhr).*
Museum für Völkerkunde der Christian-Albrechts-Universität, Hegewischstraße 3, Tel. 597-4001, Di-Sa 10-17 Uhr, So 10-13 Uhr, Eintritt frei.
Planetarium, Fachbereich Technik der Fachhochschule Kiel, Knooper Weg 62, Tel. 312507 (Do 16.30-17.30 Uhr oder nach telefonischer Vereinbarung).
Provinzial Brandschutzmuseum am Freilichtmuseum, Tel. 650 302 (nach Vereinbarung).
Schiffahrtmuseum, Wall 65, Tel. 901-3428, Di-So 10-18 Uhr, 1,– DM.
Stadtgalerie im Sophienhof, Kulturviertel, Heinrich-Ehmsen-Stiftung (11-17 Uhr).
Stiftung Pommern Dänische Str. 44, Schloß, Rantzaubau, Tel. 93922 (Di-Fr 10-17 Uhr; Sa u. So 10-14 Uhr).
Wiker Schleusenanlage, Wasser- und Schiffahrtsamt Kiel-Holtenau, Schleuseninsel 17, Tel. 385-1 (Besichtigung nach telefonischer Vereinbarung).
Zoologisches Museum der Christian-Albrechts-Universität, Hegewischstraße 3, Tel. 597-4170 (Di-So, 10-17 Uhr, So 10-13 Uhr, Eintritt frei).

Bibliotheken

Stadtbücherei Kiel, Hauptstelle Holstenbrücke, Tel. 901-3432. Mo, Di, Do, Fr 11-19 Uhr, Mi 15-19 Uhr.
Schleswig-Holsteinische Landesbibliothek, Schloß, Tel. 9067-0. Mo, Mi 10-17 Uhr, Di, Do, 10-19 Uhr, Fr 10-12 Uhr.
Universitäts-Bibliothek, Olshausenstraße 29, Tel. 880-2727. Mo 9-21.30 Uhr.
Bibliothek am Institut für Weltwirtschaft, Düsternbrooker Weg 120-122, Tel. 8841. Mo-Fr 8-16.30 Uhr.
Stadtarchiv Rathaus, Fleethörn, Tel. 901-3421. Mo, Do 9-16 Uhr, Di 9-18 Uhr, Fr 9-13 Uhr.

Frauen und Mädchen

Artemis, Feministischer Frauensportverein, Schaßstraße 4, Tel. 61549 (Di), Treff Di 20 Uhr
Donna Klara e.V., Psych. Beratungsstelle für Frauen, Schaßstraße 4, Tel. 61549.
Ev. Beratungszentrum, Dänische Straße 15, Tel. 94065
Frauenhaus, Tel. 68 18 25
Frauennetzwerk, Schaßstraße 4, Tel. 67 88 30.
Frauenzentrum, Knooper Weg 32, Hofgebäude, Tel. 94449, Café-Öffnungszeiten Di 15-18 Uhr, Mi 11-15 Uhr.
Gleichstellungsstelle der Landeshauptstadt Kiel, Rathaus, Zimmer 235, Tel. 901-2055/2056/2057.
»Lerche (Frauenhausberatungsstelle), Lerchenstraße 19, Tel. 67 54 78.
Lesben- und Schwulenbüro, Königsweg 65, Tel. 67 77 99, Mo-Do 17-20 Uhr.
Mädchentreff, Rendsburger Landstraße 29, Tel. 68 58 70.
Mädchentreff Gaarden, Kirchenweg 45, Tel. 73 76 99.
Mädchentreff Mona Lisa, Fritz-Reuter-Straße 87, Tel. 39 66 34.
Notrufgruppe für vergewaltigte Frauen und Mädchen e. V., Knooper Weg 32, Tel. 9 11 44, Mi-Fr 10-13 Uhr, Di 15-19 Uhr.

pro familia, Zastrowstraße 2, Tel. 6 29 74, Mo-Do 9-11 Uhr, Mo, Mi, Do 17-19 Uhr.

Gaststätten und Cafés in reizvoller Lage

Arkaden-Café, Reventlowallee, Tel. 566205
Fördeblick, Am Thiessenkai 20, Kiel-Holtenau, Tel. 632838.
Forstbaumschule, Düvelsbeker Weg 46, Tel. 333496.
Forsthaus Wittland, Restaurant mit Kaffeegarten, Am Forsthaus Wittland 2, Tel. 588703.
Ihlkate, Ihlkate, Tel. 69101.
Kieler Ansichten, Hasselfelde 20, Tel. 231737.
Lobby im Eiderkrug, Hamburger Landstraße, Tel. 65 01 23.
Margaretental, Alte Chaussee 40, Kiel-Suchsdorf, Tel. 311750.
Schöne Ausichten, Düsternbrooker Weg 16, Tel. 566107.
Seeburg Café, Restaurant, Düsternbrooker Weg 2, Tel. 565972.
Villa Hoheneck, Friedrich-Voß-Ufer 57, Tel. 361151.
Waffenschmiede, Friedrich-Voß-Ufer 4, Tel. 36 28 74.
Waldesruh Café, Restaurant, Tel. 520759.
Waldhaus Rönner Holz, Tel. 78 39 19.

Straßen mit Kneipen- und Discoszene:

Am Wall/Schumacherstraße: Alte Liebe, Tel. 94827; Las Vegas, Tel. 93326; Die Grotte, Tel. 94486; Kieler Snack (früher Hühnermax), Tel. 92550; Kaskade, Tel. 94440.
Adalbertstraße: Bierbar bei Petra, Tel. 338300; Lord Nelson, Tel. 331555; Nordkap, Tel. 337127; Zum Störtebeker, Tel. 331579.
Bergstraße 17 (Diskotheken-, Kneipen- und Restaurantkomplex): Hinterhof Musikkneipe; H. Böll Disco, Fub Disco, Hungry Hearts Bistro; Level (ehemals Countdown) Disco; Palmström Kneipe; Tucholski Kneipe; Pfefferminz, Disco.

Studentenkneipen

Bazille, Holtenauer Str. 73, Tel. 56 37 96.
Club 68, Ringstraße 68, Tel. 61739.
Colosseum Pizzeria, Waitzstr. 39, Tel. 56 38 25.
Dschungel, Esmarchstraße 44, Tel. 8040 41.
Heinrich VIII., Holtenauer Straße 142, Tel. 81876.
Lammers, Holtenauer Str. 152, Tel. 81606.
Knösel, Gutenbergstraße 66, Tel. 564044.
Leierkasten, Spichern 2, Tel. 174 64.
Litfaß, Kirchhofallee 83, Tel. 63110.
Llanfair, Holtenauer Str. 11, Tel. 55 27 61.
Oblomow, Olshausenstraße/Hansastraße, Tel. 801464.
Storchnest, Gutenbergstraße 66, Tel. 56 94 95
Wubbke, Holtenauer Str. 112, Tel. 56 64 22
Zet, Knooper Weg 169, Tel. 804508.

Kommunikationszentren

Pumpe, Haßstraße 22, Tel. 96161
Räucherei, Preetzerstr. 35, Tel. 30320
Hansastraße 48, Tel. 56 59 89 oder Tel. 56 77 89
Traumfabrik, Grasweg, Tel. 54 81 06

Wassersport

Akademischer Ruderverein Seeburg, Düsternbrooker Weg 2, Tel. 56 78 46.
Erster Kieler Ruder-Club, Düsternbrooker Weg 16, Tel. 56 61 07.
Happy Sailing Wassersportschulen GmbH, Fliegender Holländer 15, Olympiazentrum Schilksee, Tel. 37 16 94 oder 37 11 63.
Institut für Sport an der Christian-Albrechts-Universität, Segelgruppe im Segelzentrum Schilksee, H. Holstermann - Tel. 37 18 57, H. Kimmel — Tel. 880-3755.
Inter Yacht Meyer KG, Laboe, Tel. 04343/8880.
Ostsee-Yacht-Club Kiel, W. Mäus, Tel. 04340/8413 oder 1224.
Rudergesellschaft Germania, Hartwig Lange, Wrangelstraße 17, Tel. 85 902.
Schilkseer Yacht-Club, Auskünfte über Segeln und Surfen, Tel. 88 03 830 oder 37 12 22.
Segelgruppe der Fachhochschule Kiel, Legienstraße 35, Jo Frost, Tel. 04347/2955.
Yacht-Club Laboe, Tel. 04340/8426.
Yacht-Club Gode Wind, Olympiazentrum Schilksee, Tee. 37 17 51.
Yacht- Club Strande, Tel. 04340/8511.

Wildgehege

Tannenberg, Projensdorfer Straße, Haltestelle »Waldschänke«.
Hasseldieksdamm, Hofholzallee, Haltestelle Melsdorfer Straße.
Suchsdorf, Am Kanal, Haltestelle Margaretental.
Hammer, Am Rundweg Ihlkate.
Schwentinepark, Raisdorf, Villa Fernsicht.

Zum Weiterlesen

Stadtführer und Stadtgeschichte

Baedeker Kiel, Freiburg 1984.
Bock, Bruno: Geliebte, ungeliebte Kieler Straßenbahn, Herford 1985.
Bock, Bruno: Grüne, Blaue, Schwarze, Weiße Dampfer, Die Geschichte der Kieler Fördeschiffahrt, Herford 1978.
Boeters, Ute/Thomas Lange: Kiel, 1989.
Brustat-Naval, Fritz: Zwischen Ostsee und Ostasien, Aus der Kieler Schiffahrtsgeschichte, in: Jürgen Jensen (Hrsg.), Mitteilungen der Gesellschaaft für Kieler Stadtgeschichte (= MGKStG) Bd. 60, Herford 1973.
Buhmann, W.: Ultimo, das Kiel Buch, Kiel 1988.
Dähnhardt, Dirk: Revolution in Kiel, Der Übergang vom Kaiserreich zur Weimarer Republik 1918/19, Neumünster 1978.
Eckardt, H.: Alt-Kiel in Wort und Bild, Neumünster 1975.
Engler, Michael: Kiel, Ansichten einer Stadt, Neumünster.
Gloy, Arthur: Aus Kiels Vergangenheit und Gegenwart, Ein Heimatbuch für jung und alt, Kiel 1926.
Grönhoff, Johann: Litzenbrüder, Prachervögte und andere vergessene Berufe im alten Kiel, Kiel 1966.
Hahn, Willi (Hrsg.): Kiel, Kiel 1926.
Jensen, Jürgen (Hrsg.): Bibliographischer Schlüssel zu den Mitteilungen und Sonderveröffentlichungen der Gesellschaft für Kieler Stadtgeschichte 1877 bis 1975 Band 63, Kiel 1976.
Jensen, Jürgen: Kiel im Wirtschaftswunder, auf Pressefotos von Friedrich Magnussen, Neumünster 1987.
Jensen, Jürgen/Renate Jürgens: Kiel im ersten Jahrhundert der Kieler Woche, Bd. 1 und 2, Neumünster 1982.
Jensen, Jürgen (Hrsg.): Kieler Stadtteilgeschichte, 3 Bde., Kiel 1985.
Jensen, Jürgen: Seestadt Kiel, Neumünster 1975.
Kaufmann, Gerhard: Das alte Kiel, Hamburg 1975.
Klewin, Ferdinand: Vom frühen Kiel, Kiel 1975.
Kleyser, Friedrich: Die Märzrevolution in Kiel, Gesellschaft für Kieler Stadtgeschichte, 31, 1948.
Kleyser, Friedrich: Kleine Kieler Wirtschaftsgeschichte 1242–1945, Kiel 1969.
Klose, Olaf/Richard Sedlmaier: Alt-Kiel und die Kieler Landschaft, Heide 1956.
Kutzer, Horst (Hrsg.): Kiel, Ein Lesebuch, Husum 1986.
Merian Kiel, Hamburg 1957.
Norddeutscher Wirtschaftsverlag (Hrsg.): Kiel im Wiederaufbau, Kiel 1955.
Prawitt, Torsten: Kieler Kulturleben in der Trümmerzeit 1945–48, MGKStG Bd. 70, Kiel 1986.
Rost, Alexander: 100 Jahre Kieler Woche, Bielefeld 1982.
Schlee, Ernst: Kulturgeschichtliches Bilderbuch vom alten Kiel, Kiel 1977.
Schröder, Ferdinand/August Lorenz/Heinrich Pleikis: Kiel in Vergangenheit und Gegenwart, Kiel 1963.
Sievert, Hedwig: Kiel einst und jetzt/Die Altstadt, Kiel 1966.
Sievert, Hedwig: Kiel einst und jetzt/Vom Kanal bis zur Schwentine, Kiel 1984.
Sievert, Hedwig: Kieler Ereignisse in Bild und Wort, Mühlau 1973.
Statistisches Amt der Landeshauptstadt Kiel (Hrsg.): Kieler Straßennamen. Herkunft und Bedeutung, Kiel 1984.
Stüber, Gabriele: Kieler Hungerjahre I/II, MGKStG 69, H. 11/12, Kiel 1985.
Talanow, Jörg: Kiel so wie es war, Düsseldorf 1980.
Verlag Max Schmidt-Römhild (Hrsg.): Adreßbuch der Stadt Kiel, Kiel 1986/87.
Wenzel, Rüdiger: Bevölkerung, Wirtschaft und Politik im kaiserlichen Kiel zwischen 1870–1914, Kiel 1978.

Arbeiterbewegung, NS-Zeit und Politik

Arbeitskreis Asche-Prozeß: Kiel, Antifaschistische Stadtrundfahrt, Kiel 1983.
Arbeitskreis »Demokratische Geschichte« (Hrsg.): Wir sind das Bauvolk. Kiel 1945 bis 1950, Kiel 1985.
Bake, Uwe: Dokumentation über die Arbeit des Verfassungsschutzes an der Christian-Albrechts-Universität, ASTA, Kiel 1968.
v. Bass, Hasko: Otto Baumgarten, Frankfurt 1988.
Beirat für Geschichte der Arbeiterbewegung und Demokratie in Schleswig-Holstein, Jahresband I–III, Kiel 1986–88.
Boelck, Detlef: Kiel im Luftkrieg 1939–1945, Kiel 1980.
Bölsche, Jochen (Hrsg.): Waterkantgate, Die Kieler Affaire, Göttingen 1987.
Brecour, Wilhelm: Zur Geschichte der Kieler Arbeiterbewegung, Hrsg. GKStG, Kiel 1983.
Bringmann, Fritz: »Arbeitserziehungslager Nordmark«, Kiel 1983.
Dähnhardt, Dirk/Gerhard Granier: Der Kapp-Putsch in Kiel, in: MGKStG Band 66, Kiel 1980.
Damus, Martin: Sozialistischer Realismus und Kunst im Nationalsozialismus, Frankfurt 1981.

Danker, Uwe / Klaus-J. Lorenzen-Schmidt / Rolf Schulte / Jürgen Weber (Hrsg.): Demokratische Geschichte, Jahrbuch zur Arbeiterbewegung und Demokratie in Schleswig-Holstein III, Kiel 1988.
Erdmann, Karl Dietrich: Wissenschaft im dritten Reich, Kiel 1967.
Fischer, Karl Rudolf: Stephan Heinzel und die Kieler Sozialdemokratie, MGKStG 73, H. 3/4, Kiel 1987.
Grieser, Helmut: Materialien zur Rüstungswirtschaft, Schleswig-Holstein im 3. Reich.
Hauschild-Staff, Dietrich: Novemberpogrom 1938 in Kiel, MGKStG Band 74, Heft 7/8, Kiel 1988.
Heinbrecht, Jörg: Das Milliardending, Hamburg 1984.
Hoch, Gerhard/Rolf Schwarz: Verschleppt zur Sklavenarbeit — Kriegsgefangene und Zwangsarbeiter in Schleswig-Holstein, Alveslohe 1985.
Janssen, Jan E.: Hakenkreuzflagge auf dem Uni-Gebäude 1933, in: 300 Jahre Studentenschaften Christiana Albertina, Kiel 1965.
Jensen, Jürgen/Karl Rickers (Hrsg.): Andreas Gayk und seine Zeit 1893—1954, Erinnerungen an den Kieler Oberbürgermeister, Neumünster 1974.
Krukowska, Stephan: Prof. Kaltefleiter im Zwielicht. Kieler Studentenmagazin Holst.; 8/1989.
Salewski, Michael: Die Gleichschaltung der Christian-Albrechts-Universität im April 1933, Kiel 1983.
Schleswig-Holsteinischer Landtag (Hrsg.): Der Kieler Untersuchungsausschuß, Kiel 1988.
Walter-Schücking-Stifungsverein: Stiftung zum Gedenken an die Opfer der nationalsozialistischen Machtergreifung an der Christian-Albrechts-Universität zu Kiel, ASTA der Universität Kiel, o.J.

Architektur, Städtebau und -planung

Arbeitsgemeinschaft Friedhof und Denkmal: Friedhofsleitplanung der Landeshauptstadt Kiel, Kassel 1980.
Baudezernat der Landeshauptstadt Kiel (Hrsg.): Die Gewässer in Kiel, Kiel 1986.
Fürsen, E.H./Jessen-Klingenberg, M. (Hrsg.): Mitteilungen des Canal-Vereins, Nr. 2 und 3, Rendsburgs 1981/83.
Grönhoff, Johann: Die Kieler Feuerbestattung, MGKStG Band 50, Jahrgang 1963—67.
Hirschfeld, Peter: Herrenhäuserund Schlösser in Schleswig-Holstein, München/Berlin 1974.
Hupp, Klaus: Der Kieler Geistkämpfer von Ernst Barlach, MGKStG Band 73, Heft : 9/10, Kiel 1989.
Jensen, Herbert: Neuer Schulbau in Kiel, Magistrat der Stadt Kiel, Kieler Woche 1952.
Jensen, Waldemar: Der Nord-Ostsee-Kanal, Neumünster 1970.
Kieler Stadt- und Schiffahrtsmuseum (Hrsg.): Großstadt Kiel — Bauen und Wohnen um die Jahrhundertwende, Kiel 1986.
Kieler Wohnungsbaugesellschaft mbH (Hrsg.): 25 Jahre Kieler Wohnungsbaugesellschaft mbH (1936—1961), Kiel 1961.
Landeshauptstadt Kiel (Hrsg.): Rahmenplanung Südliche Innenstadt, Kiel 1981.
Radenz, Karl: Denkmäler, Gedenksteine und -tafeln, Plastiken Kiels, MGKStG Band 53, Kiel 1960.
Redeker, Martin: Kieler Kloster und theologische Fakultät, Kiel 1984.
vom Rumohr, Henning: Schlösser und Herrenhäuser in Ostholstein, Frankfurt 1982.
Schulz, Walter: Der Nord-Ostsee-Kanal, Heide.
Simon, W.: Bauliche Entwicklung der Christian-Albrechts-Universität Kiel, Landesbauamt Kiel III, 1978.
Stiftung Pommern (Hrsg.): 20 Jahre Stiftung Pommern 1967—1986, Kiel 1986.
Stolz, Gerd: Der alte Eiderkanal-Schleswig-Holsteinischer Kanal, Heide 1985.
Toaspern, Paul Adolf: Die Einwirkungen des Nord-Ostsee-Kanals auf die Siedlungen und Gemarkungen seines Zerschneidungsbereichs, Kiel 1950.
Thode, H.H.: Kirchbau in der Probstei Kiel 1949—69, Kiel 1969.
Volkmann, Kirsten: Denkmäler, Gedenktafeln u.a., Kiel 1978.
Wasser- und Schiffahrtsamt Brunsbüttel (Hrsg.): Nord-Ostsee-Kanal, o.J..
Wendrisch, Walter: Die alte Kieler Stadtmauer, MGfKStG Band 47, Kiel 1955.

Theater, Literatur, Film, (Auto)Biographien

Blomberg, Hein: Opmussen in Stinkviddel, Kiel 1983.
Bühnen der Landeshauptstadt Kiel: Festschrift zum 50jährigen Bestehen des Hauses am kleinen Kiel, Kiel 1957.
Dannenberg, Peter: Helden und Chargen, Zwischen den Kriegen, Dreißig Jahre Theater in Kiel, Hamburg 1983.
Eggebrecht, Axel: Der halbe Weg, Zwischenbilanz einer Epoche, Reinbek 1975.
Die Falken: Film »Seekamp«, in: Archiv Sozialistisches Bildungszentrum, Postfach 1280, 4353 Oer-Erkenschwick.
Fontane, Theodor: Der Schleswig-Holsteinische Krieg im Jahre 1864, Nachdruck der Erstausgabe Berlin 1866, Düsseldorf, Köln 1978.
Friedrich, Johann: Esmarch: Chirurg in Schleswig-Holstein, Kiel 1980.
Hoff, Ferdinand: Erlebnis und Besinnung, Erinnerungen eines Arztes, Berlin 1971.
Jenssen, Christian: Literarische Reise durch Schleswig-Holstein, Heide 1974.
Magistrat Stadtplanungsamt (Hrsg.): Willy Hahn, Stadtbaurat in Kiel 1921—1930, Kiel 1987.

Rickers, Karl: Biographische Streiflichter zur Kieler Stadtgeschichte der letzten hundert Jahren, GfKStG Band 63, Kiel 1976.
Siebig, Karl: »Ich geh 'mit dem Jahrhundert«, Ernst Busch, Eine Dokumentation, Reinbek 1980.
Söhnker, Hans: Und kein Tag zuviel, Hamburg 1974.
Steffen, Jochen: Kuddl Schnööfs achtersinnige Gedankens und Meinungens von die soziale Revolutschon, Hamburg 1972.
Studentenwerk der Christian-Albrechts-Universität: Werkstatt des Friedens, Film 1946.
Wetzer, Eckard: Die Betonkugel, Kiel 1989.
Zuckmayer, Carl: Als wär's ein Stück von mir, Frankfurt am Main 1966.

Frauengeschichte und -literatur

Beischowetz-Iserholt, Marion: Dienstboten zur Kaiserzeit, Weibliches Hauspersonal in Kiel 1871–1918, Kiel 1984.
Bössel, Georg Daniel: Grundlage der Hebammenkunst, Altona 1753.
Frauennetzwerk zur Arbeitssituation: Frauen-Stadtbuch Kiel, Kiel 1987.
Grönhoff, Johann: Die Kieler Privat-Töchterschulen. Eine Kielerin als Vorkämpferin für Frauenrechte vor 100 Jahren, in: MGKStG, Kiel 1961.
Reinhart, Ute: So ist der Boss, Karrierefrauen berichten, München 1988.
Unverhau, Dagmar: Kieler Hexen und Zauberer zur Zeit der großen Verfolgung (1530–1676), in MGKStG Band 68, Kiel 1981–1983.
von Zschüschen, Auguste: Eine Knooper Gutsbesitzertocher erzählt ihr Leben, MGKStG Nr. 58, 1968–72.

Stadtteilbezogene Literatur

Autorenkollektiv: Lehmberg Magazin, Kiel 1983.
Bargmann, Wolfgang: Die Christiana Albertina in Vergangenheit, Gegenwart und Zukunft, Kiel 1965.
Bruhn, Norbert: Elmschenhagen, Dannenberg, Plön 1986.
Bote, L.: Die Städtische Verbrennungsanstalt zur Beseitigung des Hausmülls in Kiel, Kiel 1907.
Bowin, Petra: Der Weg Dietrichsdorfs und Neumühlens von ländlichen Gemeinden zu einem Kieler Stadtteil im Zusammenhang mit den Howaldtswerken, Kiel 1988.
Clausen, O.: Geschichte der Wik und ihrer Bewohner, in: Jürgen Jensen (Hrsg.): Kieler Stadtgeschichte Band 3, Kiel 1985.
Detlefsen, Nicolaus: Die Kieler Stadtteile nördlich des Kanals, Neumünster 1978.
Grieser, Helmut: Reichsbesitz, Entmilitarisierung und Friedensindustrie in Kiel nach dem zweiten Weltkrieg, Hrsg.: GKStG, Sonderveröffentlichung 11.
Grönhoff, Johann: Hassee, GfKStG Band 54, Kiel 1964.
Grönhoff, Johann: Mettenhof, MGfKStG Band 58, Kiel 1970.
Grönhoff, Johann: Steenbek, MGfKStG Band 56, Kiel 1967.
Haefner, Herbert: Dietrichsdorf — Eine heimatkundliche Untersuchung, Kiel 1952.
HAGENUK: Festschrift zum 50jährigen Bestehen, Kiel 1949.
Halbsguth, Wilhelm: Die Entwicklung des Botanischen Instituts und des Botanischen Gartens der Christian-Albrechts-Universität seit 1965, Kiel o.J.
Hansastraße: wie sie wirklich ist, Kiel 1984.
Hansen, Hannes: Vorschlag das Marine Ehrenmal zu Laboe von dem Amerikanischen Künstler Christo einpacken zu lassen, Kiel 1986.
Hansen, Jens: Schule — Spiegel ihrer Zeit, Die Geschichte der Ricarda-Huch-Schule, MGfKStG, Kiel 1986.
Held, Hermann: 100 Jahre Howaldt, Hrsg. Vorstand der Howaldtswerke AG Kiel, Hamburg 1938.
Hintz, Ida: Die Kinderrepublik Seekamp, MGfKStG Band 61, Neumünster 1974.
Hirath, Franz: Heimatbuch Suchsdorf, Kiel 1959.
Hirche, Astrid: Alt-Friedrichsort — Damals und heute; Hrsg.: Landesamt für Denkmalpflege Schleswig-Holstein, Baudezernat der Landeshauptstadt Kiel, Kiel 1987.
Hirschfeld, P.: Schleswig-Holsteins Großindustrie und Großhandel, Berlin 1984.
Höger, Jürgen: Geschichte der Humboldt-Schule in Kiel, GfKStG, Kiel 1986.
Hübner, Hans: Düsternbrook und das Düvelsbeker Gehölz, MGfKStG Band 53, Heft 1/2, Kiel 1958.
Jensen, Jürgen: Das Kieler Stadt- und Schiffahrtsmuseum, Warleberger Hof und Fischhalle, Neumünster 1980.
Jordan, Karl: Die Christian-Albrechts-Universität 1665–1965. Neumünster 1965.
Kleffel, Hellmut: 125 Jahre Howaldt, Hrsg. Kieler Howaldswerke AG, Kiel 1963.
König, Rudolf: Fabeltiere, Zoologisches Museum der Christian-Albrechts-Universität, Kiel 1985.
Kruska, Emil/Eberhard Rössler: Walter-U-Boote, München 1969.
Kühl, Johann: Russee, eine Dorfchronik, Kiel 1967.
Lafrenz, Deert: Das Kieler Schloß, Hamburg 1984.
Landeshauptstadt Kiel (Hrsg.): Berufliche Schulen am Ravensberg/Schützenpark: 100 Jahre Kaufmännische Berufsschule, 60 Jahre Handelsschule, 30 Jahre Wirtschaftsgymasium, Kiel 1978.
Leisner, Der Flecken Brunswik, in: Jürgen Jensen (Hrsg.): Reprints zur Kieler Stadtgeschichte Band 3, Sonderveröffentlichung der GfKStG.
Lohmeier, D./W.J. Müller: Emkendorf und Knoop, Heide 1984.

Nietzsche, Albert: Die Festungsanlagen des Reichskriegshafens Kiel in der Zeit von 1865 bis 1888, MGfKStG Heft 3/4, Kiel 1972.
Plugosch, Hans: Volks- und heimatkundliche Untersuchungen über den Stadtteil Hassee-Winterbek, Kiel o.D. (1949).
Raeder, Erich: Ansprache zur Weihe des Marine-Ehrenmals am 30.3.1936, in: Marine Rundschau, 1936, 7, S. 321–323.
Scharff, Alexander: Kieler Studenten und Studentenleben in den ersten zwei Jahrhunderten der Christiana Albertina, MGfKStG Band 59, 1973–1977.
Schultz, Wilhelm: Heimatkundliche Betrachtungen — Festschriften zu den Poggendörper Festtagen, Hrsg. Arbeitsgemeinschaft Dietrichsdorfer Vereine, Kiel 1954–1971.
Sievert, Hedwig: Ellerbek, GfKStG, Kiel 1966.
Sievert, Hedwig: 550 Jahre Große Grüne Schützengilde in Kiel, MGfKStG Band 51, Kiel 1962.
Sievert, Hedwig: Sansouci die Düsternbrooker Waldwirtschaft in Theodor Storms Novelle »Auf der Universität«, MGfKStG Band 48, Kiel 1953.
Städtische Gas-, Wasser- und Elektrizitätswerke Kiel (Hrsg.): Die städtische Gas-, Wasser- und Elektrizitäswerke Kiel, Kiel 1904.
Tempich, Franz: 50 Jahre Friedhof Eichhof, Kiel o.J.
Zimmermann, Axel/Jochen Zimmer: Seekamp Dokumentation, Kiel 1926.

Ausflugsziele

Dreves, Peter: 1000 Ausflugsziele in Schleswig-Holstein, Kiel 1988.
Fremdenverkehsverein »Naturpark Westensee« e.V. (Hrsg.): Naturpark Westensee, Nortorf 1989.
Joa, Ludwig: Wandern rund um Kiel, Kiel 1988.
Kamphausen, Alfred: Das Schleswig-Holsteinische Freilichtmuseum, Neumünster 1988.
Kamphausen, Alfred: Viele Dächer unter einem, Neumünster 1975.
Kamphausen, Alfred: Rundwege Kiel, Bamberg 1962.
Kieler Nachrichten: Wanderbuch, Kiel 1952.
Kieler Neueste Nachrichten (Hrsg.): Wegweiser und Führer durch die nähere und weitere Umgebung der Stadt Kiel, Kiel o.J. (vor 1945).
Lehmann, Jürgen/Hartmut Hildebrandt: Das alte Rumohr II, Kiel 1980.
Müller, Torsten: Wandern um Kiel, Kiel 1987.
Schmidt, Harry: Drei Schlösser am Westensee, Mölln/Rendsburg 1953.

Für viele Hinweise, Anregungen und die bereitwillige Hilfe bei der Suche nach Illustrationsmaterial Dank an: Mitarbeiter und Mitarbeiterinnen des Stadtarchivs, besonders den Leitern, Herrn Dr. Jürgen Jensen und Frau Klüver; Frau Schulz vom Stadtvermessungsamt; Frau Gerda Mahnke und Herrn Michael Ruff; dem Film-Arbeitskreis des Studentenwerks der Universität Kiel; der Schleswig-Holsteinischen Landesbibliothek sowie Monika Barfknecht, Greta Becker, Herrn Bering von »Eis-Meyer«, Dieter Bünning vom TUS Gaarden, Nina Christians, Herrn Dagge vom Bildarchiv des Warleberger Hofs, Ingo Degner von der Lotsenbrüderschaft am Nord-Ostsee-Kanal, Edina Dickhoff, Werner Dietz, Gudrun Donath, Hans-Jürgen Fahrenkrog von der Alten Gaardener Gilde, Dolly Franke, Katrin Grosch, Helmut Hänsler von den Kieler Stadtwerken, Manfred Hebekerl, Gertrud Hirsch, Kieler Werkswohnungen GmbH, Kieler Wohnungsbaugenossenschaft, Inge Klatt, Detlef Korte, Bruno Levtzow, Karin Liebe, Karl Molkenthin, Angelika Oschmann, Hannelore und Stephan Peters, Ingrid Petersen, Prof. Luise Pusch, Eckehard Raupach, Charlotte Reimers von der ehem. Firma H.C. Reimers, Gertrud und Fred Rentsch, Dietmar Richter von der Baugenossenschaft Wik e.G., Barbara Striedieck von der »Räucherei«, Hans Wind, Pastor Dr. Heinz Zimmermann-Stock.

Bildnachweis
u = unten; o = oben, m = Mitte
Helmut Beckmann: 34; Herr Bering: 130; H. Breuer: 50; Fa. Geyger: 60 links; Manfred Hebekerl: 35, 36, 116, 119, 120 m, 154; Magda Jung: 150; Kieler Stadtmuseum: 197, 221 u. 223 o; Kieler Stadttheater: 31, 32; W. Klüglein: 36; Jan Köhler-Kaes: 94; Landesamt für Denkmalpflege: 44, 222; Joachim Lippke: 34; Friedrich Magnussen: 24 u, 29 o, 30, 53, 57 o, 119, 148, 151, 165, 240; Merten & Çie: 82; Hermann Nafzger: 120 u; Michael Ruff: 18, 69 o; Schleswig-Holsteinische Landesbibliothek: 57 u, 143 u, 170, 208 o, 211, 217, 223; Georg Siegmon: 163; Stadtarchiv: 10, 24, 25, 26, 43 o, 45 u, 46, 51 u, 52 o, 54, 55, 60 rechts, 61, 63, 64 u, 65, 74 u, 77 u, 80, 81, 87, 90, 91, 93, 95, 99, 100, 101, 112, 131, 132, 133, 142, 145, 158, 159, 169, 171, 207, 209, 214, 216, 220, 221 o, 229, 235, 249; Studentenwerk: 131, 160; TUS Gaarden: 194; VVK-Archiv: 86, 234; aus Büchern und Broschüren entnommen: 13, 25, 33, 43, 50, 109, 110, 123 u, 180, 187, 188, 189, 210; alle anderen Fotos stammen von den Autorinnen und Autoren.

Personenverzeichnis

Verzeichnis der Straßen und Objekte